Franziska Baumann · Antje Sommer

Hüttentouren Bayerische Alpen

mit angrenzendem Tirol

30 Touren für 2 bis 4 Tage

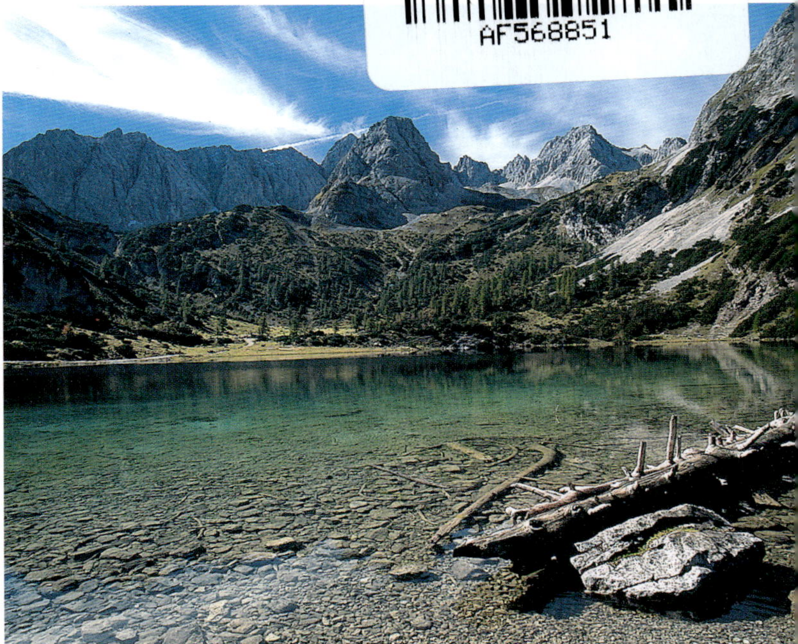

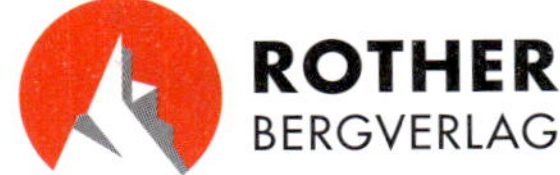

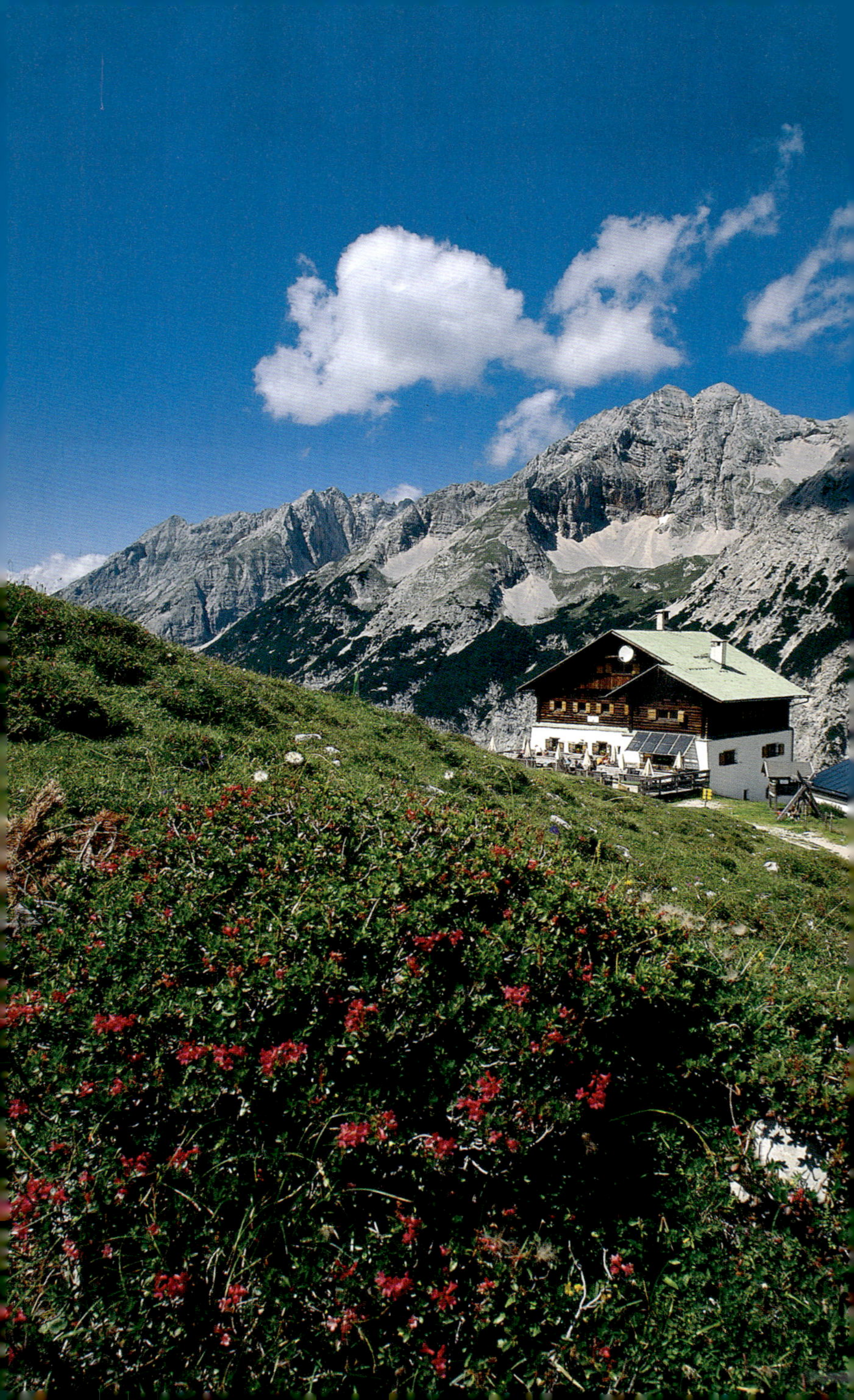

Vorwort

Einfach oben bleiben – wer hat sich das bei einer Bergtour nicht schon einmal gewünscht? Weiter wandern, sich treiben lassen, draußen in der Natur sein und dem Alltag eine Zeitlang den Rücken kehren. Wer mehrere Tage im Gebirge unterwegs ist, erlebt die Bergwelt besonders intensiv. Dazu reicht oft schon ein Wochenende: genügend Zeit, um kleine Gebirgszüge zu durchqueren, höhere Gipfelziele zu erklimmen oder über aussichtsreiche Höhenwege zu bummeln. Außerdem bietet bei einer Hüttenübernachtung das Farbenspiel des Sonnenuntergangs unvergessliche Eindrücke.
Zwei, drei oder vier Tage führen die hier vorgestellten Wanderungen durch die Bayerischen Alpen und die angrenzenden Tiroler Berge: Auf aussichtsreichen Höhenwegen werden die Allgäuer und die Ammergauer Alpen erkundet. Spannende Steige leiten durch die eindrucksvolle Felskulisse von Wetterstein und Mieminger Bergen, Karwendel und Rofan. Auch im Kaisergebirge wandert man unter schroffen Wänden und mächtigen Felsgipfeln. Bei Touren durch die Bayerischen Voralpen und die Chiemgauer Alpen begeistern idyllische Almlandschaften und felsgekrönte Gipfel. In den Berchtesgadener Alpen schließlich erlebt man eine große landschaftliche Vielfalt, ausgedehnte Hochplateaus mit faszinierender Karstlandschaft, Seenaugen in karger Felswüste und Gipfeltouren mit beeindruckenden Ausblicken.
Klassiker wie die Zugspitzbesteigung und die Durchquerung des Steinernen Meeres werden ebenso beschrieben wie Routen, die wenig bekannt sind und in stille Winkel führen. Viele Touren sind von Wanderern und Wanderinnen, die über etwas Bergerfahrung verfügen, ohne Schwierigkeiten zu meistern. Einige anspruchsvolle Routen in hochalpine Regionen erfordern jedoch entsprechendes Können und eine geeignete Ausrüstung.
Nicht nur interessante Gipfel und großartige Felslandschaften werden bei den Wanderungen in Erinnerung bleiben. Hinzu kommen rauschende Bäche, glitzernde Bergseen, tief eingeschnittene Klammen und sonnendurchflutete Almwiesen. Die Übernachtung auf einer schön gelegenen Hütte ist bei einer Wochenendtour ein besonderes Highlight. Vom Wolkenhaus in aussichtsreicher Lage bis zur urigen Alm – zwischen Allgäu und Berchtesgaden gibt es viele Logenplätze, zu denen man bestimmt immer wieder gerne zurückkehren wird.

Wir wünschen Ihnen erlebnisreiche Tage und gemütliche Hüttenabende!

Frühjahr 2024 — Franziska Baumann und Antje Sommer

Einkehr unter schroffen Gipfeln: die Pfeishütte im Karwendel vor Umbau (Tour 17).

Inhalt

Top-Touren

Über die Nagelfluhkette
Fantastische Kammwanderung im Allgäu – ein Dutzend Gipfel, Ausblicke vom Säntis bis zur Zugspitze und bizarre Nagelfluhfelsen *(Tour 1, 2 Tage)*.

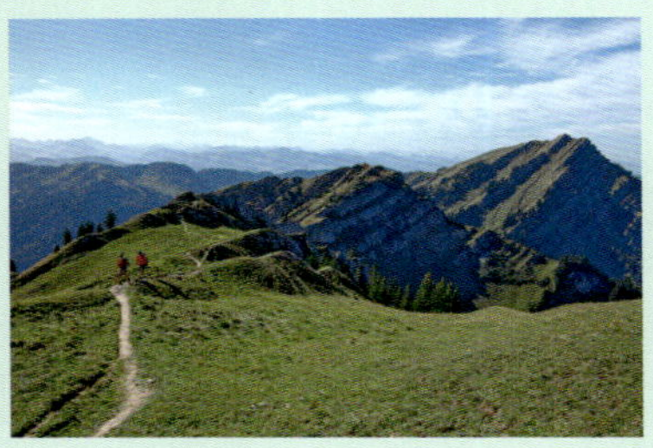

Laufbacher Eck und Großer Daumen
Über zwei der schönsten Allgäuer Höhenwege zum aussichtsreichen Großen Daumen, dazu Bäche, Wasserfälle, Bergseen und eine unglaubliche Blumenfülle *(Tour 3, 3 Tage)*.

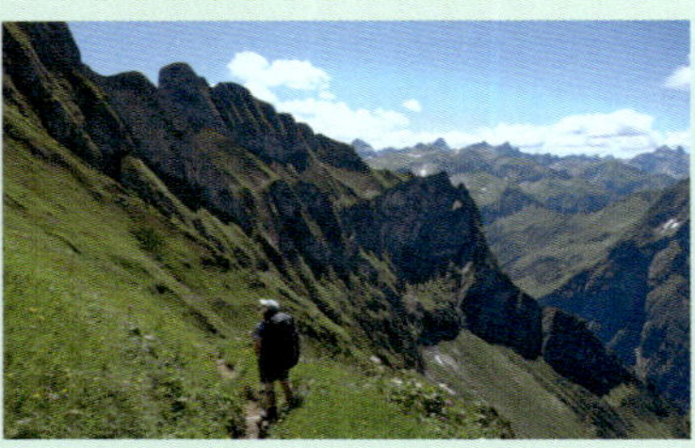

Wetterstein-Südwandsteig
Panoramaweg entlang der Südwände des Wettersteins mit herrlichen Landschaftseindrücken und einer hoch gelegenen Alm *(Tour 8, 2 Tage)*.

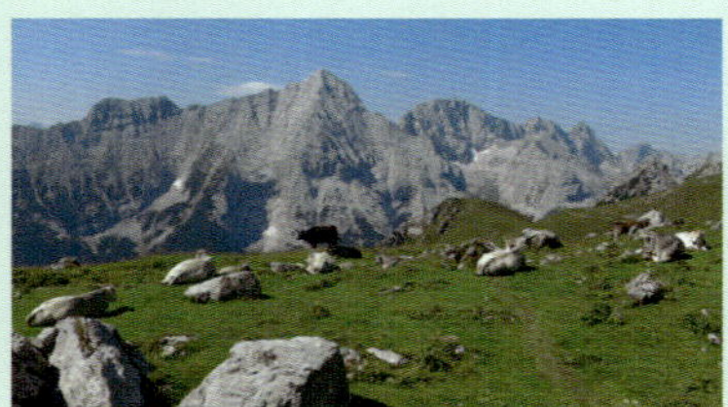

Durch die Soierngruppe
Ins Karwendel zu Lieblingsplätzen König Ludwigs II. – den beiden glasklaren Soiernseen und der Schöttelkarspitze, einer großartigen Aussichtsloge *(Tour 14, 2 Tage)*.

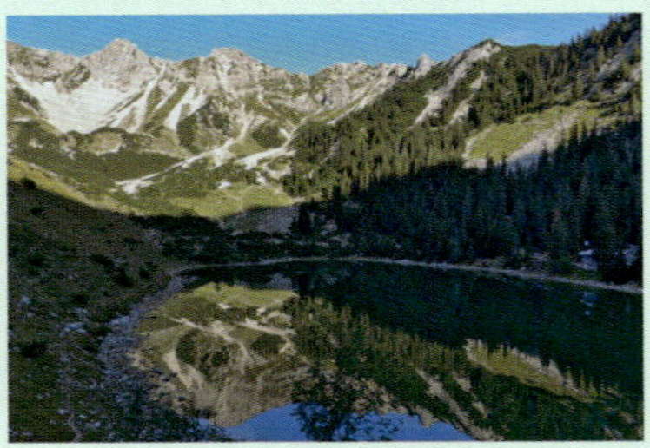

Rund um das Kaisertal
Von Hütte zu Hütte auf die Pyramidenspitze und um das Kaisertal, mit Nahblicken auf steile Wände, Felszacken und stolze Gipfel *(Tour 23, 4 Tage)*.

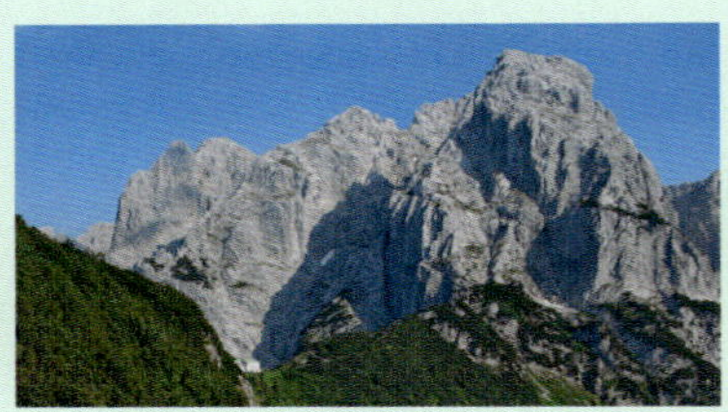

Durch das Steinerne Meer
Highlight in den Berchtesgadener Alpen – eine faszinierende Karstlandschaft, toll gelegene Hütten, Ausblicke zum Watzmann und der wunderschöne Königssee *(Tour 28, 4 Tage)*.

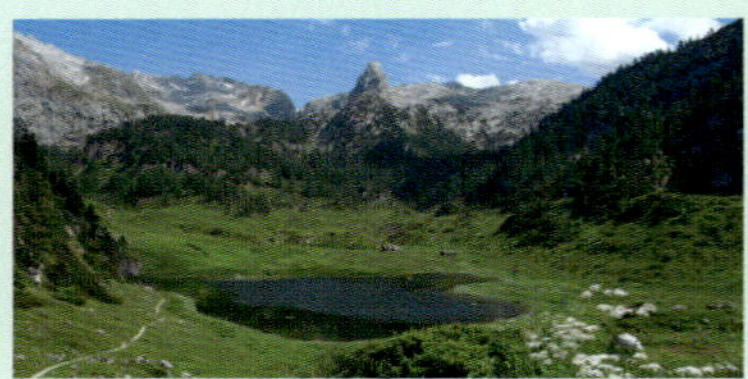

Allgemeine Hinweise

Tourenplanung

Die Tabelle in der vorderen Umschlagklappe bietet einen ersten Überblick über die vorgestellten Touren. Bei der Auswahl einer geeigneten Unternehmung ist darauf zu achten, dass die Tour den Fähigkeiten und der Kondition aller Mitwandernden entspricht. Manchmal gibt es zusätzliche Übernachtungsmöglichkeiten, sodass die Etappen auch anders als vorgeschlagen eingeteilt werden können. Vor dem Start sollte der Wetterbericht eingeholt und abgewogen werden, ob die geplante Tour unter den herrschenden Bedingungen durchführbar ist. Auch die Jahreszeit und die Hüttenöffnungszeiten sind dabei zu berücksichtigen. Außerdem müssen unter Umständen Infos über die Bedingungen vor Ort (z. B. Zustand der Wege, Altschneefelder) eingeholt werden.

Anforderungen

In der Kurzinfo der jeweiligen Tour werden die Anforderungen detailliert beschrieben. Da das individuelle Empfinden der Schwierigkeiten sehr unterschiedlich ist, ist es kaum möglich, diese objektiv anzugeben. Auch basiert die Einteilung der Touren in Schwierigkeitsgrade und die Angabe der Anforderungen auf guten, sommerlichen Verhältnissen. Bei schlechtem Wetter, Restschnee, Vereisung und problematischem Wegzustand erhöhen sich die Anforderungen.

In diesem Buch werden nur Touren in den Schwierigkeitsgraden »mittel« und »schwierig« vorgestellt, denn bedingt durch die Dauer über mehrere Tage enthält jede Wanderung Passagen mindestens im mittleren Schwierigkeitsbereich, auch wenn einzelne Tagesetappen als einfach bezeichnet werden können.

Die Besteigung der Zugspitze durch das Höllental gehört zu den anspruchsvollen Touren (Tour 11).

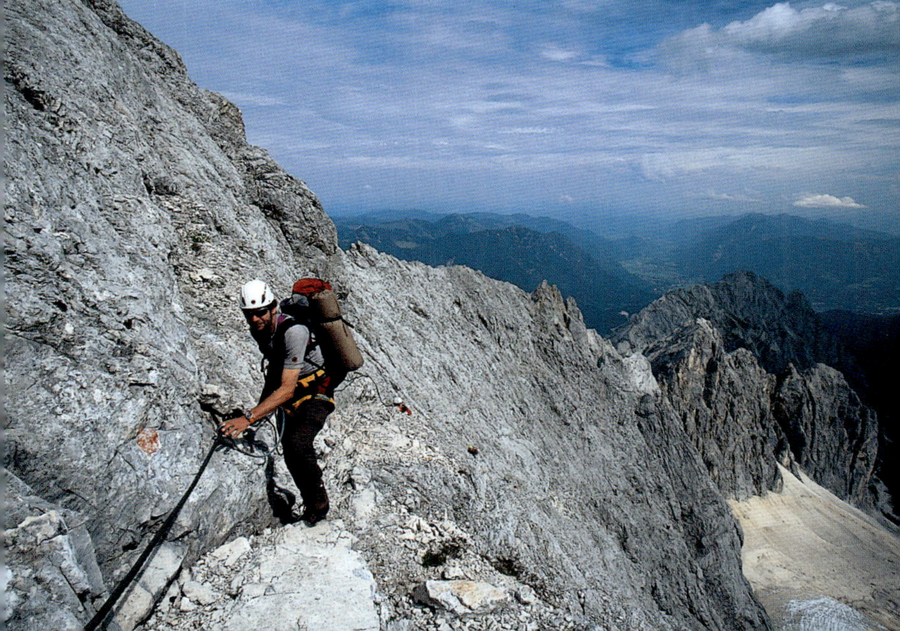

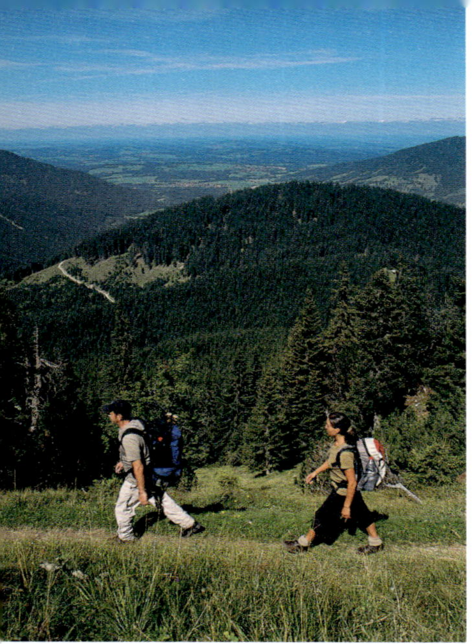

Am Sonnenberg (Tour 6): bei Trittsicherheit kein Problem.

Die zwei Kategorien auf einen Blick:

■ **Mittel**

Die Touren verlaufen vorwiegend auf guten Wegen und Steigen, die teilweise aber schmal sind und stellenweise auch gesichert sein können. Kurze Passagen sind gegebenenfalls ausgesetzt oder erfordern leichte Kraxelei. Trittsicherheit und oft auch etwas Schwindelfreiheit sind für diese Touren Voraussetzung.

■ **Schwierig**

Diese anspruchsvolleren Touren erfordern sehr gute Trittsicherheit und Schwindelfreiheit im felsigen und schrofigen Gelände und weisen gesicherte, teilweise ausgesetzte Felspassagen auf. Bei manchen Touren sind ungesicherte Kletterstellen im I. Schwierigkeitsgrad zu bewältigen. Entsprechende alpine Erfahrung ist Voraussetzung. Für die Besteigung der Partenkirchner Dreitorspitze (Tour 9) ist zudem Klettersteigerfahrung, für die Besteigung der Zugspitze über die Höllentalangerhütte (Tour 11) Klettersteigerfahrung und ein sicherer Umgang mit Steigeisen notwendig.

Bei Touren in den Allgäuer Alpen ist zu beachten, dass die Wege, abweichend zu den in diesem Buch verwendeten Farben, teilweise gelb-weiß (leicht begehbarer Weg), weiß-rot-weiß (Bergwanderweg) und weiß-blau-weiß (Weg mit alpinen Gefahren) markiert sind.

Kinder

Eine Hüttenübernachtung macht jedem Kind Spaß. Allerdings müssen Touren, die mit Kindern unternommen werden, abwechslungsreich sein – unterwegs sollte es genügend zu entdecken und zu erleben geben. Wanderungen, bei denen längere Passagen auf Forst- oder Hüttenzufahrtswegen verlaufen, sind also nicht geeignet. Als nicht kindgerecht wurden auch Touren mit einer oder mehreren sehr langen Etappen eingestuft. Im Tourenkopf sind die kindertauglichen Wanderungen mit einem entsprechenden Symbol gekennzeichnet. Da dieses Buch keine Touren im durchgängig einfachen Schwierigkeitsbereich enthält, sind auch die Touren mit Kindersymbol nur für bergerfahrene Kinder geeignet. Immer gilt: Eltern müssen ihre Kinder selber einschätzen.

Gefahren

Die Touren dieses Buches verlaufen vorwiegend auf angelegten Wegen und Steigen. Trotzdem gibt es eine Reihe von Gefahren, derer man sich immer bewusst sein sollte. Eine der größten ist das Abstürzen oder Abrutschen. Besonders aufpassen und entsprechend konzentriert gehen sollte man deshalb

GPS-Tracks und Koordinaten der Ausgangspunkte

Auf **gps.rother.de** stehen zu diesem Wanderbuch GPS-Tracks und die Koordinaten der Ausgangspunkte zum kostenlosen Download bereit. Dieser QR-Code führt direkt zum Download.
5. Auflage, Passwort: **306105kto**
Die GPS-Tracks können in die **Rother App** importiert werden. In der App kann man unterwegs stets sehen, wo man gerade ist und wo es langgeht. **Anleitungen dazu: rother.de/gps**
Trotz sorgfältiger Prüfung können wir Fehler und zwischenzeitliche Veränderungen nicht ausschließen. Verlassen Sie sich für die Orientierung niemals nur auf die GPS-Daten, sondern beurteilen Sie die Verhältnisse vor Ort.

an ausgesetzten und abrutschgefährdeten Stellen, bei der Querung steiler Flanken, an regennassen, steilen Grashängen, auf gefrorenen Schneefeldern und bei vereisten Passagen. Im steilen Gelände und unter Felswänden ist zudem auf Steinschlaggefahr zu achten.
Bei schlechtem Wetter steigen die Gefahren, deshalb sollte man bei der Planung einer Tour die Wettervorhersage beachten. Bei Gewitterneigung gilt es, frühzeitig aufzubrechen. Während eines Gewitters muss man exponierte Stellen wie Gipfel und Grate schnellstens verlassen und sich von allem Metallischen (z. B. Drahtseile, Leitern) fernhalten.
Die vorgestellten Routen verlaufen zwar fast ausschließlich auf gut markierten bzw. ausgeschilderten Wegen und Steigen, trotzdem können bei dichtem Nebel oder Neuschnee Orientierungsprobleme auftreten.
Nicht unterschätzen sollte man auch die Gefahr durch Überforderung und Erschöpfung. Die Trittsicherheit sinkt erheblich und Herz-/Kreislaufprobleme drohen.

Ausrüstung

Bei der Wahl der Ausrüstung ist zu beachten, dass man mit dieser mehrere Tage unterwegs ist. So sollten die Schuhe nicht nur stabil sein und über eine Profilsohle verfügen, sondern auch gut eingelaufen sein. Den Rucksack wählt man am besten nicht zu groß (ca. 30 bis 35 Liter), da man sonst verleitet wird, zu viel

Heranziehende Gewitterfront an der Gotzenalm (Tour 29).

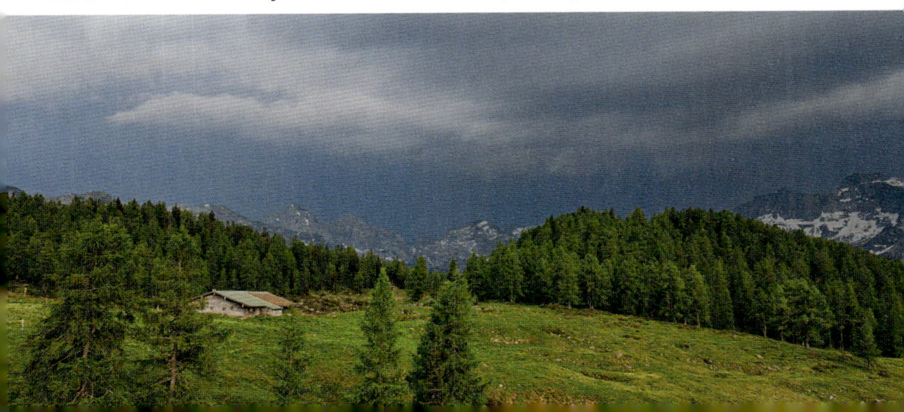

mitzunehmen. Allgemein ist bei der Ausrüstung auf das Gewicht zu achten. Die Kleidung sollte strapazierfähig sein und aus Funktionsmaterialien bestehen. Empfehlenswert ist das Zwiebelschalenprinzip: mehrere dünne Schichten, die sich kombinieren lassen. Zu bedenken ist, dass es im Gebirge, besonders bei einem Wettersturz, aber auch bedingt durch die Höhe, kalt werden kann. Einzelheiten in der Packliste.

Packliste

- Rucksack mit Regenhülle
- Wanderschuhe
- wasserdichter Anorak, Regenhose
- strapazierfähige lange und kurze Hose bzw. Berghose mit Zipper
- Socken
- Unterwäsche
- T-Shirts
- Pulli oder dünne Jacke
- Fleecejacke oder Windstopper
- Handschuhe
- Stirnband oder Mütze
- Sonnencreme, Sonnenbrille, Sonnenhut oder Kappe
- Teleskopstöcke
- Hüttenschlafsack
- Hüttenschuhe
- Waschsachen, kleines Handtuch
- Hygieneartikel
- Trinkflasche
- Proviant
- Notfallapotheke, Rettungsdecke
- persönliche Medikamente
- Smartphone (mit Powerbank)
- GPS-Gerät (alternativ Outdoor-App auf dem Smartphone)
- Taschen- oder Stirnlampe
- topografische Karten
- Taschenmesser
- Papiere, AV-Ausweis, Geld
- Mülltüte
- evtl. Fotoapparat

Anfahrt und Rückfahrt

Alle Touren in diesem Wanderbuch sind gut mit öffentlichen Verkehrsmitteln durchführbar, sodass eine Anreise mit Bahn und Bus naheliegt. Da sich Mehrtagestouren für spannende Überschreitungen anbieten, enthält dieses Buch viele Streckenwanderungen, also Touren, bei denen der Endpunkt nicht mit dem Ausgangspunkt identisch ist. In der Regel ist dann auch eine problemlose Rückkehr zum Ausgangspunkt mit öffentlichen Verkehrsmitteln möglich. Bei einer Anreise mit dem Auto ist es manchmal sinnvoll, das letzte Stück mit dem Bus zurückzulegen.

Gehzeiten

Die angegebenen Zeiten sind bei einem durchschnittlichen Tempo ausreichend, beinhalten jedoch nur die reine Gehzeit ohne Pausen. Je nach Kondition, Tagesform, Wetter und Geländebedingungen kann die tatsächlich benötigte von der angegebenen Zeit abweichen. Bei der Planung der Etappen sollte zusätzlich eine zeitliche Reserve eingerechnet werden.

Bergbahnen

Bei vielen Touren gibt es Bergbahnen als Auf- oder Abstiegshilfe. In der Kurzinfo findet sich der Hinweis auf die Betriebszeiten auch dann, wenn die vorgestellte Route die Benützung der Bergbahnen nicht beinhaltet.

Alpines Notsignal

Das alpine Notsignal besteht aus einem sechsmal in der Minute abgegebenen optischen oder akustischen Zeichen. Die Signalfolge wird, jeweils nach einem Intervall von einer Minute, so lange wiederholt, bis eine Antwort erfolgt. Diese besteht aus einem dreimal in der Minute abgegebenen Signal.

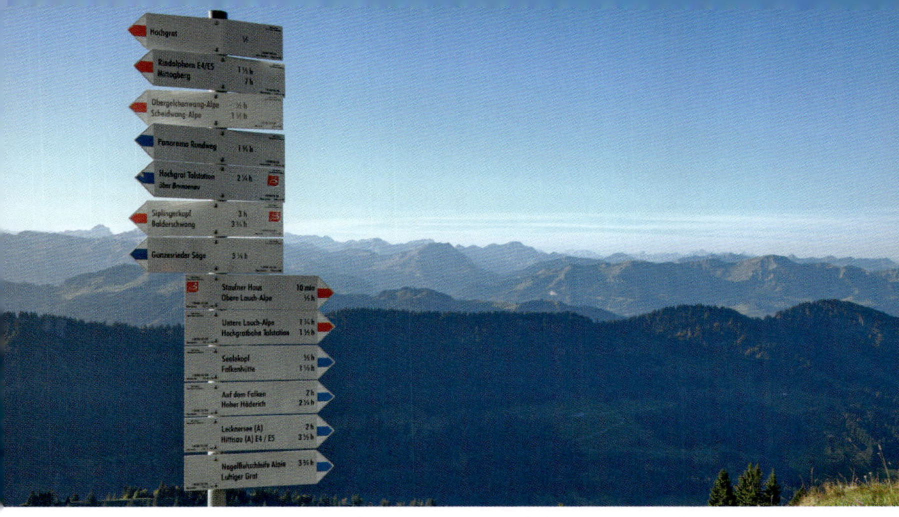

Bei der Hochgrat-Bergstation: viele Wege und ein Blick bis zu den Schweizer Alpen.

Für die Kommunikation mit dem Piloten eines Rettungshubschraubers gelten folgende Zeichen: No = N (einen Arm schräg nach oben, den anderen schräg nach unten): nein, keine Hilfe nötig. Yes = Y (beide Arme schräg nach oben): ja, wir brauchen Hilfe.

Karten

Die beigefügten Kartenausschnitte im Maßstab 1:50.000, 1:75.000 und 1:100.000 sind zur Orientierung ausreichend, trotzdem empfiehlt sich für den besseren Überblick die Mitnahme einer topografischen Karte. Bei der jeweiligen Tour werden, soweit verfügbar, die entsprechenden Kartenblätter von Freytag & Berndt (vorwiegend im Maßstab 1:50.000) und die Blätter der wegen ihrer Genauigkeit empfehlenswerten Alpenvereinskarte (Maßstab 1:25.000) genannt, ersatzweise die Karten des Bayerischen Landesamtes für Digitalisierung, Breitband und Vermessung.

Telefonnummern und Internetadressen

Notruf

- Europäische Notrufnummer 112
- Bergrettung Österreich 140

Alpine Auskunft

- Österreichischer Alpenverein (ÖAV), +43 512 587828

Alpine Wetterberichte

- Alpenvereinswetterbericht, alpenverein.de
- Meteomedia, wetterstationen.meteomedia.de
- Zentralanstalt für Meteorologie und Geodynamik, zamg.ac.at (für Österreich)

Fahrplanauskunft

- DB, +49 30 2970, bahn.de
- ÖBB, +43 5 1717, oebb.at
- RVO (Regionalverkehr Oberbayern), +49 89 55164-0, rvo-bus.de
- mona (Regionalverkehr Allgäu), mona-allgaeu.de
- VVT (Verkehrsverbund Tirol), +43 512 561616, vvt.at
- Königsseeschifffahrt, +49 8652 96360, seenschifffahrt.de

Der Umwelt zuliebe ...

Auch beim Wandern hinterlassen wir einen ökologischen Fußabdruck, aber im Einklang mit der Natur unterwegs zu sein, ist gar nicht so schwer!

VORBEREITUNG UND ANFAHRT

- Sich vorab informieren, worauf in Bezug auf Natur und Umwelt in der jeweiligen Wanderregion besonders zu achten ist.
- Soweit möglich mit Bahn und Bus anreisen, Wander- und Rufbusse nutzen.
- Ist eine Anfahrt mit dem Auto nötig, Fahrgemeinschaften bilden.
- Bei weiten Anfahrten Mehrtagestouren planen oder von einem Quartier vor Ort aus mehrere Touren absolvieren.
- Flugreisen möglichst reduzieren und durch Beiträge zu Klimaschutzprojekten kompensieren.

KLEIDUNG UND AUSRÜSTUNG

- Beim Kauf von Outdoor-Kleidung auf umweltfreundliche und faire Herstellung achten und Kleidungsstücke möglichst viele Jahre nutzen.
- Ausrüstung kann man eventuell auch gebraucht kaufen oder ausleihen.
- Reparieren statt neu kaufen.

VERPFLEGUNG

- Beim Einkauf Bio-Ware, regionale und saisonale Erzeugnisse bevorzugen.
- Hütten und Gasthäuser auswählen, die regionale Produkte verwenden.
- Auf Einwegflaschen und Plastikverpackungen verzichten, stattdessen wiederverwendbare Trinkflaschen und Brotzeitboxen benutzen.

ÜBERNACHTUNG

- Bei lokalen Anbietern buchen, damit Menschen vor Ort profitieren.
- Auf Hütten und in anderen Unterkünften Strom und Wasser sparen.

UNTERWEGS

- Wege benutzen und Abkürzer vermeiden.
- Sperrungen von Wegen und Schutzgebieten respektieren.
- Keine Blumen pflücken und keine Pflanzen entnehmen.
- Waldbrandgefahr beachten.
- Müll wieder mit nach Hause nehmen und dort entsorgen.
- Toilettengänge in freier Natur möglichst vermeiden.
- Lärm vermeiden.
- Hunde an die Leine nehmen.

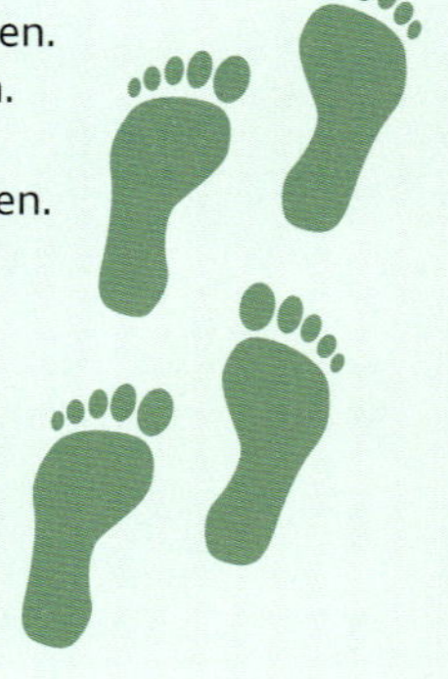

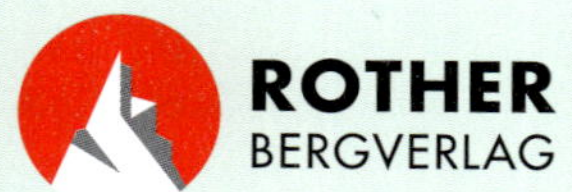

Erlebnis Hüttentour

Wir lehnen an einer sonnenwarmen Hüttenwand, sehen zu, wie die Schatten im Tal immer länger werden, und lassen einen ausgefüllten Tourentag Revue passieren. Der Geruch einer dampfenden Speckknödelsuppe kitzelt unsere Nase. Goldgelb leuchtet im Glas ein kühles Radler. Einige Wanderer schultern ihren Rucksack und machen sich an den Abstieg. Wir genießen es, einfach sitzen zu bleiben und die Zeit verrinnen zu lassen. Im Zeitlupentempo bewegt sich die Sonne auf das Gipfelmeer am Horizont zu. Ihre letzten Strahlen tauchen die Bergspitzen in ein zartes Orange, bevor die Dämmerung wie ein grauer Schleier über das Gebirge fällt. Bald gleicht das Tal unter uns einem dunklen Ozean mit flackernden Lichtinseln – Zeit, uns in die gemütlich-warme Gaststube zurückzuziehen, voller Erwartung auf den morgigen Tourentag.

Einfach einmal oben bleiben und erleben, wie sich der Tag mit faszinierenden Farbspielen in die Nacht verabschiedet. Wer mehrere Tage im Gebirge unterwegs ist, taucht richtig in die Bergwelt ein. Der Alltag bleibt weit zurück. Gehen, schauen, sich treiben lassen – sonst gibt es nichts zu tun. Schon nach kurzer Zeit wird man erfahren, wie entspannend das sein kann und wie intensiv das Erleben dabei wird. Einfache Dinge sind plötzlich ein wahrer Genuss: ein kühler Wasserstrahl im erhitzten Gesicht, der Geruch des Holzfeuers auf der Hütte, barfuß laufen nach einem langen Tourentag ... Gehen, diese langsamste Art der Fortbewegung, bietet Erholung von der Überfülle an Reizen im Tal und schärft den Blick für die kleinen Dinge am Wegesrand. Natürlich drückt der Rucksack, sind die Beine schwer, ist der Schlaf im vollen Hüttenlager unruhig. Doch was am Ende bleibt, sind die inten-

Sonnenuntergang bei der Nördlinger Hütte (Tour 16).

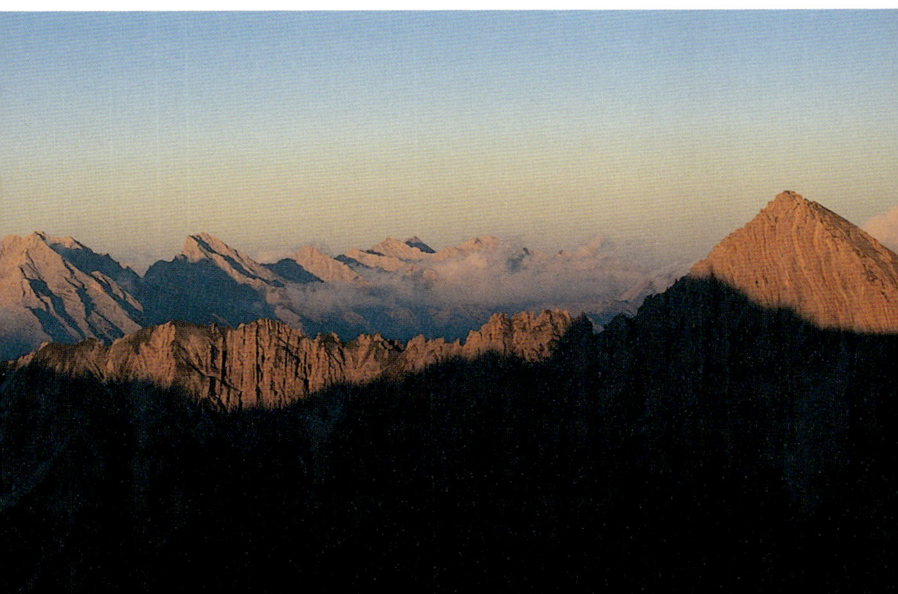

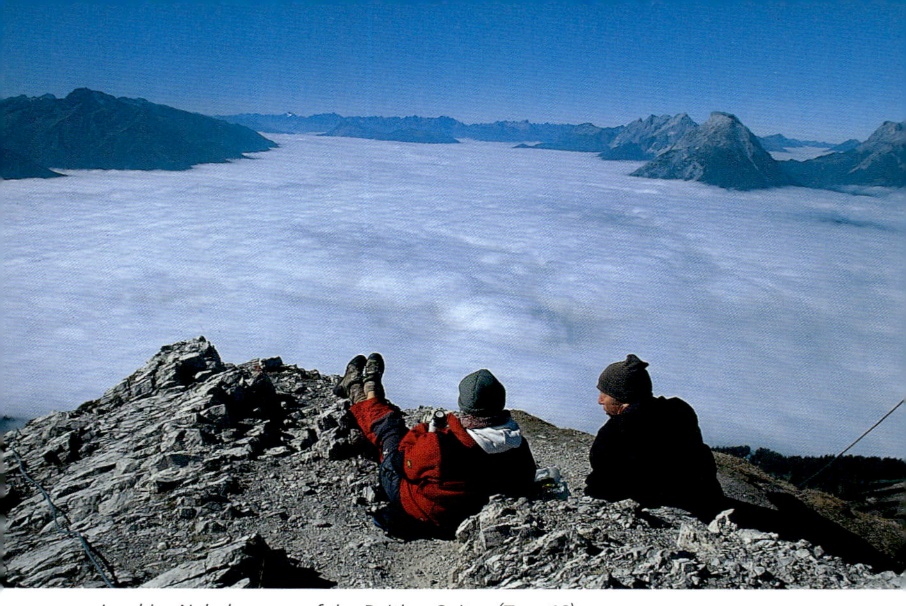

Insel im Nebelmeer: auf der Reither Spitze (Tour 16).

siven Landschaftsbilder, das Erfolgserlebnis am Gipfel, ein zünftiger Hüttenabend – Erinnerungen, von denen man noch lange zehren kann. Mehrtagestouren können süchtig machen. Dabei muss es keine große Trekkingtour sein. Auch bei einem Wochenende am Berg rückt das Tal in weite Ferne, hat man bei der Rückkehr das Gefühl, in einer anderen Welt gewesen zu sein. Wer zwei oder drei Tage durch ein Gebirge streift, lernt es in seinen unterschiedlichen Facetten kennen und kommt in Gebiete, die in einer Tagestour schwer zu erreichen sind. Gipfel, die in einem Tag nur ausgesprochen konditionsstarke Bergsteiger und Bergsteigerinnen schaffen, rücken mit einer Hüttenübernachtung auch für »Normalwanderer« in Reichweite.

Und was für ein Erlebnis ist es, mitten in den Bergen aufzuwachen! Wir treten auf die Hüttenterrasse und werden von einem großartigen Panorama begrüßt. Die Farben sind so klar und intensiv, als wären sie über Nacht blankgeputzt worden. An den Grashalmen glitzert der Tau in den ersten Sonnenstrahlen wie winzige Kristallkugeln. Wir atmen die frische Morgenluft ein und sind sofort wach. Nach dem Frühstück steigen wir bereits wieder bergan und nutzen die Kühle des Morgens, während die Tagesausflügler noch auf der Autobahn oder im Zug Richtung Gebirge rollen. Eine Hüttentour – gerne immer wieder!

Hütten des Deutschen und des Österreichischen Alpenvereins

Mit Gründung der Alpenvereine begann die Erschließung der Alpen mit Hütten und Wegen. Alpenvereinshütten dienten früher vor allem als Stützpunkt für Gipfelbesteigungen und boten eine kostengünstige Übernachtungsmöglichkeit in den Bergen. Heute sind die Schutzhäuser selbst beliebte Wanderziele, die eine schöne Lage, gutes Essen und einen gemütlichen Hüttenabend versprechen. Der Deutsche Alpenverein unterhält 325 Unterkunftshäuser, der Österreichische 230. Viele trotzen seit mehr als hundert Jahren im Gebirge Wind und Wetter und wurden in dieser Zeit immer wieder erweitert und bei Umbauten auf den neuesten Stand, was Technik und Umweltschutz betrifft, gebracht. Die Palette an Bergunterkünften ist groß: von der kleinen, urigen Bergsteigerunterkunft bis zum großen Hüttenbetrieb mit hundert und mehr Schlafplätzen, vom Wolkenhaus in fantastischer Lage bis zum Berggasthof-ähnlichen Stützpunkt in Talnähe. Die Alpenvereinshütten gehören den verschiedenen Sektionen. Eine einheitliche Hüttenordnung, die der Deutsche und der Österreichische Alpenverein ausgearbeitet haben, legt Grundregeln für den Aufenthalt fest. Dort sind unter anderem die Übernachtungstarife und Richtlinien für die Hüttenverpflegung festgeschrieben. Auch einige Punkte, an die sich Hüttengäste zu halten haben, sind aufgeführt. Dazu gehört, sich in ein Hüttenbuch einzutragen, die Hüttenruhe zwischen 22 und 6 Uhr zu respektieren und den eigenen Müll wieder mit ins Tal zu nehmen. Haustiere können nur in Absprache mit dem Hüttenteam mitgebracht werden. Neben den Alpenvereinshäusern gibt es eine Reihe von privaten Hütten und Almen, die eine Übernachtungsmöglichkeit anbieten. Dort wird der Hüttenbetrieb von den jeweiligen Besitzern oder Wirten geregelt.

Die Öffnungszeiten der Hütten hängen von ihrer Höhenlage und den Tourenmöglichkeiten im Winter bzw. der Nähe eines Skigebiets ab. Manche sind ganzjährig bewirtschaftet. Hauptwanderzeit für eine Hüttentour ist in der Regel Juni bis September oder Oktober. Bei ungünstigen Witterungsbedingungen kommt es vor, dass Berghäuser später öffnen oder früher schließen, als bei den Öffnungszeiten angegeben ist. Am Saisonanfang bzw. -ende sorgt deshalb ein Blick auf die Internetseite der Hütte oder ein Anruf für Gewissheit.

Die Lenggrieser Hütte des DAV mit ihrer Sonnenterrasse (Tour 21).

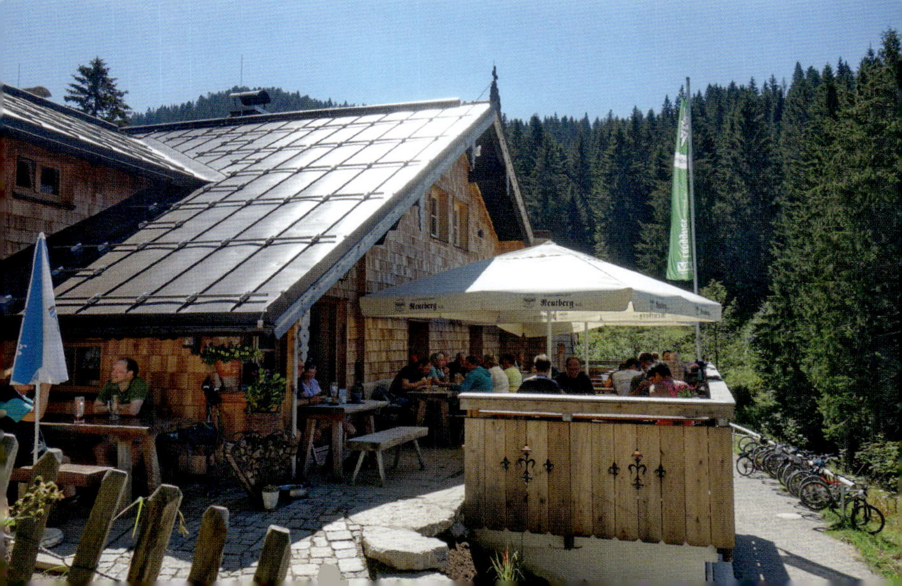

Hüttenübernachtung

Eine Nacht auf einer Berghütte – da denken viele an das Massenlager mit 30 oder mehr Schlafplätzen, das bisher nicht gekannte Geräusch- und Geruchserfahrungen bietet, an schmale Matratzen, auf denen es sich nicht vermeiden lässt, mit dem unbekannten Schlafnachbarn auf Tuchfühlung zu gehen, an spartanische Waschräume, in denen man sich einer Katzenwäsche mit eiskaltem Wasser unterzieht. Doch auch auf den Hütten haben sich die Zeiten geändert. Immer mehr Alpenvereinshäuser werden umgebaut, um den gestiegenen Ansprüchen der Hüttengäste gerecht zu werden. Statt der großen Matratzenlager werden kleinere Mehrbettzimmer eingerichtet. Auf vielen Hütten gibt es warmes Wasser und werden Duschen angeboten, wenn auch gegen Gebühr. Durch den Einsatz neuer Technologien ist es möglich, den Komfort ohne zusätzlichen Energieverbrauch oder eine größere Umweltbelastung zu erhöhen. Trotzdem ist eine Berghütte nicht mit einem Gasthof im Tal zu vergleichen. Aufgrund ihrer abgeschiedenen Lage sind Versorgung und Betrieb mit großem Aufwand verbunden. Auf WLAN muss meist verzichtet werden. Doch wer seine Ansprüche zurückschraubt und sich auf die Gegebenheiten vor Ort einlässt, wird so manche Hütte in sein Herz schließen. Oft sind es gerade die kleinen, einfachen Berghäuser, die sich einen gewissen Charme bewahrt haben.

Bergwandern und vor allem auch Hüttentouren erfreuen sich großer Beliebtheit. Deshalb muss man sich vor allem an Wochenenden und in Ferienzeiten auf volle Hütten einstellen. Unbedingt zu empfehlen ist eine rechtzeitige Reservierung der Schlafplätze. Die Anmeldung erfolgt auf vielen Hütten über das Online-Reservierungssystem der Alpenvereine oder ein anderes Buchungsportal. Der Link ist auf der Webseite der jeweiligen Hütte zu finden. Manche

Modernisierter kleiner Schlafraum in der (privaten) Pleisenhütte (Tour 15).

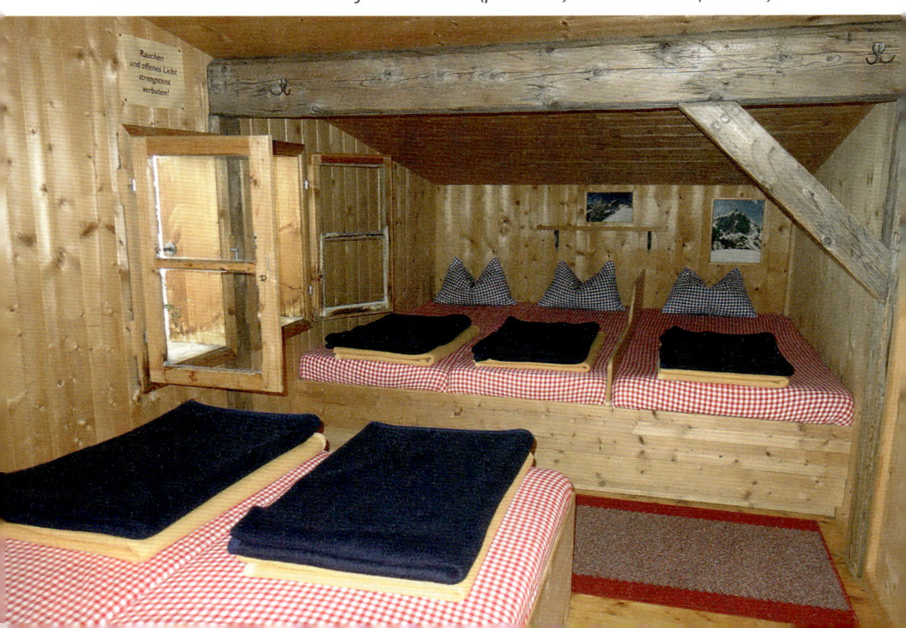

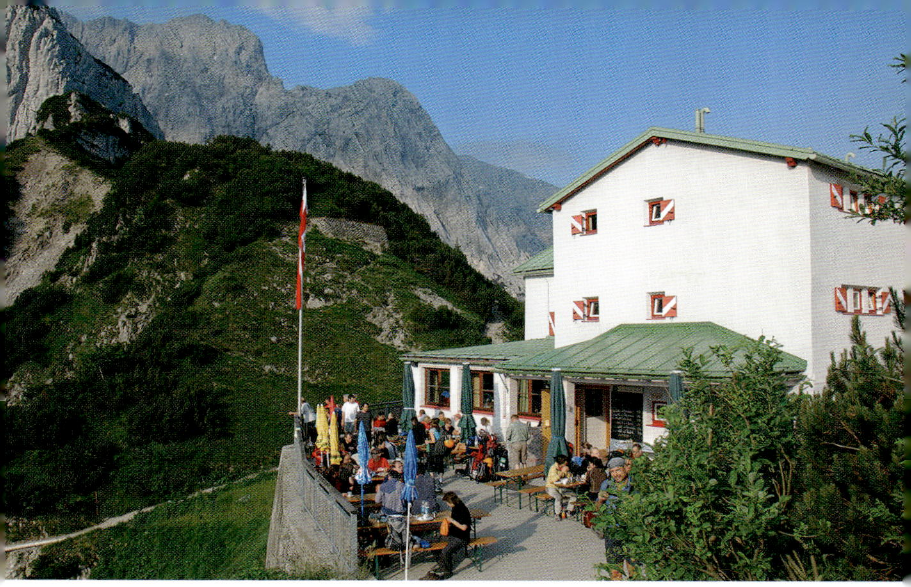

Das Stripsenjochhaus des ÖAV im Kaisergebirge (Tour 23).

Hüttenwirte nehmen die Reservierung telefonisch oder per E-Mail entgegen. Dies ist in der Regel ebenfalls auf der Homepage vermerkt. Kann man die Tour nicht durchführen, sollte es selbstverständlich sein, das Hüttenteam zu informieren bzw. über das Buchungsportal zu stornieren, damit andere die Schlafplätze nutzen können. Auf manchen Hütten wird bei der Reservierung eine Anzahlung verlangt und bei verspäteten Absagen eine Stornogebühr einbehalten. In Alpenvereinshäusern hat man die Wahl zwischen Matratzenlagern, Mehrbett- und Zweierzimmern, allerdings bietet nicht jede Hütte alle drei Kategorien an. Die Benutzung eines Hüttenschlafsacks – eines leichten Baumwoll- oder Seidenschlafsacks – ist überall vorgeschrieben. Alpenvereinsmitglieder tragen mit ihren Mitgliedsbeiträgen zum Erhalt der Hütten bei und genießen deshalb einige Vorteile. So sind die Nächtigungstarife für sie um mindestens zwölf Euro günstiger als für Nichtmitglieder. Für alle Hüttengäste ist in der Übernachtungsgebühr eine Reisegepäckversicherung inbegriffen. Auf vielen Hütten ist keine Kartenzahlung möglich. Es empfiehlt sich deshalb, genügend Bargeld mitzunehmen.

Hüttenverpflegung

Die Vorfreude auf ein gutes Abendessen gehört genauso zu einer Tour wie ein schöner Gipfel oder ein herrlicher Panoramablick. Nach geschafften Höhenmetern schmeckt es

Frühstück an der Erfurter Hütte (Tour 19).

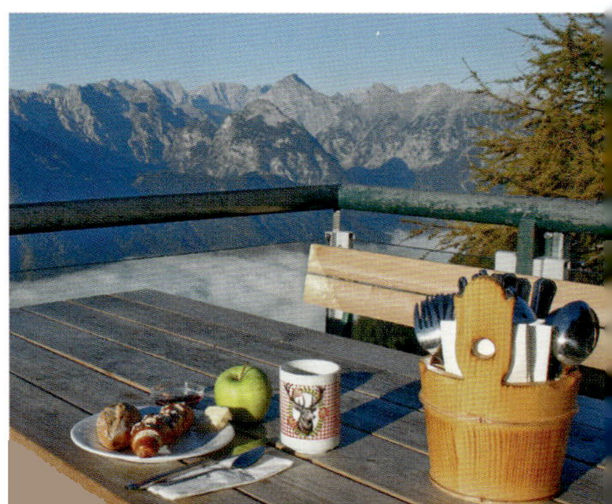

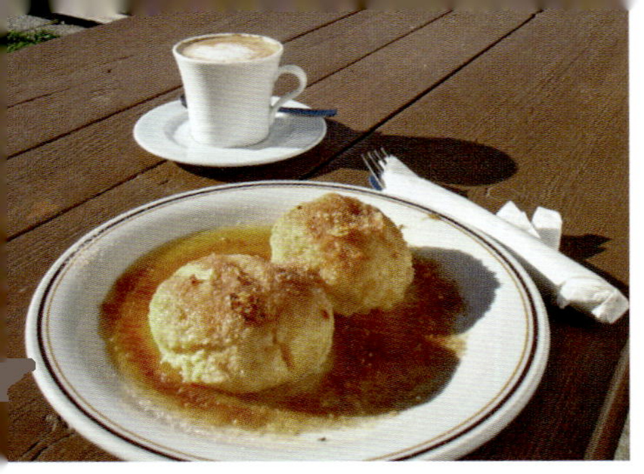

Beliebte Mehlspeise: Marillenknödel.

schließlich doppelt gut. So unterschiedlich die Hütten sind, so sehr variiert auch die Speisekarte. Auf manchen wird deftig gekocht, bei anderen geht das Angebot weit über die klassischen Hüttengerichte hinaus und es lässt sich manche kulinarische Entdeckung machen. Auch vegetarische und vegane Gerichte ergänzen inzwischen des Öfteren die Speisenauswahl. Immer mehr Hütten bieten Halbpension an, die meist ein dreigängiges Menü einschließt. Viele Hüttenwirte und -wirtinnen legen großen Wert auf die Qualität ihrer Speisen. Da wird Brot gebacken und Speck geräuchert, da duftet Schweine- oder Wildbraten aus dem Rohr und selbst gemachte Knödelgerichte und Süßspeisen lassen das Wasser im Mund zusammenlaufen. Der Deutsche Alpenverein hat das Projekt »So schmecken die Berge« ins Leben gerufen, um die Direktvermarktung regionaler Produkte auf Hütten zu fördern und so die Bergbauern vor Ort zu unterstützen. Hütten, die sich daran beteiligen, sind am Logo mit der Kuh zu erkennen. Dort kommt man in den Genuss so mancher regionaler Schmankerl.

Alpenvereinsmitglieder haben auf den Hütten Anspruch auf ein ermäßigtes Bergsteigeressen sowie auf Teewasser. Auch Selbstversorgung ist nur diesen erlaubt. Für die Nutzung der Infrastruktur auf der Hütte ist jedoch eine Gebühr zu bezahlen. Mitgebrachte alkoholische Getränke dürfen nicht konsumiert werden.

Umweltschutz auf Hütten

Ein Großteil der Hütten liegt in ökologisch sensiblen Bergregionen. Energieversorgung und Abwasserentsorgung stellen den Alpenverein dort vor große Herausforderungen. Umweltschutz auf Hütten ist deshalb seit Jahren ein zentrales Thema. Immer mehr Unterkunftshäuser werden mit modernen Technologien für eine möglichst umweltverträgliche Energiegewinnung ausgestattet. So weit wie möglich setzt man dabei auf erneuerbare Energien. Vielerorts sorgen Fotovoltaikanlagen für Strom und oft auch für warmes Wasser. Manche Hütten verfügen über ein eigenes kleines Wasser- oder Windkraftwerk. Dennoch ist die Energiegewinnung auf Hütten in der Regel mindestens zehnmal teurer als im Tal. Bei einer voll belegten Hütte müssen große Abwassermengen entsorgt werden. Deshalb werden die Berghäuser nach und nach mit modernen Anlagen zur Abwasserreinigung ausgerüstet, die dem neuesten Stand der Technik entsprechen. Die Reduzierung des täglich anfallenden Mülls ist ein weiteres wichtiges Thema. Jeder Hüttengast kann einen Beitrag zum Umweltschutz leisten, indem er sparsam mit Strom und Wasser umgeht und seinen Müll wieder mit ins Tal nimmt.

Weitere Informationen zu den Alpenvereinshütten sind im Internet unter alpenverein.de und alpenverein.at zu finden.

Blick von der Steinkarspitze zum Hochvogel (Tour 4).

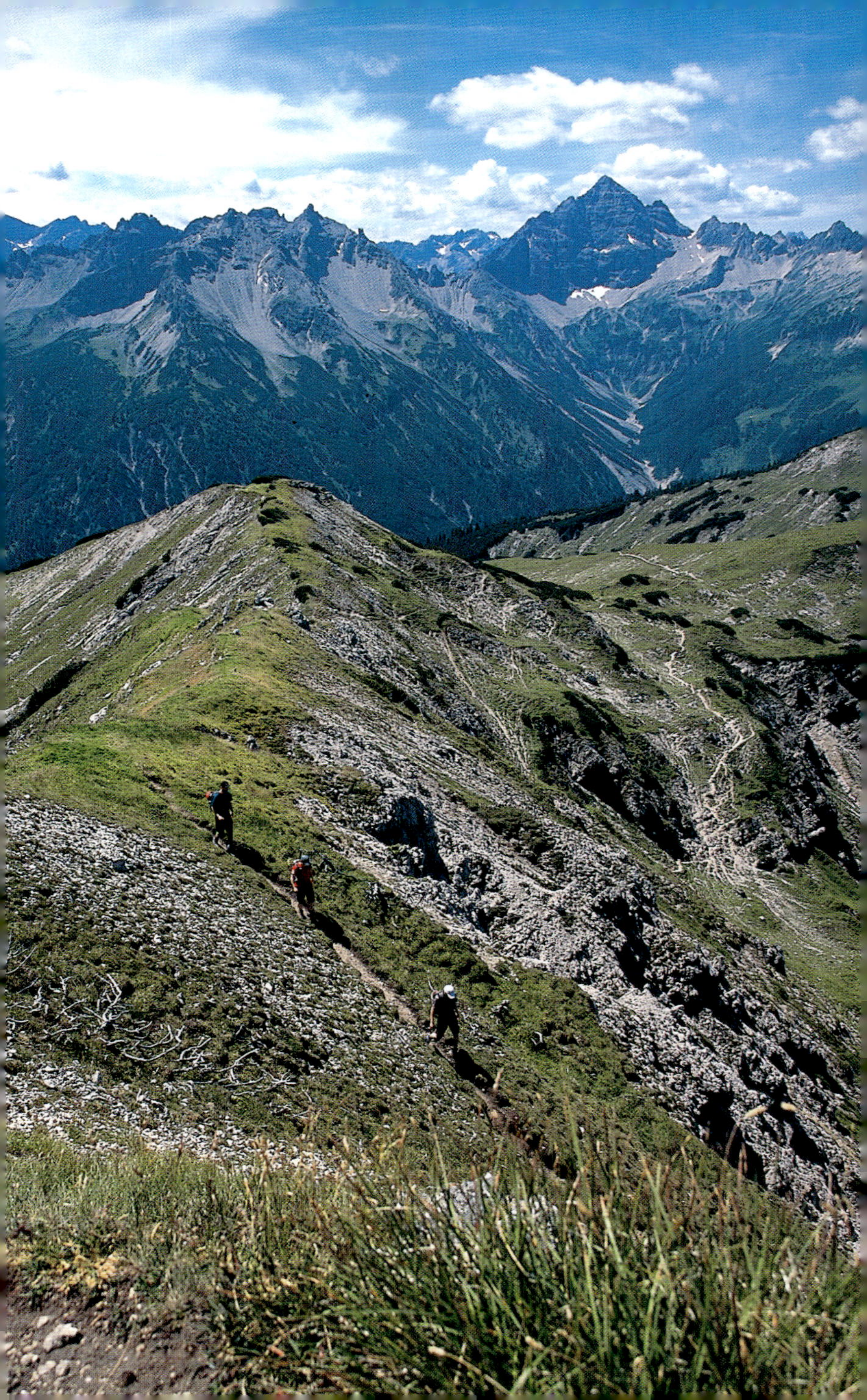

1 Über die Nagelfluhkette
Von Steibis nach Immenstadt

TOP | 2 Tage | 27,0 km | ↗ 1930 m | ↘ 1730 m

   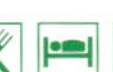

Aussichtsreich über Grate aus »Herrgottsbeton«

Gipfelsammler kommen bei der Überschreitung der Nagelfluhkette auf ihre Kosten. Auf und ab geht es in zwei Tagen über ein Dutzend Erhebungen, immer auf abwechslungsreichen Steigen und mit großartigem Panorama von der Zugspitze bis zum Säntis. 24 Kilometer lang ist der Bergkamm, der sich von Hittisau in Vorarlberg bis Immenstadt hinzieht, an der Schnittstelle von Allgäu und Bregenzerwald. Seine Gipfel ragen als erste Vorposten der Allgäuer Alpen über dem Alpenvorland empor.

Charakteristisch für den Gebirgszug ist das Nagelfluhgestein, das sich aus rund geschliffenen Kieseln unterschiedlicher Größe zusammensetzt. Geröll, das Flüsse vor etwa 20 bis 28 Millionen Jahren abgelagert haben, wurde im Laufe der Zeit fest zusammengebacken und bei der Auffaltung der Alpen emporgehoben. Später ging die Erosion ans Werk. So entstand eine reizvolle Felslandschaft mit scharf geschnittenen Graten, bizarr geformten Türmen und Zacken und quer durch die steilen Bergflanken laufenden felsigen Bändern und Rippen. Den Namen Nagelfluh erhielt das Gestein, da die herausragenden Kieselsteine eingeschlagenen Nagelköpfen gleichen. Sein Aussehen erinnert an Waschbeton, sodass es auch gerne »Herrgottsbeton« genannt wird. Seit 2008 steht die Nagelfluhkette als Naturpark unter Schutz. Sie bietet auf einer relativ kleinen Fläche viele unterschiedliche Lebensräume und ist deshalb von einer großen Artenvielfalt geprägt. Wanderer schätzen vor allem die farbenprächtigen Blumenteppiche, die die Grashänge im Frühjahr überziehen. Die Wanderung über den östlichen Teil des Kamms vom Hochgrat zum Mittag ist eine beliebte Tagestour. In ihrer gesamten Länge wird die Nagelfluhkette dagegen eher selten überschritten. Da man sich meist auf einer Höhe zwischen 1600 und 1800 Metern bewegt, ist die Tour bereits im Frühsommer und bis in den späten Herbst möglich. Als Stützpunkt dient das gemütliche Staufner Haus auf der Nordseite des Kamms. Dort kocht das Hüttenteam Klassiker wie Knödel und Kässpatzn, aber auch kreative vegane Gerichte. An klaren Sommerabenden gehört das Erlebnis des Sonnenuntergangs von der Hüttenterrasse aus zu den Höhepunkten der Tour. Das Allgäuer Hügelland wellt sich zum rötlich gefärbten Horizont und das »schwäbische Meer«, der Bodensee, glänzt im Gegenlicht.

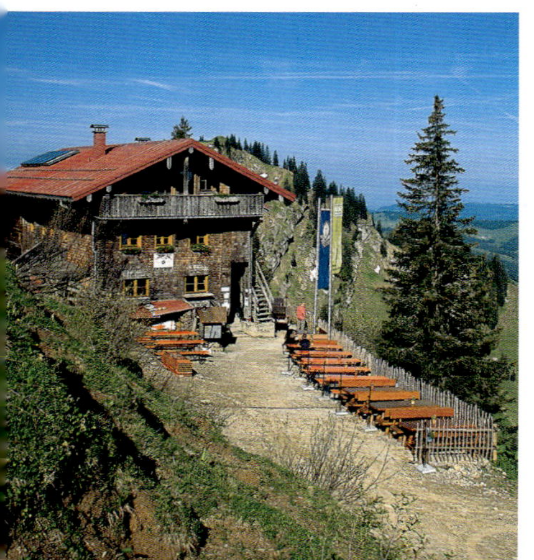

Das Staufner Haus.

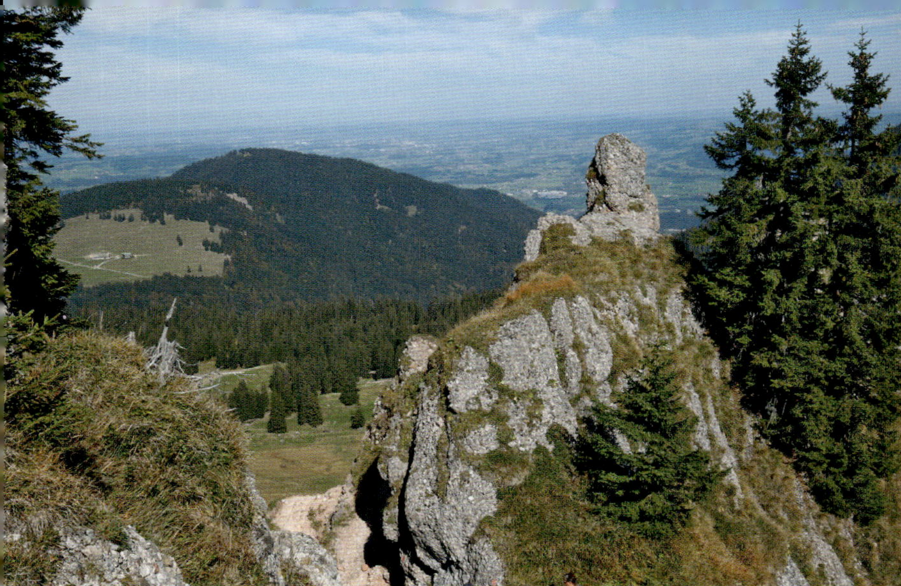

Bizarre Nagelfluhfelsen am Ostgrat vom Stuiben.

Ausgangspunkt: Talstation der Imbergbahn südlich von Steibis, 915 m, Parkplatz. Vom Bahnhof Oberstaufen Buslinie 95 über Steibis zur Imbergbahn und zur Hochgratbahn (siehe Variante). Wer mit dem Auto anreist, parkt an der Talstation der Mittagbahn in Immenstadt (Endpunkt) und löst ein Parkticket für zwei Tage. Dann 15 Minuten Fußweg zum Bahnhof, mit Bus 39 oder Zug nach Oberstaufen und von dort mit dem Bus 95 über Steibis zur Imbergbahn oder zur Hochgratbahn (siehe Variante). Buslinie 99 von Steibis zum Hörmoos von Mitte Mai bis Anfang November um 9.08 und 17.10 Uhr, dazwischen fünf weitere Verbindungen ab Imbergbahn Bergstation, Infos bei Burkhard Reisen, Tel. +49 8381 7444, mona-allgaeu.de.

Endpunkt: Talstation der Mittagbahn, 760 m. 15 Minuten Fußweg zum Bahnhof von Immenstadt.

Bergbahnen: Imbergbahn (Gondelbahn), Sommerbetrieb Ende April bis Anfang November von 9 bis 16.30 Uhr, Tel. +49 8386 8112, huendle-imberg.de. Hochgratbahn (Gondelbahn), Sommerbetrieb Ende April bis Anfang November von 8.45 bis 16.30 Uhr, Tel. +49 8386 8222, hochgrat.de. Mittagbahn (Sessellift), Sommerbetrieb Ende April bis Ende Oktober von 8 bis 17 Uhr (bis Pfingsten bis 16 Uhr), bei schlechtem Wetter kein Betrieb, Tel. +49 8323 6149, mittagbahn.de.

Höhenunterschied / Gehzeit:
1. Tag: 860 m↑, 440 m↓; 4.50 Std.
2. Tag: 1070 m↑, 1290 m↓; 6.30 Std.
gesamt: 1930 m↑, 1730 m↓; 11.20 Std.

Anforderungen: Am ersten Tag erfordert vor allem die teils gesicherte Gratpassage östlich des Hochhäderich Trittsicherheit und Schwindelfreiheit. Sie kann auf der Variante über die Falkenhütte umgangen werden. Auch im weiteren Gratverlauf müssen kurze gesicherte Felsstellen überwunden werden. Auf schmalen Steigen und bei leichten Felspassagen sind am zweiten Tag ebenfalls ein sicherer Tritt und Schwindelfreiheit Voraussetzung, vor allem an den Graten des Buralpkopfs und beim Übergang vom Stuiben zum Steineberg. Durch das beständige Auf und Ab ist die Wanderung anstrengend, Ausdauer erforderlich. Die Tour sollte nur bei sicheren Wetterverhältnissen (vor allem ohne Gewittergefahr) gegangen werden. Bei Nässe sind die Steige unangenehm rutschig.

Einkehr / Übernachtung:
1. Tag: An der Talstation der Imbergbahn Festhalle Steibis, nur Einkehr, und Berggasthof Auwinkel, nur Einkehr, Mittwoch und Donnerstag Ruhetag (in den Ferien nur Donnerstag); Imberghaus an der Bergstation, nur Einkehr, Montag und Dienstag Ruhetag (in den Ferien nur Montag); Berggasthof Hochbühl, privat, 90 Schlafplätze, geöffnet Mitte Mai bis Anfang November und Weihnachten bis Ostern, Mittwoch und Donnerstag Ruhetag außer im Winter, Tel. +49 8386 8138, berggasthof-hochbuehl.de; Alpe Hochwies, nur Einkehr, Montag Ruhetag; Berggasthaus Hochhäderich, nur Einkehr, Mittwoch Ruhetag; Alpengasthof Hörmoos (Variante), privat, Doppel- und Mehrbettzimmer, geöffnet Mitte Mai bis Anfang November und Weihnachten bis Ostern, Montag und Dienstag Ruhetag, Tel. +49 8386 8129, hoermoos.de; Falkenhütte (Variante), privat, 85 Schlafplätze, geöffnet Mitte / Ende Mai bis Anfang November und Weihnachten bis Ostern, Montag Ruhetag, Tel. +49 8386 8113, falkenhuette.de; Staufner Haus, DAV, 70 Schlafplätze, geöffnet 1. Mai bis Mitte Oktober und Weihnachten bis Mitte März, im Winter Montag bis Mittwoch Ruhetag, Tel. +49 8386 8255, staufner-haus.de.
2. Tag: Bergrestaurant am Hochgrat, nur Einkehr; Gasthaus Gipfelwirt an der Bergstation der Mittagbahn, nur Einkehr.
Karten: Bayerisches Landesamt für Digitalisierung, Breitband und Vermessung UK 50-47, Allgäuer Alpen, 1:50.000; AV-Karte Blatt BY 1, Allgäuer Voralpen West – Nagelfluhkette – Hörnergruppe, 1:25.000.
Varianten: 1. Für eine etwas einfachere Variante am ersten Tag geht man über den Alpengasthof Hörmoos auf breiten Wegen zur Falkenhütte und über die Wiesenhänge zum Kamm westlich des Eineguntkopfs hinauf. Dort trifft man auf die beschriebene Route zum Staufner Haus (3.15 Std. ab Bergstation Imbergbahn).
2. Der direkte Anstieg zum Staufner Haus beginnt bei der Talstation der Hochgratbahn (Bus von Oberstaufen) und führt in 2 Std. zur Hütte hinauf.

1. Tag:

Die ersten Höhenmeter von der **Talstation der Imbergbahn ❶**, 915 m, zum Imbergkamm hinauf legen wir ganz bequem mit der Gondelbahn zurück (zu Fuß 45 Min.). Wer will, kann von der Bergstation den Bus zum Hörmoos nehmen (Bushaltestelle unterhalb des Imberghauses) und von dort rechts am kleinen See vorbei zum Hubertushaus wandern, wo man auf die beschriebene Anstiegsroute trifft. Der Bus erspart eine Stunde Fußweg.
Doch die Wanderung durch die Almenregion am Fuß der Nagelfluhkette hat durchaus ihren Reiz. Dazu gehen wir von der **Bergstation der**

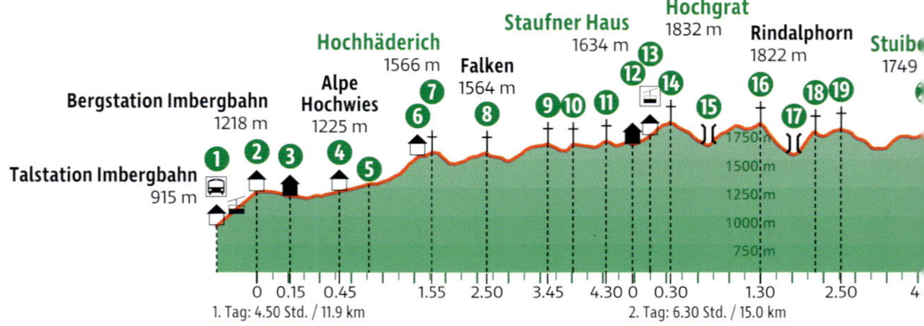

Imbergbahn ❷, 1218 m, rechts an der Ansbacher Skihütte vorbei auf einen breiten Schotterweg Richtung Berggasthaus Hochbühl. Sobald wir auf eine Asphaltstraße treffen, biegen wir links ein und steigen, am **Berggasthof Hochbühl ❸**, 1180 m, vorbei, ins Tal des Lanzenbachs hinab. Die Stationen eines Alperlebnispfades informieren auf unterhaltsame Weise über die Region. Im Talgrund zweigen wir rechts durch ein Weidegatter zum Almgebäude der Schmalzgrube ab und überqueren den Bach. Ein breiter Almweg führt ziemlich steil zur **Alpe Hochwies ❹**, 1225 m, hinauf.

Wer weiter zur Falkenhütte wandern will (siehe Variante), folgt dort dem Steig an einer Kapelle vorbei über den Wiesenhang bergauf. Wir aber gehen rechts am Gasthaus vorbei und bei einer Verzweigung links auf den Wiesenweg Richtung Hintere Häderichalpe / Hörmoos. Er verläuft durch schönes Almgelände um eine Erhebung herum zur **Hinteren (Unteren) Häderichalpe ❺**.

Kurz darauf lassen wir das Hubertushaus (nur für Pensionsgäste bewirtschaftet) links liegen und folgen geradeaus dem Almweg weiter, bis nach 150 m rechts ein Pfad Richtung Hoher Häderich über den Wiesenhang bergauf zieht. Bei einer Almhütte beginnt er, nach links ziemlich steil und direkt zur Kammhöhe anzusteigen. Dort überrascht uns eine fantastische Aussicht über den Bregenzerwald zum Bodensee, zum Säntis und zum markanten Hohen Ifen über dem Kleinwalsertal. Links kommen wir in wenigen Minuten zum bereits in Vorarlberg liegenden **Berggasthaus Hochhäderich ❻**, 1534 m, an dessen aussichtsreicher Terrasse wohl kaum jemand vorbeigehen kann, und zum **Hochhäderich ❼**, auch Hoher Häderich, 1566 m, der westlichsten Erhebung der Nagelfluhkette.

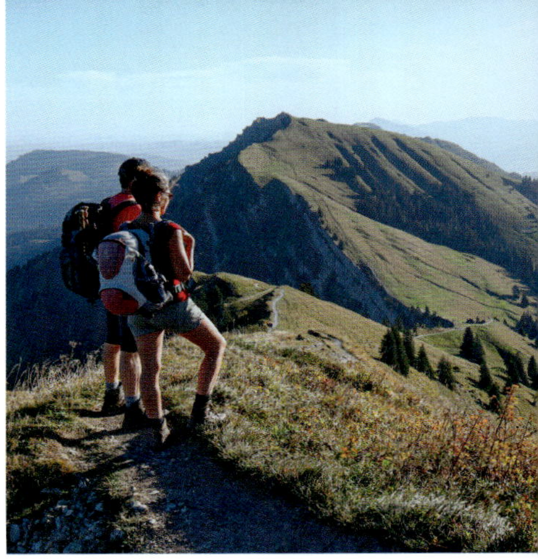

Am Ostkamm des Hochgrats.

Wir bleiben nun immer auf der Höhe des Kamms, der in östlicher Richtung bis nach Immenstadt zieht, und sind gleich bei einer der anspruchsvollsten Stellen der Überschreitung gefordert. Ein schmaler Pfad folgt der scharfen Gratschneide aus Nagelfluhgestein und leitet über einige felsige Aufschwünge hinab. An luftigen Stellen gibt ein Drahtseil Halt, einige Gratpassagen sind jedoch auch ungesichert zu meistern. Wir queren ein kurzes Stück in die bewaldete Nordseite und steigen anschließend am nun breiteren Kamm zum

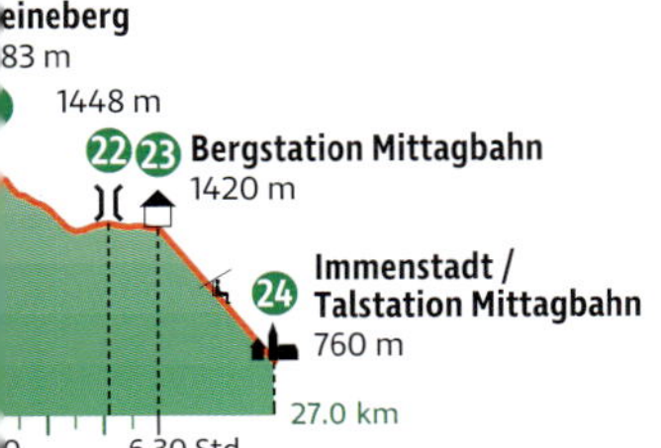

Gipfelfelsen des **Falken** ❽, 1564 m, hinauf, wobei eine kurze felsige Rinne leichte Kraxelei erfordert.
Der Steig bleibt mit kürzeren Ab- und Anstiegen in Gratnähe und führt teilweise etwas ausgesetzt oberhalb der Falkenhütte abwärts. Schließlich sind wir am lang gezogenen Rücken des **Eineguntkopfs** ❾, auch Rohne Höhe, 1639 m, angekommen und wandern südlich unterhalb des höchsten Punktes vorbei. Ein wurzeliger Steig und felsige Passagen, bei denen Metalltritte angebracht sind, erfordern immer wieder Konzentration. Über den unscheinbaren **Hohenfluhalpkopf** ❿, 1636 m, gelangen wir zu einer Verzweigung und können links in zehn Minuten noch den **Seelekopf** ⓫, 1663 m, »mitnehmen« (der felsige Abstieg ist mit Drahtseilen gesichert) oder ihn südseitig umgehen. Noch einmal geht es kurz bergauf und mit Hilfe einer Leiter über eine kurze steile Stufe. Dann steigen wir bei einer Almhütte zum wenig unterhalb des Kamms liegenden **Staufner Haus** ⓬, 1634 m, ab.

2. Tag:
Vom Staufner Haus gehen wir wieder zur Kammhöhe hinauf und steuern links die **Bergstation der Hochgratbahn** ⓭, 1708 m, an. Nach dem Gebäude stehen zwei Routen zur Auswahl. Geradeaus führt der Anstieg durch die Südhänge zum Gipfel. Wir halten uns jedoch links und folgen einem steinigen, aber unschwierigen Weg über den Südwestgrat zum **Hochgrat** ⓮, 1832 m, hinauf. Nun stehen wir auf dem höchsten Gipfel der Nagelfluhkette und genießen ein großartiges Panorama, das von der Zugspitze ganz im Osten über den Allgäuer Hauptkamm und die Silvretta bis zur Schesaplana im Rätikon und den Massiven des Tödi und des Säntis in der Schweiz reicht.
Über den Ostkamm steigen wir in die gut 200 Meter tiefer gelegene **Brunnenauscharte** ⓯, 1624 m, hinab. Jenseits geht es über einen breiten Wiesenrücken zu einem Vorgipfel hinauf, wo wir bereits unser nächstes Ziel, das spitze Rindalphorn, im Blick haben. Durch eine

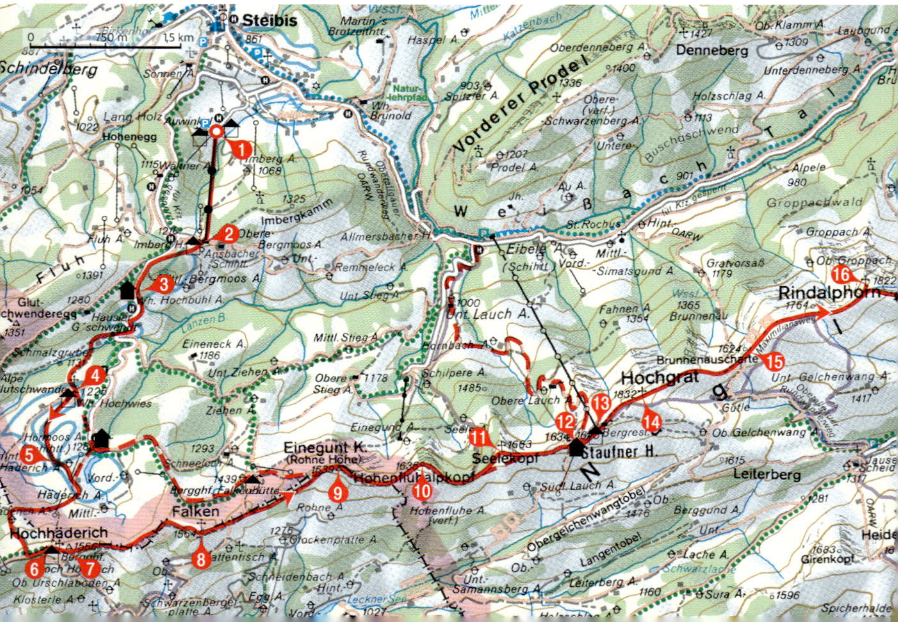

Senke erreichen wir eine kleine Scharte mit einer Weggabelung und über abschüssige Schrofenhänge in wenigen Minuten das Gipfelkreuz des **Rindalphorns ⑯**, 1822 m.

Wir kehren zur Verzweigung zurück und steigen links durch eine breite Rinne, die im Süden von Nagelfluhfelsen begrenzt wird, zur waldigen **Gündlesscharte ⑰**, 1542 m, ab. Die Abzweigungen lassen wir unbeachtet und gehen den nächsten Anstieg an. Er zieht in Kehren über einen steilen Wiesenhang bergauf und nach links über den Grat zum **Gündleskopf ⑱**, 1748 m.

Spannend ist der nun folgende Übergang zum Buralpkopf. Der Steig führt ganz nah an den Grat mit seinen nordseitigen Abbrüchen heran und kurz direkt über die felsige Schneide (Drahtseilgeländer). Vom höchsten Punkt des **Buralpkopfs ⑲**, 1772 m (ohne Kreuz), folgen wir dem lang gezogenen Ostgrat oberhalb der Oberen Sedererwände entlang bergab und überwinden einige Felsstufen in leichter Kletterei. Die nächste Erhebung ist der Sedererstuiben, der steil über einen Grashang erklommen wird. Der Steig umgeht seine grasige Kuppe auf der Nordseite, durchquert einen weiteren Sattel und führt zum **Stuiben ⑳**, 1749 m, hinauf, ein gern besuchter Gipfel mit mehreren Anstiegsmöglichkeiten.

Der Abstieg nach Osten erfordert leichte Kletterei an einer gesicherten felsigen Rippe. Anschließend werden einige Felstürme links umgangen. Der Pfad führt abwechslungsreich

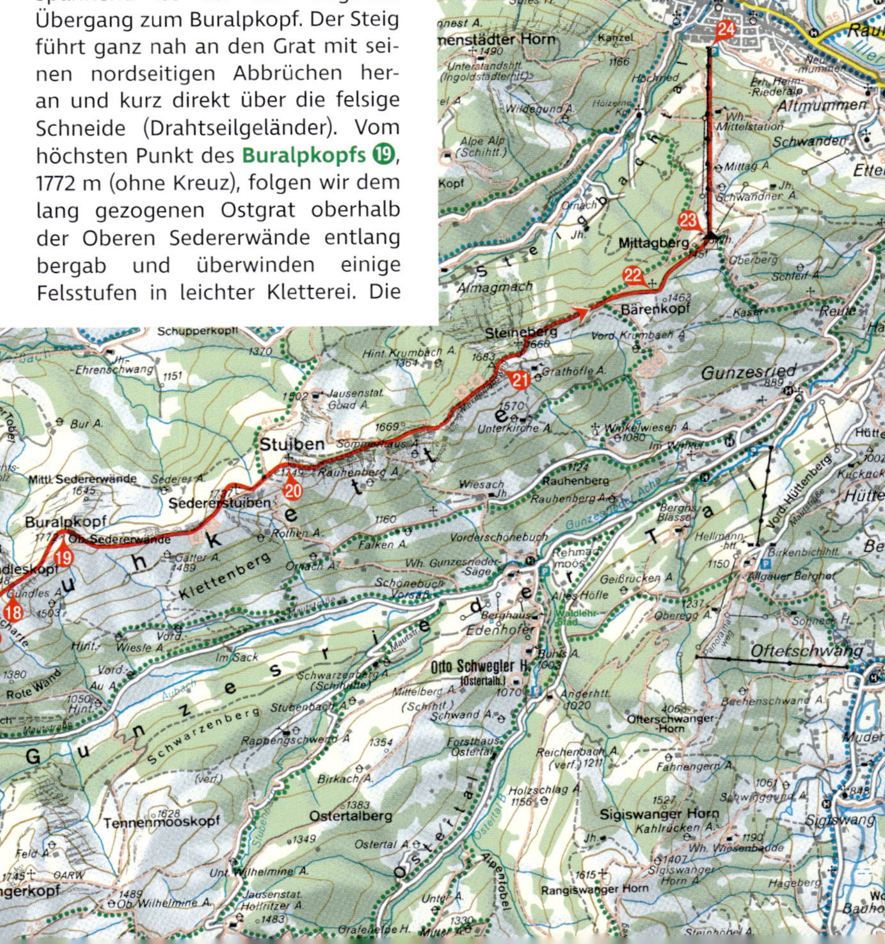

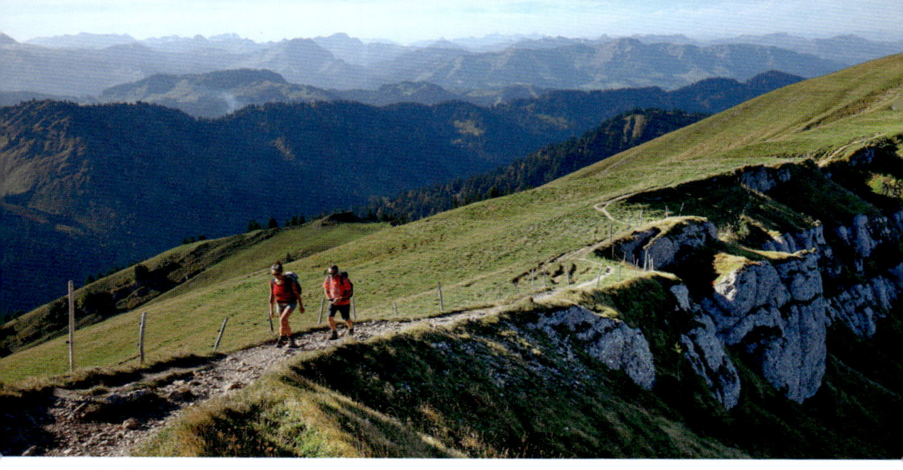

Großartige Fernsicht am Weg zum Rindalphorn.

über den Kamm, verläuft oft auch in seiner Nordseite, und bringt uns in einen von Felsen eingerahmten Einschnitt. Dort halten wir uns halb links Richtung Mittag / Steineberg. Kurz darauf verzweigt sich der Weg erneut. Links besteht eine Abstiegsmöglichkeit über die Alpe Gund (Übernachtungsmöglichkeit) nach Immenstadt (2 bis 2.30 Std.), die man in Erwägung ziehen sollte, wenn absehbar ist, dass man die Mittagbahn nicht mehr vor Betriebsende erreicht.

Richtung Steineberg und Mittagberg wandern wir rechts durch ein Tälchen aufwärts und folgen etwas auf und ab weiterhin dem Kamm mit einigen abschüssigen Stellen. Auf diesem Wegstück hat die Erosion besonders eindrucksvolle Skulpturen aus Nagelfluhgestein geschaffen. Eine Felsplatte, die »Graue Wand«, überwinden wir auf einem gesicherten Band. Schließlich kommen wir zu einem Wiesenbuckel, dem höchsten Punkt des **Steinebergs** ㉑, 1683 m. Das Gipfelkreuz, 1660 m, befindet sich 5 Min. weiter nordöstlich direkt über den Felsabbrüchen, wo man ins Tal nach Immenstadt und Sonthofen blicken kann. Eine etwa 20 Meter lange Leiter führt über die Felswände hinab und sorgt noch einmal für Nervenkitzel. Sie kann auf guten Bergwegen umgangen werden.

Dazu kehren wir vom Kreuz gut 200 Meter zurück, biegen rechts ab und gehen unterhalb der Nordwände entlang zum unteren Ende der Leiter. Nun queren wir nach kurzem steilem Abstieg nach links zum bewaldeten Grat und folgen einem mit vielen Stufen ausgebauten Weg in einen weiten Wiesensattel hinab. Dort biegt rechts ein Weg zur Vorderen Krumbachalpe ab, die von Juni bis September bewirtschaftet ist (10 Min., Montag Ruhetag). Geradeaus gelangen wir in kurzem Anstieg zu einem Wiesensattel mit **Kreuz beim Bärenkopf** ㉒, 1448 m, wo 1764 der letzte Allgäuer Bär erlegt worden sein soll.

Wir treffen auf einen breiten Schotterweg und erreichen mit kurzem Gegenanstieg die **Bergstation der Mittagbahn** ㉓, 1420 m, noch einmal mit einem großartigen Panorama. Mit dem längsten Sessellift Deutschlands auf **Immenstadt** ㉔ zuzuschweben, ist ein würdiger Schlusspunkt dieser erlebnisreichen Tour.

Walser Geißhorn, 2366 m

Von Birgsau ins Kleinwalsertal

2 Tage | 20,5 km | ↗1570 m | ↘1360 m

Von Birgsau ins Kleinwalsertal

Ein herrlicher Blick auf den Allgäuer Hauptkamm mit dem markanten Biberkopf bietet sich von der hoch über dem Rappenalptal gelegenen Mindelheimer Hütte. Das beliebte – und große – Unterkunftshaus ist nicht nur Ziel beim Hüttenwandern, sondern neben der Fiderepasshütte Stützpunkt für den viel begangenen Mindelheimer Klettersteig, der über den Gipfelgrat der drei Schafalpenköpfe führt. Das Hüttenteam ist dem Ansturm gut gewachsen und auch die Küche lässt nur wenige Wünsche offen.

Parallel zum Mindelheimer Klettersteig, nur an die 400 Meter tiefer, verläuft der Krumbacher Höhenweg. Der hier vorgestellte, vergleichsweise wenig begangene Aufstiegsweg zur Mindelheimer Hütte führt von Birgsau zunächst auf dem sogenannten Panoramaweg an dem kleinen, idyllischen Guggersee vorbei, bevor es auf dem Krumbacher Höhenweg weitergeht. Da dieser oberhalb der Baumgrenze verläuft und südostseitig ausgerichtet ist, kann es im Hochsommer sehr heiß sein. Dafür beschert uns der erste Tag herrliche Panoramablicke auf den Allgäuer Hauptkamm. Wer eine kleine Kraxeleinlage nicht scheut, kann am Abend noch dem Kemptner Kopf einen Besuch abstatten. Am nächsten Tag geht es dann auf das Geißhorn oder, genauer, Walser Geißhorn (zur Unterscheidung von dem über dem Vilsalpsee gelegenen gleichnamigen Gipfel), einen hervorragenden Aussichtsberg an der Grenze zwischen Deutschland und Österreich. Der Abstieg nach Mittelberg im Kleinwalsertal bietet einen herrlichen Blick auf den Widderstein. Zum Schluss geht es durch das eindrucksvolle Gemsteltal, wo mehrere bewirtschaftete Almen zu einem entspannten Ausklang der Tour einladen.

Der markante Biberkopf von der Mindelheimer Hütte.

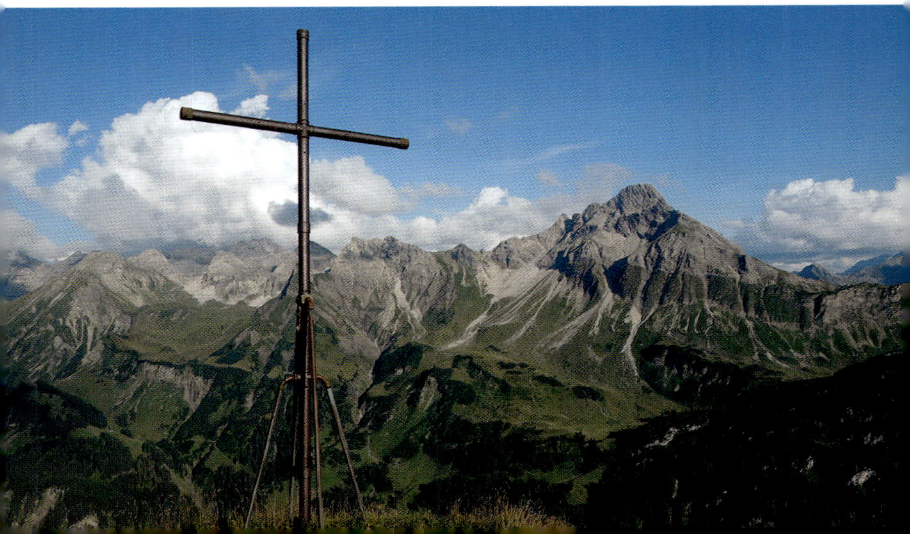

Ausgangspunkt: Birgsau, 949 m, Bushaltestelle Birgsau. Busverbindung vom Bahnhof Oberstdorf (Linie 7). Großer Parkplatz am Bahnhof. Die Straße nach Birgsau ist für private Pkw gesperrt.
Endpunkt: Mittelberg-Bödmen, 1160 m, Bushaltestelle Gämse. Walserbus (Linie 1) zum Bahnhof von Oberstdorf (nachmittags alle zehn bis zwanzig Minuten, letzte Fahrtmöglichkeit ca. 20.50 Uhr).
Höhenunterschied / Gehzeit:
1. Tag: 1170 m↑, 110 m↓; 5 Std.
2. Tag: 400 m↑, 1250 m↓; 5.10 Std.
gesamt: 1570 m↑, 1360 m↓; 10.10 Std.
Anforderungen: Trittsicherheit und etwas Schwindelfreiheit erforderlich. Auf dem Panoramaweg am ersten Tag eine kurze Passage etwas abschüssig. Aufstieg zum Geißhorn sehr steil. Beim Abstieg ins Gemsteltal an der Klamm breiter Weg mit Seilgeländer.
Einkehr / Übernachtung:
1. Tag: Mindelheimer Hütte, DAV, 120 Schlafplätze, geöffnet von Ende Mai bis Mitte Oktober, mindelheimer-huette.de.
2. Tag: Obere Gemstelalpe, Hintere Gemstelhütte, Bernhards Gemstelalp; alle nur Einkehr.
Karten: Freytag & Berndt WK 351, Lechtaler Alpen – Allgäuer Alpen, 1:50.000; Bayerisches Landesamt für Digitalisierung, Breitband und Vermessung UK 50-47, Allgäuer Alpen, 1:50.000.
Varianten: 1. Auf den Kemptner Kopf (Kemptner Köpfle), 2191 m: Von der Mindelheimer Hütte der Beschilderung nach Norden zum Kemptner Sattel folgen. Dort rechts und am Grat (eine Stelle mit Seilversicherung steil über rutschigen Schotter) hinauf an den Fuß des felsigen Gipfelaufbaus. Linkshaltend etwas ausgesetzt die letzten Meter zum Gipfelkreuz hinaufklettern (I). Hin und zurück eine Stunde.
2. Auf den Widderstein, 2533 m: Wer einen Tag länger Zeit hat und über sehr gute Trittsicherheit und Schwindelfreiheit verfügt, kann über die Widdersteinhütte auf den Widderstein steigen (»schwarze« Tour, für den Gipfelanstieg Steinschlaghelm, nicht bei Nässe). Hierzu von der Abzweigung auf dem Koblat den Schildern über den Gemstelpass zur Widdersteinhütte (20 Schlafplätze, geöffnet von Anfang Juni bis Mitte Oktober, widderstein-huette.at) folgen. Von dort leiten Schilder und Markierungen auf den Gipfel. Beim Gipfelanstieg eine Stunde durch Felsrinnen, über Felsstufen und in kleinen Serpentinen steil bergauf (gut auf die Markierungen achten). Dabei müssen öfter die Hände zu Hilfe genommen werden. Dann am Grat entlang zum höchsten Punkt queren (1.45 Std. ab Hütte). Zurück auf demselben Weg bis zur ersten Abzweigung. Hier rechts (einige Kraxelstellen) und an einem querenden Weg wieder rechts. Den Markierungen zu einer Almhütte folgen. Gleich nach der Hütte nach rechts über die bewirtschaftete Bärgunthütte nach Baad (3.30 Std. ab Gipfel, Bus nach Oberstdorf, Linie 1).

Die Mindelheimer Hütte.

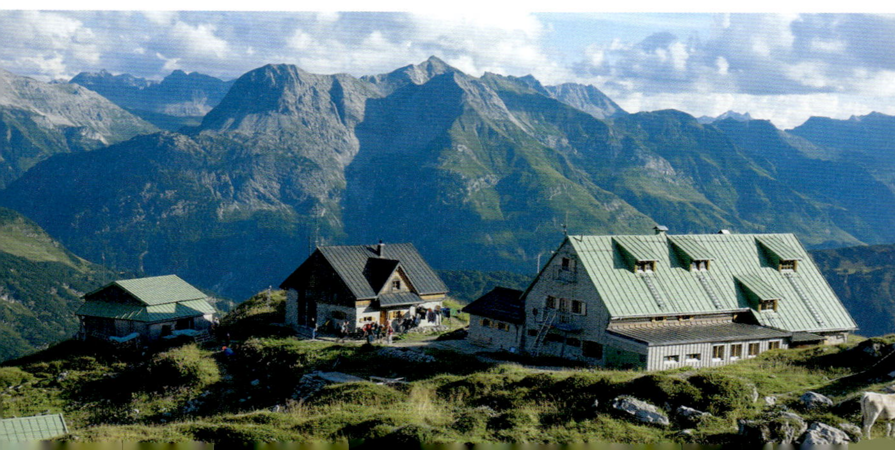

1. Tag:

Von der Bushaltestelle **Birgsau 1**, 949 m, gehen wir die Straße ca. 150 Meter zurück. Dann überqueren wir die Stillach, dem Schild Richtung Guggersee und Mindelheimer Hütte folgend, nach links über eine Brücke. Wir wenden uns gleich wieder nach links, kommen zu einem Hof und halten uns dort rechts über eine Wiese. Erst geht es nur leicht ansteigend bergauf, dann sehr steil durch Wald aufwärts. Nach gut 400 Höhenmetern verlassen wir den Wald und der Weg knickt nach links. Auf dem sogenannten Panoramaweg wandern wir nun erst durch Latschen, dann über Wiesen. An einer Verzweigung halten wir uns links Richtung Guggersee und Mindelheimer Hütte. Auf dem letzten Stück zu dem kleinen, idyllisch gelegenen **Guggersee 2**, 1709 m, bietet sich uns ein schöner Blick auf den Allgäuer Hauptkamm mit der markanten Trettachspitze.

Vom See folgen wir weiter dem Höhenweg, der nun – wieder mit herrlichem Blick auf den Allgäuer Hauptkamm – an den Grashängen oberhalb des Rappenalptals entlangführt. Wir kommen an der **Vorderen Taufersbergalpe 3** vorbei. Kurz darauf zweigt ein Weg ins Tal ab. Weiter auf dem Höhenweg gehen wir einen Kessel (»Roßgund«) aus und erreichen schließlich eine

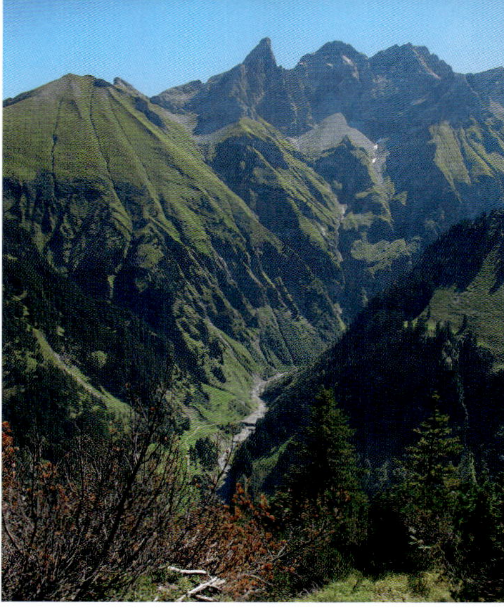

Trettachspitze, Mädelegabel und Hochfrottspitze vom Panoramaweg.

Verzweigung, an der es rechts hinauf zur Fiderepasshütte ginge. Wir aber wandern geradeaus, nun auf dem Krumbacher Höhenweg, weiter. Dieser zieht ungefähr auf 1900 Meter Höhe unterhalb der Schafalpenköpfe entlang. An der **Oberen Angererhütte 4**, 1907 m, mündet der direkte Weg aus dem Rappenalptal zur Mindelheimer Hütte ein. Das letzte Stück des Höhenwegs führt uns, nun die Grashänge deutlich bergauf querend, zur **Mindelheimer Hütte 5**, 2013 m. Genau gegenüber, auf der anderen Seite des Rappenalptals,

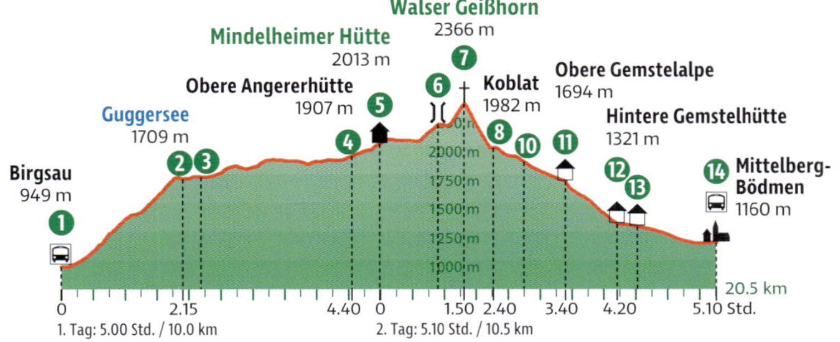

ragt markant der Biberkopf auf. Einen noch schöneren Panoramablick genießt, wer der Variante zum Kemptner Sattel oder sogar auf den Kemptner Kopf folgt.

2. Tag:
Von der Mindelheimer Hütte leiten uns Schilder Richtung Geißhorn und Mittelberg aufwärts über felsdurchsetzte Wiesen. Dann queren wir unterhalb des Angererkopfs nach Westen, bis der Steig nach Süden biegt und wir an Höhe gewinnen. Kurz geht es über felsigen Untergrund hinauf, dann erreichen wir den **Wildengundkopfsattel** ❻, 2186 m (Wegweiser), wo sich der Blick öffnet. Wir gehen noch ein Stück unterhalb des Geißhorns entlang, dann zweigt rechts bei einem Fels mit der Aufschrift »GH« und einem Pfeil ein schmaler Steig ab. Dieser trifft bald auf einen etwas breiteren Steig, dem wir nach rechts folgen. Nun geht es sehr steil in Kehren über Schotter hinauf zum Gipfel des **Walser Geißhorns** ❼, 2366 m, mit herrlichem Rundblick.
Der Abstieg erfolgt zunächst auf demselben Weg. An der Einmündung des schmalen Steigs gehen wir aber vorbei und stoßen bei einem Wegweiser auf einen Querweg. Wir halten uns rechts Richtung Mittelberg und treffen ungefähr zehn Minuten später auf dem **Koblat** ❽, einem welligen Karstboden, auf eine Verzweigung, 1982 m. Hier folgen wir wieder rechts dem Schild Richtung Mittelberg. Wir kommen in die Latschenregion und steigen mit schönem Blick auf den markanten Widderstein in ein Hochtal hinunter. Vorbei am **Sterzersee** ❾, 1910 m, eigentlich eher eine Lacke als ein See, erreichen wir die **Sterzerhütte** ❿, 1859 m.

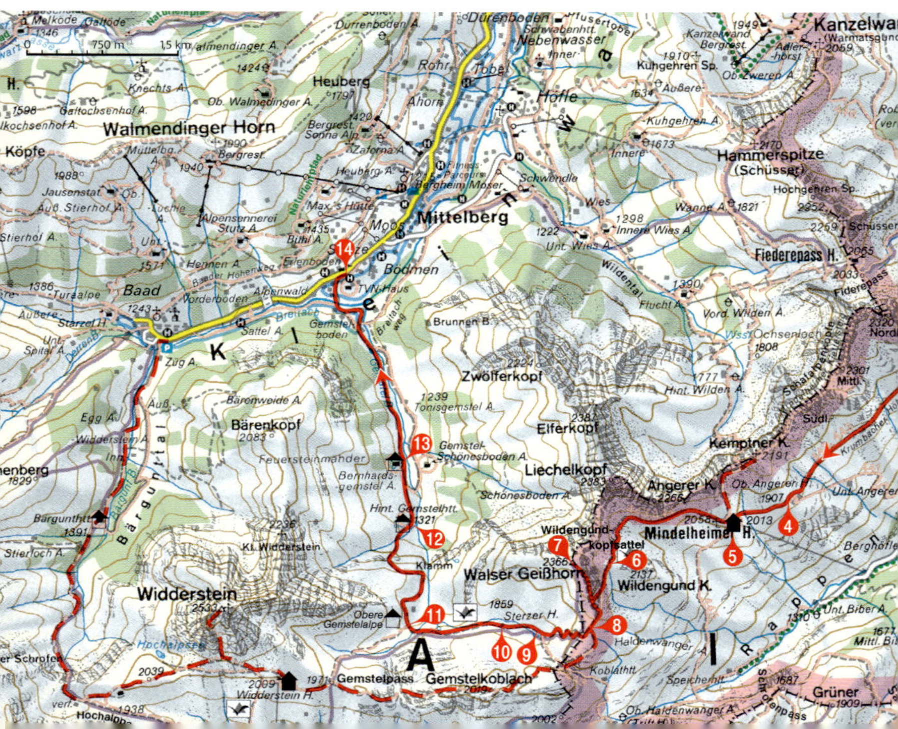

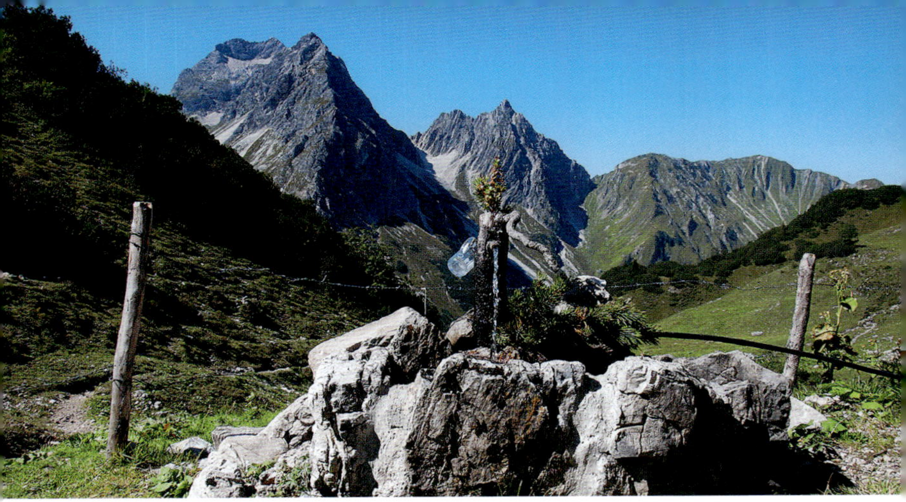

Großer und Kleiner Widderstein von der Sterzerhütte.

In einem Linksbogen geht es weiter hinab. Kurz nachdem wir einen Bach überquert haben, gelangen wir zur bewirtschafteten **Oberen Gemstelalpe ⓫**, 1694 m, wo ein Weg zur Widdersteinhütte abzweigt.

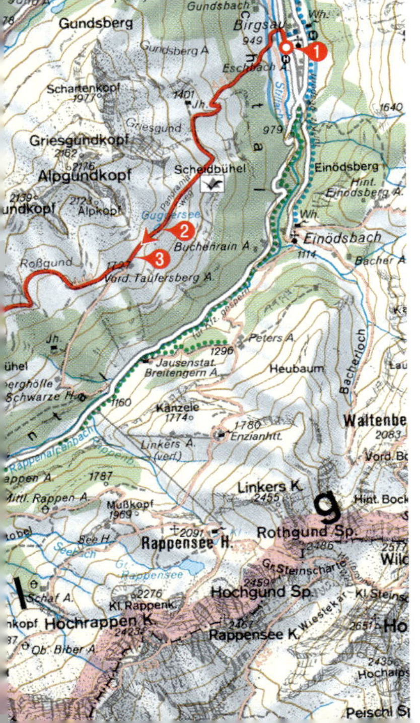

Wir aber steigen von der Alm über eine Steilstufe Richtung Gemsteltal ab. Der Weg verläuft dabei ein kurzes Stück oberhalb der Klamm des Gemstelbachs entlang; hier ist er breit und gut mit einem Seilgeländer gesichert. Dann geht es durch Büsche und Latschen hinab in den Talboden mit der **Hinteren Gemstelhütte ⓬**, 1321 m, einer willkommenen Einkehrmöglichkeit.

Von dort folgen wir einem Fahrweg, vorbei an **Bernhards Gemstelalp ⓭**, 1300 m, talaus durch Weidegebiet. Wenn wir zurückblicken, zeigt sich uns die schroffe, unzugängliche Seite des Geißhorns. Dann durchqueren wir ein Waldstück. An einer Rechtsabzweigung über den Gemstelbach gehen wir geradeaus. An der Einmündung des Gemstelbachs in die Breitach biegt der Weg nach links. Wir treffen am Ortsrand von Bödmen auf eine Kreuzung, überqueren die Breitach nach rechts und folgen dem Sträßchen bis zur Hauptstraße. Ein Stück nach rechts befindet sich die Haltestelle Gämse in **Mittelberg-Bödmen ⓮**, 1160 m, von wo uns der Bus zurück nach Oberstdorf bringt.

3 Laufbacher Eck und Großer Daumen, 2280 m

Über Prinz-Luitpold- und Edmund-Probst-Haus

TOP | 3 Tage | 27,7 km | ↗ 2000 m | ↘ 2000 m

  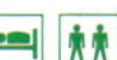

Allgäuer Panoramawege

Diese Tour verknüpft zwei der schönsten Allgäuer Höhenwege, den Laufbacher-Eck-Weg und den Weg über das Koblat zum Großen Daumen, und beschert damit eine Vielzahl herrlicher Landschaftseindrücke. Da sind zum einen die für das Allgäu typischen steilen und von einer üppigen bunten Blumenpracht überzogenen Grasflanken. Vom Laufbacher-Eck-Weg haben wir einen fantastischen Nahblick auf den bekanntesten dieser Steilgrasberge, die mehrgipfelige Höfats. Auf ihren Wiesenhängen gedeihen eine Reihe seltener Pflanzen, unter anderem das Edelweiß, zu dessen Schutz es dort jahrzehntelang einen Bergwachtposten gab. So ist es ja vielleicht nur gut, dass eine Besteigung den sehr erfahrenen Bergsteigern und Bergsteigerinnen vorbehalten ist. Und die Blumenfülle – die ist auch schon auf dem Laufbacher-Eck-Weg beeindruckend. Herrlich ist auch das überall zu Tage tretende Wasser: Rauschende Bäche, stiebende Wasserfälle und glitzernde Bergseen begegnen uns auf der gesamten Tour. Das Prinz-Luitpold-Haus, in dem wir unsere erste Nacht verbringen, liegt sogar direkt an einem See, ein wunderbarer Spielplatz für Kinder. Seit 2021 werden auf der Hütte ausschließlich Speisen aus Bio-Anbau angeboten. Am Edmund-Probst-Haus tummeln sich dann all diejenigen, die mit der Nebelhornbahn von Oberstdorf heraufgekommen sind. Von daher sollte man sich, vorausgesetzt, das Wetter ist stabil, unterwegs Zeit lassen und erst an der Hütte ankommen, wenn die letzte Gondelbahn ins Tal gefahren ist. Dann ist es angenehm ruhig und man kann den Blick hinab nach Oberstdorf und in die Allgäuer Berge ungestört genießen.

Hinter dem Prinz-Luitpold-Haus ragt die felsige Fuchskarspitze auf.

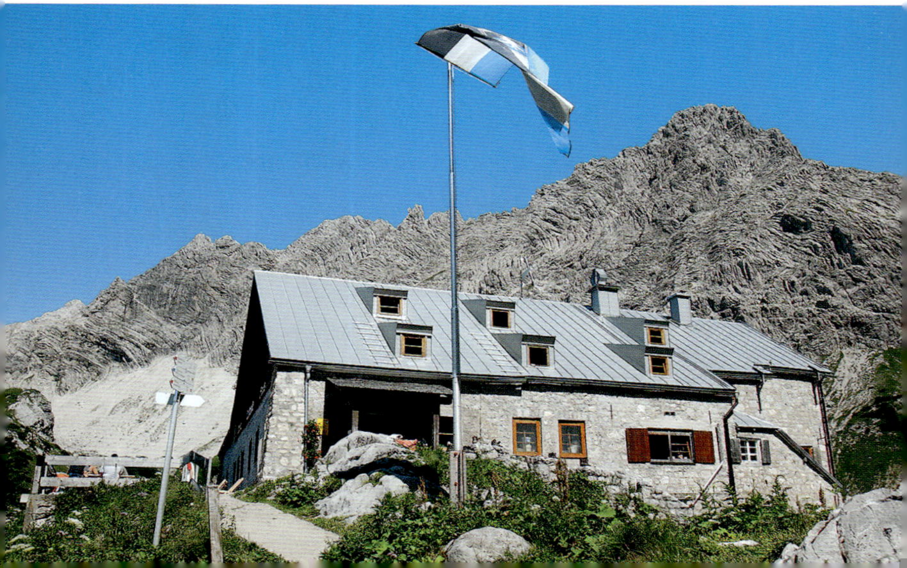

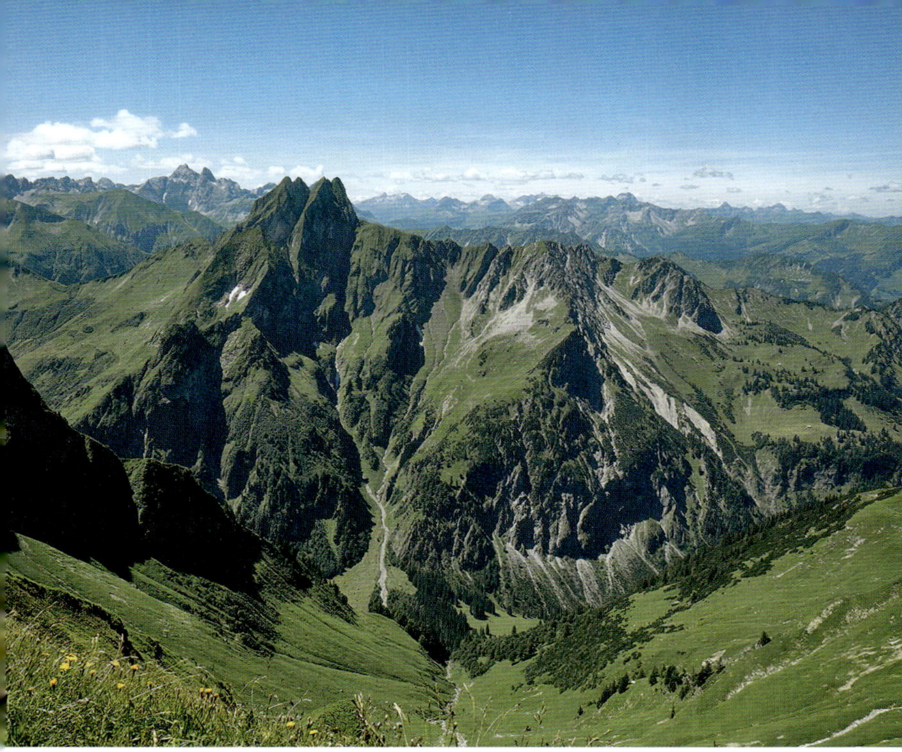

Die mehrgipfelige Höfats mit ihren steilen Grashängen vom Laufbacher Eck.

Ausgangs- und Endpunkt: Giebelhaus, 1065 m. Zufahrtsstraße für private Pkw gesperrt; Anfahrt mit dem Bus (Linie 50) vom Parkplatz am Ende von Hinterstein. Busverkehr vom 25.12. bis Anfang November, Tel. +49 8324 93230, wechs.net/busverkehr. Nach Hinterstein (Haltestelle »Rauhhornweg« bzw. »Grüner Hut«) Bus von Sonthofen mit Umsteigen in Bad Hindelang (Linien 48 und 49).
Bergbahn: Nebelhornbahn, Sommerbetrieb Ende Mai bis Anfang November von 8.30 bis 16.40 Uhr (Station Höfatsblick), Tel. +49 8322 96000 (Montag bis Freitag), ok-bergbahnen.com.
Höhenunterschied / Gehzeit:
1. Tag: 790 m↑; 3 Std.
2. Tag: 720 m↑, 640 m↓; 5.30 Std.
3. Tag: 490 m↑, 1360 m↓; 5.30 Std.
gesamt: 2000 m↑↓; 14 Std.
Anforderungen: Trittsicherheit und etwas Schwindelfreiheit. Laufbacher-Eck-Weg (2. Tag) etwas ausgesetzt; an den steilen Grasflanken ist, vor allem bei Nässe, Vorsicht geboten.
Einkehr / Übernachtung:
1. Tag: Giebelhaus, nur Einkehr; Untere Bärgündelealp, nur Einkehr; Prinz-Luitpold-Haus, DAV, 160 Schlafplätze, geöffnet Anfang Juni bis Anfang Oktober, prinz-luitpoldhaus.de.
2. Tag: Edmund-Probst-Haus, DAV, 94 Schlafplätze, geöffnet Anfang Juni bis Anfang Oktober, Tel. +49 8322 4795, edmund-probst-haus.de; Restaurant an der Station Höfatsblick der Nebelhornbahn, nur Einkehr; Nebelhorn-Gipfelrestaurant (Abstecher), nur Einkehr.
3. Tag: Engeratsgundalpe, nur Einkehr; Giebelhaus, nur Einkehr.
Karten: Freytag & Berndt WK 351, Lechtaler Alpen – Allgäuer Alpen, 1:50.000; Bayerisches Landesamt für Digitalisierung, Breitband und Vermessung UK 50-47, Allgäuer Alpen, 1:50.000.

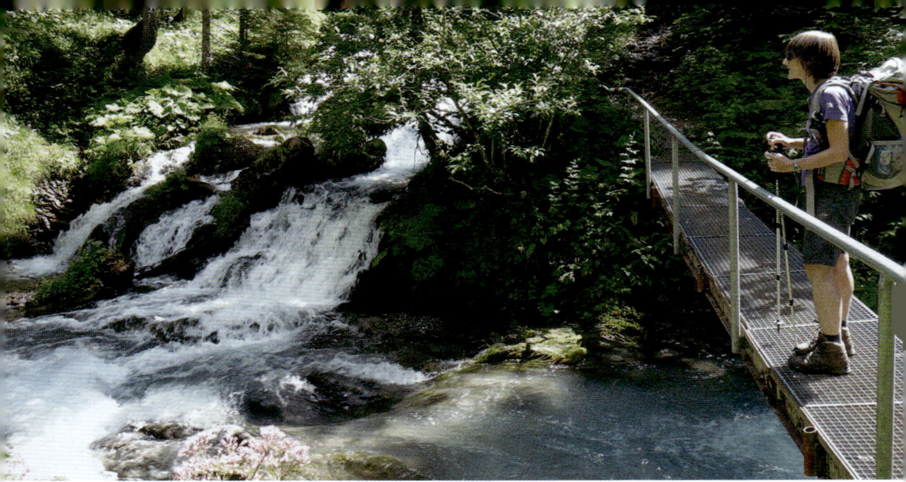

Wasserfälle und Bergbäche begleiten den Aufstieg zum Prinz-Luitpold-Haus.

1. Tag:
Vom **Giebelhaus ①**, 1065 m, folgen wir dem asphaltierten Sträßchen weiter über zwei Brücken und wandern in einem Bogen in das Bärgündeletal hinein. Immer etwas oberhalb des Bärgündelebaches entlang kommen wir an einem Wasserfall, dem **Täschlefall ②**, vorbei. 20 Minuten danach folgen wir einem links abzweigenden Steig hinab an den Bach, überqueren diesen auf einer Brücke und wandern wieder bergauf. Ein abwechslungsreicher Steig leitet uns, an einem weiteren Wasserfall vorbei, zu der bewirtschafteten urigen **Unteren Bärgündelealp ③**, 1322 m.
Von dort geht es erst über eine Bergwiese, dann auf einem teils gerölligen Steig durch Almgelände weiter hinauf. Die Landschaft ist geprägt von ins Tal rauschenden Bergbächen, dann auch von Alpenrosen am Wegrand. Nach einem letzten steilen Stück erreichen wir das **Prinz-Luitpold-Haus ④**, 1846 m, das wir schon eine ganze Zeit hoch über uns auf einem Absatz haben liegen sehen. Hinter der Hütte befindet sich, eingebettet in einen prächtigen Felsenkessel, ein kleiner See. Die um diesen herum aufragenden Gipfel, wie die Fuchskarspitze und der Wiedemerkopf, machen mit ihrer beeindruckenden Faltenbildung deutlich, welche riesigen Kräfte bei der Entstehung der Alpen mitgewirkt haben.

2. Tag:
Vom Prinz-Luitpold-Haus folgen wir dem Schild Richtung Laufbacher Eck und Edmund-Probst-Haus nach Westen auf einen Höhenweg. Dieser führt oberhalb des hinteren Bärgündeletals durch blumenübersäte Bergwiesen, ein paar Bacheinschnitte überquerend, erst leicht hinab, dann kurz auf gleicher Höhe weiter. Von rechts mündet ein direkt vom

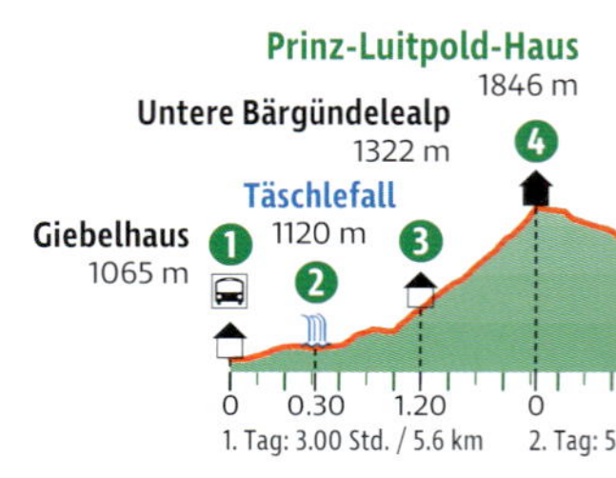

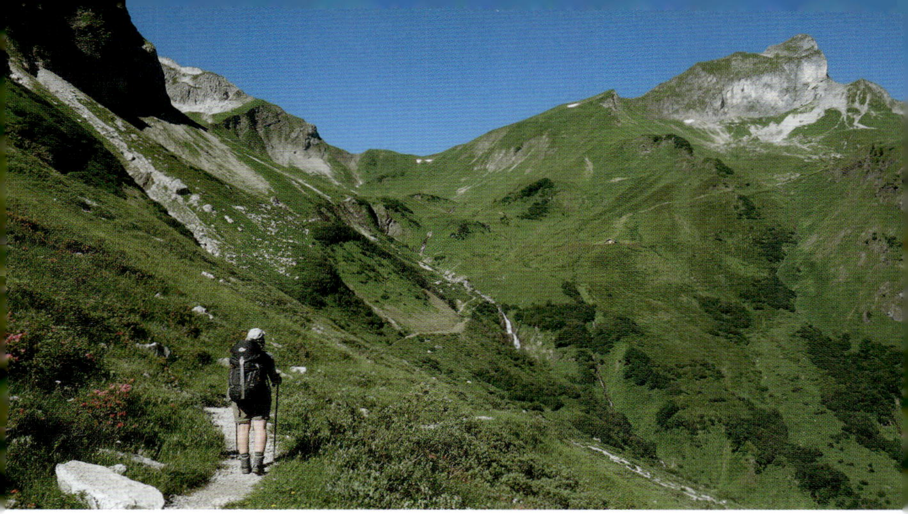

Auf dem Weg zum Laufbacher Eck blickt man auf den markanten Schneck.

Giebelhaus heraufkommender Weg ein. Danach sind wir auf der anderen Talseite und steigen über Bergwiesen hinauf. An der Verzweigung bald darauf halten wir uns rechts in Richtung Edmund-Probst-Haus und an der nächsten Verzweigung geradeaus, ebenfalls Richtung Edmund-Probst-Haus. Dann queren wir ein Kar. In wenigen Serpentinen steigen wir hinauf in einen **Sattel** ❺, 2128 m. Von dort nach rechts gelangen wir auf das **Laufbacher Eck** ❻, 2178 m. Hier haben wir einen tollen Rundblick in die Allgäuer Alpen, auch das Edmund-Probst-Haus, Ziel des heutigen Tages, sehen wir schon in der Ferne.

Zurück im **Sattel** ❺ wenden wir uns nach rechts. Nun beginnt einer der schönsten Höhenwege der Allgäuer Alpen, der uns, immer auf ca. 2000 Metern, zum Edmund-Probst-Haus führen wird. Zunächst geht es ein Stück hinab. Dabei haben wir einen tollen Blick auf die Höfats mit ihren unglaublich steilen Grasflanken. Dann wandern wir mit herrlicher Aussicht in leichtem Auf und Ab an steil abfallenden, üppig mit Blumen bestandenen Grashängen entlang halb um den Schochen herum (zum Teil Seilversicherung). Anschließend geht es über blühende Bergwiesen weiter zum **Zeigersattel** ❼, 1920 m, wo sich der Weg verzweigt.

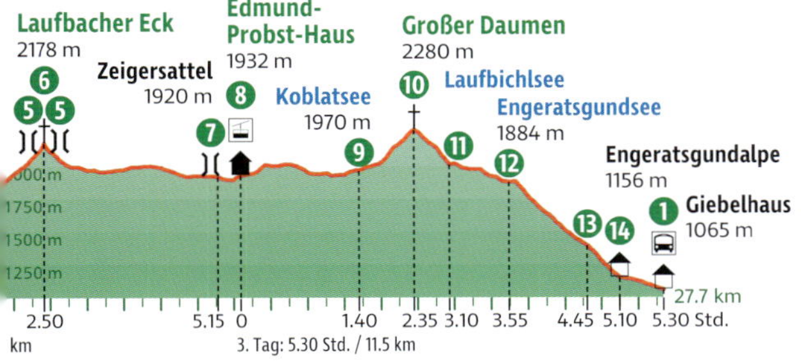

Hier geradeaus kurz hinab, dann wieder etwas bergauf. An der Verzweigung geradeaus auf dem Steig weiter und an der Fahrstraße rechts zum **Edmund-Probst-Haus** **8**, 1932 m, das direkt neben der Station Höfatsblick der Nebelhornbahn liegt. Nachdem die letzte Bahn ins Tal hinabgefahren ist, können wir in der Abendsonne den Blick zum Allgäuer Hauptkamm, auf den Widderstein und hinab nach Oberstdorf mit dem Hohen Ifen im Hintergrund genießen.
Wer Lust hat, kann noch die fehlenden 300 Höhenmeter zum Gipfel des Nebelhorns, 2224 m (Restaurant), überwinden. Zwei Wege, ein unproblematischer Steig über den Grat und ein Fahrweg, führen hinauf. Oben hat man, so verspricht die Werbung der Nebelhornbahn, einen 400-Gipfel-Rundblick.

3. Tag:
Auf der Rückseite der Seilbahnstation leitet uns das Schild »Großer Daumen über Koblat« durch eine Mulde hinauf auf das Koblat, eine wellige Karstterrasse. Hier ist trotz der Nähe zur Nebelhornbahn wenig los. An einer Verzweigung am Anfang der Hochfläche gehen wir nicht rechts Richtung Giebelhaus, sondern folgen dem Schild Richtung Großer Daumen weiter über das Koblat, ebenso an der nächsten Verzweigung nach wenigen Metern. An der unbeschilderten Gabelung bald darauf können wir den oberen oder unteren Markierungen folgen, bei einem Wegweiser treffen sich die beiden Steige wieder. Über felsdurchsetzte Wiesen wandern wir weiter in Richtung Großer Daumen über die wellige Hochfläche und

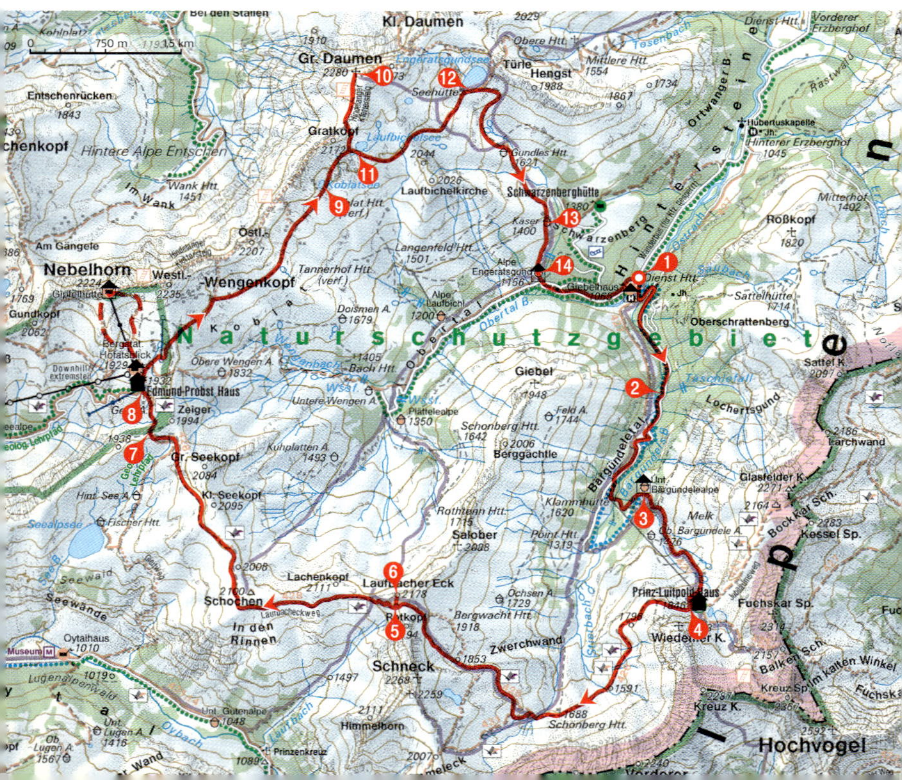

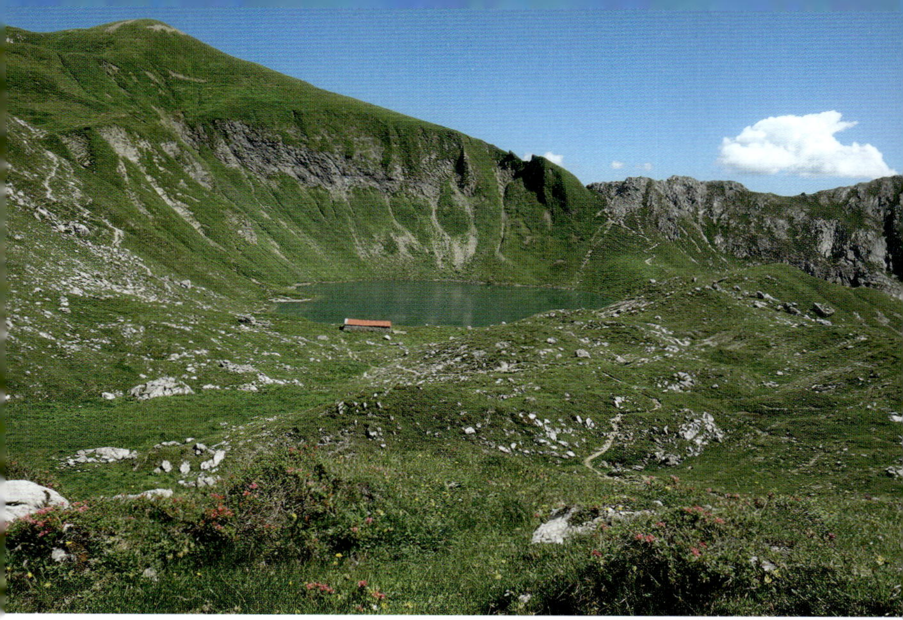

Beim Abstieg Richtung Giebelhaus kommen wir am Engeratsgundsee vorbei.

halten uns dabei bei abzweigenden Pfadspuren an die Markierungen. Alpenrosen säumen den Weg. Links über uns befinden sich die Felszacken, über die der Hindelanger Klettersteig führt, rechts ragt in der Ferne der markante Hochvogel auf. Bald wird der Weg gerölliger. Nachdem wir einige Blockfelder gequert haben, kommen wir an dem kleinen **Koblatsee ❾**, ca. 1970 m, vorbei.

15 Minuten danach treffen wir kurz vor dem Laufbichlsee auf eine beschilderte Verzweigung. Rechts führt unser späterer Weg zum Giebelhaus weiter. Vorerst aber halten wir uns links und steigen steil hinauf in einen Sattel. Hier kommt von links der Hindelanger Klettersteig herab. Wir wenden uns nach rechts und wandern über weite Wiesenmatten, dann auf einem schotterigen Steig hinauf zum Gipfelkreuz des **Großen Daumens ❿**, 2280 m. Von dort haben wir einen herrlichen Rundblick.

Auf demselben Weg gehen wir zurück zur Verzweigung. Links ist gleich der **Laufbichlsee ⓫**, 2018 m. Wir gehen am Wegkreuz oberhalb des Sees vorbei und folgen einem schönen, von Alpenrosen gesäumten Höhenweg weiter über die Bergwiesen. Erst geht es ganz leicht auf und ab, dann steigen wir hinab zum **Engeratsgundsee ⓬**, 1884 m. Rechts am See entlang treffen wir auf eine Verzweigung. Hier folgen wir dem Schild Richtung Giebelhaus nach rechts in einen Taleinschnitt hinab. Nach 45 Minuten stoßen wir auf einen breiteren Weg und gehen kurz nach rechts hinab zur **Käseralpe ⓭**, 1400 m. Links vom Almgebäude leitet uns ein Schild den Wiesensteig hinab zur bewirtschafteten **Engeratsgundalpe ⓮**, 1156 m, wo wir auf ein Fahrsträßchen treffen. Wir folgen diesem nach links und sind 20 Minuten später wieder am **Giebelhaus ❶**. Von dort bringt uns der Bus nach Hinterstein zurück.

4 Rund um den Vilsalpsee

Über die Landsberger Hütte

2 Tage | 19,5 km | ↗ 690 m | ↘ 1310 m

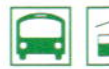   

Höhenwege für Gipfelsammler und Schaulustige

Wie ein Hufeisen umschließen langgezogene Bergkämme und schroffe Gipfel den tiefblauen Vilsalpsee südlich des Tannheimer Tals. Dieses Halbrund ist wie geschaffen für eine Höhenwanderung, die vieles zu bieten hat, was Wandererherzen höherschlagen lässt. Sie ist gespickt mit lohnenden Gipfelzielen – vom kurzen Abstecher, der im Vorbeigehen »mitgenommen« werden kann, bis zur anspruchsvollen Gratüberschreitung für alle, die sich im exponierten Felsgelände wohlfühlen. Immer auf einer Höhe zwischen 1800 und 2000 Metern weiß man nicht, wo man zuerst hinschauen soll. Panoramahighlights sind die zackige Silhouette des Allgäuer Hauptkamms und die hellen Kalkfluchten der Tannheimer Berge. In nächster Nähe ziehen vor allem zerklüftete Felskolosse wie die Lachenspitze den Blick auf sich. Über dem Vilsalpsee sind die Felspyramide des Geißhorns (in manchen Karten auch Gaishorn) und das breite Rauhhorn die dominierenden Gipfel. Kleine Seen sorgen für fotogene Farbtupfer und willkommene Rastplätze. Die Lache, der eiskalte »Pool« der Landsberger Hütte, macht müde Wanderer garantiert wieder munter. Einen ganz eigenen Zauber hat der in Wiesenhänge eingebettete Schrecksee – ein Platz wie aus einer anderen Welt.

Schließlich ist am Ende der Tour das Ufer des Vilsalpsees erreicht – ein wunderbarer Ort, um zwei erlebnisreiche Wandertage ausklingen zu lassen. Klar wie Glas schmiegt sich das spiegelnde Gewässer zwischen steile Berghänge. Der See zählt zu den bedeutendsten Brutgebieten für Wasservögel in Tirol. Haubentaucher und Reiherenten haben am moorigen Südwestufer ihr Rückzugsgebiet. Auf der Nordseite herrscht dagegen meist reger Betrieb – der Vilsalpsee zählt zu den beliebtesten Ausflugszielen im Tannheimer Tal.

Beliebte Einkehr: die Vilsalpe.

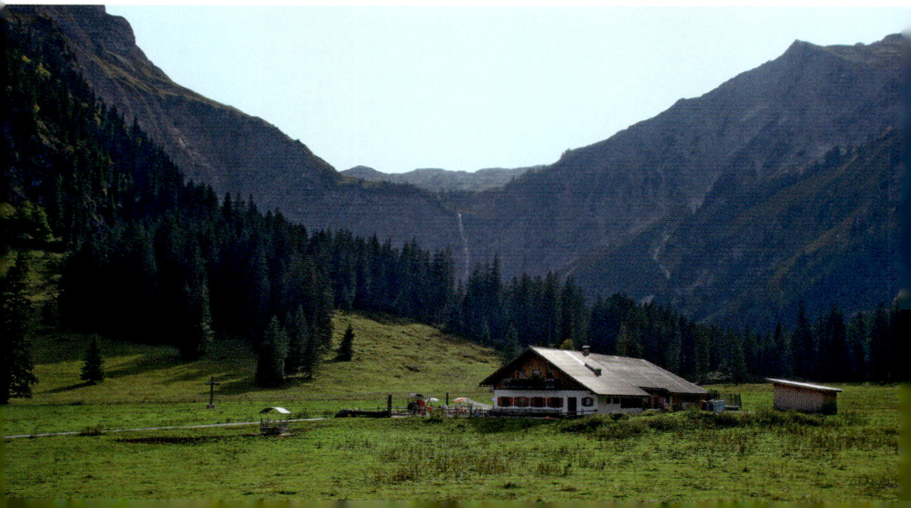

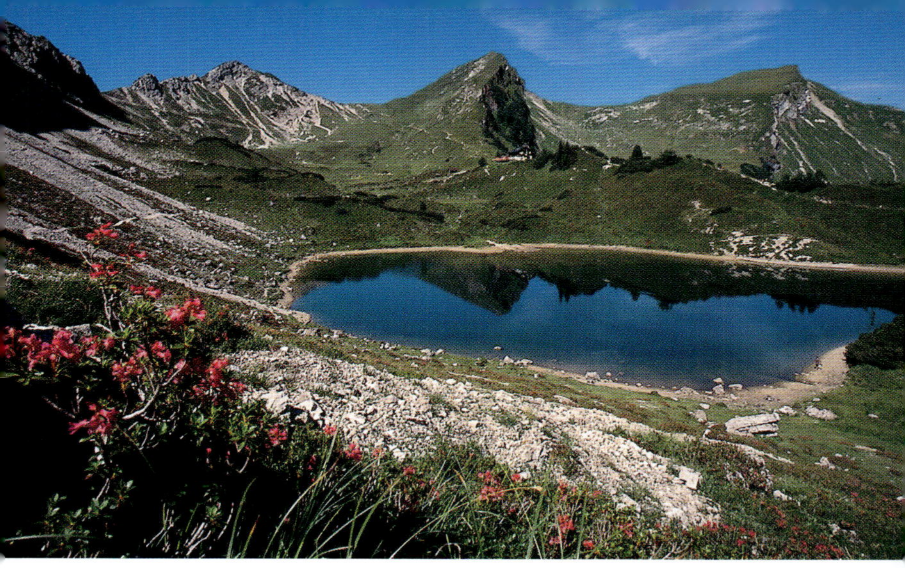

Idyllischer »Pool«: die Lache mit Landsberger Hütte und Roter Spitze.

Ausgangspunkt: Talstation der Gondelbahn Neunerköpfle in Tannheim, 1097 m, gebührenpflichtiger Parkplatz. Mit der Bahn nach Reutte in Tirol oder mit der Bahn nach Füssen und weiter mit dem Bus (Linie 74 oder 100) nach Reutte in Tirol, von dort mit dem Bus (Linie 120) Richtung Oberjoch nach Tannheim, Haltestelle »Kreisverkehr«.
Endpunkt: Vilsalpsee, 1168 m. Mit dem Bus (Linie 121) nach Tannheim, Haltestelle »Kreisverkehr« (von Ende Mai bis Mitte Oktober, verkehrt nachmittags ca. halbstündlich, letzte Abfahrt 17.35 Uhr). Von Tannheim mit dem Bus (Linie 120) nach Reutte in Tirol
Bergbahn: Gondelbahn Neunerköpfle, Sommerbetrieb Mitte Mai bis Anfang November (2024 wegen Sanierungsmaßnahmen nur bis Anfang Oktober) von 8.45 bis 16.15 Uhr, Ende Oktober / Anfang November nur bei niederschlagsfreiem Wetter, Tel. +43 5675 6260, tannheimer-bergbahnen.at.
Höhenunterschied / Gehzeit:
1. Tag: 320 m↑, 300 m↓; 2.30 Std.
2. Tag: 370 m↑, 1010 m↓; 4.45 Std.
gesamt: 690 m↑, 1310 m↓; 7.15 Std.
Anforderungen: Bequeme Höhenwanderung auf unschwierigen Bergsteigen und Almwegen zur Landsberger Hütte. Am zweiten Tag führt ein schmaler Steig teilweise über abschüssige Schrofen und steile Wiesenhänge, kurze felsige Passagen sind mit Drahtseil gesichert, gute Trittsicherheit erforderlich. Bei Nässe kann der Pfad über das Steilgrasgelände nach dem Schrecksee unangenehm rutschig sein. Der Abstieg zum Vilsalpsee ist teils etwas steil, aber nicht schwierig.
Einkehr / Übernachtung:
1. Tag: Gundhütte, nahe der Bergstation der Neunerköpfle-Bahn, nur Einkehr; Gappenfeldalm, nur Einkehr; Landsberger Hütte, DAV, 120 Schlafplätze, geöffnet Ende Mai bis Mitte Oktober, Tel. +43 5675 6282, landsbergerhuette.at.
2. Tag: Vilsalpe, nur Einkehr; am Endpunkt Café Bistro Haubentaucher, Mittwoch und Donnerstag Ruhetag, nur Einkehr, sowie Gasthaus Vilsalpsee, Montag Ruhetag, nur Einkehr.
Kinder: Die Tour ist besonders am zweiten Tag wegen der abschüssigen Hänge nur für berggeübte und trittsichere Kinder geeignet.
Karten: Freytag & Berndt WK 352, Ehrwald – Lermoos – Reutte – Tannheimer Tal, 1:50.000; AV-Karte Blatt BY 5, Tannheimer Berge – Köllenspitze – Gaishorn, 1:25.000.

1. Tag:
Die erste Etappe zur Landsberger Hütte ist ein gemütliches Eingehen auf einer der beliebtesten Wanderungen im Tannheimer Tal. Dazu fahren wir zunächst von **Tannheim** ❶ mit der Gondelbahn Neunerköpfle zur **Bergstation** ❷, 1784 m, hinauf. Von dort folgen wir dem breiten Erlebnisweg Richtung Landsberger Hütte und überschreiten den Gipfel des Neunerköpfles (alternativ an seiner Westseite entlanggehen). Beide Wege treffen später wieder zusammen. Elf Tafeln laden ein, auf spielerische Weise Interessantes über die Bergnatur rundum zu erfahren. Am **Neunerköpfle** ❸, 1864 m, können wir uns in das größte Gipfelbuch der Alpen eintragen.

Südlich des Gipfels führt der Weg flach über den Kamm mit Blick auf die schroffen Berge westlich über dem Vilsalpsee, das Rauhhorn und das Geißhorn. Dort werden wir am nächsten Tag unterwegs sein. Wir queren die Hänge über dem Strindenbachtal, das vom mächtigen Felskamm des Litnisschrofen überragt wird. Oberhalb der Strindenalpe

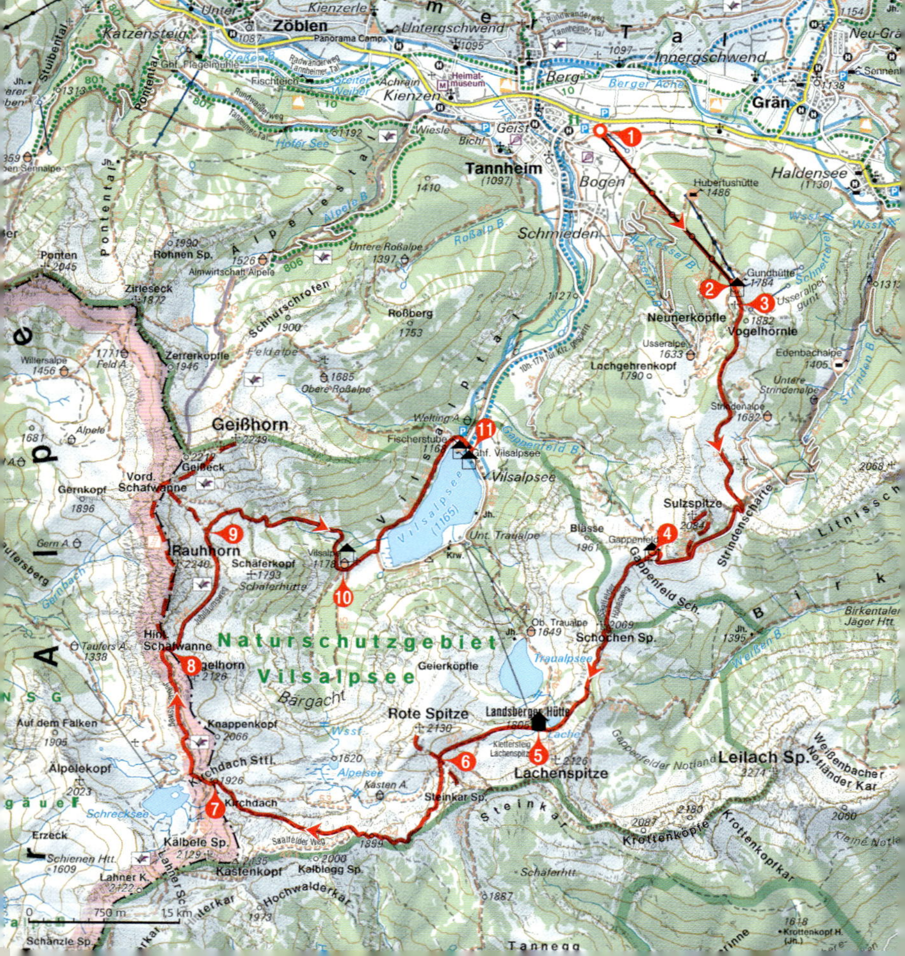

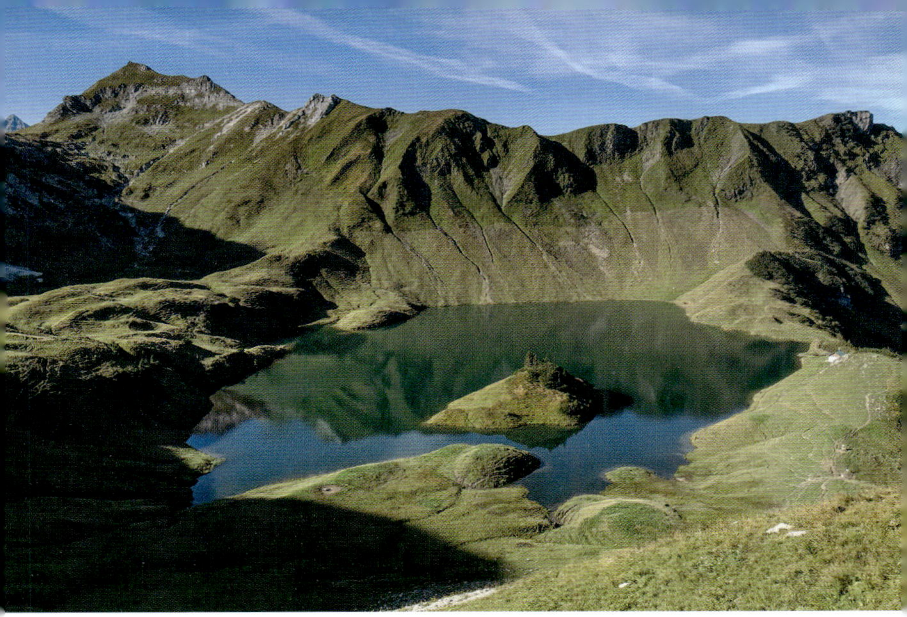

Ein landschaftlicher Höhepunkt am zweiten Tag: der Schrecksee.

zweigt ein felsiger Pfad ab, der in einigem Auf und Ab südwärts verläuft und schließlich auf eine Almstraße trifft. Dieser folgen wir nach rechts zur Strindenscharte und wechseln ins Birkental hinüber. Nun haben wir den zerklüfteten Felswall der Leilachspitze vor uns. Zehn Minuten nach der Scharte beginnt rechts der Anstieg zur Sulzspitze, einem Gipfel, den wir leicht »mitnehmen« können: Der Steig leitet in einem weiten Linksbogen auf die Nordostseite und über Grashänge und Schrofen zum Gipfelkreuz (30 Minuten).

Der Weiterweg Richtung Landsberger Hütte führt einige Höhenmeter hinab zur **Gappenfeldscharte** ❹, 1860 m, mit der etwas unterhalb liegenden gleichnamigen Alm. Links leitet ein Steig, zum Schluss steil und felsig, zu einer Einsattelung östlich der Schochenspitze hinauf. Zu ihrem Gipfel ist es ein Katzensprung (15 Min.). Uns zu Füßen liegt nun der schöne Bergkessel mit der Landsberger Hütte, einem kleinen See, »Lache« genannt, und den felsigen Abbrüchen der Lachenspitze. Eine Etage tiefer glänzt der Traualpsee.

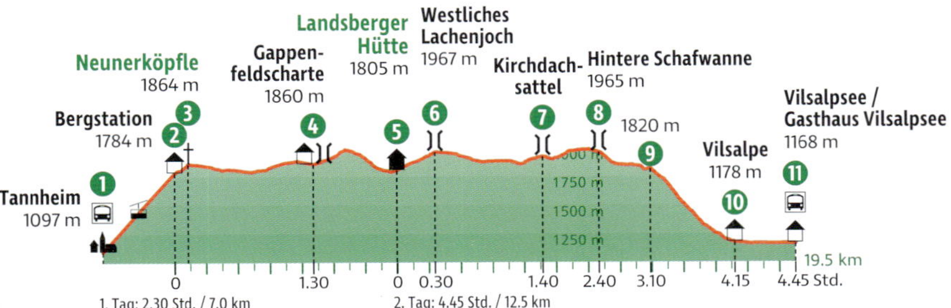

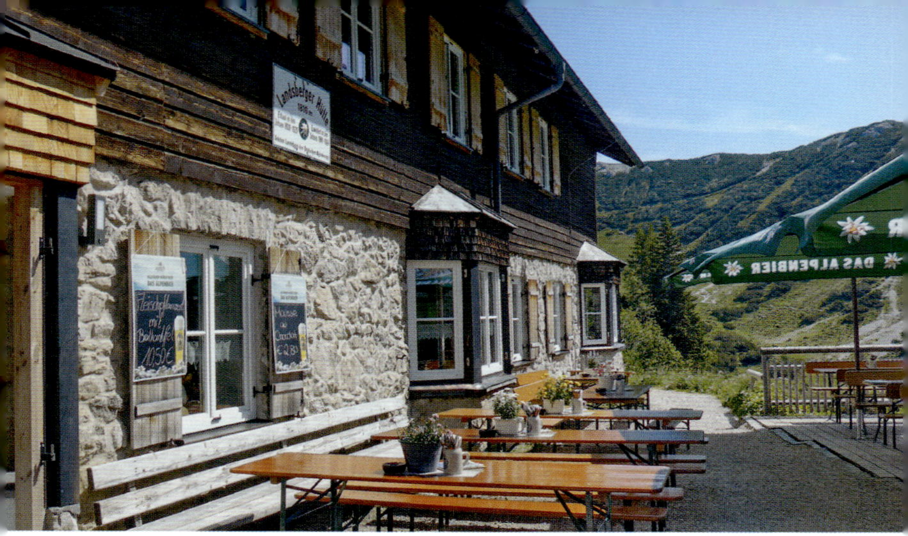

Gemütliches Etappenziel: die Landsberger Hütte.

Wir steigen in den Kessel hinab, vorbei an der Abzweigung zur Leilachspitze, und folgen dem Wegweiser zur **Landsberger Hütte ⑤**, 1805 m, am linken Ufer des kleinen Sees entlang. Noch einmal müssen wir einige Meter ansteigen, dann haben wir unser Etappenziel erreicht.

Den Tag können wir je nach Geschmack ausklingen lassen: vielleicht einen Sprung ins kühle Nass der Lache wagen, einfach nur auf der Hüttenterrasse sitzen und über die Nordwand der Lachenspitze staunen oder noch einen der Hüttengipfel erklimmen. Dafür bieten sich die Steinkarspitze, 2067 m (50 Min.), die Rote Spitze, 2130 m (1 Std.), oder die Lachenspitze, 2126 m (1.15 Std.), an. Auch für Klettersteigfans gibt es eine Zugabe: Wer die entsprechende Ausrüstung dabei hat, kann dem ausgesetzten Eisenweg durch die imposante Nordwand der Lachenspitze folgen (2 Std., Schwierigkeitsgrad C/D).

2. Tag:

Auf dem Weiterweg in Richtung Schrecksee lassen wir die zahlreichen Seilbahnwanderer hinter uns. Kleine Pfade führen durch eine urwüchsige Berglandschaft. Bei der Landsberger Hütte orientieren wir uns am Wegweiser »Lahnerscharte, Prinz-Luitpold-Haus, Rote Spitze« und halten nach Westen auf das

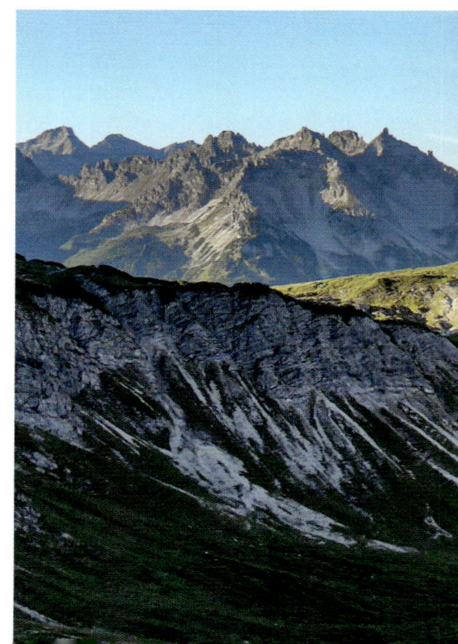

Vom Westlichen Lachenjoch bietet sich ein herrlicher Blick auf die Allgäuer Alpen mit dem Hochvogel (Bildmitte).

Westliche Lachenjoch ❻ zu, vorbei an einer Abzweigung zur Lachenspitze. Auf den letzten Metern geht es steil bergauf, dann haben wir den Sattel erreicht und blicken über einen schönen Almkessel und auf einen Teil der Allgäuer Alpen mit dem markanten Felsdreieck des Hochvogels. Rechts könnten wir über steile Grashänge der Roten Spitze, 2130 m, einen Besuch abstatten (30 Min.), links bietet sich die Steinkarspitze, 2067 m, für einen Abstecher an: Ein Steig führt steil über den Nordgrat bergauf, schwenkt unter den Felsen nach rechts und erreicht von Südwesten das Gipfelkreuz (20 Min.).

Unsere weitere Route quert die Westflanke der Steinkarspitze und führt anschließend aussichtsreich durch Wiesenmulden bergab. Nordwestlich rücken die wuchtigen Felsgipfel von Rauhhorn und Geißhorn ins Blickfeld, unter deren Gipfeln wir heute noch stehen werden. Nach kurzem Anstieg gelangen wir zu einer Verzweigung und halten uns rechts in die Nordhänge der Kalblеggspitze. Der Steig leitet auf und ab unter Felsabbrüchen entlang und etwas abschüssig über schrofige Hänge. Bei einer Felsrinne müssen wir kurz Hand anlegen. Schließlich steigen wir zum **Kirchdachsattel** ❼, 1926 m, an, wo uns der Blick auf den zauberhaften Schrecksee überrascht. Wir wandern über dem See kurz bergab und ignorieren dabei zwei abzweigende Pfade. Anschließend halten wir uns rechts bergauf und queren die steilen Wiesenhänge. Nach kurzem steilem Anstieg zieht der schmale Steig über die schrofige Westseite des Kugelhorns. Nachdem wir ein felsiges, mit Drahtseilen gesichertes Band überwunden haben, geht es über die Felsplatten einer Rinne und hinauf zu einem Geländevorsprung. Ein kurzer Abstieg führt hinunter in das Joch zwischen Kugelhorn und Rauhhorn, die **Hintere Schafwanne** ❽, 1965 m. Im Tal taucht der fjordartige Vilsalpsee auf. Wer Erfahrung hat, trittsicher und schwindelfrei ist, kann geradeaus das Rauhhorn, 2240 m, auf seinen schrofigen und felsigen Graten überschreiten (ungesicherte Kletter-

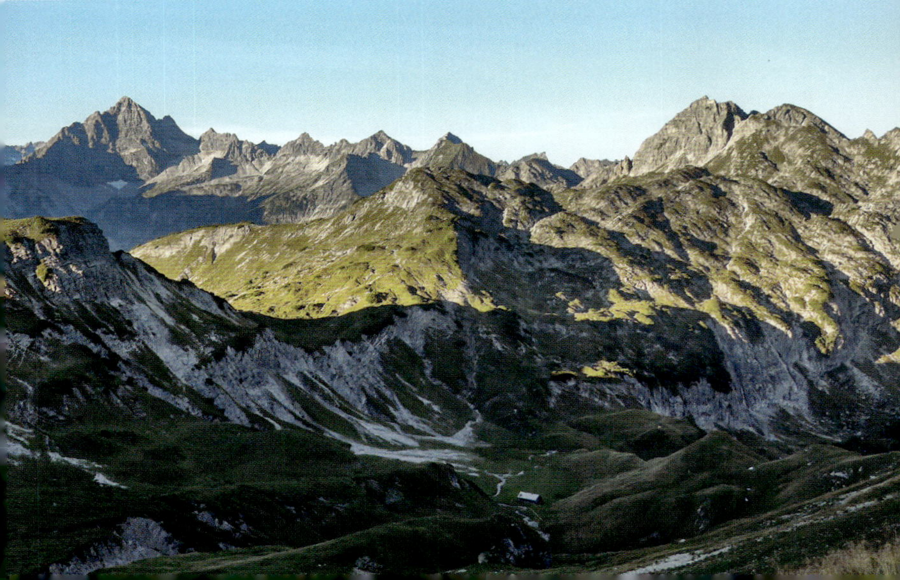

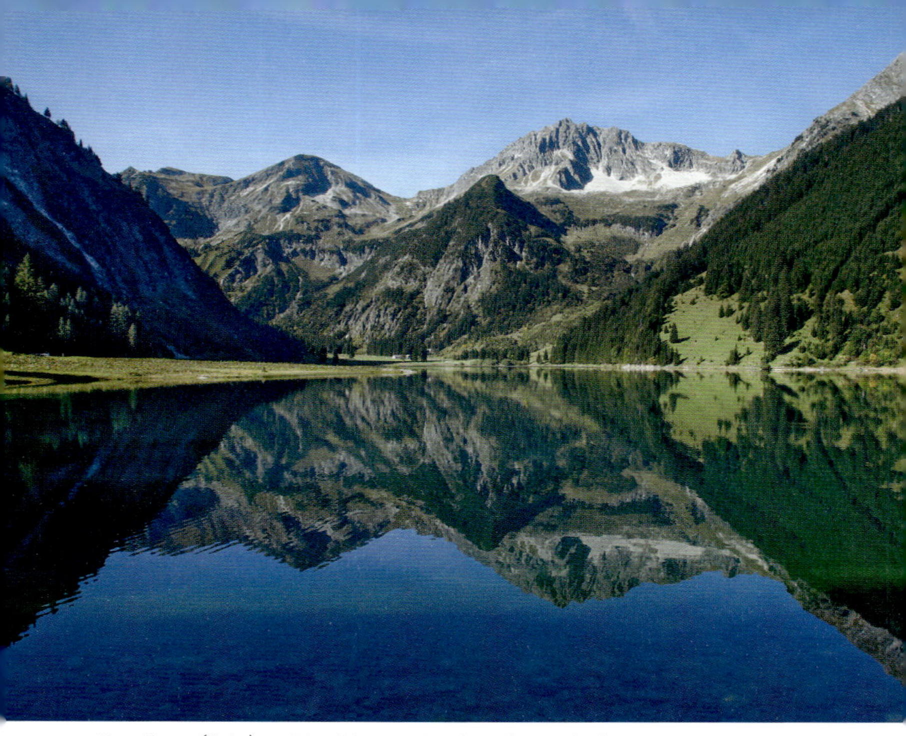

Kugelhorn (links) und Rauhhorn spiegeln sich im Vilsalpsee.

stellen im I. Grad) und von der Vorderen Schafwanne zum Vilsalpsee absteigen. Alle anderen lassen diese anspruchsvolle Variante links liegen, folgen rechts den Kehren über den steilen Hang hinab und queren unter den zerklüfteten Felsabbrüchen des Rauhhorns entlang nach Norden. Bei einem Felsblockgelände kommen wir zu einer **Verzweigung** ❾, 1820 m: Links hält sich, wer vor dem Talabstieg noch das Geißhorn, 2249 m, besteigen möchte – ein lohnender Gipfelabstecher, der zwar steil, aber von trittsicheren Wanderern ohne größere Schwierigkeiten zu bewältigen ist (1.15 Std. Anstieg). Rechts beginnt der Steig hinunter zum Vilsalpsee. Er quert in mäßigem Gefälle den Bergkessel zwischen Rauhhorn und Geißhorn und führt etwas felsig und oft feucht über steile Hänge bergab. Wir folgen ihm durch eine Zone mit Erlengebüsch, über einen Bachlauf und über Bergwiesen weiter abwärts. Bereits in Talnähe zieht unsere Abstiegsroute nach rechts erneut über den Bach und fällt zur **Vilsalpe** ❿, 1178 m, ab.

Bei dem beliebten Alpgasthaus biegen wir links in den Fahrweg ein, der uns zum Vilsalpsee bringt. Wir wandern auf bequemem Weg am linken Ufer entlang (der Weg zum Ostufer ist wegen Felssturzgefahr gesperrt) und gelangen zu den beiden Gasthöfen an seinem Nordende. Beim **Gasthaus Vilsalpsee** ⓫, 1168 m, befindet sich die Bushaltestelle für die Rückkehr nach Tannheim. Wer möchte, kann auch auch mit dem Tannheimer Alpenexpress, einem roten Ausflüglerzug, nach Tannheim zurückkehren.

Durch die Tannheimer Berge
Von Pfronten nach Reutte

5

2 Tage | 21,7 km | ↗1480 m | ↘2240 m

Kleines Gebirge mit großer Vielfalt

Die Tannheimer Berge präsentieren sich als eindrucksvolle Kulisse über dem gleichnamigen Tal. Mächtige Felsbastionen türmen sich in den Himmel. Die prominentesten sind Gimpel und Rote Flüh. Ihre senkrechten Wandfluchten erfreuen sich bei Kletterern großer Beliebtheit. Doch nicht nur die Freunde der Vertikalen kommen in den Tannheimer Bergen auf ihre Kosten. Ein dichtes Wegenetz erschließt das nordöstliche Anhängsel der Allgäuer Alpen für Wanderer. Bergbahnen schweben an den Fuß der Felsgemäuer, und Hütten und Almen in aussichtsreicher Lage sorgen für Gaumenfreuden und Augenschmaus. Die Tannheimer Berge sind ein kleines Gebirge, das sich für eine Durchquerung geradezu anbietet. Auf engstem Raum erlebt man so die unterschiedlichsten Landschaftsformen – von sanften Almböden bis zu schroffen Felsgipfeln. Und immer wieder überrascht ein großartiges Panorama.

Gleich zu Beginn der hier vorgestellten Überschreitung heißt es zupacken. Der Aggenstein, der westlichste Pfeiler der Tannheimer, erfordert etwas Kraxelei. Nach dem Nervenkitzel gibt es kaum einen schöneren Rastplatz als die Bad Kissinger Hütte, die wie ein Adlerhorst auf einem Felsvorsprung über dem Tannheimer Tal thront. Dann geht es mitten hinein ins felsige Herz des kleinen Gebirgszugs. Bis zu 800 Meter ragt dort senkrechtes Kalkgestein empor. Im oberen Raintal, unter den imposanten Nordwänden von Gimpel und Köllenspitze, stehen gleich drei Hütten zur Auswahl, so auch die Otto-Mayr-Hütte, die als »Musterhaus für Bergsteiger« 1899 bei einer Münchner Sportmesse ausgestellt wurde. Die Besonderheit war, dass sich die Hütte zerlegen ließ. Der damalige Vorsitzende der Alpenvereinssektion Augsburg Otto Mayr war davon so angetan, dass er das Haus kaufte, seine Einzelteile in mühsamer Arbeit ins obere Raintal befördern und dort wieder zusammenbauen ließ. So ist die Alpenvereinshütte das erste »Fertighaus« im Gebirge. Auch bei der zweiten Etappe geht es sofort zur Sache: Steil und mit kurzen Drahtseileinlagen schraubt sich der Steig zur Nesselwängler Scharte hinauf. Der Ausklang der Tour beschert ein gemütliches und aussichtsreiches Höhenwandern auf der Sonnenseite der Tannheimer Berge.

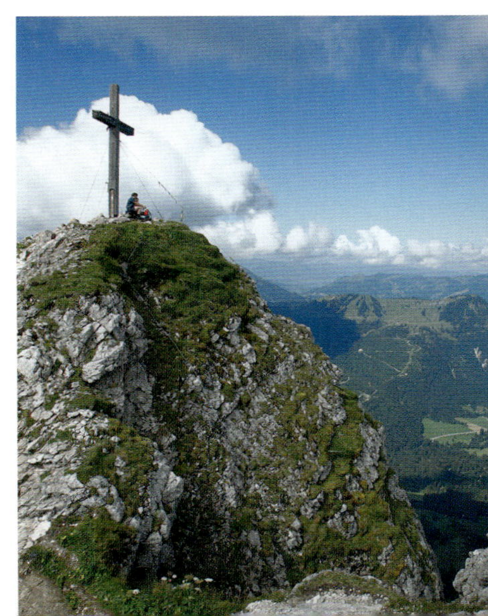

Logenplatz am Aggenstein mit Blick über das Allgäuer Alpenvorland.

Ausgangspunkt: Pfronten-Steinach, Talstation der Breitenbergbahn, 842 m, Parkplatz. Bahnverbindung von Kempten und Garmisch-Partenkirchen.

Endpunkt: Höfen, Talstation der Hahnenkammbahn, 923 m. Busverbindung (Linie 110) vom Tourismusbüro in Höfen (15 Min. Fußweg von der Talstation) zum Bahnhof in Reutte oder mit dem On-Demand-Shuttle RegioFlink von der Talstation zum Bahnhof Reutte (per App oder Tel. +43 512 909033 bestellen). Von Reutte mit dem Zug nach Pfronten-Steinach, Garmisch-Partenkirchen und Kempten.

Bergbahnen: Breitenbergbahn (Gondelbahn) und Hochalpbahn (Sessellift), Sommerbetrieb Anfang Mai bis Anfang November von 9 bis 17 Uhr (Breitenbergbahn) bzw. 9.30 bis 16.30 Uhr (Hochalpbahn), Tel. +49 8363 5820, breitenbergbahn.de.
Hahnenkammbahn (Gondelbahn), Sommerbetrieb Ende Mai bis Anfang November von 8.30 bis 16.30 Uhr, Tel. +43 5672 62420, bergwelt-hahnenkamm.at.

Höhenunterschied / Gehzeit:
1. Tag: 650 m↑, 800 m↓; 4.15 Std.
2. Tag: 830 m↑, 1440 m↓; 6 Std.
gesamt: 1480 m↑, 2240 m↓; 10.15 Std.

Anforderungen: Gute Trittsicherheit erforderlich. Der gesicherte felsige Anstieg zum Aggenstein-Gipfel bietet einige Kraxelstellen, kann aber umgangen werden, sonst am ersten Tag Bergwege ohne besondere Schwierigkeiten. Bei der zweiten Etappe steiler Anstieg zur Nesselwängler Scharte mit gesicherten Felspassagen, Altschneefelder können sich dort bis Mitte Juli halten. Ab der Tannheimer Hütte Bergsteige über steile Wiesenhänge, bei Nässe schmierig.

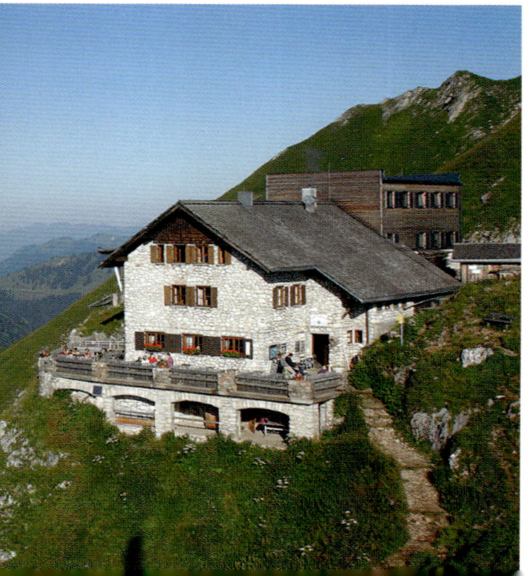

Einkehr / Übernachtung:
1. Tag: Bad Kissinger Hütte, DAV, 61 Schlafplätze, geöffnet Anfang / Mitte Mai bis Mitte Oktober, Tel. +43 676 3731166, badkissingerhuette.at; Gasthaus Sonnenalm, nur Einkehr; Füssener Hütte, privat, 50 Schlafplätze, geöffnet Mitte Mai bis Anfang / Mitte Oktober, Montag Ruhetag, Tel. +49 8388 3329867, fuessener-huette.at; Willi-Merkl-Hütte, DAV, Selbstversorgerhütte, 27 Schlafplätze, geöffnet Anfang Mai bis Mitte Oktober, Anmeldung unter willi-merkl-huette@alpenverein-friedberg.de, alpenverein-friedberg.de/willimerklhuette; Otto-Mayr-Hütte, DAV, 60 Schlafplätze, geöffnet Mitte Mai bis Mitte Oktober, Tel. +43 160 4592237, ottomayrhuette.com.
2. Tag: Gimpelhaus, privat, 180 Schlafplätze, geöffnet Anfang Mai bis Mitte Oktober, Tel. +43 5675 8251, gimpelhaus.at; Tannheimer Hütte (die Eröffnung eines Neubaus ist für 2024 geplant, Infos unter dav-kempten.de/huetten/tannheimer-huette); Schneetalalm, privat, 30 Schlafplätze, geöffnet Ende Mai bis Mitte Oktober, Übernachtung Donnerstag bis Sonntag, Tel. +43 676 9604415, schneetalalm.at; Lechaschauer Alm, privat, 27 Schlafplätze, geöffnet Ende Mai bis Ende Oktober, Dienstag Ruhetag, Tel. +43 677 64001151, lechaschaueralm.at.

Kinder: Der Anstieg zum Aggenstein sowie am zweiten Tag zur Nesselwängler Scharte ist nur für geübte Kinder geeignet.

Karten: Freytag & Berndt WK 352, Ehrwald – Lermoos – Reutte – Tannheimer Tal, 1:50.000; AV-Karte Blatt BY 5, Tannheimer Berge – Köllenspitze – Gaishorn, 1:25.000.

Bad Kissinger Hütte.

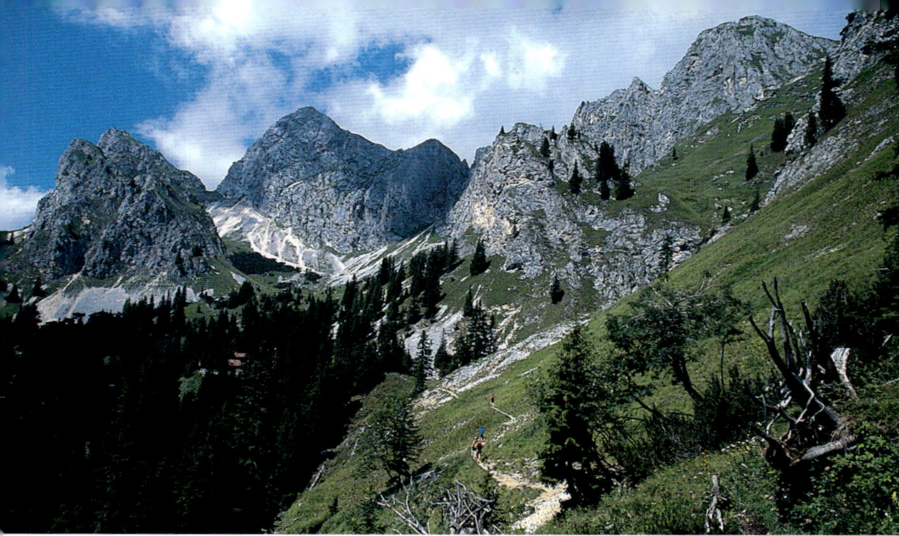

Tannheimer Gipfelprominenz: Rote Flüh (links) und Gimpel.

1. Tag:
Unsere Zweitagestour beginnt ganz gemütlich: Mit den Gondeln der Breitenbergbahn und dem Hochalplift schweben wir von **Pfronten-Steinach ❶**, 842 m, zum weiten Sattel zwischen Breitenberg und Aggenstein hinauf. Von der **Bergstation ❷**, 1680 m, gehen wir links kurz bergab zum tiefsten Punkt des Sattels und über den Kamm nach Süden auf die dunkel gefärbten Nordabstürze des Aggensteins zu. Auf seiner Nordwestseite führt ein Steig über eine steile Geländerippe bergauf. Gesicherte Felsstellen wechseln sich mit schotterigem Gehgelände ab. Schließlich folgen wir den Serpentinen über einen steilen Grashang zu einer Schulter hinauf und gelangen rechts zum schrofigen Gipfelaufbau. Entlang von Sicherungen erklimmen wir über etwas speckigen, aber gut gestuften Fels den bereits nahen Gipfel des **Aggensteins ❸**, 1987 m, und genießen den Blick nach Norden über das Ostallgäu mit seinen Seen und nach Süden auf das Tannheimer Tal und das Gipfelmeer der Allgäuer Alpen.

Anschließend kehren wir zur Schulter zurück und halten uns nun rechts Richtung Bad Kissinger Hütte. Steinige Kehren leiten über die steile Grasflanke auf der Südseite des Aggensteins hinab, bis der Steig nach links dreht und die schön gelegene **Bad Kissinger Hütte ❹**, 1792 m, erreicht. Wir gehen weiter in Ostrichtung kurz zu einer Einsattelung hinab, halten uns geradeaus Richtung Sebenalpe / Füssener Jöchl und wandern leicht fallend über die Südwesthänge des Brentenjochs zur kleinen, unbewirtschafteten **Sebenalpe ❺**, 1620 m.
Die Abzweigung zum Vilser Jöchl lassen wir links liegen und durchqueren den Almkessel in südöstlicher Richtung. Ein breiter Weg zieht schließlich in flachen Kehren zu einer Schulter südwestlich der Sefenspitze hinauf, wo ein fantastischer Blick auf die Felsfluchten des Tannheimer Hauptkamms überrascht. Der Gipfel der Sefenspitze ist für trittsichere Wanderer auf Steigspuren in wenigen Minuten erreichbar. An der Bergstation eines Skilifts vorbei steigen

wir abwärts, umgehen eine Anhöhe mit Kreuz auf der linken Seite und gelangen zum **Füssener Jöchl** ❻, 1818 m, mit der Bergstation einer Kabinenbahn und dem Gasthaus Sonnenalm.

Dort folgen wir dem Wegweiser geradeaus Richtung Füssener Hütte / Otto-Mayr-Hütte. Rechts könnte man die Läuferspitze, 1956 m, besteigen (45 Min.). Der Anstieg verläuft teils gesichert durch Schrofen und Fels und erfordert Trittsicherheit. Unser Weiterweg führt unterhalb einer Kapelle vorbei und steigt kurz zum Raintaler Joch an, einer Einsattelung im Kamm, der von der Großen Schlicke dominiert wird. Nun stehen wir über dem Raintal, das von den gewaltigen Nordabstürzen des Gimpels und der Köllenspitze eingerahmt wird. Wer noch Gipfelambitionen hat, kann rechts dem Schartschrofen, 1973 m, einen Besuch abstatten (45 Min.). Der Abstieg zur Hütte quert links die von Latschenfeldern überzogenen Hänge über dem Tal, zweigt nach zehn Minuten rechts ab und führt weiter absteigend talauswärts. Bei einer Wegteilung bringen uns beide Steige zu unserem Tagesziel im oberen Raintal. Die private **Füssener Hütte**, 1535 m, und die **Otto-Mayr-Hütte** ❼, 1528 m, des Alpenvereins liegen unmittelbar nebeneinander. Ganz gleich, wo wir unser Lager aufschlagen – die gewaltige Felskulisse wird uns in ihren Bann ziehen.

Als Abendspaziergang lohnt sich ein Besuch des Alpenpflanzengartens. Rund 400 Pflanzen, die im Raintal beheimatet sind, werden dort vorgestellt.

Füssener Hütte und Willi-Merkl-Gedächtnishütte unter der Gimpel-Nordwand.

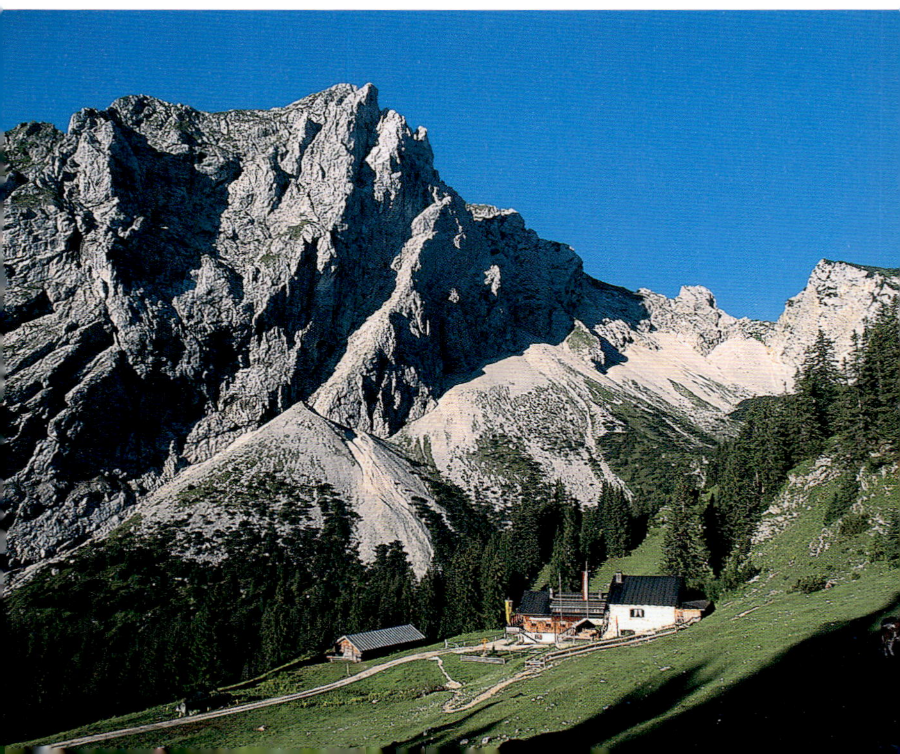

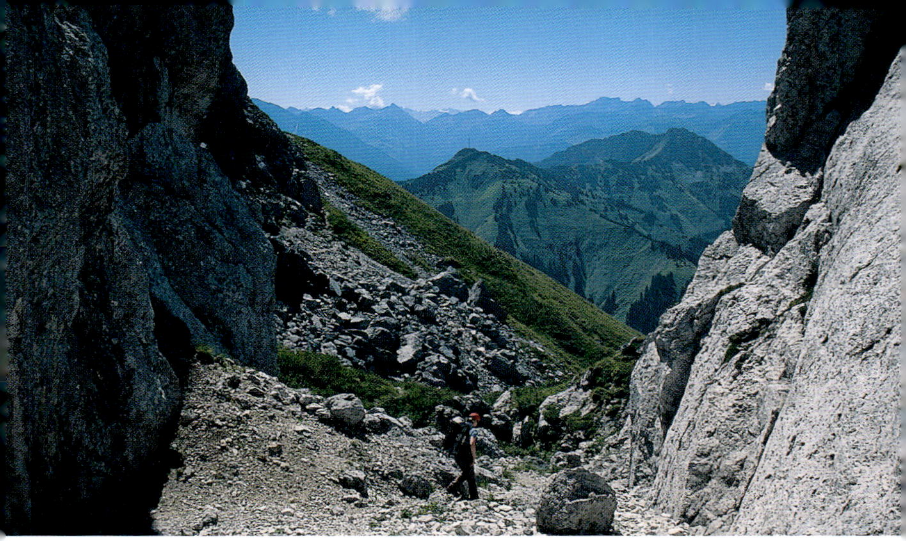

Panoramablick bei der Nesselwängler Scharte.

2. Tag:
Unterhalb der Otto-Mayr-Hütte beginnt ein zur Nesselwängler Scharte ausgeschilderter Steig, der durch den Wald in den Talgrund des Raintals hinableitet und dort in eine Forststraße mündet. Wir überqueren die Straße, wandern auf einem Wiesenpfad zum Bach und gehen über eine Brücke.
Nun beginnt der anstrengende Anstieg zur Nesselwängler Scharte. In Serpentinen schraubt sich der Steig immer steiler bergauf. Über leichte Felsstellen, durch Latschen und später über mit Schotterfeldern bedeckte Wiesen gewinnen wir an Höhe. Eine felsige Rippe wird mit Hilfe von Drahtseilen überwunden. Anschließend queren wir nach Osten auf die wilden Felszacken der Köllenspitze zu und steigen, wiederum gesichert, entlang einer kurzen felsigen Rinne bergauf. Schließlich geht es zu einem grasigen Absatz und unschwierig die letzten Meter zur **Nesselwängler Scharte** ⑧, 2007 m, hinauf. Mit jedem Schritt wird der Blick nach Süden auf Allgäuer und Lechtaler Alpen umfassender und eindrucksvoller. Kurz vor der Scharte zweigt links der Steig zum höchsten Tannheimer Gipfel, der Köllenspitze, 2238 m, ab (1 Std.), eine anspruchsvolle Bergtour über teilweise ausge-

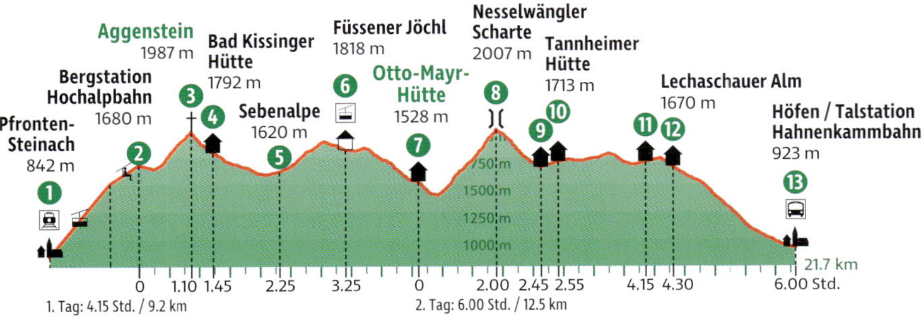

setztes Schrofen- und Felsgelände, an die sich nur geübte Bergsteiger und Bergsteigerinnen wagen sollten. Wir gehen jenseits der Scharte durch eine kurze Felsgasse zu einer Verzweigung hinab. Links könnten wir unter den Wänden der Köllenspitze direkt zur Schneetalalm und Richtung Hahnenkamm weiterwandern (ca. 1 Std. kürzer). Der Umweg über das Gimpelhaus und die Tannheimer Hütte lohnt sich jedoch. Wir bekommen dafür einen großartigen Blick auf die Gimpel-Südwand und die Möglichkeit zu einer Einkehr geboten. Dazu folgen wir dem Steig rechts unter den Felsen entlang und linkshaltend in schotterigen Kehren in den Kessel zu Füßen des Gimpels hinab. Vielleicht können wir eine Seilschaft in seiner steilen Wandflucht ausmachen. An einer weite-

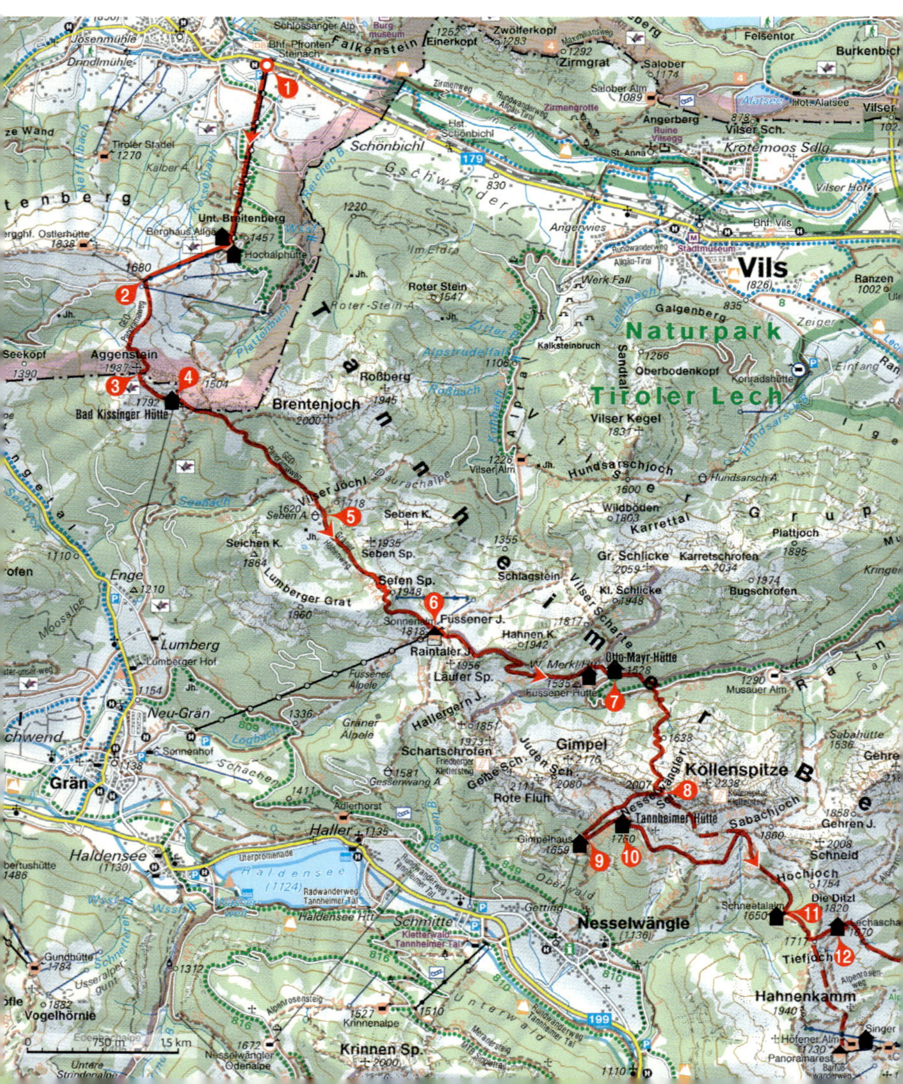

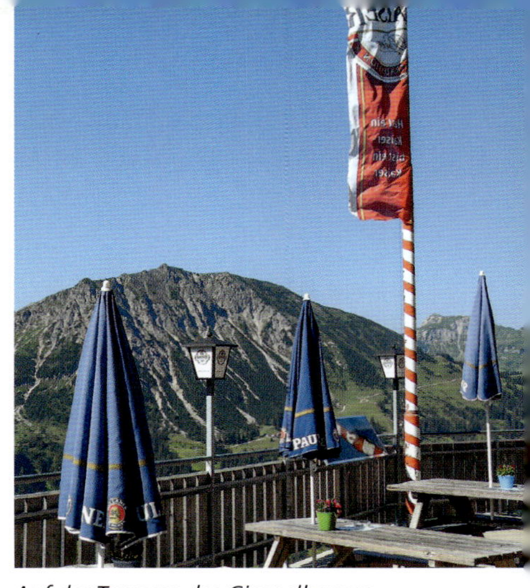

Auf der Terrasse des Gimpelhauses.

ren Wegteilung gelangen wir links direkt zur Tannheimer Hütte, rechts zunächst zum stattlichen **Gimpelhaus ⑨**, 1659 m, das auf einem Geländevorsprung über dem Tannheimer Tal thront. Von dort wandern wir leicht ansteigend ebenfalls zur **Tannheimer Hütte ⑩**, 1713 m. Sie konnte die Behördenauflagen nicht mehr erfüllen und wird mit einem nachhaltigen Konzept neu gebaut (Eröffnung für August 2024 geplant). Bei der Hütte folgen wir dem Höhenweg über die Südwesthänge der Tannheimer Berge nach Osten. Er führt in einigem Auf und Ab über zwei Bachgräben, schwenkt bei einem Geländevorsprung mit einer Hütte nach links und geht entlang steiler Hänge ein Bachtal aus. Beim Bach verzweigt sich der Steig. Wir bleiben geradeaus auf dem unteren Steig Richtung Schneetalalpe, verlieren bei der weiteren Hangquerung etwas an Höhe und gelangen noch einmal ansteigend zum kleinen Plateau mit der schön gelegenen **Schneetalalm ⑪**, 1650 m. Von dort überblicken wir das gesamte Tannheimer Tal. Vor allem der glänzende Haldensee ist ein Blickfang.

Von der Alm erreichen wir in kurzem Anstieg das Tiefjoch, 1717 m. Nun gibt es zwei Möglichkeiten: Halb rechts führt ein breit angelegter Weg Richtung Hahnenkammbahn über die Osthänge des Hahnenkamms und an einem Alpengarten vorbei zur Bergstation der Seilbahn (30 Min.). Für den Abstieg zu Fuß zweigen wir schräg nach links ab und kommen zunächst zur **Lechaschauer Alm ⑫**, 1670 m, ebenfalls eine gemütliche Einkehr, bei der es schwerfällt, sich loszureißen.

Dort beginnt der Steig ins Tal, der Richtung Wängle, Holz und Talstation bezeichnet ist. Er schlängelt sich über die Wiesen unter der Alm, quert den obersten Lauf des Leinbachs und leitet über die steilen Waldhänge des Leinbachtals. Über Lichtungen und durch Waldstücke geht es beständig bergab, bis wir nach etwa einer Stunde zu einer Verzweigung kommen. Dort ist unser Ziel, die Bergbahn-Talstation, nach rechts ausgeschildert. Wir steigen einige Höhenmeter weiter durch Wald abwärts, treffen bei einem Holzlagerplatz auf eine Forststraße und folgen ihr kurz nach links. Dann wenden wir uns nach rechts und wandern auf einer Asphaltstraße an den Häusern der kleinen Ansiedlung Holz vorbei. Am Ende der Straße halten wir uns rechts und gelangen über eine Holzbrücke zur **Talstation der Hahnenkammbahn ⑬**, 923 m, bei Höfen.

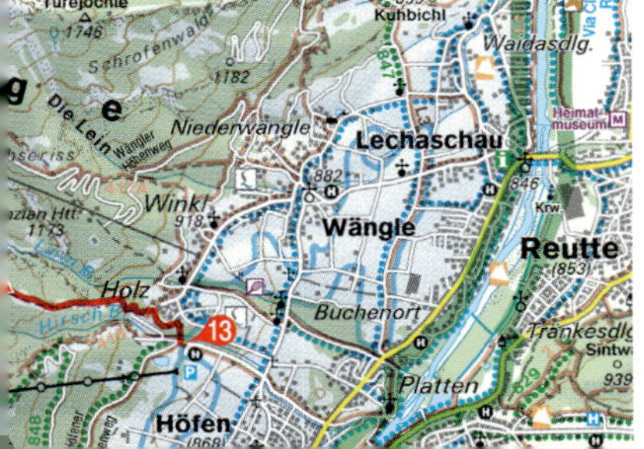

6 Über den Klammspitzkamm
Von Oberammergau nach Neuschwanstein

3 Tage | 37,5 km | ↗ 2320 m | ↘ 2350 m

Auf den Spuren der bayerischen Könige

Am Klammspitzkamm bäumt sich das Flachland erstmals zum Gebirge auf. Schnurgerade zieht er von Oberammergau nach Westen und gibt sich als Vorposten der Ammergauer Alpen ganz schön felsig. Sein Grat ist gespickt mit Türmchen, Zacken und Zinnen und geschmückt mit felsdurchsetzten Gipfeln. Blickfang und Namensgeber ist das Felsdreieck der Großen Klammspitze. Von ihrem Gipfel reicht der Blick weit hinaus über das bunte Mosaik des Alpenvorlands und hinein ins hohe Gebirge zur zackigen Silhouette der Allgäuer Alpen. Auch die bayerischen Könige hatten die Gegend in ihr Herz geschlossen. Maximilian II. ließ an den schönsten Plätzen Jagdhäuser errichten, in die sich auch sein Sohn Ludwig II. gerne zurückzog. Heute befinden sich an den ehemaligen königlichen Logenplätzen am Pürschling, am Brunnenkopf und am Tegelberg ausgesprochen aussichtsreiche Hütten. Auch am Kenzen machte das Königshaus Station, im Jagdhaus etwas unterhalb der heutigen Unterkunftshütte. Das Kenzengebiet ist die vielseitigste Region des Ammergebirges mit wildromantischen Hochtälern, steilen Karen und beeindruckenden Felsgipfeln. Herrscher ist der Geiselstein, ein »steiler Zahn«, gerne auch als »Matterhorn der Ammergauer Alpen« bezeichnet. Wer sich im vertikalen Fels wohlfühlt, kommt dort auf seine Kosten. Aber auch die Leibwächter des prominenten Kletterbergs können sich sehen lassen: der mächtige Felswall der Hochplatte, der formschöne Zacken des Gabelschrofen, das felsige Labyrinth der Gumpenkarspitze. Die dritte Etappe führt mitten durch diese großartige Felslandschaft und endet beim Abstieg vom Tegelberg mit einem Paukenschlag: Wie ein Traumbild taucht plötzlich Schloss Neuschwanstein auf – ein würdiger Abschluss der an Eindrücken reichen Durchquerung.

Ausgangspunkt: Oberammergau Bahnhof, 837 m, kleiner Parkplatz (am besten erreichbar über die nördliche Ortseinfahrt). Mit der Bahn über Murnau nach Oberammergau.
Endpunkt: Hohenschwangau, 810 m, Bushaltestelle Neuschwanstein / Castles Bus (Linie 73 bzw. 78) zum Bahnhof von Füssen und Bus (Linie 9606, ab 2026 voraussichtlich Linie 326) über Echelsbacher Brücke nach Oberammergau, Haltestelle Bahnhof (letzte Rückfahrmöglichkeit ca. 17 Uhr).
Bergbahnen: Kolbensesselbahn, Sommerbetrieb April / Mai bis Anfang November, April von 10 bis 17 Uhr, Mai bis September von 10 bis 18 Uhr, Oktober von 10 bis 17 Uhr, Ende Oktober und November von 10 bis 16 Uhr, witterungsbedingte Schließungen möglich, Tel. +49 8822 4760, kolbensattel.de. Tegelbergbahn, Sommerbetrieb Anfang April bis Anfang November von 9 bis 17 Uhr (im Frühjahr einige Tage Revision), Tel. +49 8362 98360, tegelbergbahn.de.
Höhenunterschied / Gehzeit:
1. Tag: 960 m↑, 200 m↓; 5.15 Std.
2. Tag: 470 m↑, 780 m↓; 4 Std.
3. Tag: 890 m↑, 1370 m↓; 7.15 Std.
gesamt: 2320 m↑, 2350 m↓; 16.30 Std.
Anforderungen: Die gesamte Tour erfordert gute Trittsicherheit. An den ersten beiden Tagen ist man auf schmalen

Bergpfaden unterwegs, die über steile Grashänge und schrofiges Gelände verlaufen. Einige felsige gesicherte Passagen müssen überwunden werden. Am Sonnenberggrat, beim Anstieg zur Klammspitze und beim Übergang zum Feigenkopf ist Schwindelfreiheit erforderlich. Die dritte Etappe führt über Steige, die keine besonderen Schwierigkeiten aufweisen, jedoch teilweise steil und steinig sind. Steil sind vor allem der Anstieg zum Gabelschrofensattel und der Abstieg zur Marienbrücke. Bei Nässe ist die Tour nicht zu empfehlen.

Einkehr / Übernachtung:

1. Tag: Kolbenalm, nur Einkehr, unregelmäßige Öffnungszeiten; Kolbensattelhütte (Variante), nur Einkehr; Pürschlinghaus (August-Schuster-Haus), DAV, 64 Schlafplätze, geöffnet Anfang Mai bis Ende Oktober, Tel. +49 8822 3567, august-schuster-haus.de; Brunnenkopfhütte, DAV, 26 Schlafplätze, geöffnet Mitte Mai bis Mitte Oktober, Tel. +49 175 6540155, brunnenkopfhuette.com.

2. Tag: Kenzenhütte, privat, 58 Schlafplätze, geöffnet 1. Mai bis dritter Sonntag im Oktober, Tel. +49 8368 8554002, kenzenhuette.de.

3. Tag: Panoramagaststätte Tegelberg, nur Einkehr; Tegelberghaus, privat, Übernachtungsmöglichkeit bei Redaktionsschluss unsicher, Tel. +49 8362 8980.

Karten: Bayerisches Landesamt für Digitalisierung, Breitband und Vermessung UK 50-50, Werdenfelser Land – Ammergebirge, 1:50.000; AV-Karten Blatt BY 6, Ammergebirge West, und BY 7, Ammergebirge Ost, 1:25.000.

Varianten: 1. Wer die Kolbensesselbahn nutzt, spart ca. 45 Min. Anstieg. Von der Bergstation geht man an der Kolbensattelhütte und am Spielplatz vorbei und rechts hinauf zu einem quer verlaufenden Weg. Nach links Richtung Zahn / Kofel zum Waldrand, dort rechts auf einen bergauf führenden Pfad. Er trifft unterhalb des Zahnmassivs auf die beschriebene Route.

2. Eine interessante, etwas anspruchsvollere Variante führt vom Pürschlinghaus zum Teufelstättkopf, an der Nordseite des Laubenecks entlang und über den Hennenkopf. Anschließend geht es auf der beschriebenen Route zur Brunnenkopfhütte (zusätzlich 1.30 Std., Trittsicherheit und Schwindelfreiheit erforderlich, bei Nässe nicht zu empfehlen).

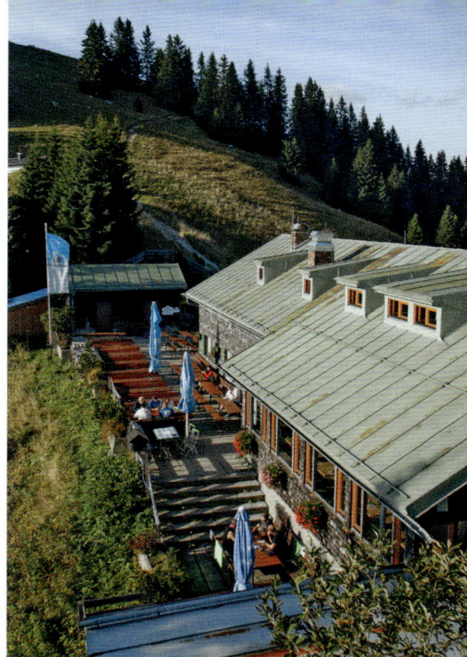

Das Pürschlinghaus.

3. Spannende Variante am dritten Tag für ausdauernde Wanderer: von der Kenzenhütte über Hochplatte und Krähe zum Gabelschrofensattel und weiter wie beschrieben (zusätzlich 2 Std., an der Hochplatte Schwindelfreiheit erforderlich).

Hinweis: Der Weg durch die Pöllatschlucht nach Hohenschwangau ist wegen Felssturzgefahr gesperrt (Stand: Frühjahr 2024). Wann er wieder freigegeben wird, stand bei Redaktionsschluss noch nicht fest. Alternativ nutzt man den Bus vom Wendeplatz Jugend oder steigt von dort auf einem der ausgeschilderten Wege direkt nach Hohenschwangau ab (ca. 20 Min.). Infos bei der Tourist Information Schwangau, Tel. +49 8362 81980, schwangau.de.

1. Tag:
Vom Bahnhof in **Oberammergau ❶**, 837 m, folgen wir der Hauptstraße nach rechts und biegen nach 150 m links in die Schwedengasse ein. Kurz darauf zweigen wir rechts in die Kolbengasse ab, gehen durch ein Wohngebiet und weiter zum Gasthaus Wankalm. Noch bevor wir die Talstation des Kolbensessellifts erreichen, beginnt vor einer Brücke links ein Wanderweg Richtung Kolbensattel / Pürschling und verläuft am Bach entlang bergauf. Wir treffen auf einen Fahrweg und wandern zum **Gasthaus Kolbenalm ❷**.
Dort folgen wir der Forststraße durch den Bergwald weiter hinauf, bis wir nach 25 Min. in einer Rechtskurve nach links auf einen breiten Weg abzweigen. Nach 200 m beginnt rechts ein Steig, der über die bewaldeten Hänge hinaufzieht. An einer Wegverzweigung bei einem Unterstand halten wir uns geradeaus bergauf. Kurz darauf biegen wir nach einer Rechtskehre links in den Steig Richtung Zahn / Sonnberggrat / Pürschling ein. Der Hinweis »Nur für Geübte« kündigt an, dass das gemütliche Bergauf-Steigen demnächst ein Ende hat. Vorerst aber führt der Pfad weiter durch Wald hinauf. Bald nachdem wir einen Weidezaun gequert haben, kommen wir auf eine Lichtung mit knorrigen Ahornbäumen und dem Zahnmassiv darüber. Es hat seinen Namen zu Recht bekommen: Steile Felszähne ragen in den Himmel. Der Steig windet sich über die steile Wiese auf die Felsen zu und zieht dann nach rechts. Ohne großen Höhenunterschied geht es nun auf der Nordseite des felsigen Kamms entlang. Ein schmaler Pfad quert abschüssige Grashänge und leitet über kurze felsige Bänder und Stufen, die teilweise mit Drahtseilen gesichert sind. Wie versteinerte Gestalten wachsen bizarre Felstürme aus den bewaldeten Hängen. Ammertal und Alpenvorland liegen uns zu Füßen.
Bei einem links abzweigenden Pfad gehen wir geradeaus und können nach einer kurzen felsigen Rinne dem Sonnspitz (auch: Sonnenberg), dem höchsten Punkt im Kamm zwischen Kofel und Pürschling, einen Besuch abstatten. Ein ausgeschilderter, steiler Pfad leitet in zehn Minuten zum Gipfel, 1622 m, hinauf. Wieder zurück auf der Hauptroute führt der Steig in eine kleine Scharte und über einen felsigen Absatz hinab. Unser Ziel für die Mittagspause, das Pürschlinghaus, ist nun bereits in Sichtweite. Nachdem wir eine drahtseilgesicherte Rinne erklommen haben, wechselt der Steig bei einem Wegweiser »Pürschling nur für Geübte« auf die Südseite des Sonnenberggrates und quert ziemlich luftig die steilen Hänge über dem Graswangtal. Auch hier gibt ein

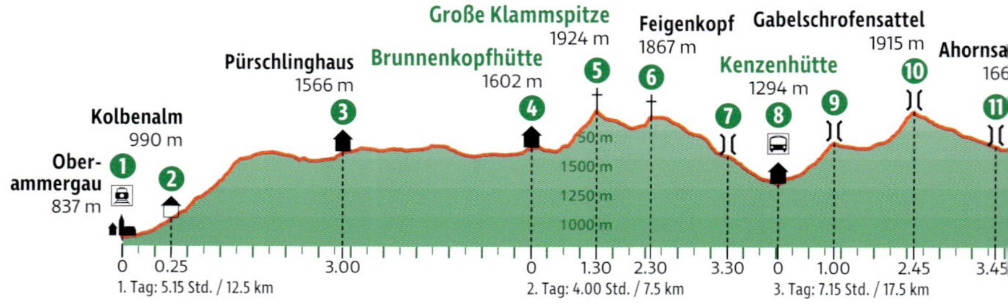

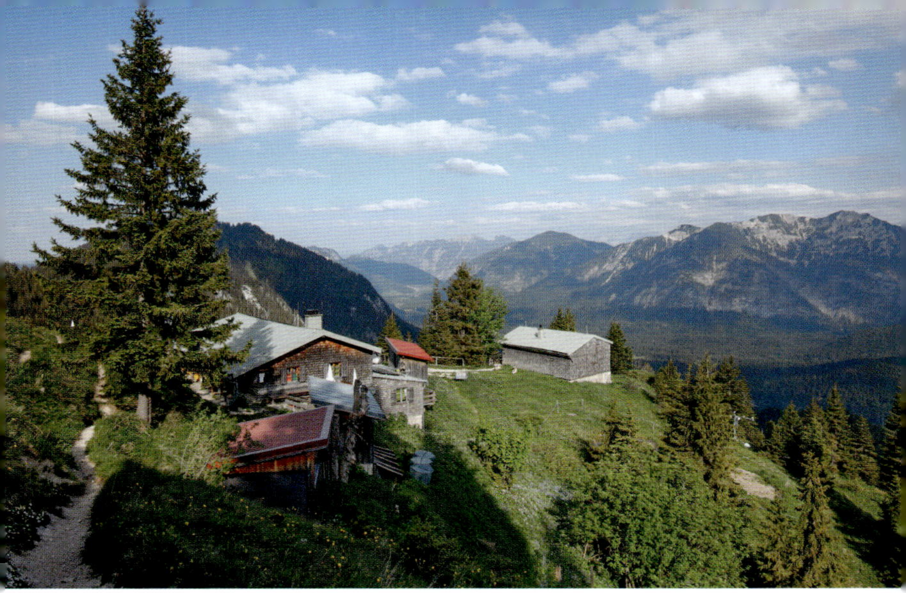

Königliche Aussicht: die Brunnenkopfhütte über dem Graswangtal.

Drahtseil Halt. Anschließend geht es gemütlich und ohne Nervenkitzel zum breiten Pürschlingweg und die letzten Meter hinauf zum **Pürschlinghaus ❸**, 1566 m, wo wir uns eine Verschnaufpause mit Zugspitzblick gönnen.

Unser nächstes Ziel sind die Brunnenkopfhäuser. Wir folgen dem Wegweiser auf der Westseite der Terrasse auf den Steig, der leicht ansteigend durch die Südflanke unter die Felsen des Latschenkopfs führt. Die Abzweigung nach Linderhof lassen wir links liegen und bleiben auf dem schmalen Pfad, der ohne nennenswerten Höhenunterschied die steilen, teils auch abschüssigen Südhänge quert. Mit schönen Ausblicken auf einige der höchsten Ammergauer Gipfel wandern wir unter dem felsigen Laubeneck entlang und über die Hänge des Hennenkopfs. An einer Abzweigung zu dessen Gipfel, 1768 m (0.30 Std.), vorbei gelangen wir in einen waldigen Sattel und umgehen den Dreisäulerkopf nach links durch fast urwaldähnlichen Bergwald. Nach kurzem Abstieg mündet unser Steig in den Hüttenweg zu den Brunnenkopfhäusern. Noch einmal geht es einige Höhenmeter bergauf, dann haben wir unsere Tagesetappe geschafft und genießen vor der kleinen, gemütlichen **Brunnenkopfhütte ❹**, 1602 m, die Abendstimmung. Kein Wunder, dass es dort den Königen gefiel …

Wer noch Energie hat, kann den Hüttengipfel, den Brunnenkopf, 1718 m, erklimmen (20 Min.). Die letzten Meter am Gipfelfelsen erfordern leichte Kletterei und sind gesichert.

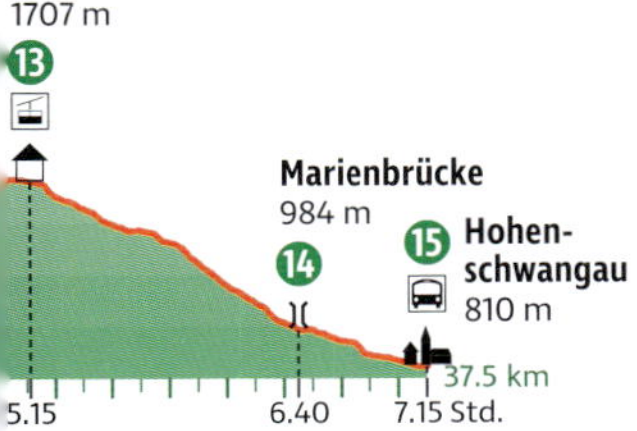

2. Tag:
Bei der Brunnenkopfhütte orientieren wir uns am Wegweiser Richtung Klammspitze / Kenzen und wandern westwärts über einen Geländerücken. Hier zeigt sich eindrucksvoll unser erstes Gipfelziel, die Große Klammspitze. Der Steig führt einige Höhenmeter in einen Bergkessel, das sogenannte Wintertal, hinab und wieder ansteigend unter die Felsen der Kleinen Klammspitze. In Kehren gewinnt er über einen steilen Wiesenhang an Höhe und leitet über schrofiges Gelände mit Blick auf ein eindrucksvolles Felsenfenster zu einer kleinen Scharte. In der felsigen Südflanke steigen wir steil in leichter Kletterei hinauf zum bereits nahen Gipfelkreuz der **Großen Klammspitze ❺**, 1924. Dort erwartet uns ein fantastisches Panorama: Der Forggensee glänzt herauf. Mit Kreuzspitze, Scheinbergspitze und Hochplatte grüßt Ammergauer Gipfelprominenz. Im Westen schneiden die Zacken der Allgäuer Alpen in den Himmel.
Sobald wir uns von dieser Aussicht losreißen können, folgen wir dem Westgrat bergab und queren anschließend auf der Südseite des langgestreckten Kamms. Wieder ist auf den steilen Grashängen und an einigen Schrofen und Felsstufen ein sicherer Tritt gefordert. Über einen schmalen Wiesengrat, der nach Norden steil abbricht, geht es hinunter in eine Einsattelung. Wir überqueren eine Graterhebung und überklettern unschwierig einen kleinen Felsturm. Am Gipfelaufschwung des Feigenkopfs sichern Ketten den Anstieg über eine felsige Stufe. Steile Wiesenhänge ziehen zum grasigen Rücken hinauf. Nachdem wir den höchsten Punkt des **Feigenkopfs ❻**, 1867 m (ohne Kreuz), erreicht haben, folgen wir dem breiten Kamm in bequemer und aussichtsreicher Wanderung nach Westen, bis der Steig zu den feuchten Wiesen einer Hochfläche abfällt. Über das sanft geneigte Plateau kommen wir an einer Abzweigung zum Grubenkopf, 1847 m, vorbei, den Gipfelsammler ohne großen Aufwand »mitnehmen« können (30 Min.).
Nachdem wir die kleine Hütte der Hirschwangalm passiert haben, windet sich der Steig über eine Steilstufe zum **Bäckenalmsattel ❼**, 1536 m,

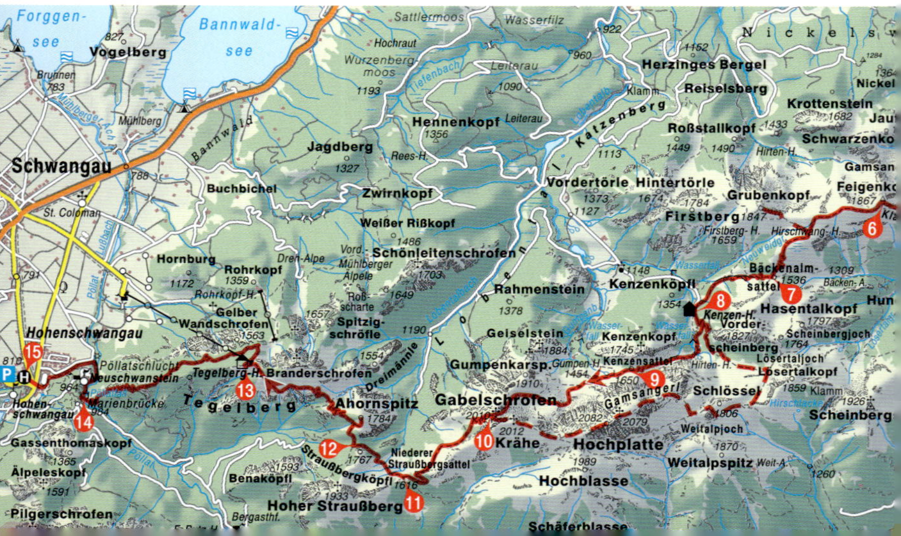

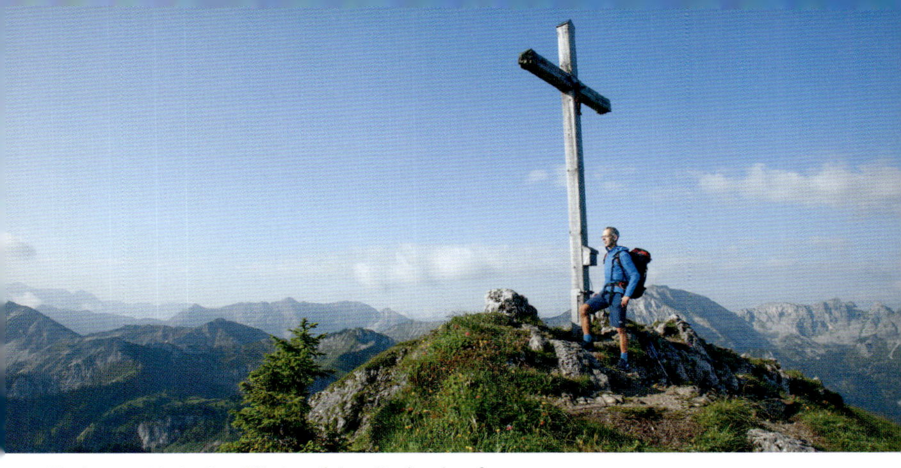

Ein kurzer Abstecher führt auf den Grubenkopf.

hinab. Diese Passage ist oft etwas rutschig. Beim Wegekreuz am Sattel steigen wir rechts Richtung Kenzenhütte durch ein Tälchen bergab und können dabei den schroffen Felskegel des Geiselsteins bewundern. Linkshaltend gelangen wir zur **Kenzenhütte 8**, 1294 m, die in einem waldigen Tal liegt. Wenige Minuten südlich des Berghauses bietet ein Wasserfall gischtsprühende Erfrischung – ein wildromantischer Ort, den König Ludwig II. auf seine Weise zelebriert hat: Er ließ den Wasserfall illuminieren.

3. Tag:

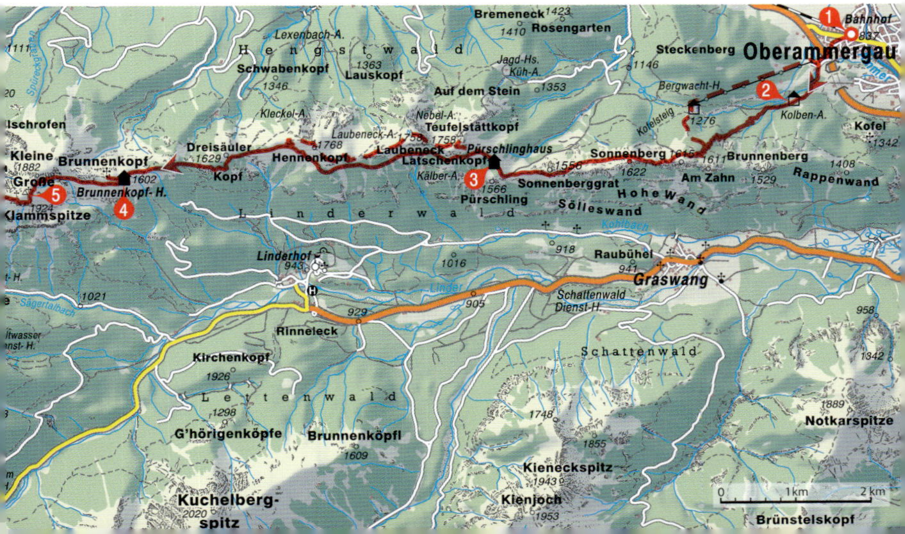

An einer Wegverzweigung östlich oberhalb der Kenzenhütte zeigt der Wegweiser »Kenzensattel / Tegelberg« unsere weitere Route an. Wir folgen ihm links bergauf und zweigen nach einer Linkskehre rechts auf einen Waldweg ab, der sich sofort wieder teilt. Nach rechts zieht der Weg zur Steilstufe mit dem Wasserfall hinauf und biegt oberhalb des Wasserfalls südlich in einen idyllischen Talkessel ab, der von Wasserläufen durchzogen wird. Wir überqueren zwei Bäche und steigen nach Westen durch ein von Felswänden eingerahmtes Hochtal zum **Kenzensattel ⑨**, 1650 m, hinauf. Jenseits gehen wir kurz abwärts und queren in leichtem Auf und Ab unter der Nordflanke der Hochplatte. Sobald wir einen Geländerücken überquert haben, blicken wir in den Bergkessel des Gumpenkars. Die Felsfluchten von Gumpenkarspitze, Gabelschrofen und Krähe wachsen dort aus dem Talboden. Zwischen den Wänden zieht ein steiles Kar zum Gabelschrofensattel hinauf, durch das unsere Route verlaufen wird. Zunächst halten wir uns bei einer Weggabelung links und gehen auf die mächtige Nordwand der Hochplatte zu. Wir kommen in das Felslabyrinth eines Bergsturzgebietes, zweigen nun rechts ab und durchqueren den Kessel zu einem Wegweiser auf der rechten Talseite. Links bergauf geht es Richtung Gabelschrofensattel / Tegelberg. Der Steig führt über die Südhänge der Gumpenkarspitze in das wilde Kar zwischen dem Gabelschrofen und der Krähe, die mit ihrer schwarzen Felswand beeindruckt. Auf die Markierungen achtend steigen wir steil über Schutt und Geröll zum **Gabelschrofensattel ⑩**, 1915 m, hinauf. Links können wir ohne besondere Schwierigkeiten den Gipfel der Krähe, 2012 m, erklimmen (25 Min.).

Jenseits des Sattels schlängeln sich Kehren über einen steilen und felsigen Wiesenhang in den malerischen Schwangauer Kessel hinab. Der Weg zieht nach links unter die Felsen des Niederstraußbergs, leitet in längerer Querung um seine westlichsten Ausläufer herum und fällt nach einer Rechtskehre zum **Niederstraußbergsattel ⑪**, 1616 m, ab. Wir wandern noch kurz bergab, folgen dann einigen Holzstegen über nasse Wiesen und steigen ins Kar unter der Ahornspitze und weiter zum **Ahornsattel ⑫**, 1661 m, hinauf.

Dort wenden wir uns nach rechts Richtung Tegelberg und queren die steilen Westhänge der Ahornspitze. Rechts führt ein Abstecher zu ihrem Gipfel, 1784 m, der unschwierig zu erreichen ist (15 Min.). Wir überqueren den von der Ahornspitze herunterziehenden Westrücken und gelangen in den Sattel des Branderflecks hinab. Hier könnte man links zum Gasthaus Bleckenau absteigen (1.30 Std.) und von dort mit dem Bus nach Hohenschwangau fahren (Abfahrtszeiten unter berggasthausbleckenau.de).

Spannende Kammwanderung von der Klammspitze zum Feigenkopf.

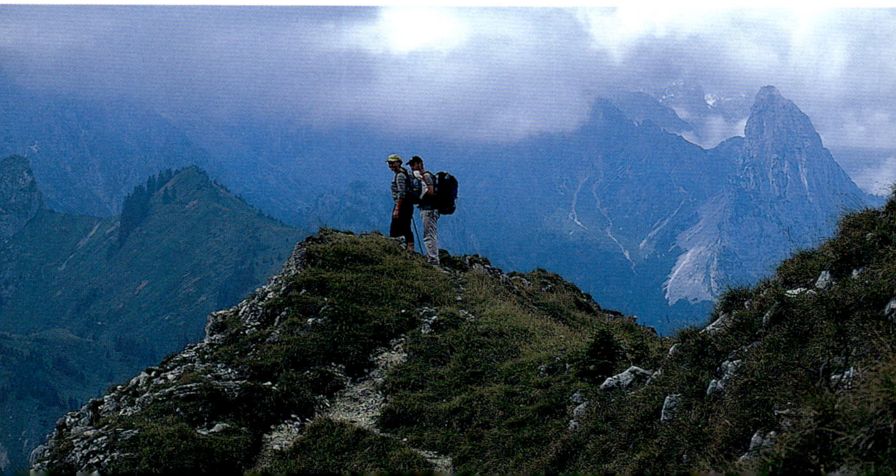

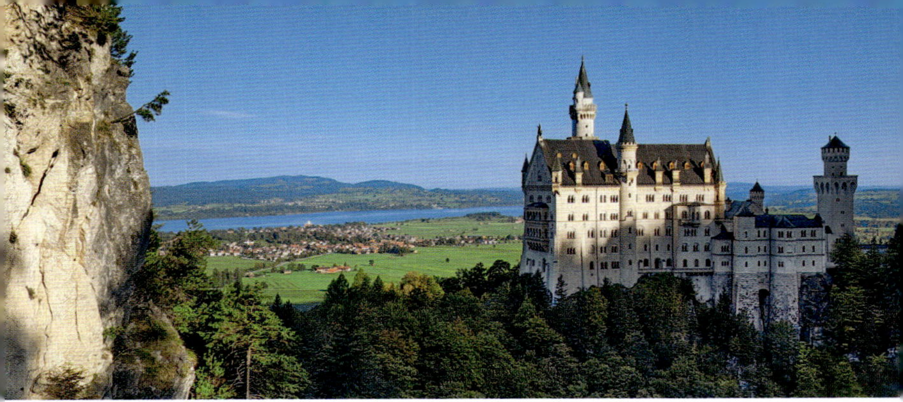

Schloss Neuschwanstein.

Zum Tegelberg folgen wir dem Naturlehrpfad Ahornreitweg geradeaus bergauf und anschließend fast eben durch die Südflanke des Branderschrofen. Ein breiter Weg bringt uns zur Bergstation der Tegelbergbahn mit der Panoramagaststätte und zum etwas unterhalb gelegenen **Tegelberghaus** ⓭, 1707 m. Das ehemalige königliche Jagdhaus ist heute eine schöne Einkehrmöglichkeit.

Für den Abstieg wenden wir uns nach dem Tegelberghaus nach rechts und steigen zu einer Verzweigung hinab. Dort halten wir uns links Richtung Hohenschwangau / Marienbrücke, passieren die Abzweigung des Gelbe-Wand-Steigs und queren in einigem Auf und Ab die waldigen Nordhänge des Tegelbergs, bis wir einen kleinen Sattel erreichen. Von dort schlängelt sich ein schmaler Pfad in vielen kleinen Kehren über einen steilen Hang oberhalb der Pöllatschlucht hinab. Bei einigen leichten Felsstellen ist etwas Aufmerksamkeit gefordert. Im Tal blicken wir auf die Füssener Seen und Schloss Hohenschwangau. Wenig später genießen wir eine eindrucksvolle Ansicht von Schloss Neuschwanstein. Nach weiteren Serpentinen durch schönen Laubwald tauchen wir auf der **Marienbrücke** ⓮, 984 m, die die Pöllatschlucht überquert, in die Touristenscharen ein. Der Blick auf das Märchenschloss ist so eindrucksvoll, dass sich kaum einer der Faszination entziehen kann. Eintrittskarten für eine Schlossbesichtigung kann man online erwerben (hohenschwangau.de, frühzeitige Planung erforderlich). Nach der Brücke führt ein breiter Asphaltweg zum Buswendeplatz »Jugend«. Von dort fahren Busse hinunter nach Hohenschwangau.

Ist der Fußweg durch die Pöllatschlucht wieder begehbar (siehe Hinweis), ist dieser Abstieg ein würdiger Abschluss unserer Tour. Wir biegen dazu rechts in den Weg zum Schloss ein und zweigen kurz vorher erneut rechts in die Schlucht ab. Bei einer Kiesbank bietet sich ein imposanter Anblick: In 92 Metern Höhe spannt sich die Marienbrücke über einen tosenden Wasserfall. Metallstege führen am Felsen entlang durch die Klamm – ein kurzes, aber erfrischendes Vergnügen. In wenigen Minuten haben wir die Schlucht durchwandert und halten uns bei den Gebäuden der Gipsmühle links. Ein Wanderweg verläuft am Waldrand entlang nach **Hohenschwangau** ⓯, 810 m, mit Ticket Center, großen Parkplätzen und der Bushaltestelle.

7 Eine Runde im Mieminger Gebirge
Über die Coburger Hütte

2 Tage | 20,2 km | ↗ 1790 m | ↘ 1790 m

 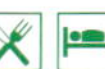

Felsiges Gipfelduo über traumhaften Bergseen

Silbrige Funken sprühen im Gegenlicht über den Drachensee. Vor der zerfressenen Felsmauer des Grünsteins vollführt eine Dohle ihre Flugkunststücke. Eine braune Kugel flitzt mit schrillem Pfiff über Felsblöcke – ein Murmeltier auf der Flucht. Klettersteiggeher arbeiten sich winzig wie Ameisen im steilen Fels des Vorderen Tajakopfs nach oben. Wir sitzen auf einem Wiesenbuckel vor der Coburger Hütte und schauen und staunen. Das Berghaus ist ein fantastischer Logenplatz mitten im Felsenrund des Mieminger Gebirges. Mit dem Aufstieg über den Hohen Gang, einen steilen und felsigen Durchschlupf durch die abweisenden Seebenwände, ist sie auch lohnendes Ziel einer Tageswanderung. Doch warum nicht einmal dort oben übernachten, ihre Umgebung in aller Ruhe erkunden und die Tour mit zwei luftigen Gipfelanstiegen krönen?

Gleich drei Seen laden bei dieser Runde zum Abtauchen im eisigen Wasser ein. Der türkisblaue Seebensee ist ein Bergsee wie aus dem Bilderbuch. In seiner Wasserfläche spiegelt sich allerhöchste Bergprominenz: Vom Ufer aus sieht man dem Zugspitzmassiv beim Kopfstand zu. Der Drachensee schmiegt sich in die Mulde unter der Coburger Hütte. Unergründlich wirkt er, fast ein bisschen unheimlich. Um sein Geheimnis weiß die Sage: Ein Drache soll an seinem Grunde hausen und die Bewohner eines versunkenen Dorfes bewachen. Zu sehr hatten diese in Saus und Braus gelebt. In der Geröllwüste des Brendlkars wirkt der glasklare Brendlsee wie eine Oase. Er ist der kleinste im Seentrio, doch die Lust auf viele Schwimmzüge wird selbst Abgehärteten schnell vergehen. Wer im Mieminger Gebirge höher hinaus will, braucht einen sicheren Tritt, wenn es unter den Füßen bröselt und bröckelt. Die Gipfel sind grimmige Gesellen mit zerfurchten Felswänden und zerrissenen Graten. Auch die beiden »Hausberge« der Coburger Hütte, der Vordere Drachenkopf und der Hintere Tajakopf, sind keine Spaziergänge. Für Wanderer, die sich die Besteigung nicht zutrauen, ist die Runde in den Mieminger dennoch lohnenswert. Die Etappe am ersten Tag ist dann zwar etwas kurz, dafür bleibt mehr Zeit zum Müßiggang an den Seen und auf der Hütte.

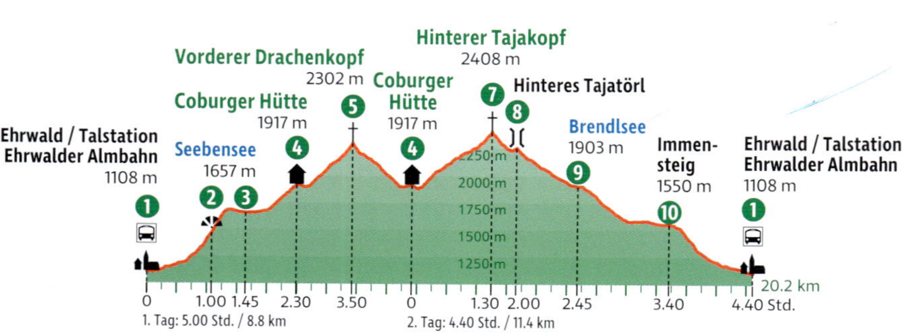

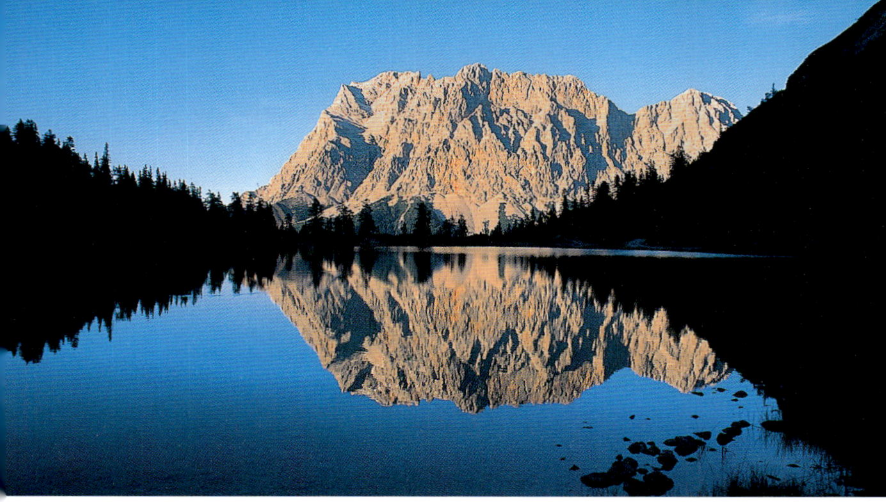

Magische Momente: Das Zugspitzmassiv spiegelt sich im Seebensee.

Ausgangs- und Endpunkt: Ehrwald, Talstation der Ehrwalder Almbahn, 1108 m, großer, gebührenpflichtiger Parkplatz. Bahnverbindung von München über Garmisch-Partenkirchen sowie von Reutte in Tirol nach Ehrwald. Vom Bahnhof Bus (Linie 1) zur Talstation (zu Fuß knapp 1 Std.).

Bergbahn: Ehrwalder Almbahn, Sommerbetrieb Mitte Mai bis Ende Juni und Oktober bis Anfang November von 8.30 bis 16.30 Uhr, Juli bis September von 8 bis 17.30 Uhr, Tel. +43 5673 2468, almbahn.at.

Höhenunterschied / Gehzeit:
1. Tag: 1260 m↑, 450 m↓; 5 Std.
2. Tag: 530 m↑, 1340 m↓; 4.40 Std.
gesamt: 1790 m↑↓; 9.40 Std.

Anforderungen: Steiler Anstieg über den Hohen Gang mit gesicherten felsigen Passagen, die Trittsicherheit verlangen. Im Drachenkar und im Brendlkar sind die Steige schotterig, aber unschwierig. Die Gipfelanstiege zum Vorderen Drachenkopf und zum Hinteren Tajakopf verlaufen in brüchigem Fels und weisen ausgesetzte Passagen und ungesicherte Felsstufen im Schwierigkeitsgrad I auf, gute Trittsicherheit und Schwindelfreiheit erforderlich. Der Immensteig führt im Abstieg über sehr steiles Waldgelände mit erdigen und felsigen Passagen und ist meist feucht und rutschig. Sicherungen geben Halt, Trittsicherheit und Schwindelfreiheit sind auch hier notwendig.

Einkehr / Übernachtung:
1. Tag: BrentAlm an der Talstation der Ehrwalder Almbahn, nur Einkehr; Coburger Hütte, DAV, 80 Schlafplätze, geöffnet Anfang Juni bis Anfang Oktober, Tel. +43 664 3254714, coburgerhuette.at.
2. Tag: Tiroler Haus und Ehrwalder Alm an der Bergstation der Ehrwalder Almbahn (Variante), nur Einkehr; Ganghoferhütte (Variante), nur Einkehr.

Kinder: Verzichtet man auf die Gipfel und den Immensteig (siehe Variante), ist die Tour auch für Kinder geeignet. Für den Hohen Gang Bergerfahrung erforderlich.

Karten: Freytag & Berndt WK 322, Wetterstein – Karwendel – Seefeld – Leutasch – Garmisch-Partenkirchen, 1:50.000; AV-Karte Blatt 4/2, Wetterstein- und Mieminger Gebirge, Mitte, 1:25.000.

Variante: Wer die Wanderung am zweiten Tag gemütlich ausklingen lassen will, spart sich die Kraxelei am Immensteig und wandert nach dem Abstieg durch das Brendlkar auf Forstwegen zur Ehrwalder Alm. Von dort führen ausgeschilderte Fahr- und Wanderwege über Almwiesen zur Talstation oder man schwebt mit der Kabinenbahn hinab.

1. Tag:
Unsere Wanderung beginnt oberhalb der **Talstation der Ehrwalder Almbahn ❶**, 1108 m, bei der Bushaltestelle. Wir gehen unter der Seilbahn hindurch und geradeaus Richtung Hoher Gang / Coburger Hütte. Der Wasserfall-Erlebnisweg bringt uns ans Ufer des Geißbachs und taleinwärts zu einer Brücke. Auf der anderen Bachseite folgen wir dem Erlebnisweg geradeaus, biegen aber schon nach kurzer Zeit rechts auf einen bergauf führenden Waldweg ab. Bei einem Heustadel zweigt rechts ein Steig ab und leitet über eine Lichtung. Wieder im Wald mündet er in den Anstiegsweg von Ehrwald. Wir folgen diesem über die immer steiler werdenden Hänge bergauf und steigen schließlich im Schotter einer steilen Schuttreise auf die Felsabstürze über uns zu. Wir queren das Geröllfeld nach links und wandern zu einer Schulter hinauf. Links lädt die **Coburger Rast ❷**, 1470 m, mit Tisch und Bank zu einer Verschnaufpause mit schönem Blick auf das Zugspitzmassiv ein.
Rechts führt der Steig in felsiges Gelände. Steil geht es über gesicherte Felsstufen und -platten, teilweise auch auf einem schotterigen Steig, bergauf. Ein Weidezaun markiert das Ende des anstrengenden Anstiegs über den Hohen Gang. Etwas absteigend queren wir durch lichten Bergwald zum Kessel mit dem **Seebensee ❸**, biegen rechts in einen Fahrweg ein und stehen kurz darauf am Ufer des Sees, 1657 m, in einer traumhaften Kulisse: Über dem türkisblauen Wasser wachsen die faltigen Felsriesen des Miemin-

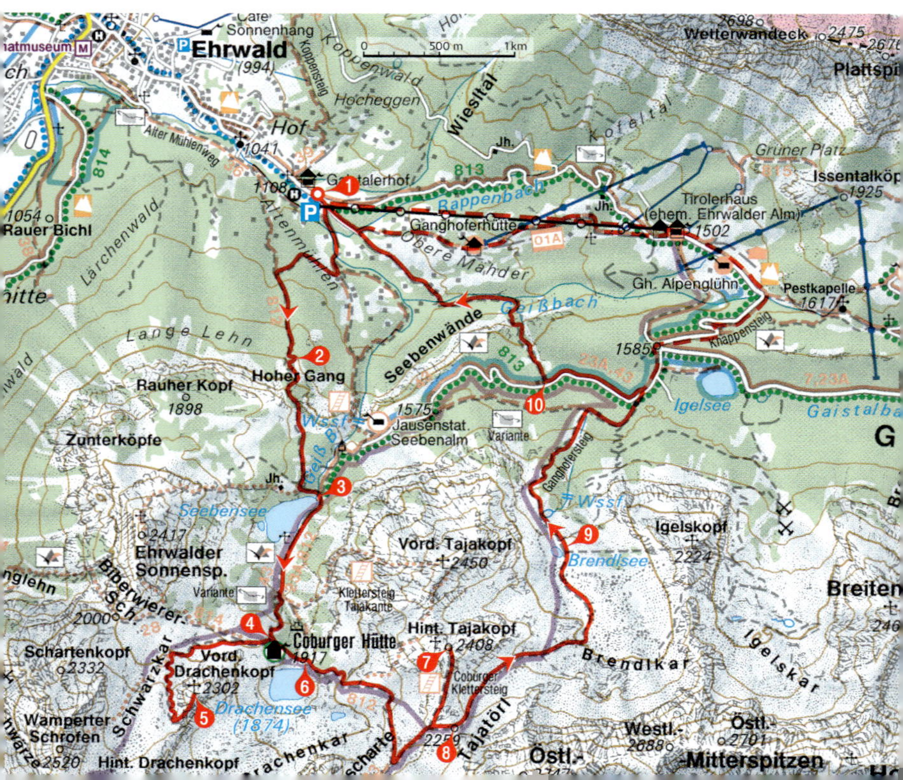

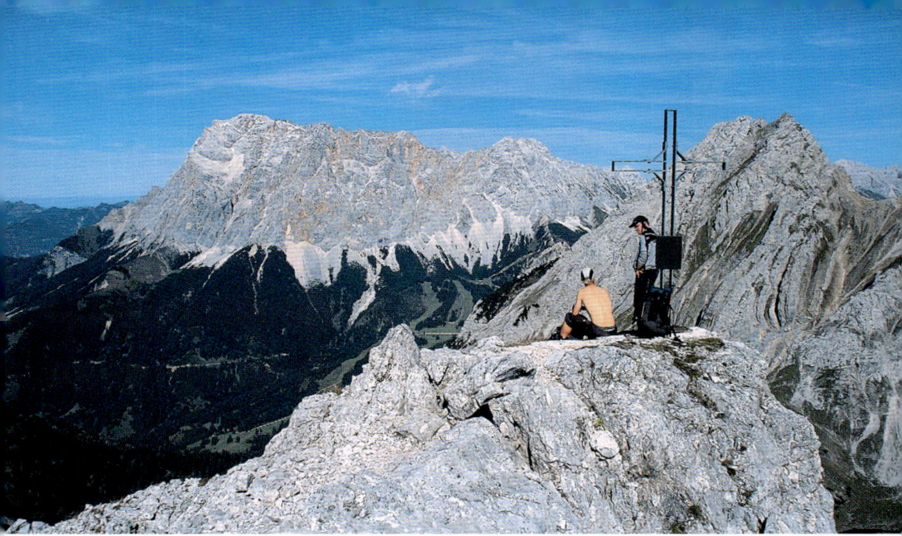

Zugspitzblick am Vorderen Drachenkopf.

ger Gebirges in den Himmel. Im Zentrum der Felsarena ragt unser Ziel, der Felskegel des Vorderen Drachenkopfs, empor.

Der Weg verläuft am linken Ufer entlang und an der Talstation der Materialseilbahn vorbei auf eine Geländestufe zu. Durch Latschenfelder windet sich der Steig über den Abhang zur **Coburger Hütte ❹**, 1917 m, hinauf. Nun gibt es erst einmal eine Stärkung, bevor wir mit leichtem Gepäck den Gipfel des Vorderen Drachenkopfs anvisieren.

Der Steig beginnt auf der Nordseite der Hütte und ist Richtung Drachenkopf / Sonnenspitze / Wamperter Schrofen ausgeschildert. Er quert mit etwas Höhenverlust westwärts unter der felsigen Nordflanke des Drachenkopfs. Nach 10 Minuten zweigt links der Anstieg zum Gipfel ab. Er führt über mit Geröll und Felsen übersäte Wiesen am linken Rand des Schwarzkars bergauf und über einen Rücken oberhalb der ausgedehnten Schuttreisen, die auf der Westseite des Drachenkopfs hinunterziehen, entlang. Imposant ist der Blick auf die Felspyramide der Ehrwalder Sonnenspitze im Norden. Schließlich gehen wir über Geröll in einem weiten Linksbogen auf den Südgrat des Drachenkopfs zu und steigen steil über Schotter und Felsen zur Vorderen Drachenscharte, 2290 m, hinauf. Nun folgt der anspruchsvollste Teil des Anstiegs über den brüchigen und zerrissenen Südgrat zum Gipfel. Die Markierungen leiten nach links (Norden) über schotterige Wegspuren und kleine Felsstufen. Kurze ausgesetzte Gratübergänge und Querungen müssen überwunden werden. Vor allem für den Abstieg ist das Gelände unangenehm schotterig und rutschig. Am Gipfel des **Vorderen Drachenkopfs ❺**, 2302 m, sind wir nun wirklich mitten drin im felsigen Amphitheater und auf Augenhöhe mit den Mieminger Gipfeln. Das Panorama wird von den höheren Bergketten rundum versperrt, aber der Nahblick auf die zerfurchten Felsabstürze ist nicht weniger eindrucksvoll. Uns zu Füßen liegen der Seeben- und der Drachensee. Darüber buhlen die Ehrwalder Sonnenspitze, die Tajaköpfe und das Zugspitzmassiv um unsere Aufmerksamkeit. Vom Gipfelkreuz auf einem Vorsprung etwas unterhalb fällt der Blick zur Coburger Hütte hinab. Zu ihr kehren wir auf dem Anstiegsweg zurück und haben uns ein reichhaltiges Abendessen verdient.

2. Tag:
Von der Coburger Hütte steigen wir in Richtung **Drachensee** ❻ hinunter, wo Abgehärtete vielleicht einen Sprung in die kühlen Fluten wagen. Danach ist bestimmt der letzte Rest Müdigkeit verflogen. Wir gehen kurz oberhalb des Seeufers entlang und folgen den Kehren über die geröllübersäten Wiesen des Drachenkars südöstlich bergauf. Nach gut 45 Minuten Anstieg kommen wir zu einer Verzweigung und steigen links über einen begrünten Rücken Richtung Tajatörl hinauf. Noch unterhalb der Scharte beginnt links der Steig zum Hinteren Tajakopf. Er führt westlich unterhalb von Felsen vorbei und über Geröll zu einem Sattel hinauf, wo der Südgrat ansetzt. Über diesen, teilweise auch östlich davon, geht es über brüchiges und abschüssiges Gelände zum Gipfel des **Hinteren Tajakopfs** ❼, 2408 m, mit kleinem Kreuz hinauf. Bei einigen leichten, ungesicherten Felsstellen müssen wir kurz Hand anlegen. Auch dieser Gipfelanstieg bietet beeindruckende Ausblicke über die Geröll- und Felswildnis der Mieminger. Wer will, kann noch zum etwas niedrigeren Westgipfel, den ein größeres Kreuz ziert, weitergehen (10 Min., Drahtseile und Eisenklammern).
Anschließend kehren wir auf der Anstiegsroute zurück und steigen kurz zum **Hinteren Tajatörl** ❽, 2259 m, hinauf. Jenseits leitet der Ganghofersteig über Geröllfelder ins Brendlkar und in einem großen Linksbogen über felsdurchsetzte Wiesen zum **Brendlsee** ❾, 1903 m, hinab. Erfrischung ist dort garantiert: Der kleine See ist glasklar und eiskalt.
Haben wir ihn passiert, müssen wir noch einmal über Schottergelände absteigen. In Serpentinen geht es schließlich in lichten Bergwald hinunter und zu einem Wanderweg, in den wir rechts einbiegen. Ohne Höhenunterschied spazieren wir zu einer Forststraße und halten uns links. Nach 10 Minuten beginnt bei einer Unterstandshütte rechts der **Immensteig** ❿. Ein Schild »Nur für Geübte« weist darauf hin, dass noch einmal Konzentration und ein sicherer Tritt gefordert sind. Der Steig zieht flach nach Norden zum Beginn des Steilabfalls. Nach einem Weidezaun windet sich ein teils schlechter und rutschiger Pfad über steile Hänge bergab. Links tauchen Felsabbrüche auf, die Ausläufer der Seebenwände. Eine felsige Rinne wird entlang von Drahtseilen gequert. Es folgen weitere abschüssige Felspassagen in steilem Gelände, die ebenfalls gesichert sind. Am Fuß der felsdurchsetzten Geländestufe erreichen wir einen schotterigen Steig, der sich nach einigen steilen Serpentinen nach links wendet und oberhalb des Geißbachs über bewaldete Hänge bergab führt. Nachdem wir den Bach und einen seiner Zuflüsse überquert haben, kommen wir auf schöne Almwiesen und treffen dort auf einen Wirtschaftsweg. In gemütlicher Wanderung erreichen wir den Fahrweg, der uns links zur **Talstation der Ehrwalder Almbahn** ❶ bringt.

Eingerahmt von grandioser Felsszenerie: der Drachensee.

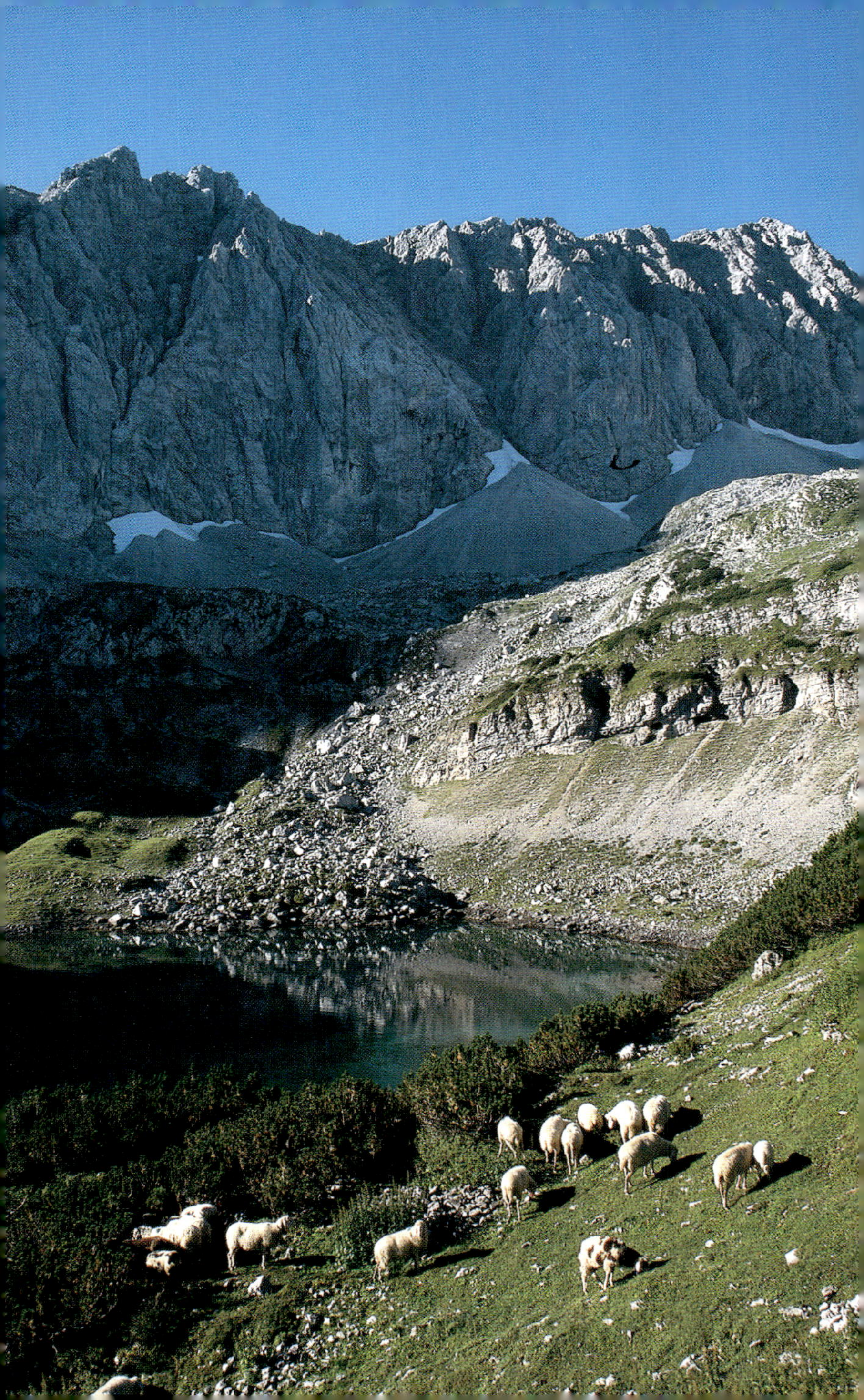

8 Wetterstein-Südwandsteig

Von Leutasch nach Ehrwald

TOP

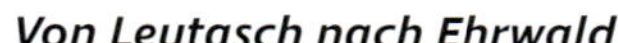

Von Leutasch nach Ehrwald

Der oberhalb der Leutasch bzw. des Gaistals verlaufende Südwandsteig (auch: Südsteig) und seine westliche Verlängerung bis Ehrwald bieten herrliche Landschaftseindrücke und fantastische Fernblicke. Die Tour beginnt mit einem Anstieg durch das von eindrucksvollen Felswänden eingerahmte Puittal. Dann folgt der eigentliche Südwandsteig, ein Höhenweg, der oberhalb der Baumgrenze unter den imposanten Südabstürzen des Wettersteins entlang zum Steinernen Hüttl führt. Dabei hat man eine traumhafte Aussicht auf die Mieminger Berge, die Stubaier und Zillertaler Alpen sowie zum Karwendel. Der Weiterweg nach Ehrwald bietet interessante Einblicke in das Wetterstein und noch einmal eine gute Sicht auf die Mieminger Berge. Die Übernachtung auf dieser Zweitagestour erfolgt in der Rotmoosalm. Nach der Zerstörung des urigen alten Almgebäudes durch eine Lawine im Februar 2009 wurde die Alm an einem anderen Standort, in aussichtsreicher Lage am Schönberg, neu errichtet. Das Gebäude ist ganz aus Holz und verfügt über ein Lager mit 14 Schlafplätzen sowie eine gemütliche Gaststube. Wegen der geringen Anzahl an Übernachtungsplätzen empfiehlt sich eine rechtzeitige Reservierung.

In der hier vorgeschlagenen Form ist die Tour nur bei Anreise mit Bahn und Bus durchführbar, da eine Rückkehr von Ehrwald zum Ausgangspunkt mit öffentlichen Verkehrsmitteln am zweiten Tourentag nicht mehr möglich ist. Wer mit dem Auto in die Leutasch fährt, folgt vom Steinernen Hüttl der Variante hinab. Dabei kommt man an der Gaistalalm vorbei, wo sich auch das Jagdhaus Hubertus befindet. Dort verfasste der Schriftsteller und Jagdfreund Ludwig Ganghofer viele seiner Werke und empfing prominente Künstler, wie zum Beispiel Hugo von Hofmannsthal und Richard Strauss, als Gäste.

Die Rotmoosalm.

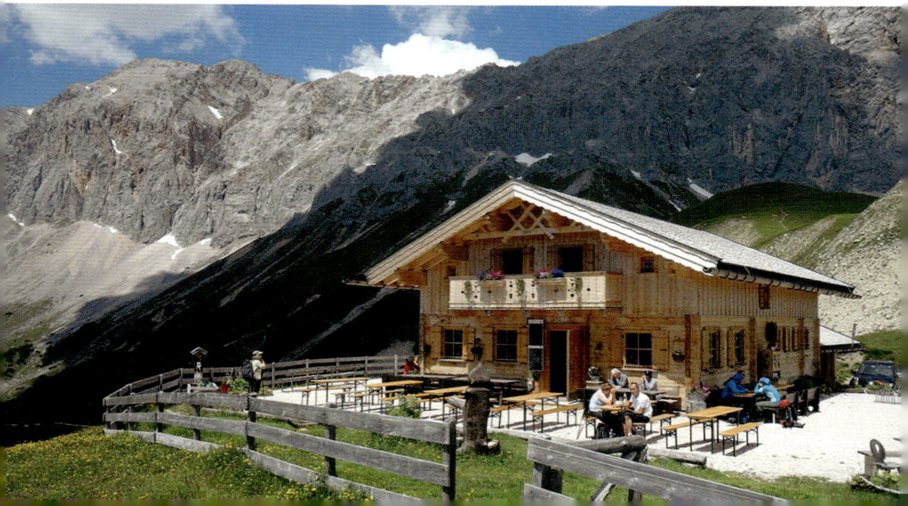

Ausgangspunkt: Leutasch Lehner, 1090 m. Mit der Bahn nach Mittenwald oder Seefeld, von dort mit dem Bus (Linie 431 bzw. 433) in die Leutasch, Haltestelle »Leutasch Gasse Naturwirt« bzw. »Leutasch Weidach Zentrum«.
Endpunkt: Ehrwald, Talstation der Ehrwalder Almbahn, 1108 m. Bus (Linie 1) zum Bahnhof von Ehrwald, von dort mit dem Zug nach München (über Garmisch-Partenkirchen) und Reutte in Tirol (letzte Fahrtmöglichkeit ab Ehrwalder Almbahn ca. 17 Uhr, zu Fuß knapp 1 Std.). Bei Abstieg auf der Variante mit dem Bus (Linie 430) von der Haltestelle »Leutasch Gaistal / Salzbach« zurück zum Ausgangspunkt (nur Anfang / Mitte Juli bis Anfang Oktober, teils umsteigen in Leutasch Weidach Zentrum in Linie 431).
Bergbahn: Ehrwalder Almbahn, Sommerbetrieb Mitte Mai bis Anfang November von 8.30 bis 16.30 Uhr (Juli bis September von 8 bis 17.30 Uhr), Tel. +43 5673 2468, almbahn.at.
Höhenunterschied / Gehzeit:
1. Tag: 1270 m↑, 330 m↓; 5.30 Std.
2. Tag: 670 m↑, 1590 m↓; 6.10 Std.
gesamt: 1940 m↑, 1920 m↓; 11.40 Std.
Anforderungen: Die Tour verläuft fast durchgängig auf guten Bergsteigen, Trittsicherheit und etwas Schwindelfreiheit erforderlich.
Einkehr / Übernachtung:
1. Tag: Rotmoosalm, privat, 14 Schlafplätze, geöffnet Mitte Mai bis Mitte Oktober, Tel. +43 676 4516900, rotmoosalm.at, Reservierung per E-Mail an info@rotmoosalm.at.
2. Tag: Steinernes Hüttl, privat, 6 Schlafplätze, Getränke und Brotzeiten, für Übernachtungsgäste warme Mahlzeit, geöffnet Juli bis September, WhatsApp +43 650 9847234, steinerneshuettl@gmx.net (Bewirtschaftung nach 2024 ungewiss, vorher anfragen); Hochfeldernalm, privat, 15 Schlafplätze, geöffnet Ende Mai bis Ende September, Tel. +43 664 1563339, hochfeldern-alm.at; Tiroler Haus, nur Einkehr; Ehrwalder Alm, nur Einkehr; Ganghoferhütte, nur Einkehr; BrentAlm an der Talstation der Ehrwalder Almbahn, nur Einkehr; Tillfussalm (Variante), privat, 9 Schlafplätze, geöffnet Mitte Mai bis Ende Oktober, Montag Ruhetag, Tel. +43 676 6104770, tillfussalm.tirol; Gaistalalm (Variante), privat, 13 Schlafplätze, geöffnet Mitte Mai bis Ende Oktober, Tel. +43 5214 5190, gaistalalm.at.

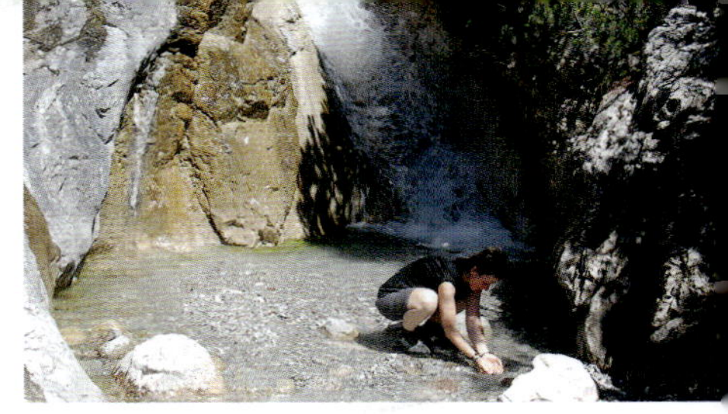

Erfrischung am Weg vom Steinernen Hüttl ins Gaistal (Variante).

Karten: Freytag & Berndt WK 322, Wetterstein – Karwendel – Seefeld – Leutasch – Garmisch-Partenkirchen, 1:50.000; AV-Karte Blatt BY 8, Wettersteingebirge, Zugspitze, 1:25.000.
Varianten: 1. Abstieg vom Steinernen Hüttl ins Gaistal: Am Steinernen Hüttl nach links und auf einem Steig hinab Richtung Tillfussalm / Gaistal zu einem Fahrweg. Hier links und zwischen den Gebäuden der Tillfussalm hindurch. Auf einem Weg durch Wald und kurz über eine Wiese zur Gaistalalm. An der Rückseite des Gasthofes entlang dem Ganghoferweg, an einer Kreuzung geradeaus, folgen. Kurz nach einer Abzweigung zur Hämmermoosalm steil hinab, bis der Weg auf das Gaistal-Fahrsträßchen trifft. Hier links und an der nächsten Verzweigung wieder links zum Wanderparkplatz Salzbach. Kurz dem Sträßchen zur Bushaltestelle »Leutasch Gaistal / Salzbach« folgen (ca. 2.30 Std. ab Steinernem Hüttl).
2. Besteigung des Predigtstuhls (Predigtsteins), 2234 m: Vom Sattel nördlich des Predigtstuhls nach links an den Fuß des felsigen Gipfelaufbaus und in etwas ausgesetzter Kraxelei teilweise über losen Schotter durch eine Rinne sehr steil auf den Gipfel. Auf demselben Weg wieder hinab (knapp 1 Std. hin und zurück, gute Trittsicherheit und Schwindelfreiheit erforderlich).

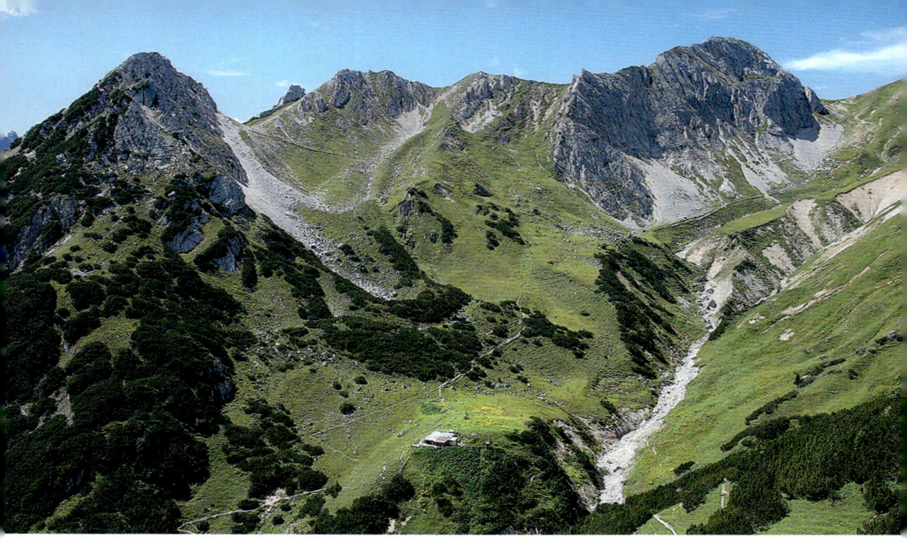

Vom Steinernen Hüttl (vorne in der Bildmitte) zieht der Weg ins Wannigjoch.

1. Tag:

Von der Bushaltestelle »Gasse Naturwirt« in **Leutasch Lehner ❶**, 1090 m, folgen wir der Straße ein kurzes Stück in Fahrtrichtung und biegen in der Linkskurve nach rechts auf ein Sträßchen ab. Bei einer Kreuzung mit Wanderschildern verlassen wir dieses nach links Richtung Puittal / Scharnitzjoch. Kurz darauf biegen wir nach rechts ab und folgen dem Fahrweg zum Puitbach. Wir überqueren diesen auf einer Brücke und gelangen gleich darauf zu einer Verzweigung, an der wir uns links halten. Auf einem Wanderweg steigen wir durch Wald aufwärts, dann gehen wir durch ein Gatter und erreichen am **Puitegg ❷**, 1528 m, ein weites Wiesen-Hochtal, das von imposanten Felsmauern flankiert wird. Hinter uns ragen die Arnspitzen auf. Wir wandern sanft bergauf über die Almweiden, durchqueren einen felsdurchsetzten Latschengürtel und gehen weiter über Wiesen, bis wir noch einmal den Puitbach überqueren. Dann geht es steiler hinauf ins **Scharnitzjoch ❸**, 2048 m.

Links führt ein Abstecher zur Erinnerungshütte, einer kleinen Selbstversorgerhütte des Akademischen Alpenvereins München, und noch etwas weiter den Kamm hinauf bis zu einer **Erhebung ❹**, ca. 2130 m. Der Aussichtsplatz ist ideal für eine ausgedehnte Pause. Beeindruckend präsentiert sich die felsige Gehrenspitze. Der Weiterweg auf den Gipfel erfordert allerdings sehr gute Trittsicherheit an den steilen Grasflanken. Zurück im Scharnitzjoch wenden wir uns nach links und steigen zu einem Felsblock mit Gedenktafeln für verunglückte Bergsteiger und Kletterer hinab. Wenige Meter danach kom-

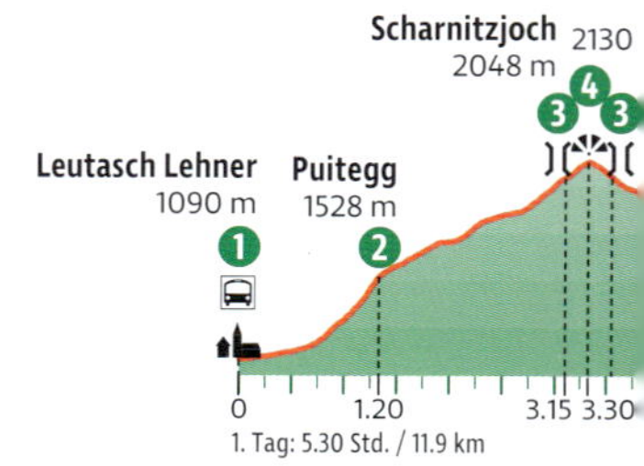

men wir zu einer Verzweigung. Geradeaus geht es zur Wangalm und zur Wettersteinhütte, wir folgen den Schildern Richtung Rotmoosalm und Steinernes Hüttl nach rechts hinauf. In der Ferne sehen wir nun bereits die Rotmoosalm liegen. Der Südwandsteig leitet an den Grashängen entlang nach Westen. Rechts von uns ragen die gewaltigen Felswände des Wettersteins auf, links erhebt sich auf der anderen Talseite beeindruckend die wuchtige Hohe Munde. Schließlich durchqueren wir ein Blockfeld aufwärts, steigen dann noch einen Grashang hinauf und gelangen in den **Sattel** ❺ nördlich des Schönbergs. Hier wenden wir uns nach links, gehen zunächst auf den grasbedeckten Schönberg, 2142 m, und folgen dann dem Weg hinab und in einem Linksbogen zur **Rotmoosalm** ❻, 2030 m.

2. Tag:
Auf demselben Weg wandern wir von der Rotmoosalm über den Schönberg zurück in den **Sattel** ❺. Dort halten wir uns links und folgen weiter dem Höhenweg. Erst geht es noch am Hang entlang, dann durch Latschen abwärts zum Alm-Zufahrtsweg. Hier befand sich die alte Rotmoosalm. (Kürzer, aber nicht so schön, ist es, von der Rotmoosalm gleich dem Fahrweg bis an diese Stelle zu folgen.) Ein kurzes Stück auf dem Fahrweg nach rechts zweigt ein Steig Richtung Predigtstuhl / Steinernes Hüttl ab. Diesem folgen wir über den Wiesenhang aufwärts. An einem Fels mit einem Pfeil nach links und der Aufschrift »Predigtstuhl« gabelt sich der Steig. Hier zweigt die erste Anstiegsmöglichkeit auf den Predigtstuhl ab, wir aber gehen geradeaus in einen **Sattel** ❼ mit einer Sitzbank, ca. 2080 m.

Vom Sattel den Pfadspuren nach links folgend hat man noch einmal die Möglichkeit, einen Abstecher auf den Predigtstuhl zu machen. Dieser Anstieg ist weniger schwierig, erfordert aber trotzdem sehr gute Trittsicherheit (siehe Variante). Der Höhenweg Richtung Ehrwald führt vom Sattel rechts weiter.

Auf gleicher Höhe bleibend wandern wir mit schöner Aussicht etwas auf und ab am grasigen Hang entlang. Dann geht es hinab, durch ein Latschenfeld hinunter und über einen Bach. Gleich darauf überqueren wir einen zweiten Bach und steigen zu einer Verzweigung mit Wanderschildern am **Steinernen Hüttl** ❽, 1925 m, hinauf.

Ein Schild Richtung Hochfeldernalm leitet uns nach rechts. Erst geht es über felsdurchsetzte Wiesen – die Warnpfiffe der Murmeltiere begleiten uns –, dann am linken Rand ei-

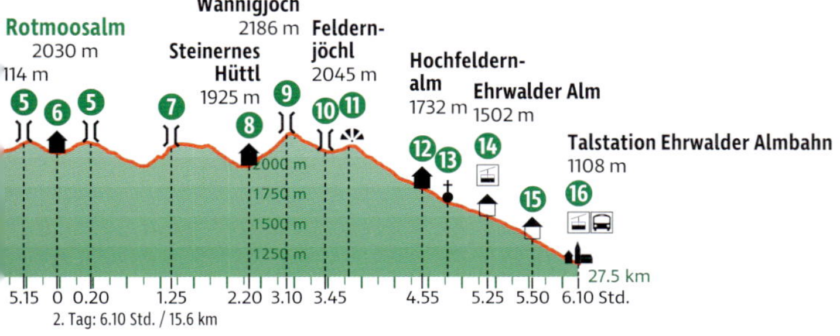

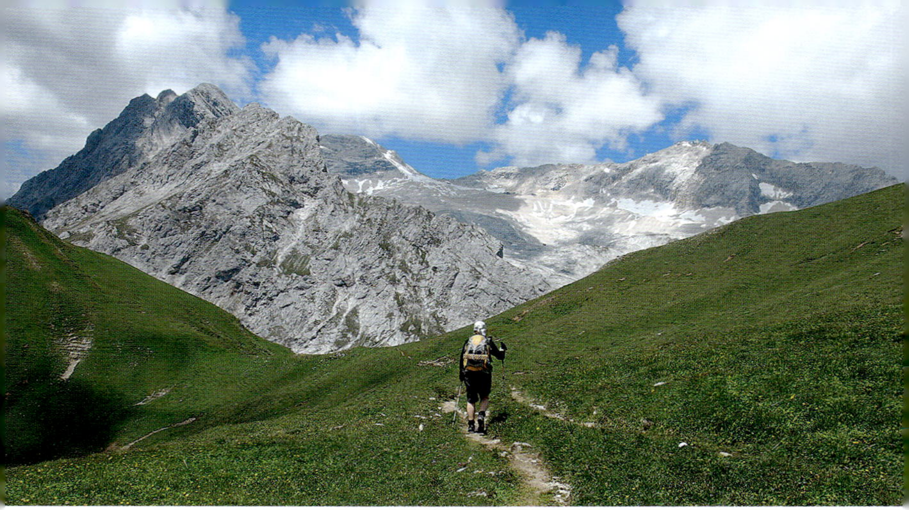

Zugspitzplatt und Zugspitze (rechts) vom Abstiegsweg nach Ehrwald.

nes Taleinschnitts oberhalb eines Baches entlang hinauf ins **Wannigjoch ⓽**, 2186 m. Nun öffnet sich nach Norden ein beeindruckender Blick auf das Zugspitzplatt mit der Zugspitze darüber, nach Süden auf die Mieminger Berge. Unser Steig zieht leicht abwärts nach rechts. In einer Senke folgen wir dem Wegweiser links auf eine Erhebung. Über einen schotterigen Rücken (Trittsicherheit erforderlich) geht es oberhalb eines Kars hinab ins **Feldernjöchl ⓾**, 2045 m.

Hier treffen wir auf eine Verzweigung. Rechts geht es über das Gatterl zur Knorrhütte, wir halten uns links und wandern, ein unproblematisches Schotterkar querend, aufwärts. Bei einem Rechtsknick des Weges erreichen wir **»Am Brand« ⓫**, 2120 m, einen Aussichtspunkt, von dem wir einen schönen Blick auf die Mieminger Berge haben. Der Steig zieht nun durch Latschen und Alpenrosen am Hang entlang zur bewirtschafteten **Hochfeldernalm ⓬**, 1732 m, hinunter.

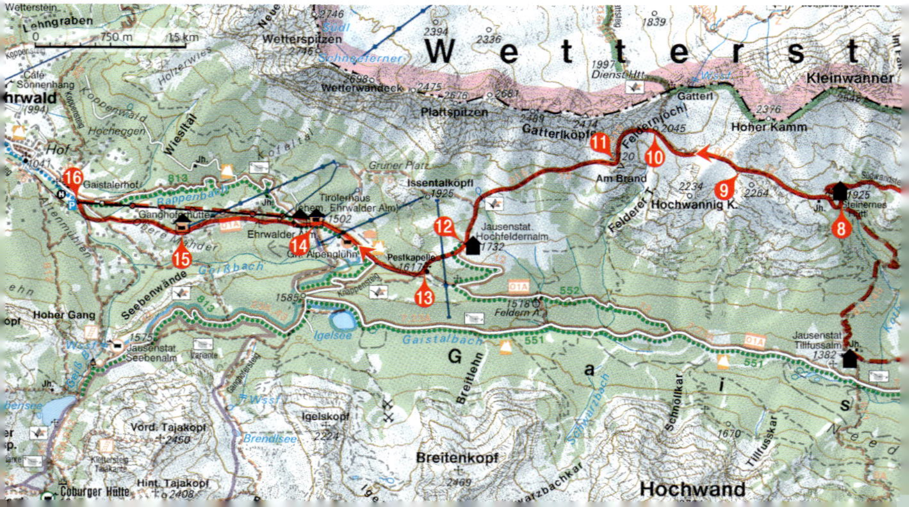

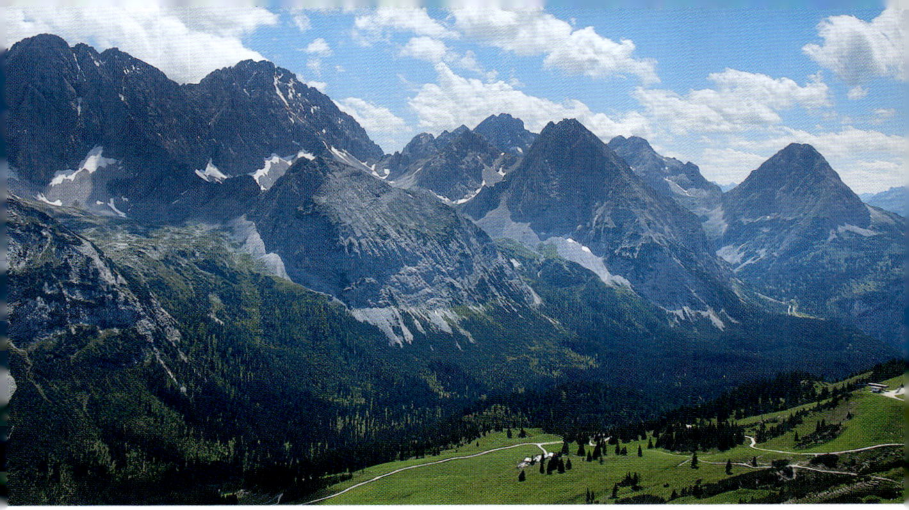

Beim Abstieg zur Hochfeldernalm präsentieren sich die Mieminger Berge.

Dort folgen wir dem Almsträßchen kurz abwärts, dann an einer Kreuzung gleich darauf geradeaus dem schmaleren Fahrweg. Wir überqueren eine Weide, gehen durch ein Drehkreuz und folgen einem Weg in ein paar Serpentinen hinab, bis wir an der **Pestkapelle** ⑬ wieder auf einen Fahrweg treffen. Hier wenden wir uns nach rechts, halten uns an der Kreuzung wieder rechts und gelangen zur **Ehrwalder Alm** ⑭ mit der Bergstation der Ehrwalder Almbahn, 1502 m. Die letzten 400 Höhenmeter können wir mit der Gondelbahn hinabfahren. Zu Fuß folgen wir noch kurz dem breiten Fahrweg und wählen dann an der Kreuzung den geradeaus führenden sogenannten Wiesenweg. Über Wiesen, kurz auch durch Wald, wandern wir an der **Ganghoferhütte** ⑮ vorbei auf einem etwas schmaleren Fahrweg hinab. Kurz vor der Talstation gehen wir unter der Seilbahn hindurch und erreichen gleich darauf die Bushaltestelle an der Talstation der **Ehrwalder Almbahn** ⑯, 1108 m, am Ortsrand von Ehrwald.

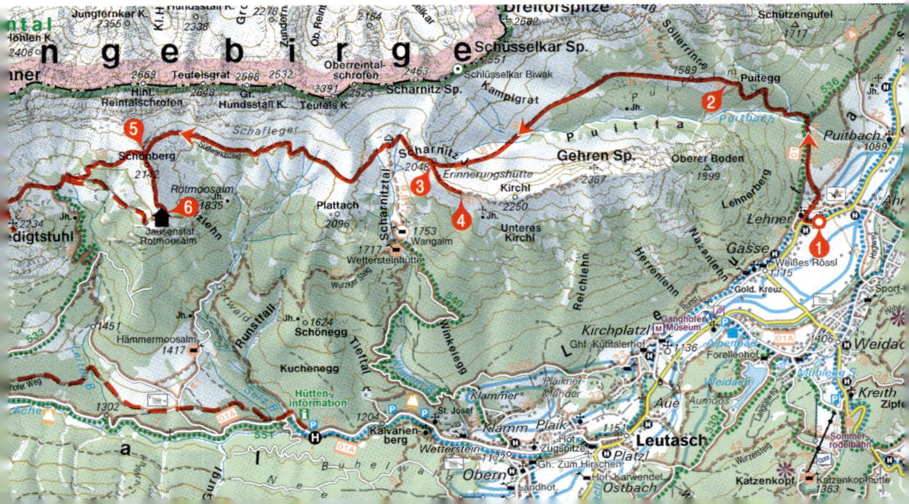

9 Partenkirchner Dreitorspitze, 2633 m

Über Söllerpass und Meilerhütte

2 Tage | 17,0 km | ↗ 1790 m | ↘ 1790 m

  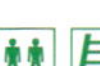 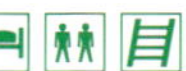

Exponiertes Bergdomizil und prominenter Gipfel im Wetterstein

Von Norden, von Garmisch-Partenkirchen aus gesehen, zeigt die Partenkirchner Dreitorspitze ihr markantes Profil. Wie ein felsiger Dreizack ragt sie aus dem Wettersteinmassiv und prägt neben Alp- und Zugspitze die Silhouette des Gebirges. Das macht sie zu einem begehrten Ziel. Ihre westlichste Spitze, die höchste Erhebung des dreigipfeligen Bergstocks, bietet eine für Geübte kurzweilige Drahtseileinlage. Bereits im Jahr 1900 legte man einen Klettersteig zu ihrem Gipfel an und taufte ihn Hermann-von-Barth-Weg, in Erinnerung an den bedeutenden Erschließer der nördlichen Kalkalpen, der 1870/71 auch im Wettersteingebirge unterwegs war.

Die Wege zur Dreitorspitze sind weit, ganz gleich, von welcher Seite man sie angeht. Da bietet es sich an, einen Zwischenstopp auf der Meilerhütte einzulegen. Allein schon die Lage dieses traditionsreichen Alpenvereinshauses lohnt eine Übernachtung. Wie eine trutzige Burg thront es in der von Felsen eingerahmten Scharte des Dreitorspitzgatterls. An ihrem exponierten Standort ist sie Wind und Wetter ausgesetzt, Blitzeinschläge sind keine Seltenheit. Das Schutzhaus, eines der höchstgelegenen in den Bayerischen Alpen, ist noch eine richtige Berghütte. Wanderer müssen auf einigen Komfort aus dem Tal verzichten, genießen dafür aber das urige Hüttenflair und einen fantastischen Ausblick. Als Zugabe gibt es für Übernachtungsgäste den Sonnenuntergang hinter Alp- und Zugspitze. Neben dem Unterkunftshaus steht, auf Tiroler Boden, die kleine und ältere »Urhütte«, die heute als Winterraum dient. Leo Meiler von der DAV-Sektion Bayerland stiftete sie im Jahr 1898. Sie konnte allerdings den steigenden Besucherzahlen nicht lange standhalten. 1911 wurde, dieses Mal auf bayerischem Grund, der größere Steinbau eingeweiht. Die gemütliche Gaststube aus dieser Zeit ist noch erhalten – sie wird in den vielen Jahrzehnten manch verwegene Klettergeschichte zu hören bekommen haben.

Ein nicht allzu viel begangener Zustieg zur Meilerhütte führt aus der Leutasch unter die steil aufragenden Kalkwände und zerklüfteten Abbrüche der Wetterstein-Südseite, mitten hinein in eine wilde und ursprüngliche Berglandschaft. Am Söllerpass findet der steile Steig einen Durchschlupf durch die Felsmauer und durchquert die graue Steinwüste des Leutascher Platts, eine Landschaft wie auf einem anderen Planeten. Der Abstiegsweg durchmisst das Bergleintal in seiner ganzen Länge. Dort türmt sich ebenfalls senkrechtes Kalkgestein auf – eine würdige Kulisse für das Finale dieser großartigen Tour.

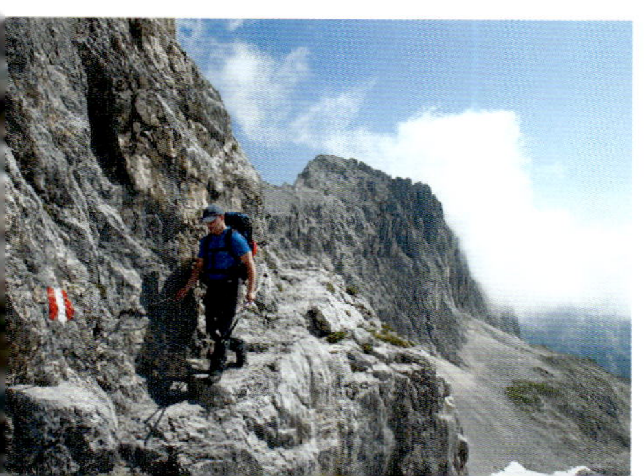

Felsiger Auftakt am Hermann-von-Barth-Weg.

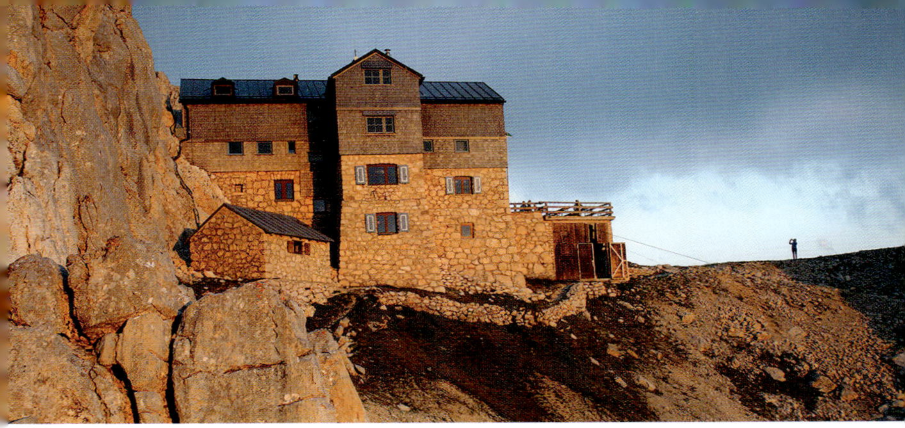

Wie eine Festung: die Meilerhütte am Dreitorspitzgatterl.

Ausgangspunkt: Hotel Hubertushof, 1060 m, nördlich der Ortschaft Reindlau in der Leutasch. Für Wanderer kleiner gebührenpflichtiger Parkplatz rechts hinter dem Hotel, erreichbar über eine Schotterstraße (im Hotelrestaurant melden und Kennzeichen angeben, Gebühr wird bei Einkehr erstattet). Vom Bahnhof Mittenwald mit dem Bus (Linie 431) zur Haltestelle »Leutasch Gasse Naturwirt« oder vom Bahnhof Seefeld mit dem Bus (Linie 430) zur Haltestelle »Leutasch Weidach Zentrum«, dort Anschluss an Bus 431. Von der Bushaltestelle beim Naturwirt im Ortsteil Gasse geht man entlang der Straße 100 m in Richtung Weidach und folgt in einer Linkskurve dem Sträßchen nach rechts zu einer Kreuzung mit Wegweisern. Dort links Richtung Puittal / Scharnitzjoch und gleich darauf rechts auf einen Fahrweg, der zum Puitbach führt. Nach der Brücke trifft man auf die beschriebene Wanderroute (ab der Haltestelle 20 Min.).

Höhenunterschied / Gehzeit:
1. Tag: 1370 m↑, 50 m↓; 5 Std.
2. Tag: 420 m↑, 1740 m↓; 6 Std.
gesamt: 1790 m↑, 1790 m↓; 11 Std.

Anforderungen: Ins Puittal Forststraße und gute Bergwege. Der Anstieg zum Söllerpass führt über sehr steiles Schrofengelände und ist nicht gesichert. Gute Trittsicherheit in abschüssigem Schotter und an leichten Felsstellen ist Voraussetzung, ausgesetzte Passagen erfordern außerdem Schwindelfreiheit, vor allem die Querung kurz vor dem Söllerpass. Die Route ist lang, der Sonne ausgesetzt und verlangt Ausdauer. Auf dem Leutascher Platt ist die Orientierung bei Nebel nicht einfach.

Der Hermann-von-Barth-Weg zum Westgipfel der Partenkirchner Dreitorspitze ist ein technisch leichter Klettersteig, bei dem sich Felspassagen und schotteriges Gehgelände abwechseln, exponierte Abschnitte setzen Schwindelfreiheit voraus. Wer sich an abschüssigen Schotter- und Felsstellen nicht sicher fühlt, sollte ein Klettersteigset benutzen. Der letzte Abschnitt zum Gipfel führt allerdings ungesichert über ausgesetzte Schrofenflanken. Ein Steinschlaghelm ist wegen des losen Gesteins auf jeden Fall zu empfehlen.

Der Abstieg durch das Bergleintal erfolgt auf problemlosen Bergwegen, erfordert aber einige Kondition. Insgesamt sind am zweiten Tag gut 1700 Abstiegshöhenmeter zu bewältigen.

Einkehr / Übernachtung:
1. und 2. Tag: Meilerhütte, DAV, 81 Schlafplätze, geöffnet Mitte Juni bis Anfang Oktober, Tel. +49 171 5227897, alpenverein-gapa.de.

Karten: Freytag & Berndt WK 322, Wetterstein – Karwendel – Seefeld – Leutasch – Garmisch-Partenkirchen, 1:50.000; AV-Karte Blatt 4/3, Wetterstein- und Mieminger Gebirge Ost, 1:25.000.

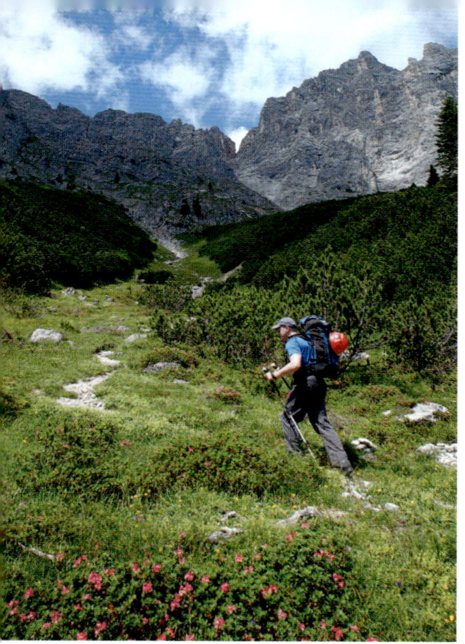

Anstieg zum Söllerpass.

1. Tag:

Vom Parkplatz hinter dem Hotel Hubertushof in **Leutasch** ❶, 1060 m, folgen wir der Schotterstraße durch ein Weidegatter und zweigen anschließend links auf einen Richtung Reindlau und Oberleutasch ausgeschilderten Forstweg ab. Er steigt in einer Linkskurve an und quert etwas auf und ab den bewaldeten Bergfuß des Öfelekopfs. Nach 20 Minuten halten wir uns bei einer Kreuzung geradeaus und biegen kurz darauf rechts Richtung Puittal ab. Vor dem **Puitbach** ❷ verzweigt sich der Weg erneut. Unsere Anstiegsroute zieht rechts über eine steile, bewaldete Stufe hinauf. Am **Puitegg** ❸, 1528 m, wird das Gelände flacher und das grüne Puittal öffnet sich. Es wird von den eindrucksvollen Felsfluchten des Wettersteins eingerahmt – eine fantastische Bergkulisse. Im Osten blicken wir auf die markanten Arnspitzen und das felsige Karwendelgebirge. Wir spazieren über die Wiesenböden des Hochtals, bis nach 10 Minuten bei einem Felsblock der Wegweiser »Söllerpass, Meilerhütte« nach rechts zeigt.

Den Markierungen folgend geht es weglos über die Wiesen zum Latschengürtel hinauf und anschließend, wieder auf einem Steig, zu einem mit Geröll gefüllten Graben, der Söllerrinne. An ihr entlang steigen wir immer steiler bergauf. Der schotterige Steig ist durch Erosion stellenweise abgerutscht, was den Anstieg ziemlich mühsam macht. Schließlich verlassen wir die Rinne, die von den imposanten Südwänden des Öfelekopfs überragt wird, nach links und gewinnen in steilem, leicht ausgesetztem Schrofengelände weiter an Höhe. Schotterige und felsige Passagen wechseln sich ab. Wir kom-

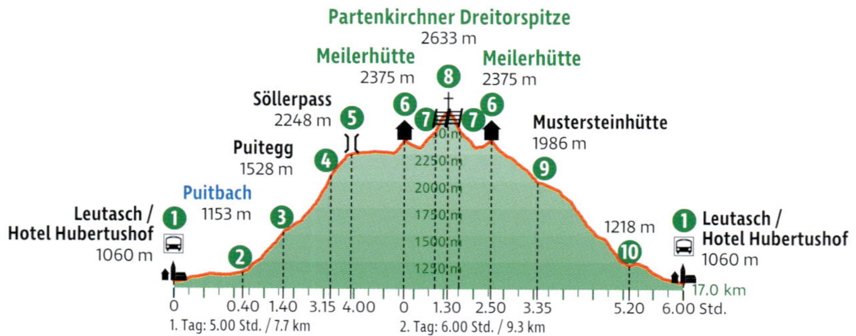

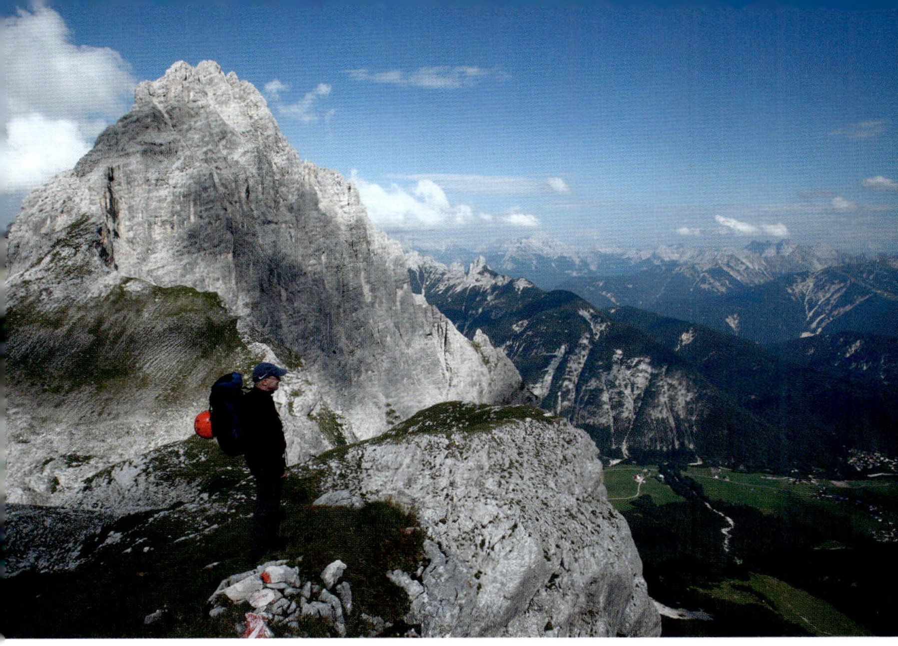

Tiefblick am Söllerpass mit dem Öfelekopf.

men an einem Felsspalt vorbei und zu einem **Geländevorsprung ❹**, von dem der Anstieg nach Westen quert und über einen grasigen Rücken hinaufleitet. Anschließend führt er nach links über einen schotterigen Graben. Steile Schrofenhänge fordern erneut einen sicheren Tritt, bis ein Band oberhalb felsiger Abbrüche ziemlich luftig nach rechts quert – die ursprünglich vorhandenen Sicherungen wurden nicht mehr ersetzt. Nach dieser exponierten Passage haben wir den **Söllerpass ❺**, 2248 m, erreicht und blicken über die Mondlandschaft des Leutascher Platts zur Meilerhütte, die in der Felsscharte kauert. Südwestlich der Hütte ist der spitze Bayerländerturm ein attraktives Kletterziel, daneben baut sich die massive Felsbastion der Partenkirchner Dreitorspitze auf.

Wir wählen die rechte der beiden Routen, die nordwestlich über das Platt führen, und folgen den Markierungen und Steinmännchen über das wellige Karstplateau. Dabei umgehen wir eine Senke auf der linken Seite, wandern unterhalb eines von Felswänden eingerahmten Kessels rund 50 Höhenmeter bergab und halten schließlich über Geröllfelder auf den felsigen Gipfelaufbau der Törlspitzen zu. An deren Fuß treffen wir auf den Steig aus dem Bergleintal. Über Schotter und felsige Stellen geht es, noch einmal ziemlich steil, zur Scharte des Dreitorspitzgatterls mit der **Meilerhütte ❻**, 2375 m, hinauf. An windstillen Tagen ist die Hüttenterrasse eine herrliche Aussichtsloge mit Blick über das von Felsgipfeln eingerahmte Reintal zum Zugspitzplatt. Wer noch Gipfelambitionen hat, kann östlich über der Meilerhütte der Westlichen Törlspitze, 2427 m, einen Besuch abstatten (10 Minuten, eine gesicherte Passage, Schrofen und leichtes Felsgelände).

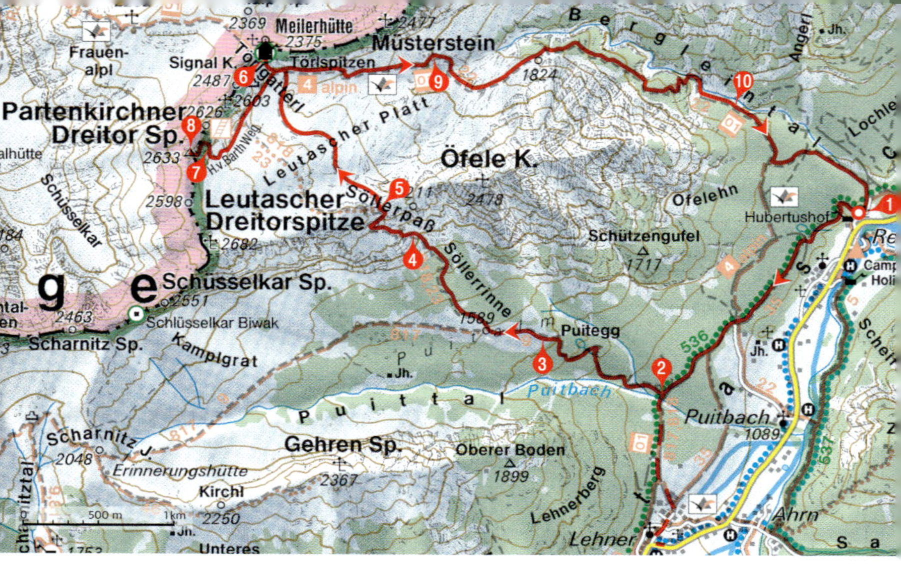

2. Tag:

Nach dem Frühstück starten wir in Richtung unseres Gipfelziels. Nicht benötigte Ausrüstung können wir auf der Hütte deponieren, da wir vor dem Abstieg ins Tal wieder dorthin zurückkehren werden. Wir gehen durch das Metallgatter bei der Hütte und halten geradeaus etwas absteigend auf die Felswände des Bayerländerturms zu. Der Steig quert unter ihnen entlang, verläuft dabei etwas ausgesetzt und teils gesichert über schotterige und felsige Bänder und leitet über Felsen auf die Schotterhalden des Leutascher Platts hinunter. Nun folgen wir ziemlich mühsam der Wegspur durch das Geröll bergauf, ignorieren dabei eine Abzweigung zum Söllerpass sowie nach oben führende Pfade und gehen geradeaus nach Süden auf die Leutascher Dreitorspitze zu. Schließlich biegen wir scharf rechts ab (als Orientierung dient rechts oberhalb ein Felsblock mit Markierung und Schild), um schräg nach oben auf die Felswände zuzuhalten, wo sich der **Einstieg des Klettersteigs ❼**, 2450 m, befindet.

Gleich zu Beginn steigen wir mit Hilfe von Trittbügeln einen steilen Aufschwung hinauf. Die Sicherungen leiten einige Meter nach rechts und wiederum steil über gut gestuften Fels nach oben. Schotterige Bänder und kleine Felsabsätze wechseln sich ab. Schließlich queren wir längere Zeit nach links, bis die Sicherungen enden. Dort müssen wir den Quergang noch ein Stück ungesichert über abschüssiges Schrofengelände fortsetzen. Am Kamm, der ins Oberreintal abbricht, wenden wir uns nach rechts und erreichen kurz darauf über Geröll und Felsstellen den Westgipfel der **Partenkirchner Dreitorspitze ❽**, 2633 m, der durch einen Grenzstein markiert ist. An klaren Tagen begeistert das Panorama auch verwöhnte Berggeher. Tief schneidet das von wilden Felsabstürzen eingefasste Reintal ins Wettersteingebirge. Darüber posiert mit Zugspitze, Hochblassen und Alpspitze felsige Bergprominenz. Im Norden reihen sich die Gipfel der Ammergauer Alpen und des Estergebirges aneinander. Blicken wir

Richtung Süden über die Felswüste des Leutascher Platts, glänzen die Firnflanken der Zillertaler und Stubaier Alpen am Horizont.

Wir kehren auf demselben Weg zum **Klettersteig-Einstieg** ❼ und zur **Meilerhütte** ❻ zurück, wo wir uns noch einmal für den langen Abstieg stärken können. Anschließend folgen wir dem Anstiegsweg vom Vortag über den steilen Hang unterhalb des Dreitorspitzgatterls hinab, wandern dann aber geradeaus an der Abzweigung zum Söllerpass vorbei und auf der linken Seite des Bergleintals über wellige, felsdurchsetzte Wiesen mäßig steil bergab. Südlich über dem Tal ragt der felsige Öfelekopf empor, über uns wachsen die Wände des Mustersteins in den Himmel.

Unterhalb der kleinen **Mustersteinhütte** ❾ und eines Gedenkkreuzes schwenkt der Weg nach rechts und wechselt auf die andere Talseite. Einige Minuten verläuft er flach, dann geht es unter der Nordseite des Öfelekopfs weiter bergab. Das Gelände wird immer steiler, Latschen und Alpenrosenstauden lösen die Wiesenböden ab. Einige Schuttrinnen werden gequert. Links hat sich der Bach schluchtartig in das Bergleintal gegraben. Die flachen Talböden der Leutasch sind bereits in Sichtweite, rücken jedoch nur langsam näher. Noch einmal geht es steil über eine mit Buschwerk und Laubwald bewachsene Geländestufe hinunter, wobei kleine Felsstellen etwas Konzentration erfordern. Im **Talgrund** ❿ angekommen müssen wir am Waldhang einen kurzen Gegenanstieg (30 Höhenmeter) bewältigen. Anschließend folgen wir bei einer Quelle dem Wegweiser »Reindlau« links bergab und treffen auf einen breiten Weg, dem wir ebenfalls kurz nach links folgen. In einer Kehre mit einer Rastbank gehen wir geradeaus auf einen markierten Steig, der oberhalb des breiten, schotterigen Bachbetts verläuft. Eine Abzweigung zum Bach lassen wir links liegen und kommen zu einem Forstweg, der uns zur bereits bekannten Kreuzung zurückbringt. Geradeaus durch das Weidegatter gelangen wir wieder zum Parkplatz beim Hotel Hubertushof in **Leutasch** ❶.

Beim Aufstieg zur Partenkirchner Dreitorspitze.

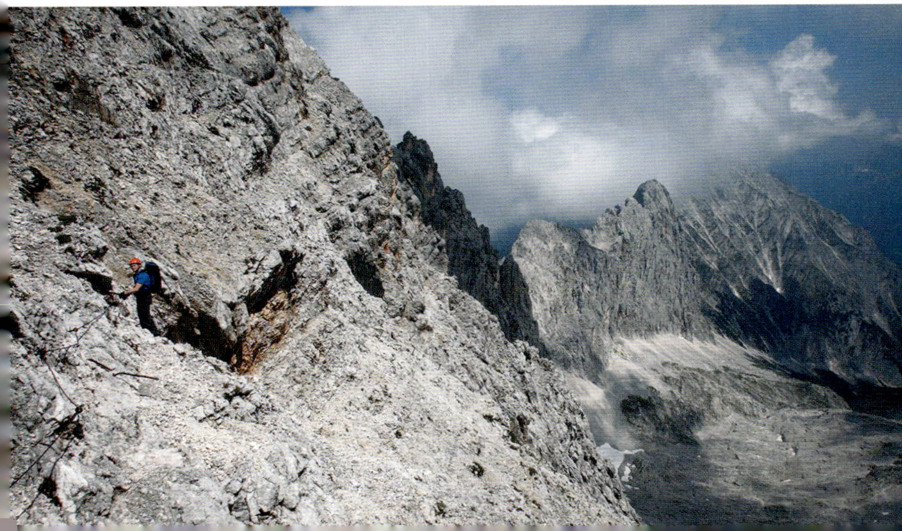

10 Zugspitze, 2962 m, über die Knorrhütte
Von Ehrwald

3 Tage | 38,3 km | ↗ 2220 m | ↘ 2620 m

  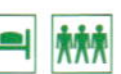

Erlebnisreiche Tour auf den höchsten Berg Deutschlands

Deutschlands höchster und vielleicht auch meistbesuchter Gipfel kann von fast allen Seiten bestiegen werden. Eine der Routen ist auch für trittsichere Wanderer machbar. Diese kann zwar landschaftlich nicht mit dem deutlich schwierigeren Aufstieg durch das Höllental (siehe Tour 11) konkurrieren, ist aber dennoch lohnenswert und bietet genügend Eindrücke und Erlebnisse für eine ausgefüllte zwei- bis dreitägige Unternehmung. Die Tour beginnt in Ehrwald an der Talstation der Ehrwalder Almbahn. Zunächst geht es vorwiegend über Bergwiesen und Almweiden hinauf ins Gatterl, wo die österreichisch-deutsche Grenze verläuft. Hier ändert sich die Umgebung unvermittelt, es wird karg und schroff. Über das verkarstete, von felsigen Gipfeln eingerahmte Zugspitzplatt wandern wir zur Knorrhütte, die inmitten dieser unwirtlichen Landschaft liegt. Am nächsten Tag geht es über das Zugspitzplatt zum Schneefernerhaus in die Nähe des inzwischen vom kompletten Verschwinden bedrohten Schneeferners. Nach einem steilen Schotterfeld führt eine gut versicherte Felskraxelei auf das Gipfelplateau. Oben ist die Hölle los, denn gleich drei Bergbahnen bringen unzählige Touristen herauf. Verschiedenste andere Gebäude, unter anderem das Münchner Haus des DAV, füllen den restlichen Platz. Raum für Natur bleibt da nicht, aber die Aussicht ist fantastisch, und ein Erlebnis ist der Besuch der Zugspitze allemal. Der Abstieg führt zurück zur Knorrhütte, dann geht es lang das Reintal hinaus und schließlich durch die Partnachklamm nach Garmisch-Partenkirchen. Dabei bietet sich eine Übernachtung in der Reintalangerhütte an. Diese liegt an einem herrlichen Platz direkt an der Partnach – in den Liegestühlen am »Strand« kann man wunderbar entspannen.

Beeindruckend ist der Blick von der Zugspitze ins Höllental.

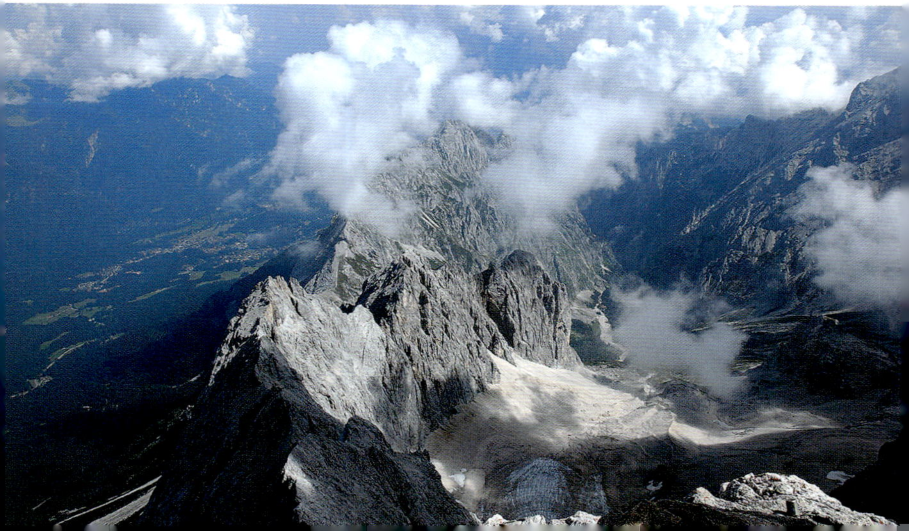

Ausgangspunkt: Ehrwald, Talstation der Ehrwalder Almbahn, 1108 m, großer Parkplatz. Mit dem Zug von München (über Garmisch-Partenkirchen) und Reutte in Tirol nach Ehrwald. Vom Bahnhof Bus (Linie 1) zur Talstation (zu Fuß knapp 1 Std.).
Endpunkt: Garmisch-Partenkirchen, 708 m, Bahnverbindung nach München, Innsbruck und Reutte. Zurück nach Ehrwald mit dem Zug Richtung Reutte.
Bergbahnen: Ehrwalder Almbahn, Sommerbetrieb Mitte Mai bis Anfang November von 8.30 bis 16.30 Uhr (Juli bis September von 8 bis 17.30 Uhr), Tel. +43 5673 2468, almbahn.at.
Bayerische Zugspitzbahn, Zahnradbahn von Garmisch-Partenkirchen auf das Zugspitzplatt, ganzjährig, Auffahrt stündlich von 8.15 bis 14.15 Uhr, Abfahrt ab Zugspitzplatt von 9.30 bis 16.30 Uhr; Gletscher-Seilbahn vom Zugspitzplatt auf den Gipfel, in Betrieb Juli und August von 8.15 bis 17.25 Uhr, September bis Juni von 8.45 bis 16.25 Uhr; Seilbahn Zugspitze vom Eibsee auf den Gipfel, ganzjährig in Betrieb von 8.30 bis 16.45 Uhr, im Juli und August von 8 bis 17.45 Uhr, Tel. +49 8821 7970, zugspitze.de.
Tiroler Zugspitzbahn, von Ehrwald auf den Gipfel, Sommerbetrieb Mitte Mai bis Anfang November von 8.40 bis 16.40 Uhr (Mai, Juni, Oktober und November nicht bei sehr schlechtem Wetter), Tel. +43 5673 2309, zugspitze.at.
Höhenunterschied / Gehzeit:
1. Tag: 1110 m↑, 170 m↓; 4.50 Std.
2. Tag: 1060 m↑, 1740 m↓; 7.20 Std.
3. Tag: 50 m↑, 710 m↓; 4.20 Std.
gesamt: 2220 m↑, 2620 m↓; 16.30 Std.
Anforderungen: Trittsicherheit und Schwindelfreiheit erforderlich. Am Gatterl eine unproblematische Kraxelstelle (Seilversicherung). Über das Zugspitzplatt nicht bei Nebel (eventuell Orientierungsprobleme). Aufstieg vom Skigebiet Zugspitze zum Gipfel erst durch ein unangenehm steiles Schotterfeld, dann durchgängig mit Seilversicherung über Fels und Schrofen sowie über einen etwas ausgesetzten Grat (alternativ Auffahrt mit der Gletscherbahn vom Skigebiet Zugspitze). Vorsicht auf den letzten Metern zum Gipfelkreuz: Meist herrscht Gedränge und der Fels ist speckig (eine kurze Leiter und Seilversicherung).

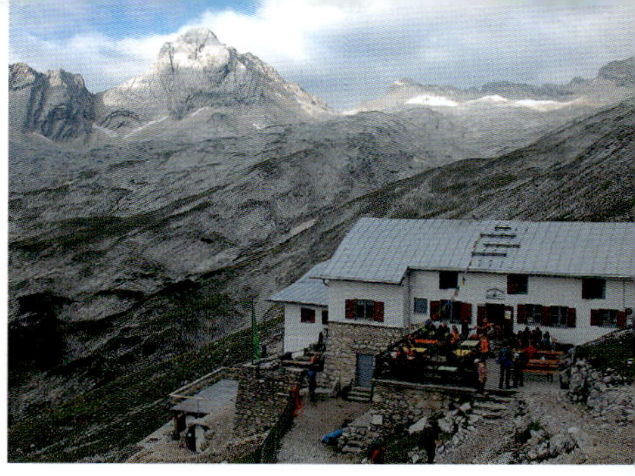
Knorrhütte und Plattspitzen.

Einkehr / Übernachtung:
1. Tag: BrentAlm an der Talstation der Ehrwalder Almbahn, Ganghoferhütte, nur Einkehr; Ehrwalder Alm, nur Einkehr; Tiroler Haus, nur Einkehr; Hochfeldernalm, privat, 15 Schlafplätze, geöffnet Ende Mai bis Ende September, Tel. +43 664 1563339, hochfeldernalm.at; Knorrhütte, DAV, 119 Schlafplätze, geöffnet Anfang Juni bis Anfang Oktober, Tel. +49 151 14443496, alpenverein-muenchen-oberland.de.
2. Tag: Sonn-Alpin, nur Einkehr; Münchner Haus, DAV, eingeschränkte Übernachtungsmöglichkeit für Alpinisten und Alpinistinnen, geöffnet Mitte Mai bis Ende September, Tel. +49 8821 2901, alpenverein-muenchen-oberland.de; Restaurants auf der Zugspitze; Knorrhütte (s. o.); Reintalangerhütte, DAV, 142 Schlafplätze, geöffnet Mitte Mai bis Anfang Oktober, Tel. +49 160 97503090, alpenverein-muenchen-oberland.de.
3. Tag: Bockhütte, nur Einkehr, geöffnet Ende Juni bis Anfang September täglich, außerdem im Juni und September an den übrigen Wochenenden; Klammhaus, nur Einkehr.
Karten: Freytag & Berndt WK 322, Wetterstein – Karwendel – Seefeld – Leutasch – Garmisch-Partenkirchen, 1:50.000; AV-Karte Blatt BY 8, Wettersteingebirge, Zugspitze, 1:25.000.
Hinweis: Wer nur zwei Tage Zeit hat, fährt mit einer der Bergbahnen ab.

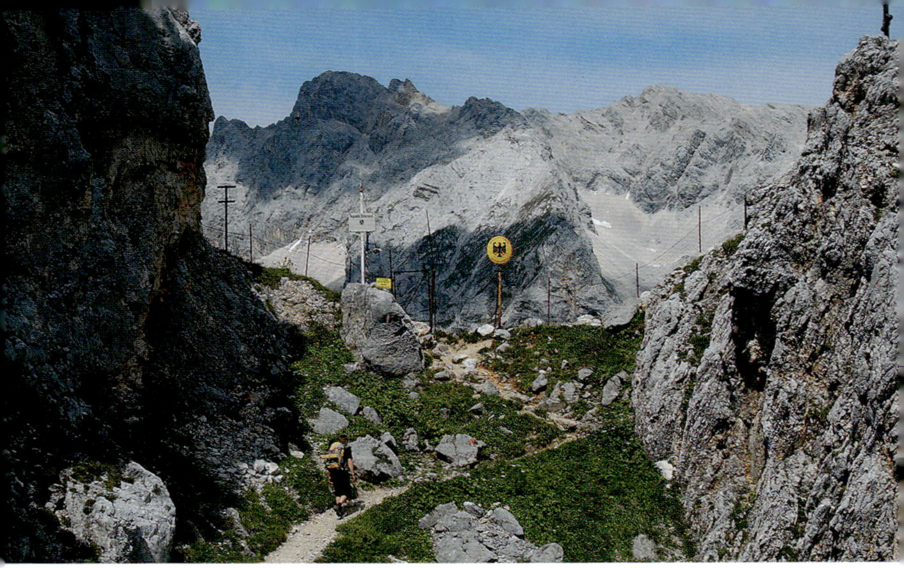

Am Gatterl überquert man die österreichisch-deutsche Grenze.

1. Tag:
Vom Parkplatz bzw. der Bushaltestelle an der **Talstation der Ehrwalder Almbahn ❶**, 1108 m, gehen wir – wenn wir nicht mit der Gondelbahn fahren – unter der Bahn hindurch und folgen links dem Schotterfahrweg Richtung Ehrwalder Alm. Zwischen den beeindruckenden Felsmassiven von Wetterstein und Mieminger Bergen wandern wir, vorbei an der **Ganghoferhütte ❷**, 1290 m, über Almweiden und kurz durch Wald hinauf zur Bergstation an der **Ehrwalder Alm ❸**, 1502 m.
Dort folgen wir weiter dem Fahrweg und gehen an der Verzweigung kurz darauf links Richtung Hochfeldernalm. An der **Pestkapelle ❹**, 1617 m, halten wir uns wieder links und gelangen über den Max-Klotz-Steig zur bewirtschafteten **Hochfeldernalm ❺**, 1732 m.

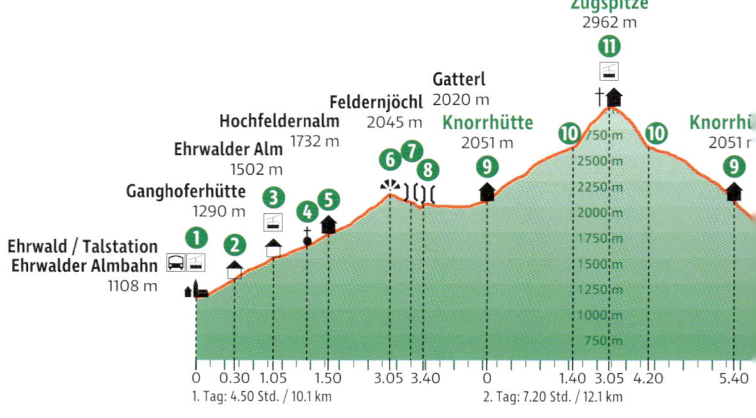

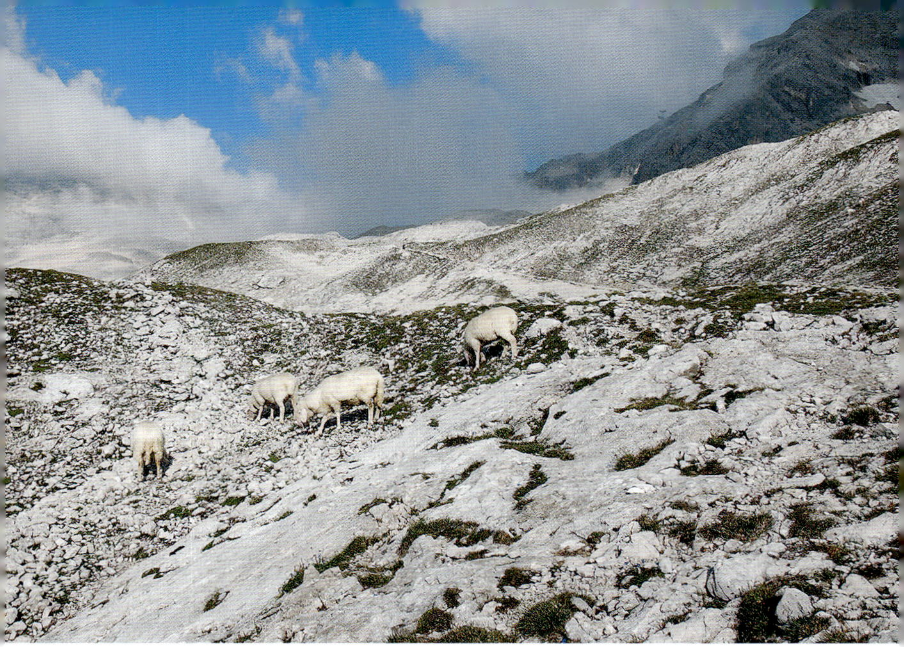

Schafe finden selbst auf dem kargen Zugspitzplatt noch Futter.

Nun leitet uns ein Steig über Almweiden und durch ein paar kleine Latschenfelder in nördliche Richtung bergauf; hinter uns erheben sich beeindruckend die Felszacken und -gipfel der Mieminger Berge. Unser Weg biegt nach Osten und wir erreichen nach einer ansteigenden Querung **»Am Brand« 6**, 2120 m, wo sich ein schöner Blick auftut. Hier knickt der Steig nach links. Erst queren wir leicht abwärts ein Geröllkar, dann geht es etwas hinauf zum **Feldernjöchl 7**, 2045 m, wo sich der Weg verzweigt.

Wir halten uns links Richtung Knorrhütte, gehen etwas hinab und kraxeln dann mit Drahtseilversicherung hinauf ins **Gatterl 8**, ca. 2020 m. Hier verläuft die österreichisch-deutsche Grenze. Auf der anderen Seite breitet sich das Zugspitzplatt, eine von riesigen Felsgipfeln umrahmte Karsthochfläche, vor uns aus. Den Zugspitzgipfel erkennen wir an den Aufbauten, und auch ins Reintal mit der Reintalangerhütte haben wir einen tollen Blick.

Vom Gatterl folgen wir dem sogenannten Plattsteig leicht auf und ab bis zur **Knorrhütte 9**, 2051 m, die inmitten dieser beeindruckenden Szenerie liegt.

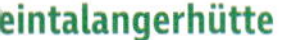

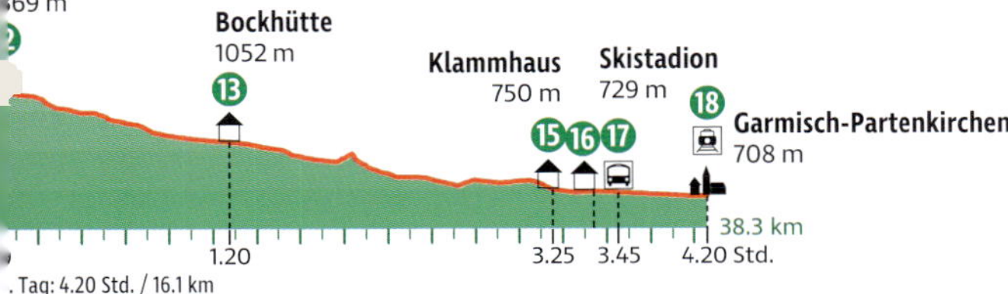

2. Tag:
Von der Knorrhütte folgen wir dem Schild Richtung Sonn-Alpin und Zugspitze aufwärts und kommen kurz darauf an der Rechtsabzweigung zum Jubiläumsgrat vorbei. Den Markierungen folgend wandern wir auf Wegspuren über das karge Zugspitzplatt weiter hinauf, bis wir eine Verzweigung im **Skigebiet Zugspitze ⑩**, 2570 m, erreichen. Vor uns sehen wir die kümmerlichen Reste des Schneeferners, links ist die Station der Gletscher-Seilbahn. Mit dieser können wir auf den Gipfel schweben, wenn wir uns den nun folgenden mühsamen Anstieg ersparen möchten. Schräg rechts vor uns befindet sich das Schneefernerhaus, früher Deutschlands höchstgelegenes Hotel, heute eine Umweltforschungsstation.
Für den weiteren Aufstieg zu Fuß halten wir uns rechts und steigen rechts vom Schneefernerhaus über ein Schotterfeld unangenehm steil hinauf. Nach gut 20 Minuten kommen wir in felsiges Gelände und kraxeln, durchgängig drahtseilgesichert, aufwärts, bis wir einen Grat erreichen. Diesem folgen wir nach rechts auf das Gipfelplateau der Zugspitze mit den Aufbauten der Seilbahnen, dem Münchner Haus, zwei Wetterstationen und verschiedenen anderen Einrichtungen. An Schönwetter-Wochenenden wird die Zugspitze von unzähligen Bergsteigern und Ausflüglern besucht. Vorsicht deshalb im Gedränge auf den letzten Metern zum Gipfelkreuz. Um dorthin zu gelangen, steigen wir auf der anderen Seite der Plattform erst eine kurze Treppe hinab, dann kraxeln wir über speckigen Fels mit Hilfe von ein paar Trittbügeln, einer kleinen Leiter und einem Drahtseil hinauf zum Gipfel der **Zugspitze ⑪**, 2962 m, mit dem goldenen Kreuz. Von dort haben wir eine herrliche Rundsicht, denn schließlich ist die Zugspitze der höchste Punkt im weiten Umkreis.
Vom Gipfel steigen wir auf demselben Weg hinab zum **Skigebiet ⑩** – oder fahren mit der Gondelbahn hinunter – und wandern auf bekannter Route zurück zur **Knorrhütte ⑨**.

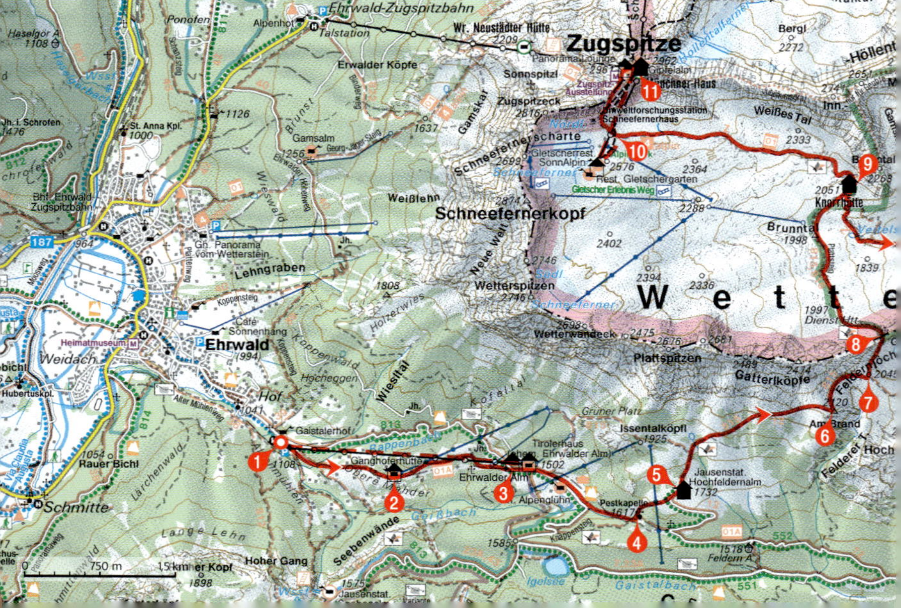

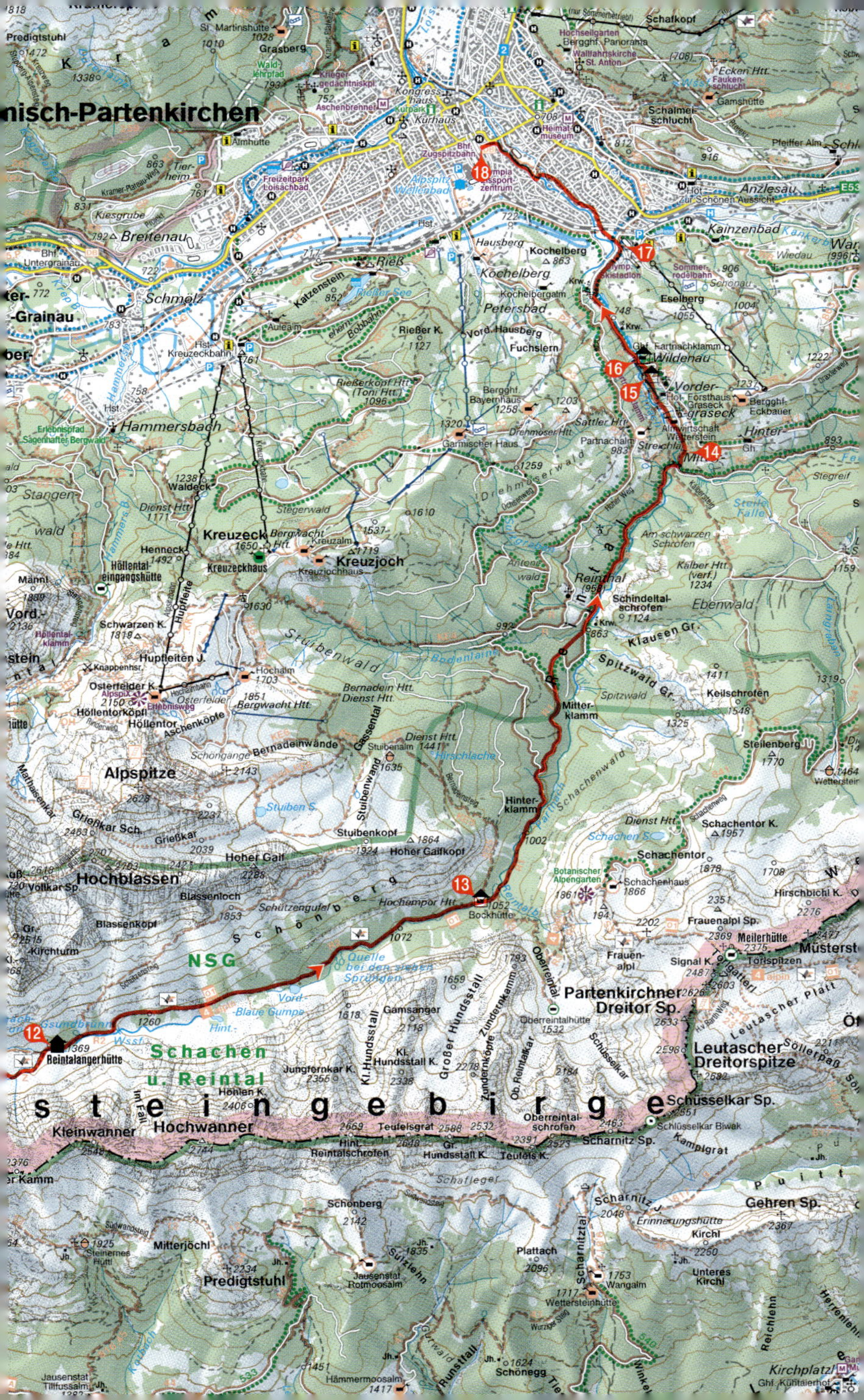

An der Hüttenterrasse folgen wir dem Weg links hinab zu einer Gabelung kurz darauf. Links geht es durch ein Kar hinunter, wir folgen rechts dem gerölligen »Felsensteig«. Bald durchqueren wir die Latschenzone und erreichen nach einem steilen Abstieg (auf Markierungen achten) den herrlichen weiten Talschluss des Reintals, wo die Partnach entspringt. Um uns herum ragen gewaltige Felswände auf. Hier treffen wir auch auf die ersten Bäume. Wir folgen dem Pfad kurz durch das Grieß, dann gehen wir rechtshaltend über eine Wiese und durch Latschen und gelangen an ein Bachbett. Schließlich überqueren wir die Partnach und sind gleich darauf an der idyllisch am Ufer des Bergbachs gelegenen **Reintalangerhütte ⓬**, 1369 m. Außer auf der Terrasse kann man auch direkt am Wasser sitzen, über dem Gebetsfahnen im Wind flattern.

3. Tag:
Nach dem Frühstück führt uns der Weg von der Reintalangerhütte auf der linken Seite der Partnach, teils direkt am Ufer, teils ein Stück von diesem entfernt, das malerische Reintal hinaus. Abwechselnd durch Wald und lichte Vegetation erreichen wir die bewirtschaftete **Bockhütte ⓭**, 1052 m, ein schöner Platz für ein zweites Frühstück.
Hier überqueren wir die Partnach und gehen auf ihrer rechten Seite durch Mischwald weiter. Kurz darauf kommen wir an der Abzweigung zur Oberreintalhütte und zum Schachenhaus vorbei. Dann überqueren wir die Partnach erneut. Bald danach geht an einem Wendeplatz der Wanderweg in einen Schotterfahrweg über. Wir folgen diesem hinab, bis wir ihn in einer Rechtskehre nach links auf einen Fußweg (Schild »Fußweg Partnachklamm«) verlassen können,

Am Zugspitzgipfel herrscht meist großes Gedränge.

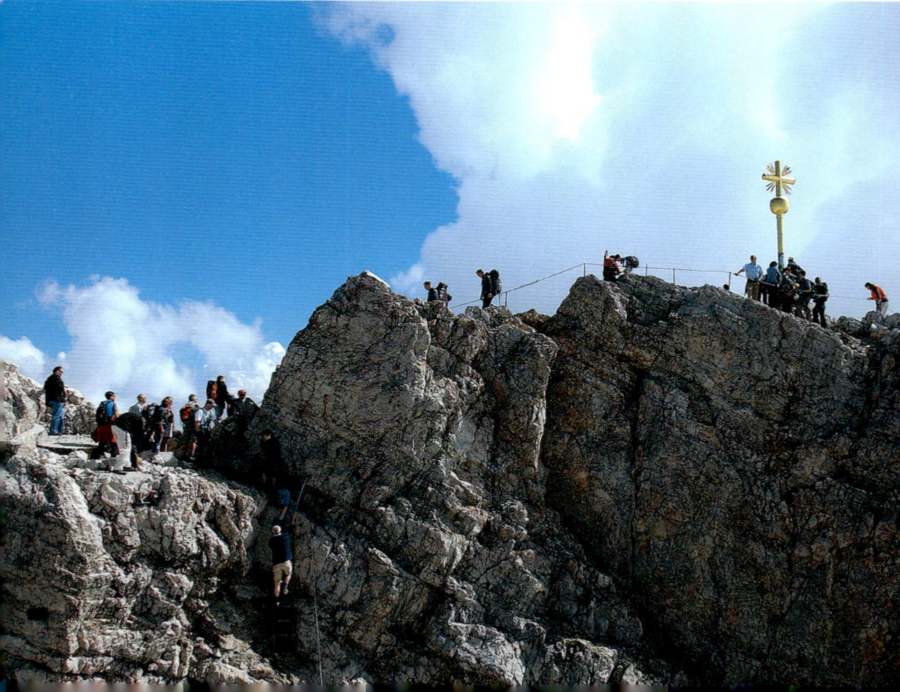

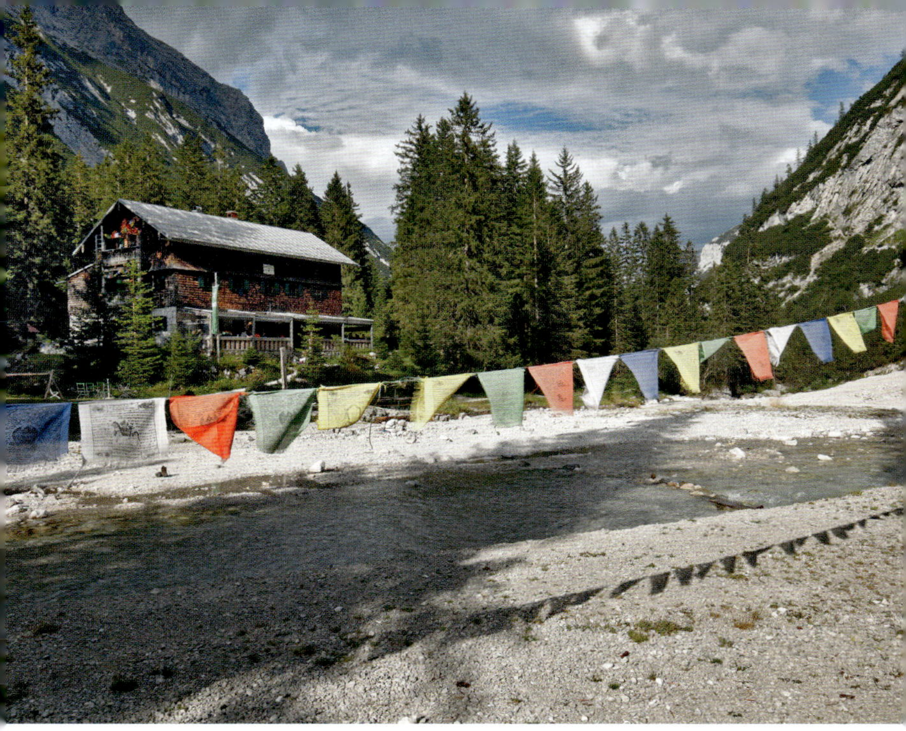

Idyllisch ist es am Ufer der Partnach vor der Reintalangerhütte.

um die folgende Kehre abzukürzen. Nach knapp 10 Minuten stoßen wir wieder auf den Fahrweg, halten uns links und wandern nun wieder direkt am Bach entlang. Schließlich überqueren wir diesen ein weiteres Mal und kommen an eine Kreuzung, ca. 797 m.

Wir überqueren geradeaus einen Zufluss der Partnach, biegen dann gleich nach links ab und gehen am rechten Ufer zum oberen Eingang der **Partnachklamm ⑭**; das Eintrittsgeld wird am unteren Eingang entrichtet. Bei schönem Wetter wird die Klamm viel besucht. Ein gut ausgebauter Weg leitet uns durch Galerien und Tunnel die tief eingeschnittene, dunkle Klamm entlang. Unter uns tost das Wasser in der Tiefe, von den Wänden tropft und rinnt es. Am Ende der Klamm folgen wir erst dem Fußweg, dann der Straße, vorbei am **Klammhaus ⑮** und der **Lenz'n-Hütte ⑯**, weiter bis zum **Skistadion ⑰**. Von dort können wir mit dem Bus zum Bahnhof von Garmisch-Partenkirchen fahren, der Fußweg dauert ca. 35 Minuten.

Hierzu verlassen wir die Straße nach links in den Partnachuferweg. An einer Verzweigung gehen wir durch die Unterführung unter den Bahngleisen hindurch und folgen dem Bach weiter auf einem Fußweg, bis wir auf eine Straße stoßen. Hier überqueren wir die Partnach und gehen auf ihrer linken Seite in der Partnachauenstraße weiter, bis wir auf die Bahnhofstraße treffen. Dieser folgen wir ein kurzes Stück nach links und sind gleich darauf am Bahnhof von **Garmisch-Partenkirchen ⑱**, 708 m.

11 Zugspitze, 2962 m, durch das Höllental

Von Hammersbach

2 Tage | 10,9 km | ↗ 2210 m | ↘ 20 m

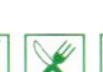
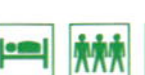

Hochalpiner Anstieg auf Deutschlands berühmtesten Berg

Joseph Naus konnte nicht ahnen, wie sein Berg einmal aussehen würde. Am 27. August 1820 erreichte der Leutnant, der für einen Vermessungsauftrag unterwegs war, gemeinsam mit einem Messgehilfen und einem Bergführer offiziell als erster den Westgipfel der Zugspitze. Gut zweihundert Jahre später ist auf dem Zugspitzgipfel ein eigener Mikrokosmos entstanden – mit Berglandschaft und Panorama als eindrucksvoller und zugkräftiger Hintergrundkulisse. Der höchste Berg Deutschlands ist Touristenattraktion und Ausstellungsplatz, Tagungsort und Forschungsstation, Gourmettempel und Skiparadies, Wettkampfstätte für Extremsportler und Plattform für Rekordversuche … Er ist aber nach wie vor auch Wunschziel für viele Bergsteiger und Bergsteigerinnen – und das seit Generationen. Bereits Ende des 19. Jahrhunderts waren die Anstiege auf die Zugspitze mit Wegen, Steiganlagen und Hütten erschlossen. Bis zum Bau der ersten Seilbahn im Jahr 1926 zählte man über 10.000 Besteigungen.

Von drei Seiten geht es zum Zugspitzgipfel hinauf – der abwechslungsreichste, aber auch anspruchsvollste Anstieg führt durch das Höllental. Bereits der Auftakt ist vielversprechend. Wild schäumend und schnaubend zwängt sich der Hammersbach durch den Felsschlund der Höllentalklamm. Für den Bau des Klammwegs mit seinen zwölf Stollen, zwei Brücken und mehreren an den Felswänden angebrachten Stegen benötigte man 2500 kg Sprengstoff, 14.000 kg Eisenteile und 140 Zentner Zement. 1905 wurde der aufwendige Steig eingeweiht. Im eindrucksvollen Felsenrund des Höllentalangers bietet seit 1894 ein Schutzhaus den vielen Zugspitzaspiranten Stärkung und Schlafplatz. Das traditionsreiche Berghaus konnte jedoch die Anforderungen an einen zeitgemäßen Hüttenbetrieb nicht mehr erfüllen und wurde 2014/15 durch einen Neubau ersetzt. Luftig unter den Sohlen wird es am berühmt-berüchtigten »Brett«, einer Felswand, die auf Eisenstiften gequert wird – ein Vorgeschmack auf den Klettersteig. Am Höllentalferner bekommt die Tour hochalpinen Charakter. Der Gletscher präsentiert sich mal als makelloses Firnfeld, oft aber als spaltiges Eisgebilde, dem nur mit Steigeisen beizukommen ist. Schließlich folgt ein Drahtseilakt durch die Ostwand des Zugspitznordgrats: 500 Höhenmeter Eisenweg, steil und ausgesetzt, zum eigenwilligen Gipfel mit seinen vielen Gesichtern. Trotz Zivilisationsschock: Das Gipfelpanorama ist kaum zu toppen. Bei günstigem Wetter soll der Blick 250 Kilometer weit reichen. Wer sich die Mühe macht, kann an die 400 Gipfel zählen.

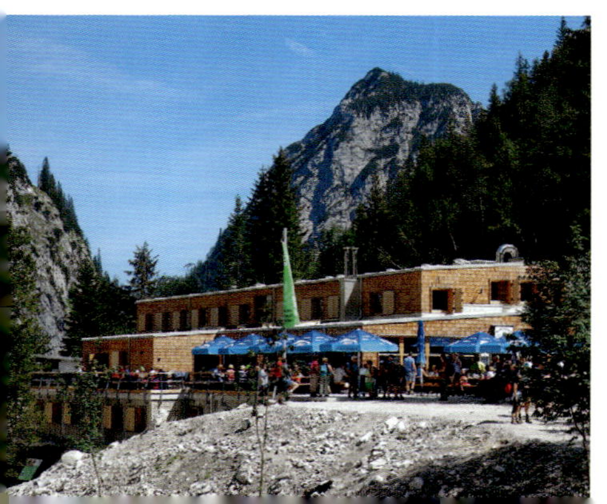

Die neue Höllentalangerhütte.

Ausgangspunkt: Hammersbach, 770 m, Ortsteil von Grainau, großer (gebührenpflichtiger) Wanderparkplatz, zur Hochsaison oft voll, weiterer Parkplatz an der Zufahrtsstraße nach Grainau und Hammersbach, gleich nach dem Bahnübergang, von dort 15 Min. Fußweg. Mit der Bahn nach Garmisch-Partenkirchen, von dort mit der Zugspitzbahn oder mit dem Bus (Linie 9840, ab 2026 voraussichtlich Linie 323) zur Haltestelle Hammersbach.

Bergbahnen: Bayerische Zugspitzbahn, Zahnradbahn von Garmisch-Partenkirchen auf das Zugspitzplatt, ganzjährig, Auffahrt stündlich von 8.15 bis 14.15 Uhr, Abfahrt ab Zugspitzplatt von 9.30 bis 16.30 Uhr; Gletscher-Seilbahn vom Zugspitzplatt auf den Gipfel, in Betrieb Juli und August von 8.15 bis 17.25 Uhr, September bis Juni von 8.45 bis 16.25 Uhr; Seilbahn Zugspitze vom Eibsee auf den Gipfel, ganzjährig in Betrieb von 8.30 bis 16.45 Uhr, im Juli und August von 8 bis 17.45 Uhr, Tel. +49 8821 7970, zugspitze.de.
Tiroler Zugspitzbahn, von Ehrwald auf den Gipfel, Sommerbetrieb Mitte Mai bis Anfang November von 8.40 bis 16.40 Uhr (Mai, Juni, Oktober und November nicht bei sehr schlechtem Wetter), Tel. +43 5673 2309, zugspitze.at.

Höhenunterschied / Gehzeit:
1. Tag: 630 m↑, 10 m↓; 2.15 Std.
2. Tag: 1580 m↑, 10 m↓; 5.30 Std.
gesamt: 2210 m↑, 20 m↓; 7.45 Std.

Anforderungen: Bis zur Höllentalangerhütte unschwierige Wanderung durch die Klamm, die Variante über den Stangensteig erfordert Trittsicherheit und Schwindelfreiheit. Im unteren Teil des Zugspitzanstiegs luftige Passagen an »Leiter« und »Brett«: Eisenbügel und -stifte führen ausgesetzt, aber gut gesichert über Felswände. Nicht zu unterschätzen ist die Überquerung des Höllentalferners. Der Gletscher hat einige Spalten und ist vor allem im Spätsommer oft hart und eisig und nur mit Steigeisen zu begehen. Die Randkluft, der Übergang zur Felswand, kann bei ausgeapertem Gletscher problematisch sein. Man sollte sich unbedingt vor der

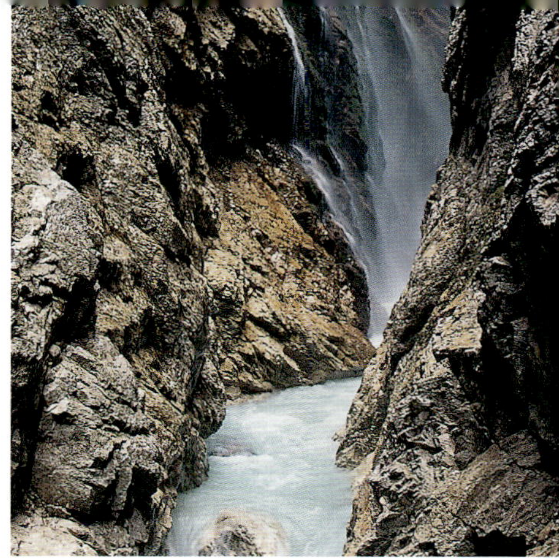

In der Höllentalklamm.

Tour auf der Webseite der Höllentalangerhütte über die aktuellen Verhältnisse informieren. Die ersten Meter des Klettersteigs sind die anspruchsvollste Passage (Schwierigkeit C). Anschließend ist er mittelschwer, jedoch ziemlich lang und ausgesetzt, Klettersteigausrüstung inklusive Helm notwendig. Im Frühsommer oft noch Altschnee in den nordseitigen Rinnen. Insgesamt eine Tour für Bergsteiger und Bergsteigerinnen mit entsprechender alpiner Erfahrung. Sicheres Gehen im Fels, Schwindelfreiheit und Ausdauer erforderlich. Die Tour sollte nur bei sicherem Wetter, vor allem ohne Gewittergefahr, unternommen werden!

Einkehr / Übernachtung:
1. Tag: Höllentaleingangshütte, nur Einkehr; Höllentalangerhütte, DAV, 108 Schlafplätze, geöffnet Mitte Mai bis Mitte Oktober, Tel. +49 8821 9438548, alpenverein-muenchen-oberland.de.
2. Tag: Münchner Haus, DAV, eingeschränkte Übernachtungsmöglichkeit für Alpinisten und Alpinistinnen, geöffnet Mitte Mai bis Ende September, Tel. +49 8821 2901, alpenverein-muenchen-oberland.de; Restaurants auf der Zugspitze.

Karten: Freytag & Berndt WK 322, Wetterstein – Karwendel – Seefeld – Leutasch – Garmisch-Partenkirchen, 1:50.000; AV-Karte Blatt BY 8, Wettersteingebirge, Zugspitze, 1:25.000.

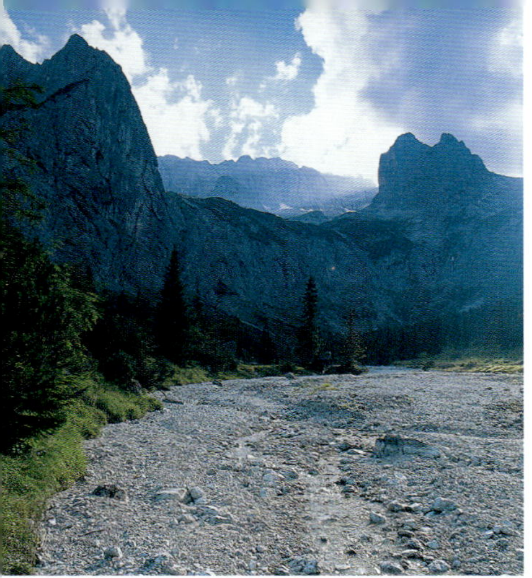

Wilde Felskulisse: Talschluss des Höllentals.

1. Tag:

Der erste Tourentag verläuft noch ganz gemütlich. Der Hüttenanstieg ist nicht allzu lang und auch am Nachmittag noch zu meistern. Allerdings herrscht dann am engen Klammweg einiges an Gegenverkehr, was das Vorwärtskommen erheblich erschwert. Vom Parkplatz bei **Hammersbach ❶**, 770 m, gehen wir auf der Fahrstraße einige Minuten bergauf und über den Hammersbach. Nach der Brücke zweigt rechts ein breiter Weg Richtung Höllentalklamm ab und führt am Bachufer entlang taleinwärts. Nachdem wir erneut den Hammersbach überquert haben, folgen wir zwei Kehren durch den Waldhang hinauf und wandern auf die Felswände zu, die der Bach in einer engen Klamm durchschnitten hat. Der Weg zieht in Serpentinen unter die Felsabbrüche hinauf. Rechts zweigt der Stangensteig ab, eine Alternative zur viel besuchten Höllentalklamm (Anstieg 30 Min. länger). Er verläuft über die steilen Hänge oberhalb der Klamm und über die beeindruckend hohe Eiserne Brücke und trifft später wieder auf den Klammweg.

Die Schlucht beginnt bei der **Höllentaleingangshütte ❷**, 1045 m, wo eine Gebühr (Ermäßigung für AV-Mitglieder) entrichtet werden muss. Wir passieren ein kleines Museum mit Informationen zur Erschließung des Höllentals, dann verschluckt uns der düstere Felsschlund, in dem der Hammersbach einen wilden Tanz aufführt. Über Brücken und durch Tunnel steigen wir über dem brodelnden Wildwasser bergauf. Überall tropft und rinnt es von den Felswänden – für Erfrischung ist gesorgt.

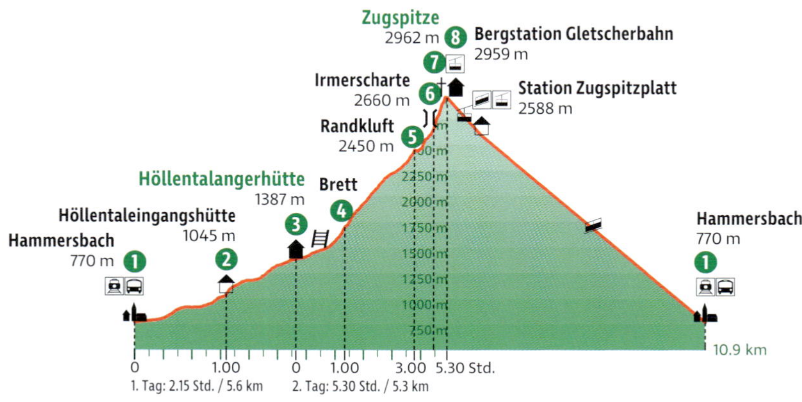

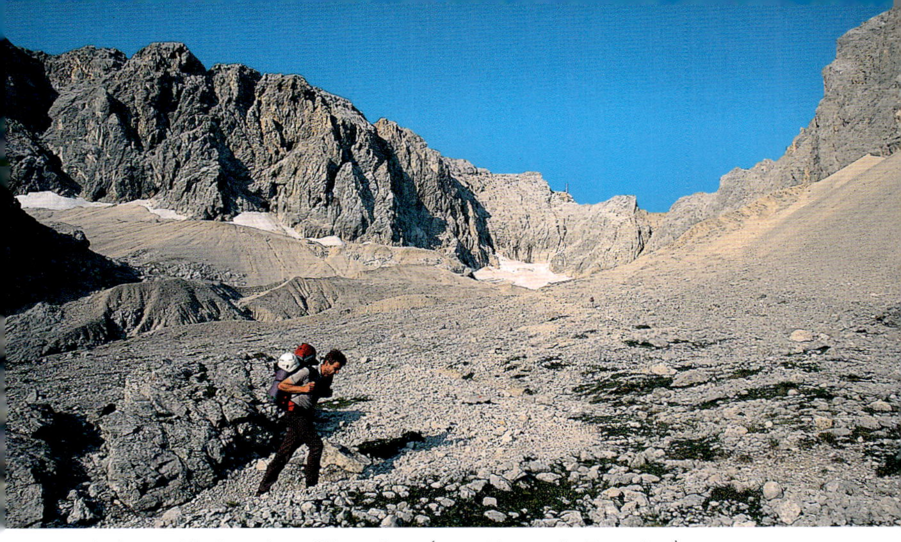

Durch die Geröllwüste des Höllentalkars (ganz hinten die Zugspitze).

Schließlich treten wir wieder ans Sonnenlicht und wandern ansteigend weiter taleinwärts, bis wir den großartigen Bergkessel des Höllentalangers mit der **Höllentalangerhütte** ❸, 1387 m, betreten. Zum ersten Mal haben wir die Wände der Zugspitze vor uns – fast 1600 Meter schroffer, abweisender Fels. Auf der Hüttenterrasse können wir die Szenerie auf uns wirken lassen und uns auf den folgenden Tag einstimmen.

2. Tag:
Viele Höhenmeter liegen vor uns, deshalb ist ein früher Start zu empfehlen. Bei der Höllentalangerhütte führt eine Brücke über das weite Schotterbett des Hammersbachs. Anschließend wandern wir auf der rechten Talseite weiter ins Höllental hinein und auf die Steilstufe im Talschluss zu. Um uns baut sich felsige Wettersteinprominenz auf: im Norden der Waxensteinkamm, südöstlich die Alpspitze und der Hochblassen. Der Steig wird immer steiler und leitet schließlich in Kehren über dem Talboden bergauf. Die Abzweigung zur Riffelscharte lassen wir rechts liegen und kommen in felsiges Gelände und zu einer ersten gesicherten Stelle, an der es durch einen kleinen Kamin geht – ein guter Platz, um Gurt und Klettersteigset anzulegen, denn es folgen ausgesetzte Passagen. Eine etwa 20 Meter hohe Felsstufe überwinden wir mit Hilfe der »Leiter«, im Fels angebrachte Eisenbügel. Der Steig wendet sich nach links und erreicht über felsige, etwas abschüssige Bänder (Sicherungen) das berühmte **»Brett«** ❹, eine glatte Felswand, die ziemlich ausgesetzt etwa 40 Meter auf Eisenstiften gequert wird. Der Blick zwischen unseren Füßen hindurch in die Tiefe ist wirklich atemberaubend. Anschließend geht es über eine schotterige Rampe bergauf und nach links über Felsen zwischen Latschen hindurch in leichteres Gelände.
Wir steigen nun über den welligen unteren Teil des Höllentalkars, den »Grünen Buckel«, bergauf, durchqueren dabei felsdurchsetzte Wiesenmulden und Latschenfelder und kommen dem Hammersbach, der

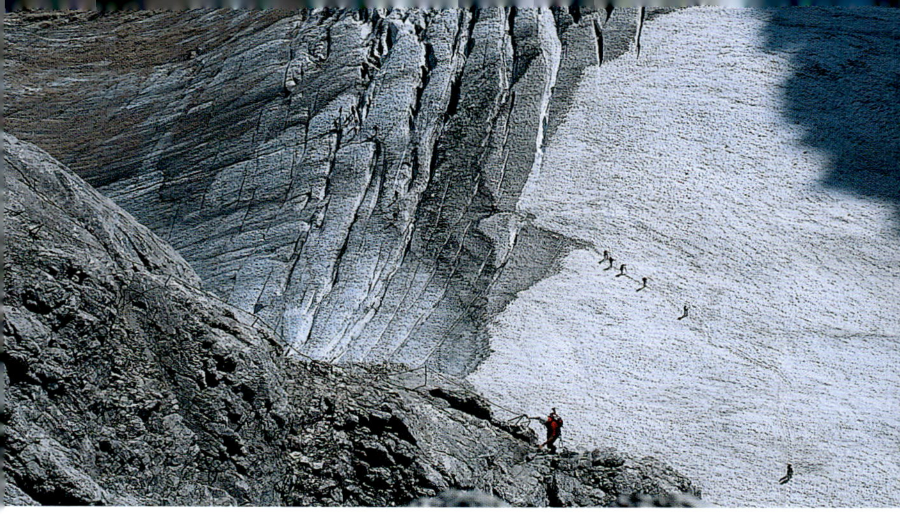

Ganz schön spaltig: Tiefblick vom Klettersteig auf den Höllentalferner.

durch das Kar ins Tal rauscht, ziemlich nahe. Den Zugspitzgipfel mit seinen Gebäuden und der Antenne haben wir bereits vor Augen. Doch der anspruchsvollste Teil des Anstiegs liegt noch vor uns. Der Steig zieht durch eine wellige, öde Moränenlandschaft aus Schutt und Geröll bergauf und hält unterhalb des Gletschers nach rechts auf die Felswände zu (Steinmännchen). Haben wir den unteren Rand des Höllentalferners erreicht, sind nun bei hartem Firn oder Blankeis am Gletscher unbedingt Steigeisen erforderlich.

Die Spur quert im unteren Bereich des Gletschers zunächst nach links, um die Spaltenzone zu umgehen, führt etwa in der Mitte des Ferners aufwärts und hält dann wieder nach rechts ziemlich steil auf die Felswand mit dem Einstieg zum Klettersteig zu. Die Überquerung der **Randkluft** ❺ kann vor allem im Spätsommer, wenn sie bereits sehr breit ist, Probleme bereiten. Der Übergang zum Felsen ist an zwei Stellen möglich. Die Verhältnisse vor Ort entscheiden, welche die günstigere ist. Wegen des abschmelzenden Gletschers wurde der Klettersteig mit Trittbügeln und Drahtseilen nach unten hin verlängert. Die Einstiegspassage an einer senkrechten Felswand ist der schwierigste Abschnitt des Klettersteigs. Es folgt eine ausgesetzte Querung auf Eisenstiften. Anschließend können wir auf einigen Metern Gehgelände verschnaufen. Der Klettersteig ist nun bis zum Gipfel durchgehend mit Drahtseilen gesichert und steigt schräg nach links durch die Ostwand des Zugspitznordgrates an, immer wieder mit faszinierenden Tiefblicken auf den Höllentalferner. Sehr luftig leiten Eisenstifte über eine senkrechte Felsplatte. Nach einer steilen Passage mit Eisenklammern queren wir eine Rinne, folgen den Drahtseilen über mehrere Aufschwünge empor und gelangen in einer längeren ansteigenden Querung nach links zum Nordgrat mit der **Irmerscharte** ❻, 2660 m. Fast 1700 Meter tiefer leuchtet der von Waldbuckeln eingerahmte Eibsee.

Die Sicherungen führen durch die Rinnen in der Nordflanke, die vor allem im Frühsommer noch voller Schnee und eisig sein können. Am

Ostgrat, dem Jubiläumsgrat, wenden wir uns scharf nach rechts und erreichen auf problemlosem Steig, zum Schluss noch einmal in einfacher Kraxelei, den Ostgipfel der **Zugspitze** ❼, 2962 m, mit dem vergoldeten Kreuz, meist in Gesellschaft zahlreicher Seilbahnwanderer. Auf der Aussichtsplattform sind wir endgültig wieder in der Zivilisation angekommen und werden beäugt wie Außerirdische. Haben wir Panorama und Gipfelbier genossen und vom Trubel genug, lassen wir uns von der **Gletscherbahn** ❽ zum Zugspitzplatt bringen und fahren von dort mit der Zahnradbahn nach **Hammersbach** ❶ oder zum Bahnhof in Garmisch-Partenkirchen.

Alternativ kann man auch zur Knorrhütte absteigen und am nächsten Tag durch das Reintal nach Garmisch-Partenkirchen hinauswandern. So lernt man einen weiteren klassischen Zugspitzanstieg und ein großartiges Gebirgstal kennen.

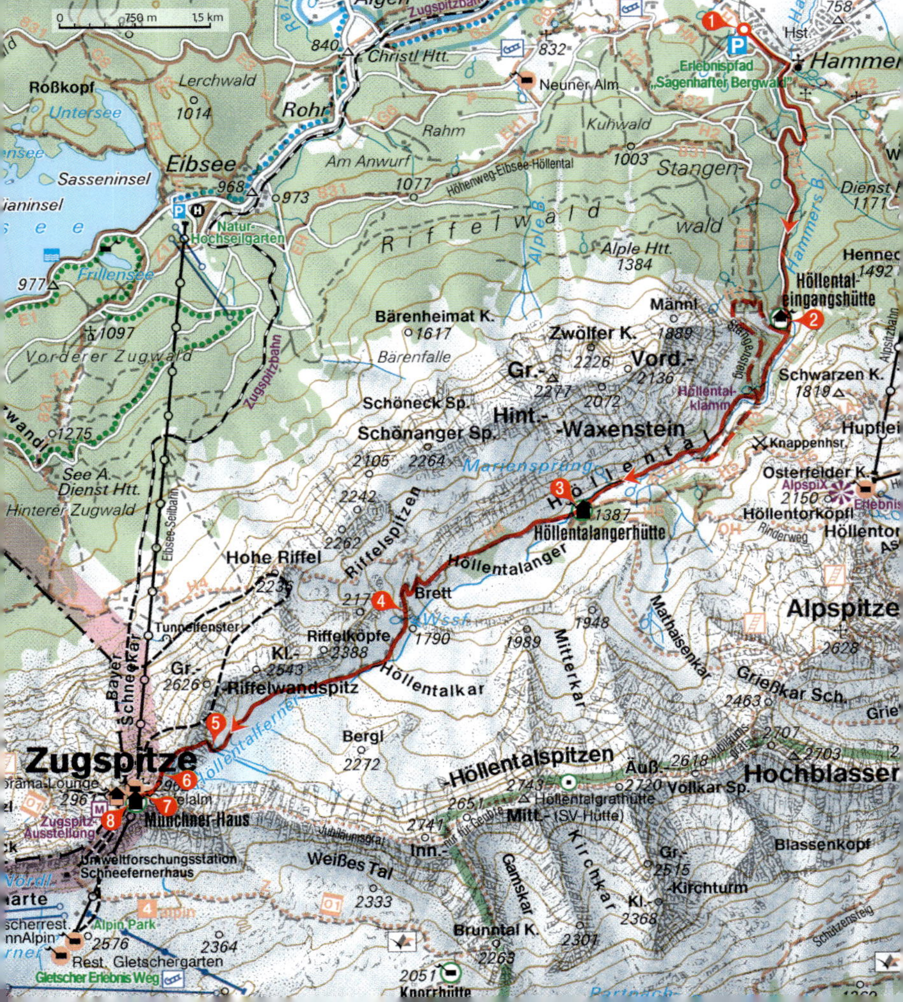

12 Durch das Estergebirge
Von Krün über die Weilheimer Hütte

2 Tage | 31,5 km | ↗1980 m | ↘1980 m

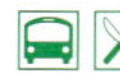

Logenplätze für ein Naturschauspiel

Langsam kriechen Schatten an der Felsmauer des Karwendels empor. Über den schwarzen Zacken des Wettersteins liegt eine bleiche Mondsichel auf dem Rücken. Draußen im Flachland leuchten Lichtpunkte auf wie flackernde Glühwürmchen. Wenn wir vom Krottenkopf absteigen, fällt aus den Fensterquadraten der Weilheimer Hütte ein heimeliger Lichtschein …

Bei der Übernachtung am Berg erlebt man das Gebirge zu ungewöhnlichen Tageszeiten, in denen die Natur ganz besondere Stimmungen zaubert. Die Weilheimer Hütte im Estergebirge, höchstgelegene Hütte in den Bayerischen Voralpen, und ihr Hausberg, der Krottenkopf, sind wie geschaffen, um Sonnenuntergang oder Tagesanbruch oben zu genießen. Die exponierte Lage des Unterkunftshauses hat sich schon bald nach seiner Einweihung im Jahr 1884 herumgesprochen. Die einige Jahre zuvor eröffnete Bahnlinie von München nach Murnau sorgte für eine gute Erreichbarkeit. Trotzdem war der Weg zu einer heißen Suppe und einem weichen Nachtlager weit: Achteinhalb Stunden Fußmarsch musste man zur Krottenkopfhütte, wie das Berghaus damals noch hieß, in Kauf nehmen. Bis heute thront die Weilheimer Hütte in ziemlich abgeschiedener Lage im Herzen des Estergebirges. Aus allen Richtungen führen Steige hinauf und lassen sich zu unterschiedlichen Routen durch das kleine Gebirge kombinieren. Als schroffe, abweisende Mauer präsentiert es sich aus dem Loisachtal. Steil und schweißtreibend geht es von dort hinauf. Unser Anstieg erklimmt das Estergebirge über seine sanfte Seite. Vom Isartal breitet sich eine waldige Hügellandschaft, durchzogen von wildromantischen Bachschluchten, bis an den Fuß der Bergkämme aus. Die Krüner Alm bietet einen ersten Vorgeschmack auf großartige Panoramaplätze. Sind wir erst einmal auf Augenhöhe mit den Gipfeln des Estergebirges, begleitet uns ein fantastischer Rundblick – vom bunten Fleckerlteppich des Alpenvorlandes über die felsige Phalanx von Karwendel und Wetterstein bis zur schier endlosen Gipfelriege von Ammergauer, Lechtaler und Allgäuer Alpen.

Ausgangspunkt: Krün, 875 m, Parkplatz Krottenkopfstraße (gebührenpflichtig). Mit der Bahn nach Kochel oder Mittenwald, von dort jeweils Bus (Linie 9608, ab 2026 voraussichtlich Linie 328) nach Krün, Haltestelle »Ortsmitte«. Montag bis Freitag auch mit dem Bus (Linie 9618, ab 2026 voraussichtlich Linie 329) vom Bahnhof Garmisch-Partenkirchen nach Krün.

Von Juni bis September fährt dienstags, donnerstags und sonntags (nicht an Regentagen) ein Almbus zum Wildbädermoos, von dort 45 Min. zur Krüner Alm. Zustiegsmöglichkeit in Krün beim Reisebüro Ferienglück (Schöttlkarspitzstraße 7) und in Wallgau bei der Tourist Information (nur nach Voranmeldung, Tel. +49 8825 599).

Endpunkt: Bushaltestelle Schlattan, 880 m. Rückkehr nach Krün mit dem Bus (Linie 9618, ab 2026 voraussichtlich Linie 329) Richtung Wallgau / Walchensee oder mit dem Bus (Linie 9608, ab 2026 voraussichtlich Linie 328) mit Umsteigen in Mittenwald. Bei Heimrei-

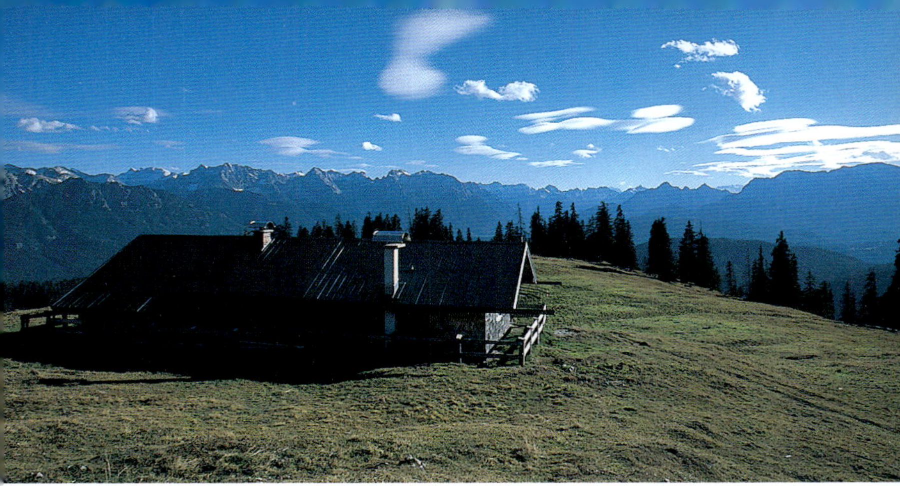

Erstklassige Aussichtslage: die Krüner Alm mit Blick auf das Karwendel.

se mit öffentlichen Verkehrsmitteln mit dem Bus (Linie 9608 oder 9618, ab 2026 voraussichtlich Linie 328 bzw. 329) zum Bahnhof in Garmisch-Partenkirchen.

Höhenunterschied / Gehzeit:
1. Tag: 1270 m↑, 200 m↓; 5.15 Std.
2. Tag: 710 m↑, 1780 m↓; 6.30 Std.
gesamt: 1980 m↑↓; 11.45 Std.

Anforderungen: Wanderung auf Bergwegen und Steigen ohne besondere Schwierigkeiten. Nur die Überschreitung des Hohen Fricken erfordert an kurzen felsigen und oft etwas rutschigen Passagen gute Trittsicherheit, eine etwas exponierte Stelle beim Abstieg auch etwas Schwindelfreiheit. Der Gipfel lässt sich aber auch umgehen (siehe Variante). Für den langen Anstieg zur Weilheimer Hütte ist einige Ausdauer notwendig.

Einkehr / Übernachtung:
1. Tag: Krüner Alm, Mitte / Ende Juli bis Ende August einfach bewirtschaftet, bei schlechter Witterung eventuell geschlossen (Info an der Wandertafel beim Parkplatz Krottenkopfstraße); Weilheimer Hütte, DAV, 50 Schlafplätze, geöffnet Mitte Mai bis Mitte Oktober, Tel. +49 170 2708052, dav-weilheim.de.
2. Tag: Wankhaus, DAV, 20 Schlafplätze, im Sommer geöffnet von Anfang / Mitte Juni bis Anfang November, Tel. +49 8821 56201, alpenverein-gapa.de; Sonnenalm an der Bergstation der Wankbahn, nur Einkehr; Gschwandtnerbauer, bis 18 Uhr geöffnet, Montag und Freitag Ruhetag, nur Einkehr; Esterbergalm (Variante), Mittwoch Ruhetag, nur Einkehr.

Kinder: Wegen des langen Anstiegs am ersten Tag ist die Tour nur für größere, ausdauernde Kinder geeignet.

Karten: Freytag & Berndt WK 322, Wetterstein – Karwendel – Seefeld – Leutasch – Garmisch-Partenkirchen, 1:50.000; AV-Karte Blatt BY 9, Estergebirge – Herzogstand – Wank, 1:25.000.

Varianten: 1. Leichtere Umgehung des Fricken: Beim Wegweiser im Sattel zwischen Bischof und Fricken geradeaus und nach Osten kurz steil hinab. Anschließend die Südosthänge des Hohen Fricken in mäßig steilem Abstieg queren, zum Schluss über dem Kessel der Esterbergalm entlang zum Sattel westlich der Alm, wo man nur wenige Meter vom Frickenabstieg entfernt auf den Fahrweg trifft (ca. 1 Std.).
2. Wer auf den Wank verzichten will, geht im Sattel zwischen Fricken und Wank links zur Esterbergalm, einer beliebten Einkehr (15 Min.), und zweigt dort nach der Kapelle rechts über die Wiesen ab. Nach kurzem Anstieg durch den Kaltwassergraben trifft man am Sattel auf die Abstiegsroute vom Wank und folgt ihr zur Bushaltestelle Schlattan (1.40 Std., 120 Hm im Anstieg ab der Esterbergalm).

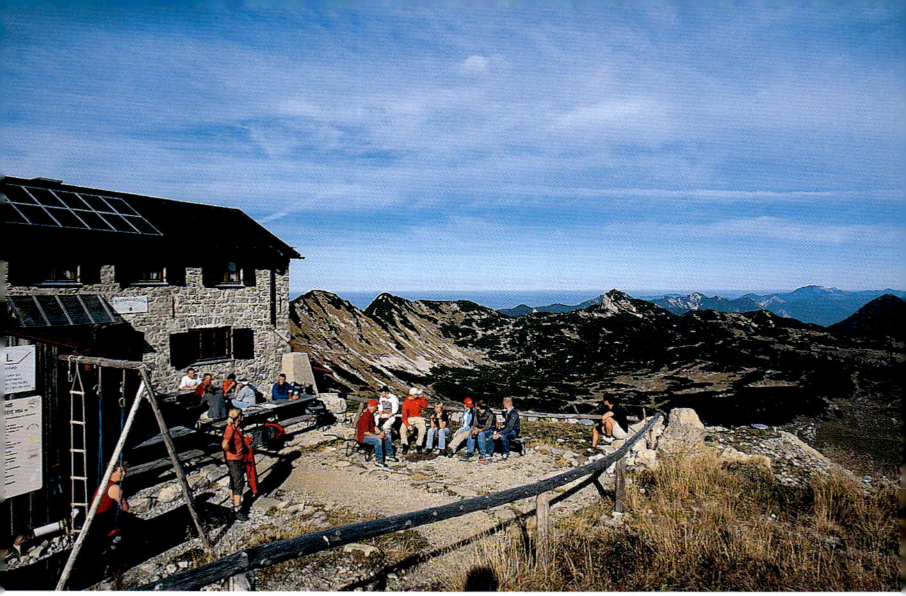

Hoch oben im Estergebirge: die Weilheimer Hütte.

1. Tag:

Vom Wanderparkplatz in **Krün ❶**, 875 m, kehren wir zur Krottenkopfstraße zurück, biegen rechts ein und gehen an den beiden folgenden Kreuzungen geradeaus aus dem Ort und über die Wiesen. Bei einer Verzweigung beachten wir den Wegweiser zum Krottenkopf zunächst noch nicht, sondern halten uns links Richtung Barmsee / Finzbachklamm. Nach zehn Minuten beginnt rechts eine Schotterstraße. Sie bringt uns zu einem Holzschuppen, an dem ein Fußweg zum **Finzbach ❷** abzweigt. Am Ufer entlang gelangen wir zu einem kleinen Wehr, wo wir den Bach überqueren. Jenseits geht es kurz bergauf und links Richtung Finzalm / Krüner Alm wieder zum Bach hinunter. Wir wandern etwa zehn Minuten in die wildromantische Finzbachklamm hinein, bis sich der Pfad über den waldigen Abhang zum Rand der Schlucht hinaufschlängelt und flach über das Steilufer verläuft. Er mündet in den Fahrweg zur Krüner Alm, in den wir links einbiegen. In einer Rechtskehre folgen wir dem schmaleren der beiden links abzweigenden Wege, der mit »Waldweg Krüner Alm / Krottenkopf« ausgeschildert ist. Er führt nur mäßig ansteigend über die waldigen Hänge des schluchtartig eingeschnittenen Altgrabens und überquert mehrere Seitenbäche auf Holzbrücken, wo sich immer wieder schwindelerregende Tiefblicke zum Bachgrund öffnen. Im Talschluss verlassen wir den Bach und steigen steil zum Fahrweg hinauf. Dort gehen wir links zur Talstation der Materialseilbahn für die Krüner Alm, folgen aber noch vor dem Lift dem Schild »Krüner Alm, Krottenkopf« nach rechts und wandern entlang der blauen Markierungen durch den Wald bergauf. Eine Abzweigung

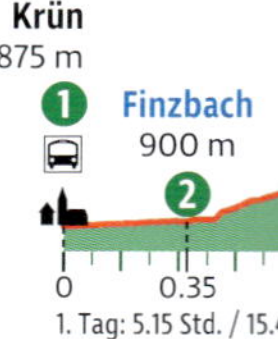

Abendstimmung am Krottenkopf.

zur Wallgauer Alm lassen wir rechts liegen und kommen auf den freien Wiesenrücken der **Krüner Alm 3**, 1621 m, mit einer fantastischen Aussicht auf Karwendel- und Wettersteingebirge. Auch die mächtige Ostflanke des Krottenkopfs haben wir bereits im Blick. Wenn wir zur Almsaison, die dort oben kurz ausfällt, unterwegs sind, können wir das Panorama bei einer Brotzeit genießen. An der Vorderseite der Alm vorbei gehen wir auf Pfadspuren nordwestlich über die Wiesen in den Wald. Mit etwas Höhenverlust wandern wir über die steilen Südwesthänge des Klaffen, passieren wieder ansteigend die verfallene Lochtalalm und kommen zum Michelfeld, einer Hochfläche, die von felsigen Almböden und Latschenfeldern geprägt ist. Darüber ragt die Hohe Kisten empor, deren Gipfel tatsächlich kastenförmig ist. Unser Steig umgeht in einem weiten Linksbogen eine Senke mit einigen Lacken, den Angerlboden, und zieht zum Kamm hinauf. Unterhalb des Schindlerskopfs, einer Erhebung im Grat, treffen wir auf den Pfad, der auf der Südseite des Kamms den Kessel ausgeht. Rechts könnte man die Sammlung der Es-

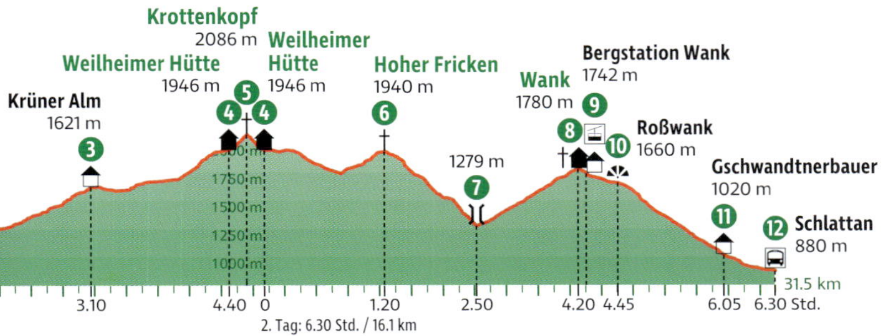

tergebirgsgipfel komplettieren und die Hohe Kisten, 1922 m, besteigen (45 Min.). Links gelangen wir ansteigend zu einer Einsattelung mit Blick auf das Loisachtal und die Seen im Alpenvorland und weiter zum weiten Sattel zwischen Oberem Rißkopf und Krottenkopf mit der **Weilheimer Hütte** ❹, 1946 m.

Bis zum höchsten Gipfel des Estergebirges ist es von dort nur noch ein Katzensprung: Von der Hütte steigen wir südöstlich über die steile Nordflanke zum Gipfelkreuz des **Krottenkopfs** ❺, 2086 m, hinauf. Auf demselben Weg geht es wieder hinab zur **Weilheimer Hütte** ❹.

2. Tag:

Von der Weilheimer Hütte gehen wir Richtung Oberau unter der Materialseilbahn hindurch nach Westen und queren die Südhänge von Oberem Rißkopf und Kareck. Etwas absteigend erreichen wir die Einsattelung zwischen Henneneck und Bischof mit einem Kreuz. Der Steig führt weiterhin fallend in die Nordwestflanke des Bischofs und mit schönen Ausblicken ins Loisachtal, auf Kloster Ettal und die Ammergauer Alpen an ihr entlang. Bei einer Verzweigung halten wir uns links und gelangen nach kurzem Anstieg zum grasigen Sattel, 1770 m, zwischen Bischof und Hohem

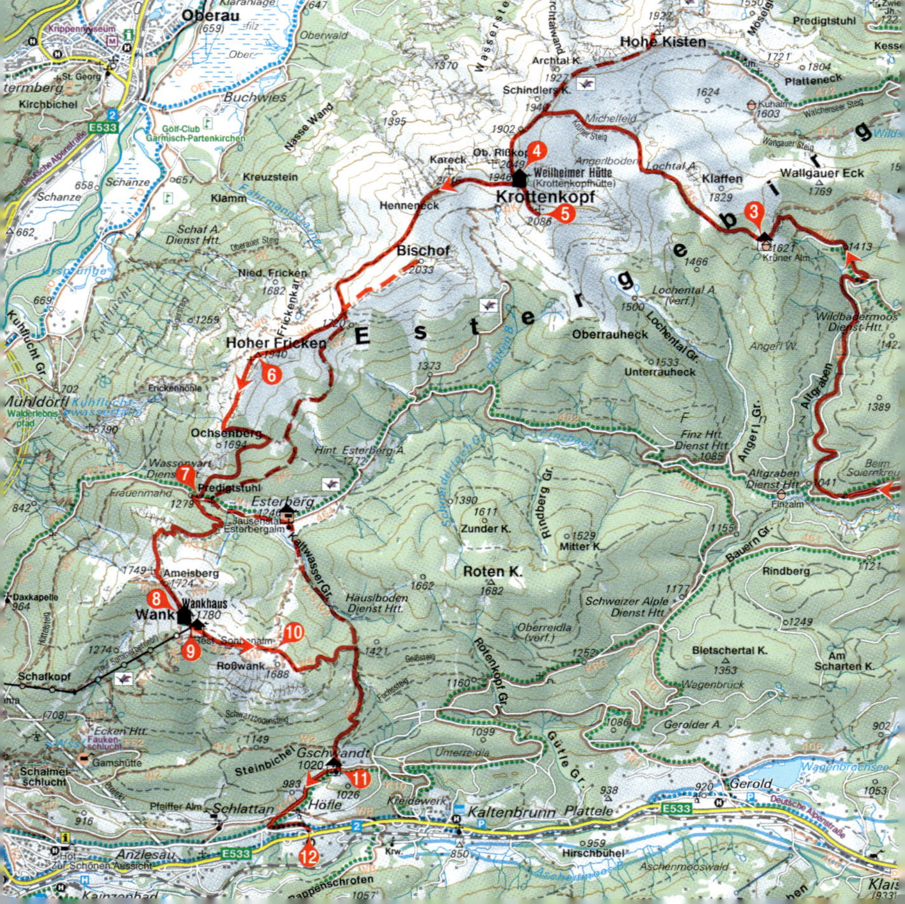

Fricken. Gipfelsammler können links über den Latschenkamm den Bischof, 2033 m, erklimmen (30 Min.).
Unser Weiterweg zieht rechts über den schmalen, mit Latschen bewachsenen Nordostgrat des Hohen Fricken bergauf. Wir steigen über Wurzeln und kleine Felsstufen an, überwinden einen steileren Grataufschwung und erreichen über den höchsten Punkt des **Hohen Fricken ❻**, 1940 m, das Gipfelkreuz. Eindrucksvoll ist der Blick auf das Wettersteingebirge mit der Zugspitze.
Der Abstieg erfolgt über den Südgrat: Ein Pfad führt über einige felsige Stufen und durch Latschengassen hinab. Dabei kommen wir den Felsabbrüchen auf der Westseite des Hohen Fricken ganz nah. Schließlich tauchen wir in den Bergwald ein und verlassen bei einer Lichtung den Kamm. Der Weg schwenkt nach links und leitet in Kehren über den Südosthang hinab, bis er auf einen quer verlaufenden Pfad trifft. Wir folgen ihm nach rechts, queren nach Westen und halten uns bei einer Verzweigung erneut rechts. Der schmale Steig ist nicht markiert, aber gut zu erkennen. Er windet sich östlich einiger Erosionsrinnen über die bewaldeten Hänge des Ochsenbergs hinab, führt über zwei Schuttreisen und leitet steil und bei Nässe rutschig zum **Sattel ❼**, 1279 m, westlich der Esterbergalm hinunter, wo wir auf einen Fahrweg treffen. 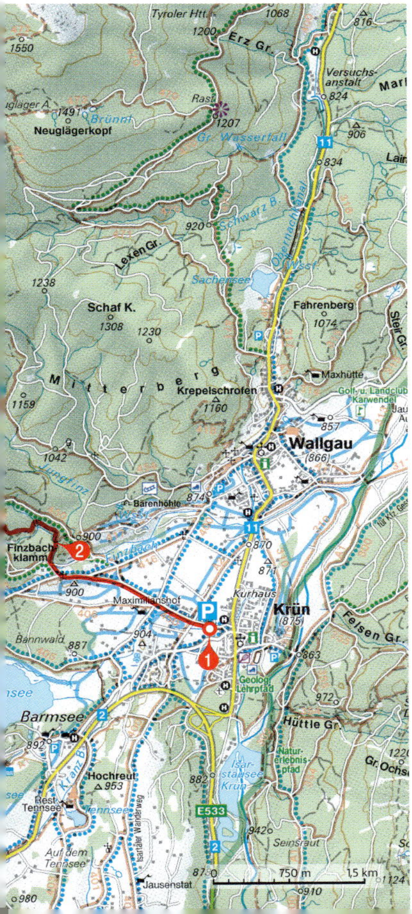
Je nach Kondition und Lust und Laune können wir nun links über die Esterbergalm absteigen (siehe Variante) oder dem Wank einen Besuch abstatten. Als Seilbahnberg ist er an schönen Tagen ziemlich bevölkert, bietet aber eine unvergleichliche Aussicht und eine exponiert gelegene Hütte auf seinem Gipfel. Um in den Genuss von Panorama und Einkehr zu kommen, sind noch einmal 500 Höhenmeter (1.15 Std.) aufzusteigen. Wir gehen auf dem Fahrweg 100 Meter nach rechts und folgen dann dem Schild »Wank« nach links auf einen Steig. Bei einer Verzweigung halten wir uns rechts und gewinnen in Kehren an den bewaldeten Hängen des Ameisbergs an Höhe, bis wir zu einem kleinen Sattel am Bergrücken des Wanks kommen. Rechts bietet der Aussichtspunkt Farchanter Kreuz einen schwindelerregenden Tiefblick ins Loisachtal. Anschließend gehen wir südlich zu einer Wegkreuzung und rechts zum Gipfelkreuz des **Wanks ❽**, 1780 m,

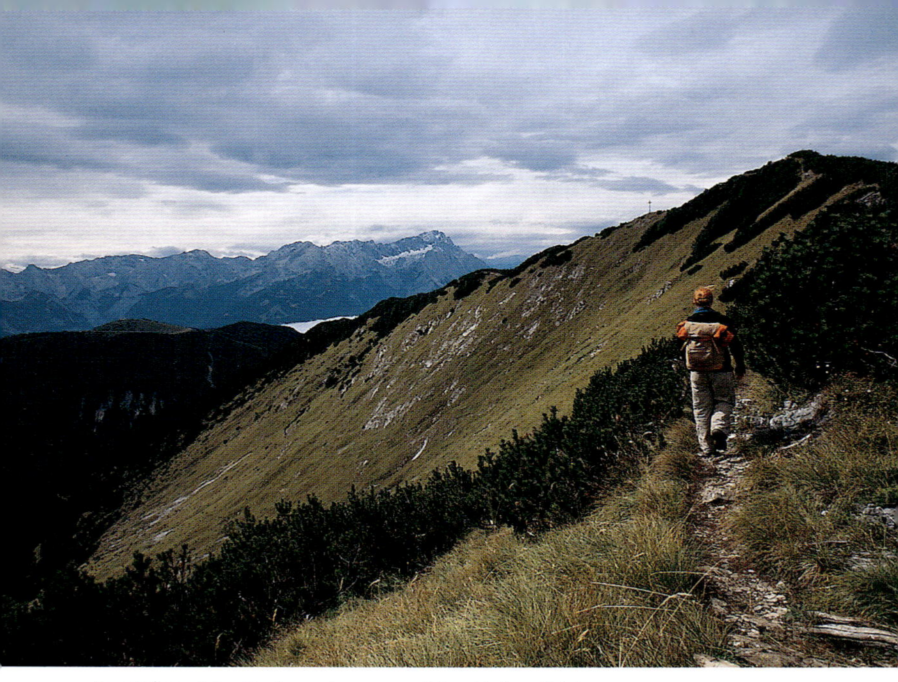

Aussichtsreiche Gratwanderung auf den Hohen Fricken.

und zum Wankhaus hinauf. Wollte man all die Bergspitzen, die rundum Spalier stehen, zählen, wäre man eine Zeitlang beschäftigt: An die 400 sollen es sein.

Nach der Gipfelrast steigen wir kurz zur **Seilbahn-Bergstation** ❾ hinab und spazieren auf einem breiten Wanderweg entweder über den Bergrücken des Wanks oder rechts unterhalb der Kammhöhe entlang. Beide Möglichkeiten treffen wieder zusammen. Kurz darauf teilt sich der Weg erneut. Rechts führt ein Rundweg um den **Roßwank** ❿, der östlichsten Erhebung im Höhenzug des Wanks. Wir halten uns links, passieren eine Abzweigung zur Esterbergalm und verlassen anschließend links den breiten Bergrücken, um auf der Ostseite des Roßwanks zuerst durch Latschen, später im lichten Laubwald kehrenreich bergab zu steigen.

An einem Sattel treffen wir auf einen Steig, der von der Esterbergalm heraufführt, und wandern rechts in einen Bachgraben hinunter und über eine Brücke. Der Steig verläuft entlang des Bacheinschnitts weiter bergab und windet sich in Serpentinen über den steilen Waldhang hinunter. Bei einer Weggabelung gelangen wir links auf die Wiesen mit dem schön gelegenen **Gschwandtnerbauern** ⓫, 1020 m. Das Wirtshaus mit Wettersteinblick ist der richtige Ausklang für unsere Tour. Anschließend gehen wir an der Kapelle vorbei auf einen Fahrweg und hinunter zu einem asphaltierten Sträßchen, dem wir nach rechts folgen. An den nächsten beiden Verzweigungen halten wir uns links und erreichen bei **Schlattan** ⓬, 880 m, die Bundesstraße mit der Haltestelle für Busse nach Garmisch-Partenkirchen und, auf der anderen Straßenseite, nach Krün.

Jochberg und Benediktenwand, 1800 m

Über die Tutzinger Hütte

13

2 Tage | 28 km | ↗ 2000 m | ↘ 2130 m

Auf dem Maximiliansweg vom Walchensee nach Lenggries

Die Wanderung vom Walchensee nach Lenggries verbindet die Überschreitung von zwei klassischen Münchner Hausbergen, dem Jochberg und der Benediktenwand, zu einer abwechslungsreichen Durchquerung. Die Tour verläuft auf einem Teilstück des Maximiliansweges, der in 22 Etappen von Lindau nach Berchtesgaden führt. Dieser Weitwanderweg ist benannt nach dem bayerischen König Maximilian II., der 1858 eine mehrwöchige Reise – allerdings zumeist in der Kutsche – von Lindau nach Berchtesgaden unternahm. Das hier vorgestellte Teilstück beginnt mit dem Aufstieg vom Walchensee zum Jochberg. Nach Norden schroff und steil abfallend bietet dieser in alle anderen Himmelsrichtungen sanftes Wandergelände und vom Gipfel eine herrliche Aussicht auf Kochelsee und Walchensee. Der anschließende Übergang zu der im Jahr 2000 nach ökologischen Kriterien neu errichteten Tutzinger Hütte ist lang, aber beschaulich und verläuft auf ruhigen, ursprünglichen Wegen vorwiegend durch Wald. Kürzer, aber weniger interessant ist der direkte Anstieg von Benediktbeuern (siehe Variante). In den 1960er-Jahren wurde im Gebiet der Benediktenwand Steinwild wiederangesiedelt, mit etwas Glück sieht man die nicht sehr scheuen Tiere in der Umgebung der Hütte oder am Weg zur Benediktenwand. Auf diese geht es am zweiten Tag. Anschließend wandern wir, teils mit herrlichem Blick auf das Karwendel, weiter zum Brauneck. Der Abstieg nach Lenggries verläuft durch ein Skigebiet. Wer sich diesen ersparen möchte, kann ganz bequem auch mit der Gondelbahn hinabfahren.

Steinbock am Weg von der Tutzinger Hütte auf die Benediktenwand.

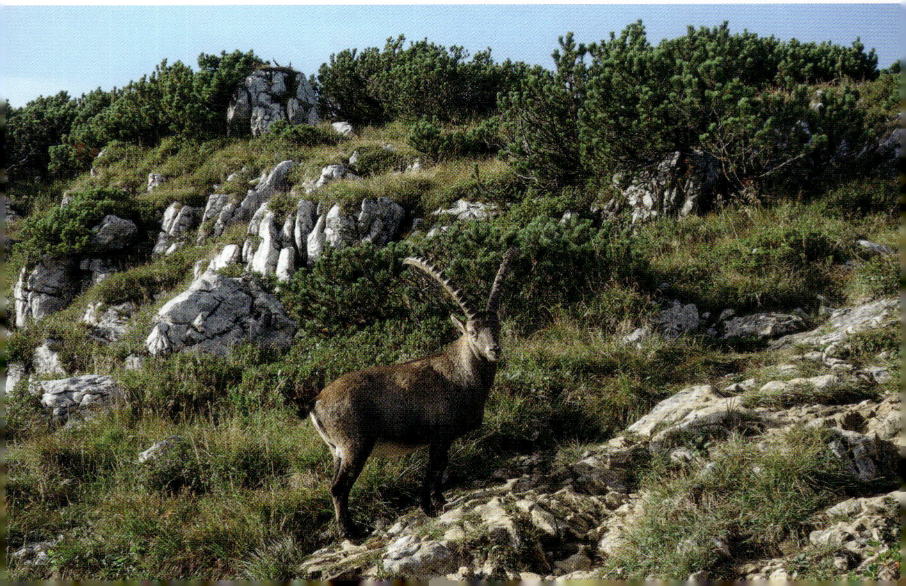

Ausgangspunkt: Walchensee / Kesselberghöhe, 850 m. Mit dem Zug nach Kochel, von dort weiter mit dem Bus (Linie 9608, ab 2026 voraussichtlich Linie 328) bis Haltestelle »Kesselberghöhe«. Alternativ mit dem Bus (Linie 9608, ab 2026 voraussichtlich Linie 328) von Garmisch-Partenkirchen bis Haltestelle »Urfeld«. Parkplätze nördlich der Kesselberghöhe bzw. etwas unterhalb Richtung Walchensee.
Endpunkt: Lenggries, Talstation der Brauneck-Bergbahn, 720 m. Bus (Linie 364 bzw. 395) zum Bahnhof, letzte Fahrtmöglichkeit Montag bis Freitag ca. 16.30 Uhr, Samstag, Sonn- und Feiertag ca. 17.30 Uhr, zu Fuß 30 Min. Zurück zum Ausgangspunkt von der Talstation mit dem Bus bzw. mit Bus und Zug mit Umsteigen in Bad Tölz und Kochel, letzte Fahrtmöglichkeit Montag bis Freitag ca. 16.30 Uhr, Samstag, Sonn- und Feiertag 17.30 Uhr.
Bergbahn: Brauneck-Bergbahn, ganzjährig in Betrieb (außer je drei Wochen im April und November) von 8.15 bis 17 Uhr, Tel. +49 8042 503940, brauneck-bergbahn.de.
Höhenunterschied / Gehzeit:
1. Tag: 1280 m↑, 800 m↓; 7 Std.
2. Tag: 720 m↑, 1330 m↓; 5.50 Std.
gesamt: 2000 m↑, 2130 m↓; 12.50 Std.
Anforderungen: Kondition und Trittsicherheit erforderlich. Der erste Tag verläuft auf problemlosen Wegen und Steigen. Am zweiten Tag ein paar felsige Passagen, zum Teil mit Seilsicherungen.
Einkehr / Übernachtung:
1. Tag: Jocheralm, nur Einkehr, geöffnet von Mitte Mai bis Mitte Oktober, Montag Ruhetag; Staffelalm, Getränke und Brotzeiten, geöffnet Ende Mai bis Mitte Oktober, Montag Ruhetag; Tutzinger Hütte, DAV, 100 Schlafplätze, geöffnet von Ende April bis Anfang November, Tel. +49 175 1641690, tutzinger-huette.de.
2. Tag: Brauneck-Gipfelhaus, DAV, 80 Schlafplätze, ganzjährig geöffnet (außer im April und November), Montag und Dienstag Ruhetag, Übernachtung nach Voranmeldung, Tel. +49 8042 8786, brauneckgipfelhaus.de; Panoramarestaurant Brauneck, nur Einkehr; Reiseralm, ganzjährig geöffnet, Montag und Dienstag Ruhetag.
Karten: Bayerisches Landesamt für Digitalisierung, Breitband und Vermessung UK 50-52, Tölzer Land – Starnberger See, 1:50.000; AV-Karte Blatt BY 11, Isarwinkel – Benediktenwand, 1:25.000.
Varianten: 1. Von Benediktbeuern zur Tutzinger Hütte: Vom Bahnhof kurz der Straße nach Süden folgen, links in die Bahnhofstraße und zur B11. Gegenüber in die Dorfstraße. An der Gabelung rechts, dann links auf dem Mariabrunnweg zu einem Wanderparkplatz. Über zwei Bäche zu einer Gabelung: Links geht es sanft ansteigend größtenteils über Forstwege durch das Lainbachtal zur Tutzinger Hütte, rechts zum Teil auf etwas steileren Wanderwegen über die Kohlstattalm (beide Wege gut 3 Std. ab Bahnhof):
Durch das Lainbachtal: Auf einem Fahrweg am Lainbach entlang zur Söldneralm. Kurz danach über den Bach und auf dem schmaler und gerölliger werdenden Weg zu einem Unterstand. Dort dem Fahrweg folgen (an Verzweigungen an die Schilder halten). Kurz nach einer Alm mündet von rechts der Weg über die Kohlstattalm ein. Gleich darauf führt links ein Steig zur Tutzinger Hütte.
Über die Kohlstattalm: Von der Gabelung am Parkplatz dem Teersträßchen, dann einem rechts abzweigenden Weg zu einer Kreuzung folgen. Auf einem Schottersträßchen, die Kehren abkürzend, bergauf. An einer Abzweigung kurz nach der Kohlstattalm links. Auf einem Wanderweg leicht hinab zu einem Unterstand. Der Weg biegt etwas nach rechts, leitet an einem Bach bergauf und stößt wieder auf das Fahrsträßchen. Auf diesem links zur Eibelsfleckalm. Auf einem Steig nach rechts über eine Weide zu einem Forstweg. Ein paar Meter nach rechts, dann zweigt links der o. g. Steig zur Tutzinger Hütte ab.
2. Über die Achselköpfe: An der Verzweigung nach rechts und, teils in anregender Felskraxelei und etwas ausgesetzt, auf und ab über die Achselköpfe. Vorsicht, der Fels ist zum Teil speckig. Ein paar Stellen sind mit Seilen versichert (Schwierigkeit »schwarz«).

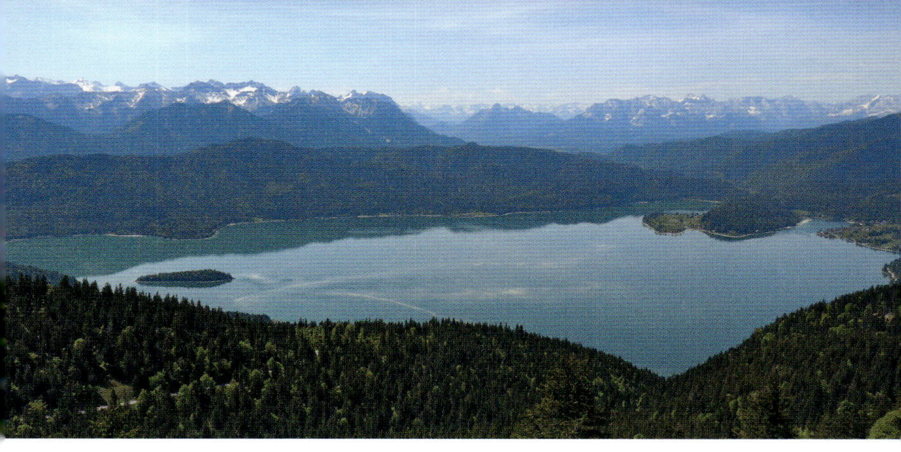

Vom Jochberg hat man einen traumhaften Blick auf den Walchensee.

1. Tag:
Von der Bushaltestelle **Kesselberghöhe ①**, 850 m, folgen wir kurz der Straße Richtung Walchensee, dann biegen wir links auf einen ausgeschilderten Steig ab. Dieser führt in Kehren durch den Wald hinauf bis zu einer Abzweigung. Rechts geht es auf direktem Weg zur Jocheralm (gut 30 Min. kürzer), wir halten uns links Richtung Jochberg und steigen mit schönen Ausblicken auf den Kochelsee weiter auf. Zwanzig Minuten später verlassen wir den Wald und kommen an eine weitere Abzweigung. Rechts führt unser späterer Abstiegsweg zur Jocheralm hinab. Erst einmal aber folgen wir dem Weg nach links den Grat entlang auf den Gipfel des **Jochbergs ②**, 1565 m. Zwei Tafeln erläutern das Panorama. Der Gipfel bricht nach Norden steil ab, der sanfte, grasbewachsene Südhang bietet aber genügend Platz für alle, die den herrlichen Blick auf den Walchensee genießen möchten.
Auf demselben Weg geht es zurück zur Abzweigung. Dort halten wir uns links und steigen zur bewirtschafteten **Jocheralm ③**, 1381 m, hinunter.

Die gemütliche Jocheralm mit dem Jochberg.

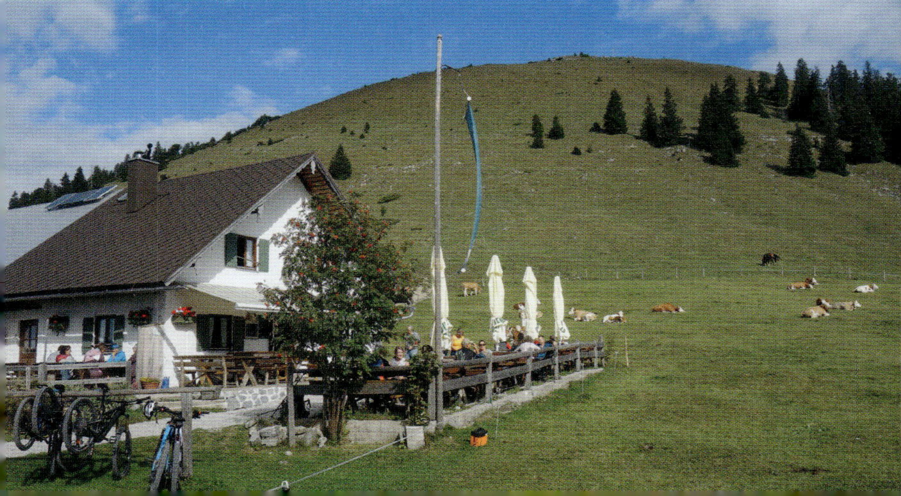

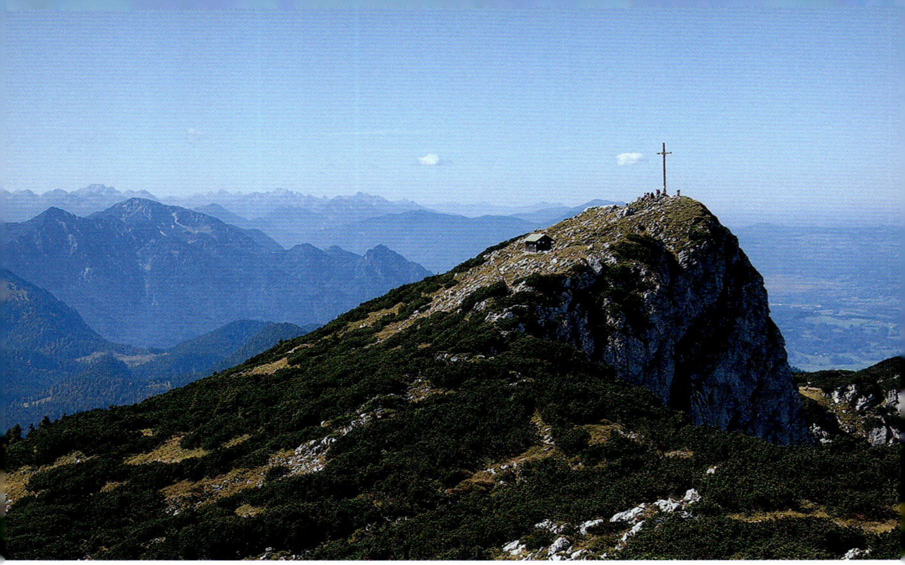

Der Gipfel der Benediktenwand.

An der Alm wenden wir uns wiederum nach links und folgen dem Pfad, der, anfangs direkt an einem Zaun entlang, über eine Wiese führt (auf Markierungen achten). Bald darauf leitet uns ein Schild hinab in den Wald. Wir durchstreifen nun auf einem schmalen Steig eine einsame, ursprüngliche Landschaft. Nach einer halben Stunde halten wir uns an einer Verzweigung oberhalb der Kotalm, dem Wegweiser Richtung Tutzinger Hütte folgend, links. Wir erreichen die Almwiesen und stoßen kurz darauf auf einen Fahrweg. Auf der anderen Seite leiten uns Schilder auf einen schmalen Steig. Dieser führt durch Wald weiter, bis wir auf einen Fahrweg treffen, auf dem wir uns nach rechts wenden. An einer Gabelung folgen wir dem Schild Richtung Tutzinger Hütte nach links und gelangen auf eine idyllische Lichtung mit der **Kochleralm** ❹, 1173 m. Am Ende der Lichtung geht es auf einem wunderschönen Weg weiter, der sich, zwei Bäche überquerend, durch eine wildromantische Landschaft schlängelt. Dann kommt ein deutlicher Anstieg, an dessen Ende wir die **Staffelalm** ❺, 1320 m, einen guten Rast- und Aussichtsplatz, erreichen.

Von der Staffelalm folgen wir dem Schild Richtung Benediktenwand und Tutzinger Hütte auf einen Fahrweg. Nach wenigen Minuten zweigt links unser Steig ab. Nun wandern wir auf einem Höhenweg durch lichten Wald zu einem **Sattel** ❻ mit einem Holzkreuz und einem Kriegerdenkmal. Hier kommt ein Weg von Pessenbach hoch. Wir halten uns rechts, folgen einem sonnendurchfluteten Waldsteig bis zu einer Verzweigung und wenden uns nach

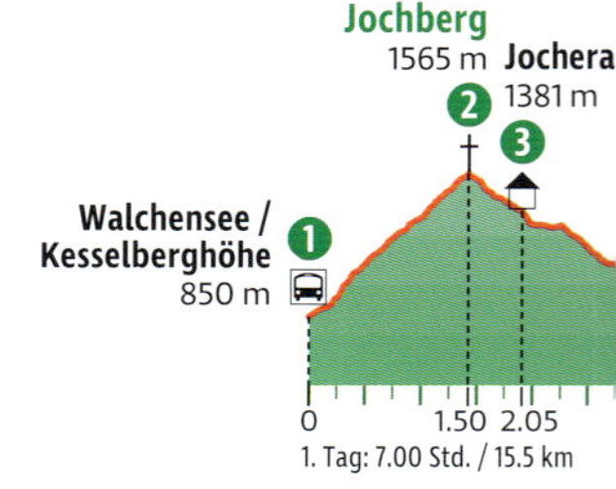

links. Auf einem Waldweg gelangen wir, eine Rechtsabzweigung in die Jachenau ignorierend, zu einer breiten Schotterstraße und folgen ihr leicht abwärts geradeaus. Zum Glück dauert es nicht lang, bis wir sie nach links verlassen können. Auf einem felsdurchsetzten Steig geht es nun, an einer Abzweigung nach Benediktbeuern vorbei, knapp 300 Höhenmeter steil bergauf. Nach 45 Minuten treffen wir auf eine Verzweigung und haben für heute endlich den letzten Anstieg hinter uns. Wir halten uns links und folgen dem Weg mit Blick zum Starnberger See in einem Bogen hinab zur **Tutzinger Hütte** ⑦, 1327 m. Mit etwas Glück können wir dabei Steinböcke beobachten. Die Tiere sind überhaupt nicht scheu und kommen nah an den Wanderweg heran.

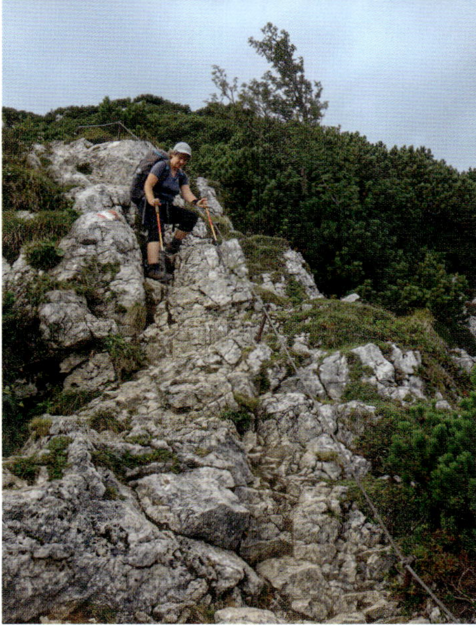

Der Abstieg von der Benediktenwand führt über felsige Passagen.

2. Tag:
Von der Tutzinger Hütte geht es auf dem Weg vom Vortag hinauf zu der Verzweigung. Dort halten wir uns links und steigen durch die Latschenregion hinauf auf den Gipfel der **Benediktenwand** ⑧, 1800 m, mit einem Unterstandshäuschen der Sektion Tutzing. Die Aussicht von hier ist fantastisch.

Vom Gipfel folgen wir dem Kamm in leichtem Auf und Ab weiter, teils über Felsen, teils durch Latschen. Nach zwei Kraxelstellen mit Seilsicherung kommen wir an eine Verzweigung, an der von links der von der Tutzinger Hütte kommende sogenannte Ostweg einmündet. Hier halten wir uns, dem Schild Richtung Brauneck folgend, rechts und treffen bald darauf auf eine weitere **Verzweigung** ⑨. Zwei Varianten führen nun Richtung Brauneck. Die anspruchsvollere leitet nach rechts über die Achselköpfe (siehe Variante). Wir halten uns links und folgen dem Maximiliansweg nördlich unter den Achselköpfen entlang knapp 170 Höhenmeter hin-

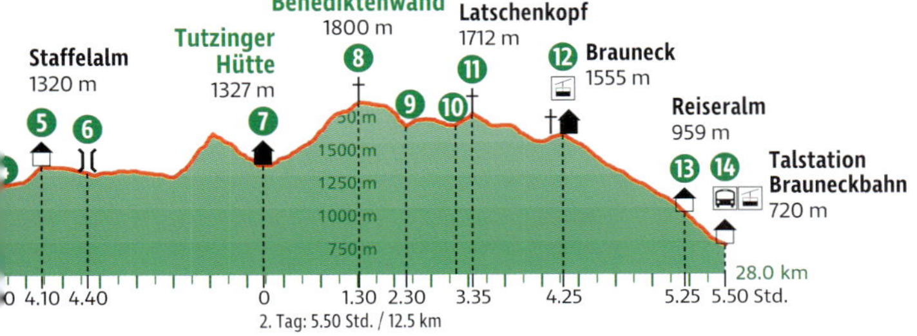

ab. An einer Linksabzweigung nach Arzbach vorbei steigen wir wieder hinauf und kommen zu einer **Kreuzung** ⑩. Hier mündet die Variante über die Achselköpfe ein. Wir halten uns links und folgen dem Weg in einem Rechsbogen hinauf auf den **Latschenkopf** ⑪, 1712 m. Nun sehen wir in der Ferne schon das Brauneck-Gipfelhaus und die Bergstation der Brauneckbahn liegen.

Auf dem grasbewachsenen Kamm wandern wir weiter über die nächste Erhebung bis zu einer Verzweigung. Jetzt befinden wir uns bereits im Skigebiet des Braunecks. Rechts geht es direkt zur Bergbahn und unserem weiteren Abstiegsweg, links führt uns ein kleiner Umweg über den Gipfel. Noch einmal ein paar Höhenmeter hinauf, dann sind wir auf dem **Brauneck** ⑫, 1555 m, und können auf Lenggries, unser Ziel, hinunterschauen. Das Brauneck-Gipfelhaus befindet sich gleich darunter und bietet mit seiner aussichtsreichen Sonnenterrasse eine willkommene Einkehrmöglichkeit.

Nach der wohlverdienten Rast geht es hinab zur Bergstation der Gondelbahn. Der weitere Abstieg verläuft zum Teil durch das Skigebiet, in dem die Schneekanonen und die für den Pistenbetrieb zerstörte Landschaft keinen schönen Anblick bieten. Wer sich das ersparen möchte, fährt mit der Seilbahn hinab. Für den Abstieg zu Fuß wenden wir uns gleich hinter der Bergstation nach links und folgen den Schildern

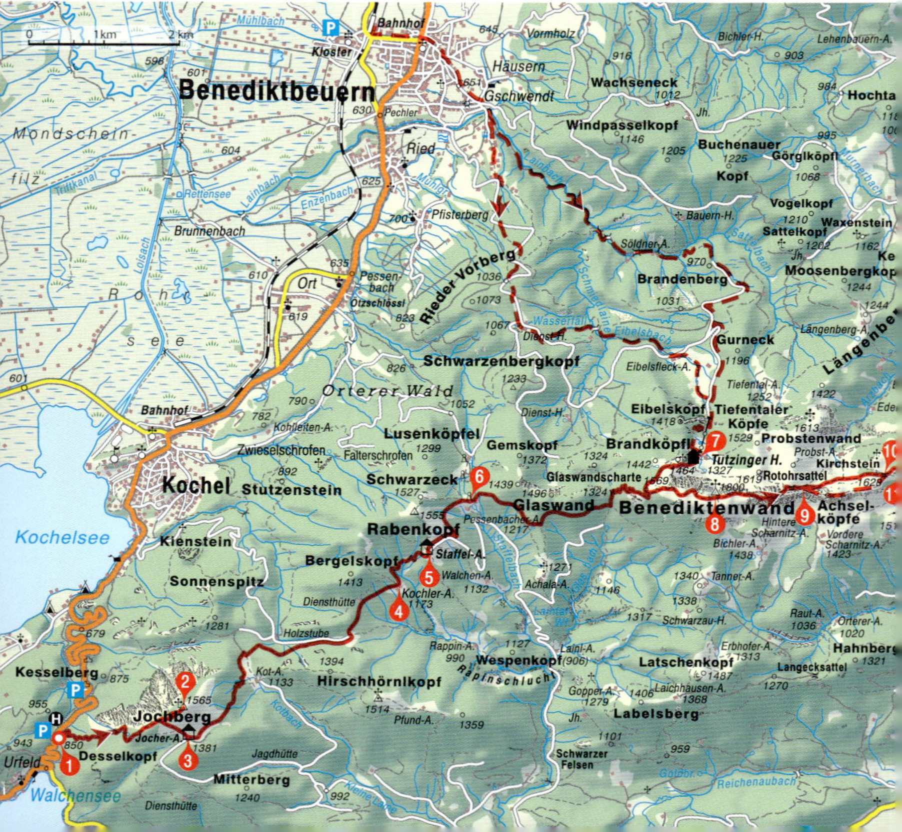

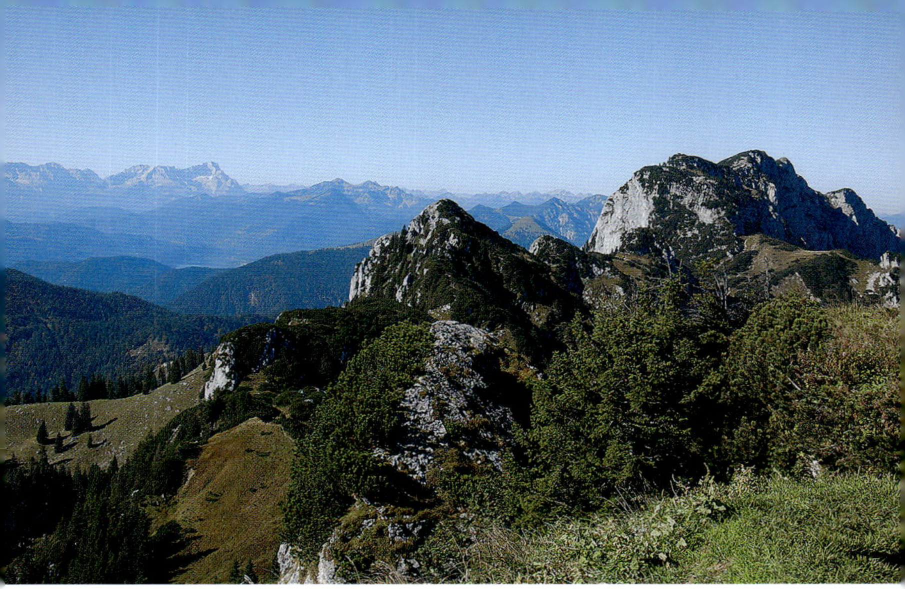

Blick vom Latschenkopf zu Achselköpfen und Benediktenwand.

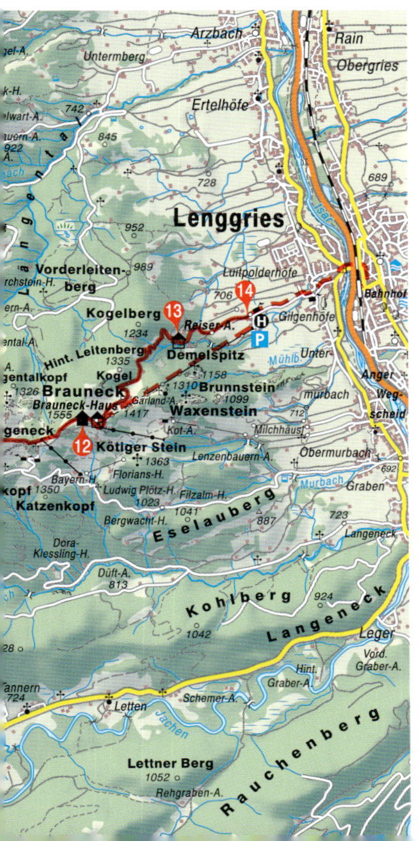

»Lenggries über Garland« unter der Seilbahn hindurch hinab zu einem Speicherbecken. Von dort geht es weiter auf einem Fahrweg abwärts. An der Abzweigung bei einem Skilift-Ausstieg rechts gelangen wir auf einem Waldweg zur bewirtschafteten **Reiseralm ⓭**, 959 m. Dort nehmen wir geradeaus den direkt an der Alm entlangführenden kleineren der beiden Fahrwege hinab. Kurz bevor dieser auf ein Schottersträßchen stößt, können wir einem rechts abzweigenden Steig durch den Wald folgen, um etwas weiter unten auf das Schottersträßchen zu treffen. Auf diesem erreichen wir an der Bushaltestelle die **Talstation der Brauneck-Bergbahn ⓮**, 720 m. Wer zu Fuß zum Bahnhof gehen möchte, folgt der Straße bis zu einer Querstraße an der Isar. Dort hält man sich links und geht am Kreisverkehr rechts über den Fluss und die Bahngleise. Gleich dahinter nach rechts gelangt man zum Bahnhof von **Lenggries**, 679 m.

14 Durch die Soierngruppe

Über Schöttelkarspitze und Soiernspitze

TOP | 2 Tage | 25,5 km | ↗1980 m | ↘1980 m

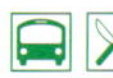  

Wo Seen-Süchte gestillt werden

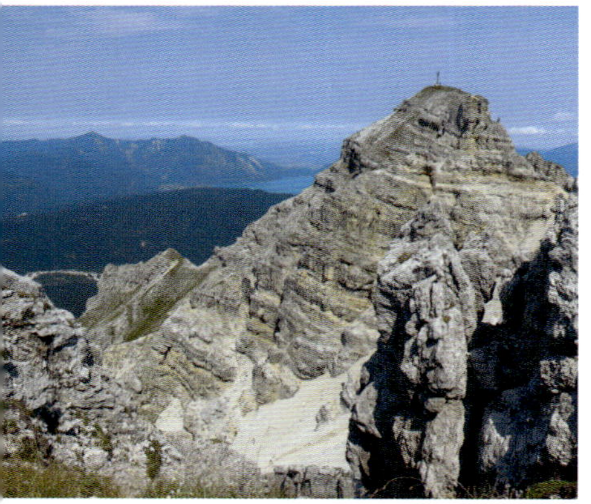

Schöttelkarspitze mit Walchensee.

Die Pyramide der Soiernspitze mit ihren auffälligen horizontalen Felsbändern ist von Weitem zu erkennen. Sie ist die Chefin der kleinen Soierngruppe, dem nordwestlichen Anhängsel des Karwendelgebirges. Im Halbkreis rahmen ein halbes Dutzend Gipfel den Soiernkessel ein, als müssten sie dieses mit besonderer landschaftlicher Schönheit gesegnete Fleckchen Erde schützend in ihre Mitte nehmen. Zu Füßen der Gipfelrunde glänzen zwei blaue Seenaugen, fotogene Farbtupfer in der grün-grauen Bergkulisse. Kein Wunder, dass der Soiernkessel einer der Lieblingsplätze König Ludwigs II. war. Er logierte in einem Jagdhaus, das man für ihn gebaut hatte. Heute bietet dort eine Alpenvereinshütte ein weiches Nachtlager für müde Wanderer. Die Unterkunft für das Gesinde und Pferdeställe standen damals direkt am Seeufer. Angeblich ließ sich Seine Majestät in Vollmondnächten über den Soiernsee rudern. Das Boot mussten seine Diener aus dem Tal herauftragen. Und der Märchenkönig hatte noch größere Pläne: Auf Befehl des Monarchen, der Richard Wagner und dessen Werk verehrte, soll sogar eine Seebühne errichtet worden sein. Den Gipfel der Schöttelkarspitze ließ er kurzerhand sprengen, damit dort oben ein Aussichtspavillon mit Kachelofen Platz fand.

Natürlich kam der Monarch nicht auf Schusters Rappen zu seinem Bergdomizil. Er ritt hoch zu Ross auf einem eigens dafür angelegten Reitweg hinauf. Bei seinem Eintreffen sollte auf dem Jagdhaus bereits alles gerichtet sein, deshalb musste seine Dienerschaft eine Abkürzung nehmen, die seitdem als Lakaiensteig bezeichnet wird. Die meisten Wanderer wählen einen der beiden Anstiege aus hochherrschaftlicher Zeit, um von Krün zum Soiernhaus aufzusteigen. Ein Wermutstropfen ist dabei allerdings ein längerer Forstweghatscher. Spannender und aussichtsreicher ist der Weg über den Seinskopf und die Schöttelkarspitze in den Soiernkessel. Mit der Überschreitung der Soiernspitze am zweiten Tag hat man die beiden prominentesten Bergspitzen im Gipfelhalbrund erklommen und lernt beim Abstieg über die Vereiner Alm ein von mächtigen Felsfluchten eingerahmtes Karwendeltal kennen. Der wildromantische Jägersteig, der über dem tief eingeschnittenen Seinsgraben durch schattigen Bergwald und über sprudelnde Bachläufe führt, ist der richtige Ausklang für die landschaftlich beeindruckende Tour.

Ausgangspunkt: Krün, Parkplatz (gebührenpflichtig) an der Isar, 875 m. Mit der Bahn nach Kochel oder Mittenwald, von dort jeweils Bus (Linie 9608, ab 2026 voraussichtlich Linie 328) nach Krün, Haltestelle »Ortsmitte«. Montag bis Freitag auch mit dem Bus (Linie 9618, ab 2026 voraussichtlich Linie 329) vom Bahnhof Garmisch-Partenkirchen nach Krün.
Endpunkt: Bushaltestelle »Mittenwald Isarhorn« nördlich von Mittenwald, 880 m. Bus (Linie 9608, ab 2026 voraussichtlich Linie 328) zum Bahnhof von Mittenwald. Rückkehr nach Krün, Haltestelle »Ortsmitte«, mit dem Bus (Linie 9608, ab 2026 voraussichtlich Linie 328) Richtung Kochel. In Krün an der Hauptstraße einige Meter zurück Richtung Kirche und links in die Schöttelkarspitzstraße. Diese mündet in die Soiernstraße, von der links die Zufahrt zum Wanderparkplatz abzweigt.
Höhenunterschied / Gehzeit:
1. Tag: 1240 m↑, 500 m↓; 4.50 Std.
2. Tag: 740 m↑, 1480 m↓; 5.40 Std.
gesamt: 1980 m↑↓; 10.30 Std.
Anforderungen: Steiler Anstieg zum Seinskopf, meist auf kleinen Steigen. Für den Übergang vom Feldernkreuz zur Schöttelkarspitze ist etwas Schwindelfreiheit notwendig. Der Anstieg aus dem Soiernkessel zur Soiernspitze ist ebenfalls steil und führt etwas mühsam über Geröll. Abstieg zur Vereiner Alm im oberen Bereich auf schotterigen Steigspuren, anschließend schmale, aber gut begehbare Bergpfade. Für die gesamte Tour ist Trittsicherheit erforderlich.
Einkehr / Übernachtung:
1. Tag: Soiernhaus, DAV, 45 Schlafplätze, geöffnet Pfingsten bis Anfang Oktober, Tel. +49 171 5465858, sektionhochland.de; Fischbachalm (Variante), nur Einkehr, geöffnet Mitte Juli bis Anfang September, Montag und Dienstag Ruhetag.
2. Tag: Krinner-Kofler-Hütte, Selbstversorgerhütte, DAV Mittenwald, 30 Schlafplätze, geöffnet Anfang Juni bis Mitte September, Reservierung unter Tel. +49 8823 2480, krinner-kofler-huette.de; Vereiner Alm, nur Einkehr, geöffnet Anfang Juni bis Mitte September.
Kinder: Lange, teilweise steile An- und Abstiege, deshalb nur für ausdauernde und berggeübte Kinder geeignet.
Karten: Freytag & Berndt WK 322, Wetterstein – Karwendel – Seefeld – Leutasch – Garmisch-Partenkirchen, 1:50.000; AV-Karte Blatt BY 10, Karwendelgebirge Nordwest – Soierngruppe, 1:25.000.
Variante: Der Klassiker in der Soierngruppe ist die Umrundung des Soiernkessels: Von Krün über die Fischbachalm und den Lakaiensteig zum Soiernhaus (3.15 Std.), am zweiten Tag über Soiernspitze, Reißende Lahnspitze und Feldernkopf zum Feldernkreuz (3.30 Std.), Abstieg auf der hier beschriebenen Anstiegsroute über den Seinskopf nach Krün (2.30 Std.), Trittsicherheit und Schwindelfreiheit erforderlich.

Ein wahrhaft königliches Panorama bietet die Schöttelkarspitze.

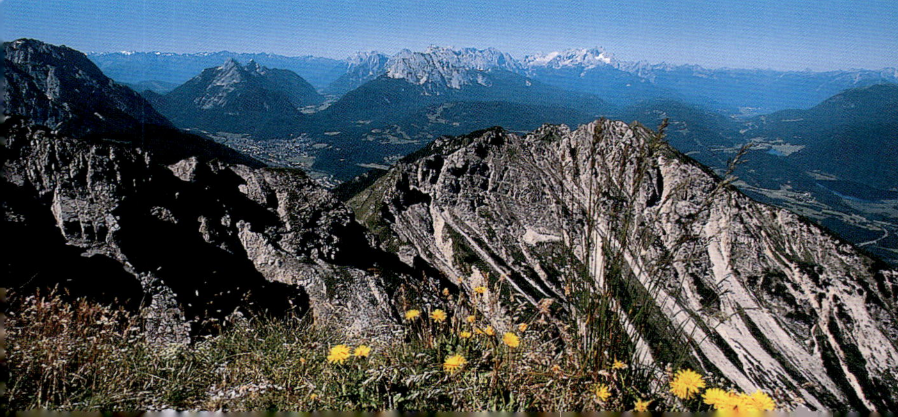

1. Tag:
Vom Wanderparkplatz in **Krün** ❶, 875 m, gehen wir am Wertstoffhof vorbei zur Isar und rechts zur Brücke, die wir überqueren. Eine Tafel und Wegweiser informieren auf der anderen Flussseite über die Tourenmöglichkeiten. Wir halten uns rechts und kommen nach wenigen Metern zu einer ersten Abzweigung Richtung Schwarzkopf und Schöttelkarspitze. Interessanter und kaum länger ist jedoch der Anstieg über die Hüttlebachklamm. Dazu bleiben wir auf dem Forstweg und biegen nach 10 Minuten vor einer Brücke links auf den Fußweg Richtung Schwarzkopf / Hüttlebachklamm ab. Die ebenfalls abzweigende Forststraße ignorieren wir. Kurz darauf überqueren wir den Bach und wandern in das Tal hinein und auf Felswände zu. Ein Unwetter hat das Bachbett völlig umgestaltet und große Mengen Schotter in die Klamm gespült. Ein gut ausgebauter Treppenweg schlängelt sich schließlich über die steilen Hänge der kleinen Schlucht zu einem Forstweg hinauf, dem wir nach links folgen. Er geht in einen Steig über, der die beiden Zuflüsse des Hüttlebachs überquert und auf den von der Krüner Isarbrücke heraufführenden Anstieg trifft.
Wir wandern rechts an einem Unterstand vorbei, bleiben bei einer Forststraße auf dem Wanderweg und steigen in Kehren über den Waldhang oberhalb eines Bachgrabens bergauf. Nach der Einmündung einer weiteren Anstiegsroute aus Krün zieht unser Steig nach rechts um den bewaldeten Rücken des **Schwarzkopfs** ❷ herum. Links ist ein Abstecher zu einem Aussichtspunkt ausgeschildert, wo wir einen schönen Blick auf das Isartal genießen. Auch oberhalb des Hauptwegs laden Bänke zu einer Rast mit dem Panorama von Mittenwald und Karwendel ein.
Anschließend queren wir oberhalb des tief eingeschnittenen Bachtals, tauchen wieder in den Wald ein und wandern durch zunächst mäßig ansteigendes, dann immer steiler werdendes Waldgelände. Etwas mühsam geht es über das Schotterfeld einer Mure bergauf. Schließlich leiten die Markierungen links aus dem Schuttstrom. Nach einigen Serpentinen zieht der Steig nach links, quert weiter ansteigend erneut einige Schotterhalden und führt über zwei Gräben, die in die Nordwestflanke des Seinskopfs schneiden. Bei der Abzweigung des nicht mehr begehbaren Herzogsteigs schwenkt er nach rechts und steigt zu einer kleinen Scharte an. Dort blicken wir über das Schöttelkar auf die eindrucksvollen Felsabbrüche der Schöttelkarspitze

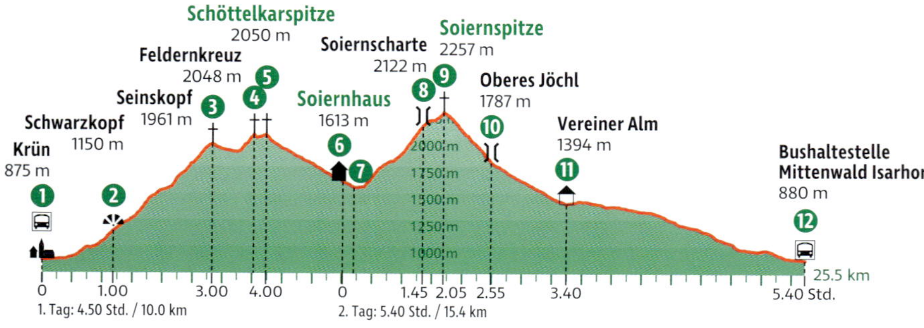

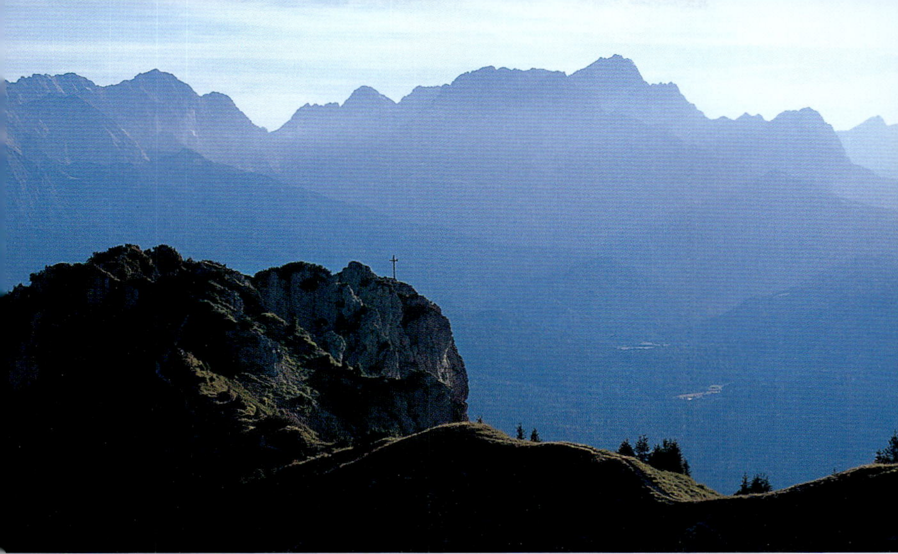

Blick vom Seinskopf über den felsigen Signalkopf zur Zugspitze.

und folgen dem Kamm oberhalb des Kars bergauf. Ein ausgewaschener Weg leitet steil durch Latschen und über einen Wiesenhang zu einem Sattel hinauf. Links geht es kurz zum grasigen Gipfel des **Seinskopfs** ❸, 1961 m, hinauf, den kein Kreuz schmückt. Die Aussicht ist es wert, es sich auf einem Wiesenpolster bequem zu machen. Vom felsigen Karwendel gleitet der Blick über das Gipfelduo der Arnspitzen zum Wettersteingebirge und weiter zu den Allgäuer Alpen am Horizont. Im Hintergrund schmücken sich die Stubaier Alpen mit glitzernden Firnflecken. Verlockend glänzen im Tal Barmsee, Geroldsee und Walchensee.

Vom Sattel gehen wir links kurz hinab und queren die steilen Südhänge zu einer Einsattelung, 1868 m, zwischen Seinskopf und Feldernkreuz. Ein schotteriger Weg führt über einen steilen Grashang zur Kuppe des **Feldernkreuzes** ❹, 2048 m, ebenfalls ohne Gipfelkreuz, hinauf. Dabei folgen wir den Markierungen und beachten abzweigende Steigspuren nicht. Anschließend gelangen wir zu einer Scharte mit Verzweigung und halten uns links Richtung Schöttelkarspitze / Soiernhaus. Die folgende Passage stellt unsere Trittsicherheit auf die Probe. Über Schotter und kurze Felsstellen geht es wenig bergab und oberhalb des wilden Schöttelkars entlang. Rechts blicken wir in den eindrucksvollen Soiernkessel, aus dem die beiden blaugrünen Seen heraufleuchten. Wir queren die Ostseite der **Schöttelkarspitze** ❺, 2050 m, und steigen zu ihrem Gipfel hinauf. Dort versteht man sofort, was Ludwig II. so begeistert hat: Das Panorama lässt kaum Wünsche offen.

Für den Abstieg kehren wir einige Meter auf dem Anstiegsweg zurück und halten uns bei der Wegverzweigung unterhalb des Gipfels links. Nach einigen Serpentinen gehen wir kurz oberhalb einer steilen Schuttreise entlang und folgen den zahlreichen Kehren des ehemaligen Reitsteigs über die schrofigen Hänge des Soiernkessels hinab. In einer längeren Querung erreichen wir schließ-

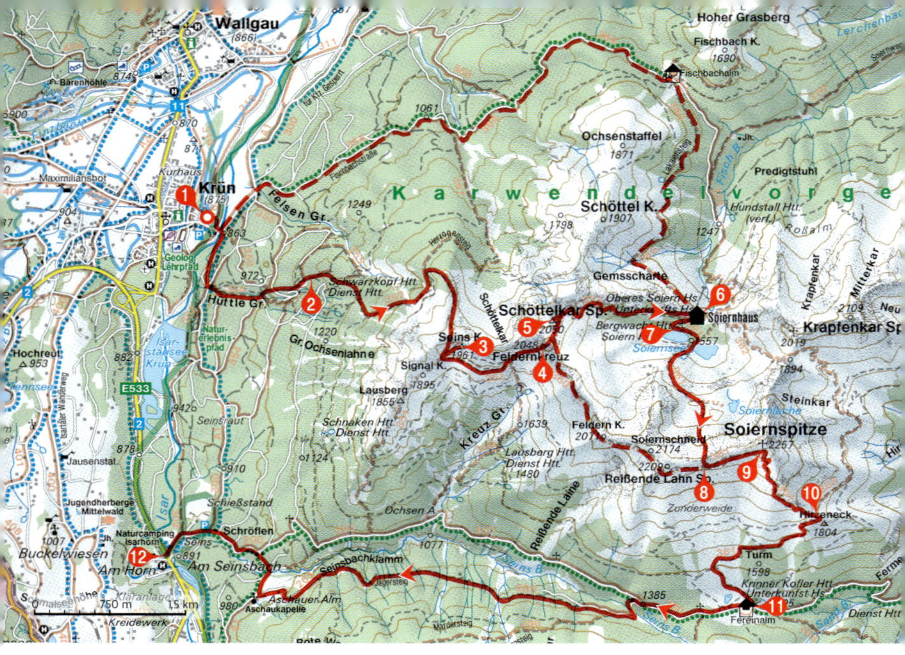

lich das oberhalb der Seen gelegene **Soiernhaus 6**, 1613 m, und können in aller Ruhe die Szenerie genießen, die seit des Königs Zeiten nichts von ihrem Zauber verloren hat. Zu den Seen gehen wir bei der Hütte die Treppe hinab und rechts zum Steig, der zum Ufer hinunterführt. Auch ohne Bootspartie im Mondschein haben die Seen ihren Reiz. Abgehärtete können im klaren Seewasser abtauchen, doch die meisten werden sich mit einem Fußbad begnügen: Die Wassertemperatur ist eines Bergsees würdig.

2. Tag:
Vom Soiernhaus steigen wir zum **Soiernsee 7**, 1557 m, hinunter, halten uns dort links und spazieren, vorbei an einer Bergwachthütte, am Ufer entlang. Nun folgt der steile Anstieg zur Soiernscharte, der uns ganz schön ins Schwitzen bringen wird. Zwischen den beiden Seen gehen wir rechts auf den Steig, der in vielen Kehren südwestwärts über einen Rücken bergauf zieht. Er dreht schließlich nach links und quert nach Südosten ins Kar unter der Reißenden Lahnspitze. Vor einer begrünten Anhöhe könnte man links der Soiernlacke einen Besuch abstatten, die sich als kleiner Seenfleck unter die gewaltigen Geröllflanken der Soiernspitze schmiegt. Der weitere Anstieg führt rechts an der Erhebung vorbei und immer steiler durch das Kar hinauf. Ziemlich mühsam über Geröll erklimmen wir die **Soiernscharte 8**, 2122 m, und gelangen links auf der Südseite des Grats zum Gipfel der **Soiernspitze 9**, 2257 m. Eindrucksvoll ist der Tiefblick in den gipfelumrahmten Soiernkessel. Im Süden bäumen sich direkt gegenüber die Felsfluchten der Nördlichen Karwendelkette auf.
Diese haben wir nun immer im Blick, wenn wir über den Südostrücken der Soiernspitze bergab steigen. Ein schmaler Pfad (oft auch nur Steig-

spuren) leitet über schrofiges Gelände und lockeres Geröll zu einem Sattel beim Hirzeneck, dem **Oberen Jöchl** ⑩, 1787 m, hinab. Dort treffen wir auf den Steig, der vom Soiernhaus die Soiernspitze östlich umgeht. Wir folgen ihm nach rechts über die Südhänge, durch Latschen und über Wiesenstücke, bergab, queren einige Zeit nach Westen und gelangen schließlich durch lichten Wald zu den Weiden der **Vereiner Alm** ⑪, auch Fereinalm, 1394 m. Eine Stärkung gibt es dort während der Weidezeit bei der kleinen Almhütte. Die benachbarte Krinner-Kofler-Hütte, eine Selbstversorgerhütte, bietet Übernachtungsmöglichkeiten. Auch für Erfrischung ist gesorgt: Eine klare Lacke macht müde Wanderer wieder munter.

Anschließend gehen wir auf der Almstraße über die Wiesen nach Westen und gelangen zu einem Sattel mit Rastbank und Holzkreuz. Wir bleiben noch knapp 10 Minuten auf dem nun sanft abfallenden Fahrweg, bis links eine Forststraße Richtung Aschauer Alm und Jägersteig abzweigt. Sie überquert das meist ausgetrocknete Geröllbett des Seinsbachs und führt über die nordseitigen Hänge talauswärts, vorbei an der Abzweigung des Rehbergsteigs. Bei einer Verzweigung folgen wir links dem Fahrweg, der kurz darauf in den Jägersteig übergeht. Dieser verläuft unter einem schattigen Blätterdach hoch über dem tief eingeschnittenen Seinsgraben entlang und kreuzt einige Wasserläufe. Mal ist es nur ein leise vor sich hin murmelndes Waldbächlein, dann stürzt ein Wasserfall durch einen wilden Felsgraben. Holzstege erleichtern den Abstieg auf dem über Stock und Stein führenden Steig. Nach einer Lichtung schwenkt der Weg nach rechts, passiert einen Weidezaun und leitet zu den Wiesen der (unbewirtschafteten) Aschauer Alm, 995 m, hinab.

Wir gehen links an einem Wohnhaus vorbei zu einem Fahrweg, biegen bei einer Kapelle rechts ab und kommen zum Seinsbach. Jenseits treffen wir kurz ansteigend auf den Fahrweg zur Vereiner Alm und folgen ihm nach links oberhalb der Seinsbachschlucht bergab. Beinahe im Tal angelangt, zweigt rechts eine Forststraße nach Krün ab. Auf ihr könnte man zu Fuß zum Wanderparkplatz an der Isar zurückkehren (50 Min.). Zur **Bushaltestelle »Mittenwald Isarhorn«** ⑫, 880 m, gehen wir geradeaus an der Seinsalm vorbei auf ein Asphaltsträßchen und links zur Bundesstraße hinunter. Dort hält der Bus nach Krün bzw. in die Gegenrichtung nach Mittenwald.

Der Soiernkessel mit den Seen.

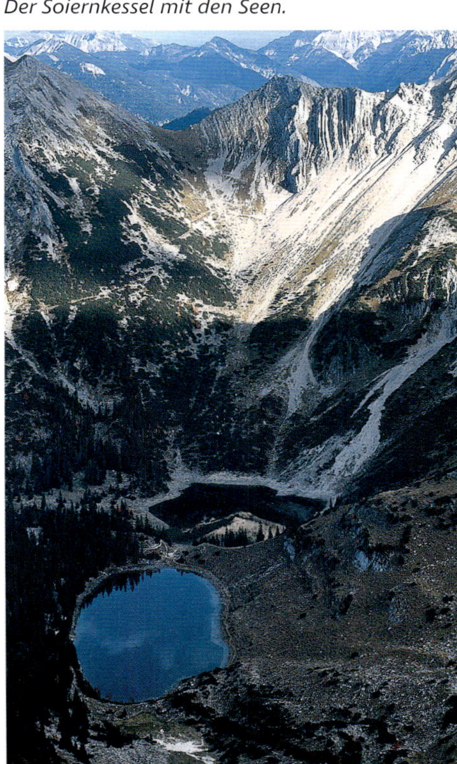

15 Pleisenspitze, 2569 m

Von Scharnitz über die Pleisenhütte

2 Tage | 20,8 km | ↗1600 m | ↘1600 m

  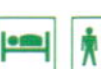

Eine gemütliche Hütte über dem Hinterautal

Die Pleisenspitze ist ein unschwieriger Gipfel mit fantastischer Aussicht im Westen der Karwendel-Hauptkette. Bei sehr guter Kondition kann sie durchaus auch an einem Tag bestiegen werden, eine Übernachtung in der ungefähr auf halber Höhe gelegenen Pleisenhütte ist allerdings ein besonderes Erlebnis. Anfang der 1950er-Jahre wurde sie von Anton Gaugg, einem Bergführer aus Scharnitz, in herrlicher Lage hoch über dem Hinterautal eigenhändig errichtet. Als Baumaterial verwendete er Holz aus der Umgebung, alles andere musste er auf einem schmalen Steig den Berg hinauftragen. Schwierig gestaltete sich in dem Karstgelände die Suche nach Wasser, aber dann fand der Pleisentoni, wie Anton Gaugg bald genannt wurde, in der Vorderkarhöhle in der Nähe der Hütte eine kleine Quelle. In derselben Höhle entdeckte er auch ein 7000 bis 8000 Jahre altes Skelett eines jungen Elchs, das heute in Scharnitz ausgestellt ist. Ungefähr 40 Jahre bewirtschaftete der Pleisentoni seine Hütte, dann wurde sie von seinem Sohn Siegfried und dessen Frau Andrea übernommen, die sie genauso liebevoll und engagiert weiterführen. Anton Gaugg starb 2007, sein Grab befindet sich an der kleinen Kapelle neben der Hütte. Die Pleisenhütte ist an den Wochenenden übrigens auch im Winter bewirtschaftet und je nach Schneelage für Winterwanderer zu erreichen (Lawinenlage beachten!) – für die Pleisenspitze sind dann allerdings Tourenski oder Schneeschuhe nötig.

Beim Anstieg auf die Pleisenspitze zeigt sich das Karwendel wild und schroff.

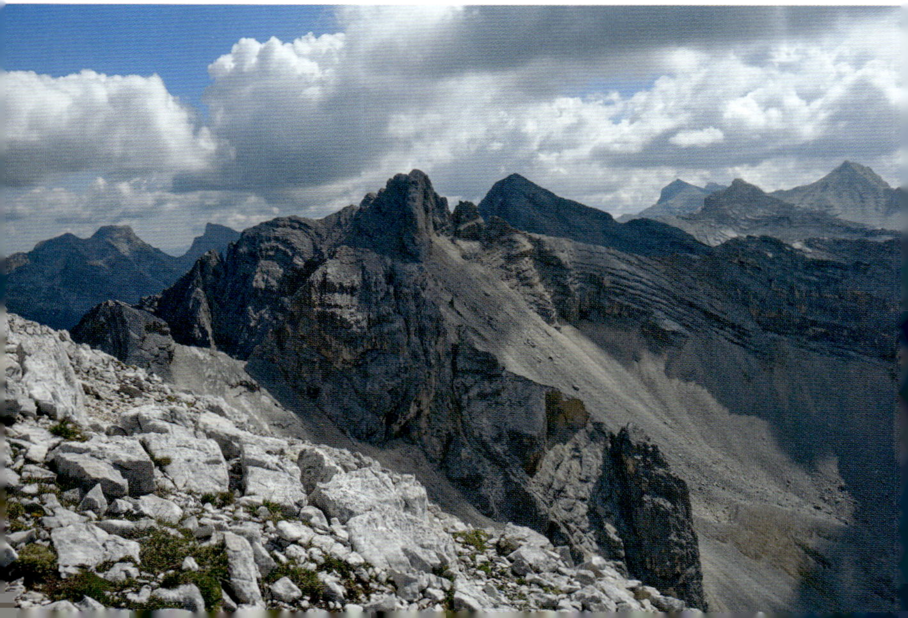

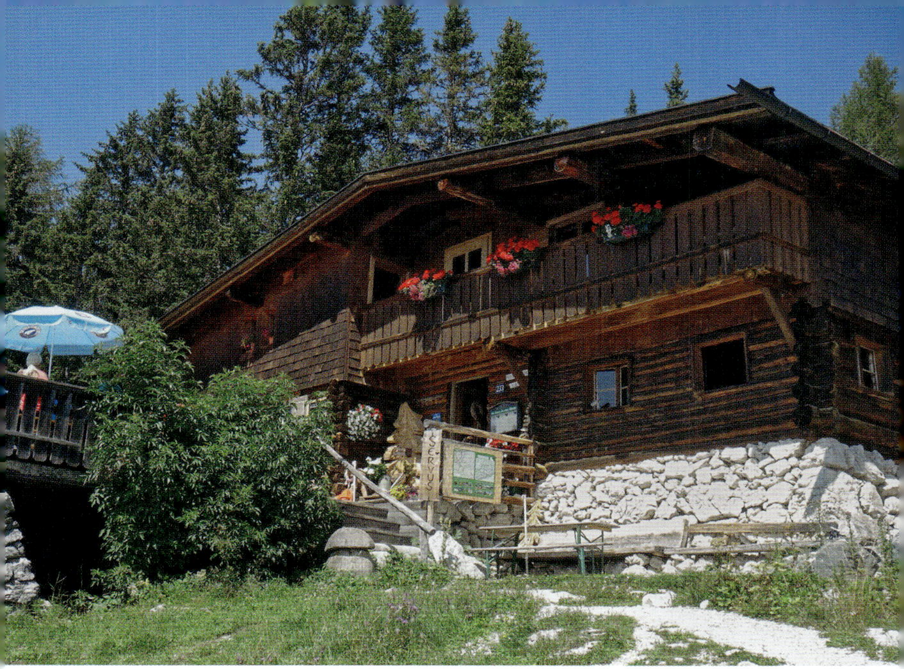

Die Pleisenhütte.

Ausgangs- und Endpunkt: Scharnitz, Bahnhof, 964 m. Zugverbindung von München über Garmisch-Partenkirchen und von Innsbruck. Gebührenpflichtige Wanderparkplätze in der Hinterautalstraße (siehe Routenbeschreibung).

Höhenunterschied / Gehzeit:
1. Tag: 790 m↑; 3 Std.
2. Tag: 810 m↑, 1600 m↓; 6.30 Std.
gesamt: 1600 m↑↓; 9.30 Std.

Anforderungen: Forstwege und Steige. Etwas Trittsicherheit angenehm.

Einkehr / Übernachtung:
1. und 2. Tag: Pleisenhütte, privat, 34 Schlafplätze, Anfang Juni bis Ende Oktober täglich geöffnet, im Winter an den Wochenenden, Tel. +43 664 9158792, pleisenhütte.at.

Karten: Freytag & Berndt WK 322, Wetterstein – Karwendel – Seefeld – Leutasch – Garmisch-Partenkirchen, 1:50.000; AV-Karte Blatt 5/1, Karwendelgebirge West, 1:25.000.

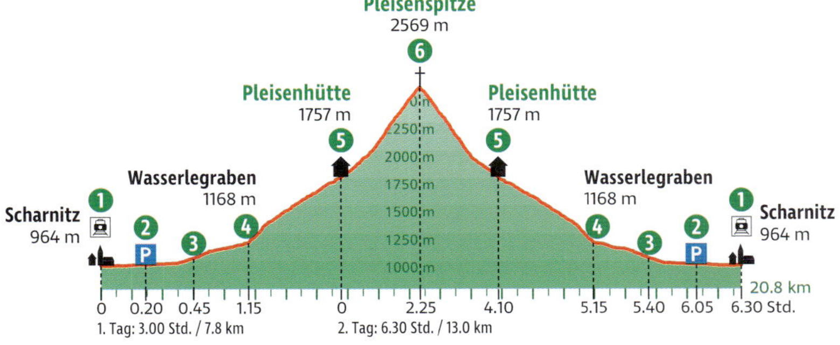

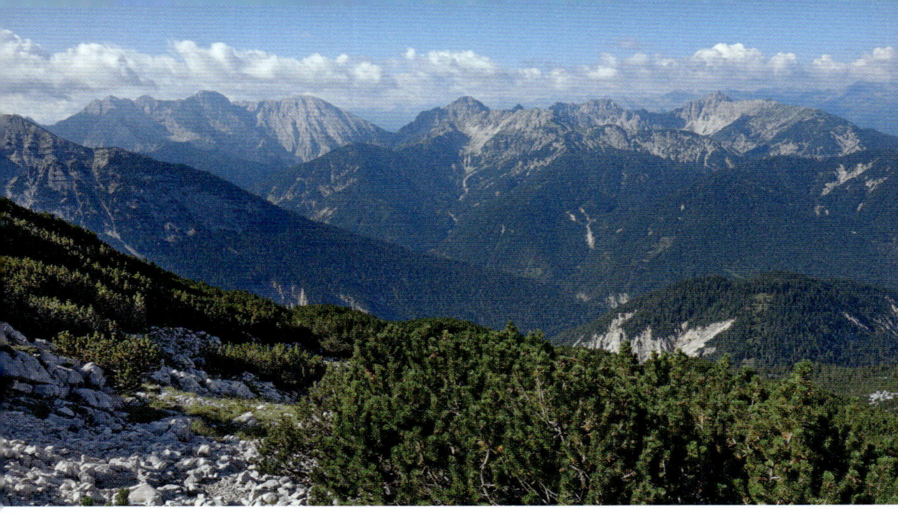

Blick auf Kleinen und Großen Solstein, Erl- und Reither Spitze.

1. Tag:

Vom Bahnhof **Scharnitz ❶**, 964 m, gehen wir wenige Meter hinab zur Hauptstraße und folgen dieser nach links über die Isar. Gleich dahinter und noch vor der Kirche biegen wir links in die Hinterautalstraße ab. Diese führt unter dem Bahngleis hindurch und an einem Wanderparkplatz vorbei. An der Verzweigung bleiben wir auf der Hinterautalstraße und überqueren die Isar ein weiteres Mal. Kurz darauf gelangen wir zu einem zweiten, kleineren **Wanderparkplatz ❷** an der Verzweigung der Sträßchen ins Hinterautal und ins Karwendeltal. Hier wandern wir geradeaus immer an der jungen Isar entlang ins Hinterautal hinein. Eine knappe halbe Stunde später kommen wir an eine **Abzweigung ❸**, 1029 m.

Weiter geradeaus käme man zum Isarursprung, wir folgen dem Hüttenzufahrtsweg nach links. Gleich darauf geht der Asphalt in Schotter über. Gemächlich ansteigend führt uns der Fahrweg nun durch Nadelwald bergauf. An Verzweigungen halten wir uns dabei immer an die Schilder Richtung Pleisenhütte. An einem Forsthaus vorbei kommen wir zum **Wasserlegraben ❹** und können gleich nach der Brücke eine weite Kehre des Fahrwegs nach rechts auf einem Steig abkürzen (kein Schild). Eine knappe halbe Stunde später stoßen wir wieder auf den Fahrweg und folgen diesem weiter bergauf. Schließlich queren wir nach Südosten zur **Pleisenhütte ❺**, 1757 m,

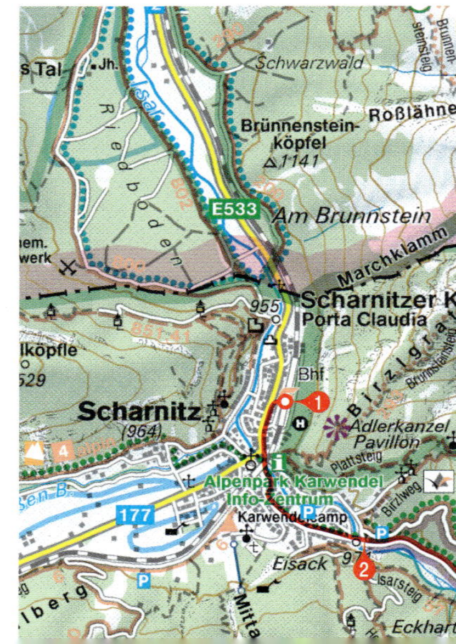

mit ihrer einladenden Sonnenterrasse. Der Abend in der gemütlichen Hütte mit den sympathischen Wirtsleuten ist ein besonderes Erlebnis.

2. Tag:
Da wir auf dem Rückweg wieder an der Pleisenhütte vorbeikommen, können wir unser Übernachtungsgepäck vorerst zurücklassen. Wir folgen links von der Hütte dem Steig Richtung Pleisenspitze erst noch ganz kurz durch Wald, dann gleich durch Latschen aufwärts. Nach 15 Minuten passieren wir eine Abzweigung zum Karwendelhaus. Kurz danach können wir von oben einen Blick in die Vorderkarhöhle werfen (zu erkennen an der kleinen Leiter). Unser Ziel immer vor Augen geht es, teils geröllig und über Felsstufen, weiter bergauf. Dann verlassen wir die Latschenregion und steigen durch karges, schroffes Karstgelände weiter bergauf. Schließlich erreichen wir den breiten Hinteren Pleisengrat und auf diesem mit imposantem Tiefblick ins Mitterkar und schließlich mittels einer kurzen Querung unterhalb des Gipfels den höchsten Punkt der **Pleisenspitze ⑥**, 2569 m. Von hier haben wir einen fantastischen Rundblick auf die umliegenden Karwendelberge, den Alpenhauptkamm, ins Wetterstein und ins Alpenvorland.

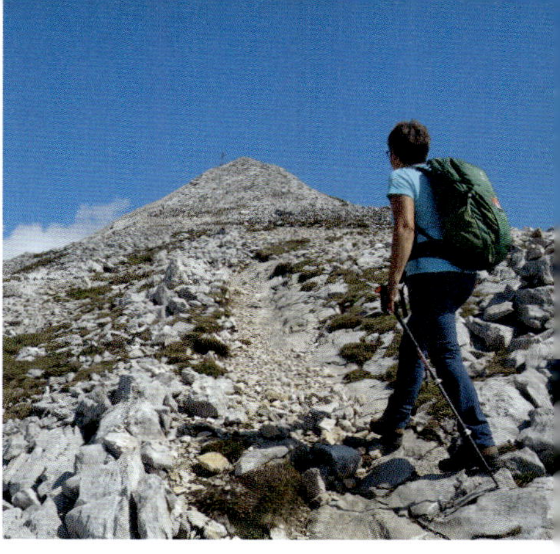

Beim Gipfelanstieg.

Der Abstieg erfolgt auf dem Aufstiegsweg. Dabei können wir noch einmal in der Pleisenhütte einkehren und die angenehme Atmosphäre genießen. Kurz vor Scharnitz bietet sich dann die Isar für ein erfrischendes Fußbad an.

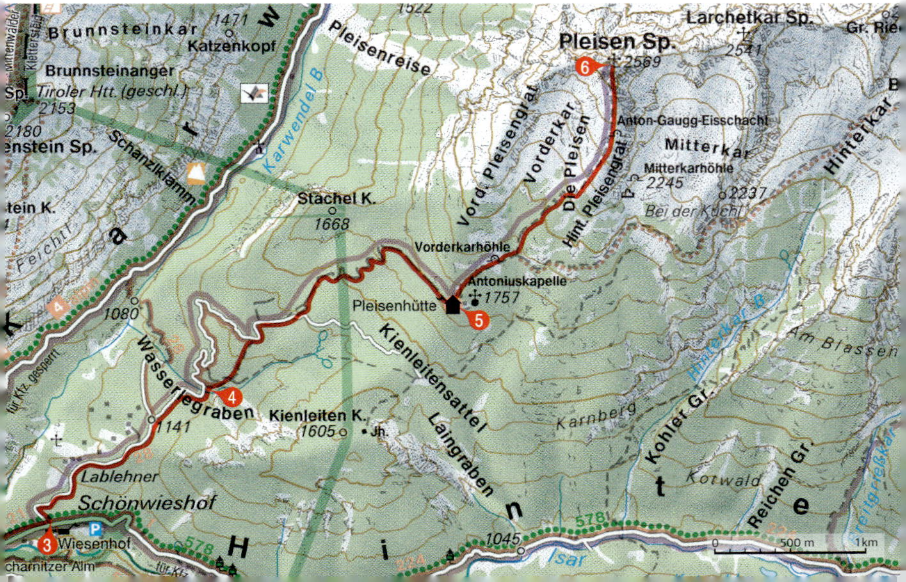

16 Freiungen-Höhenweg

Über Reither Spitze und Großen Solstein

3 Tage | 27,9 km | ↗ 2310 m | ↘ 2620 m

  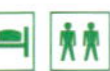

Höhenwanderung für Panoramasüchtige

Zerklüftete Bergflanken, zerrissene Grate, schroffe Felstürme, ausgedehnte Schuttkare – die Erosion ist im Karwendelgebirge als Bildhauerin am Werk. Mitten hinein in diese bizarre Landschaft aus Fels und Geröll führt der Freiungen-Höhenweg. Er zieht in einer Höhe von 2000 bis 2300 Metern südseitig unter den Freiungtürmen entlang und offeriert nicht nur beeindruckende Nahblicke auf schroffe Steinskulpturen, sondern auch eine grandiose Aussicht über das Inntal bis zu den Gletschergipfeln der Zentralalpen.

Die Tour beginnt im Ski- und Bergbahngebiet von Seefeld – ein Kontrastprogramm zur sonst so urwüchsigen Berglandschaft des Karwendels. Dennoch lohnt sich der Anstieg zur Seefelder Spitze: Das Panorama lässt Seilbahntrubel und Liftstationen schnell vergessen. Auch die Nördlinger Hütte ist eine Aussichtsloge par excellence. Wer auf dem höchstgelegenen Schutzhaus des Karwendels übernachtet, kann zusehen, wie die letzten Sonnenstrahlen das Wetterstein beleuchten und sich die Gipfel am Horizont in einen schwarzen Scherenschnitt verwandeln. Wasser ist dort oben, auf 2239 Metern Höhe, ein knappes Gut. Die Brauchwasserversorgung der Hütte sichern Niederschläge und Schneeschmelze. Trinkwasser wird von einer Quelle fast 800 Höhenmeter nach oben gepumpt. Der Abschied vom Berghaus unter der Reither Spitze muss nicht schwerfallen, wartet doch mit dem Solsteinhaus ein weiterer sonniger Panoramaplatz. Und da ist ja noch der Große Solstein, der sich als derart wuchtiger Bergklotz aufbaut, dass sein Nachbar, eigentlich der höhere Gipfel, nur mehr Kleiner Solstein getauft wurde. Der Höttinger Schützensteig auf der Südseite des Großen Solsteins bietet noch einmal typisches Karwendelerlebnis: eine wild zerklüftete Felslandschaft, aber auch viel Schotter unter den Füßen.

Panoramaweg vom Feinsten: der Freiungen-Höhenweg über dem Inntal.

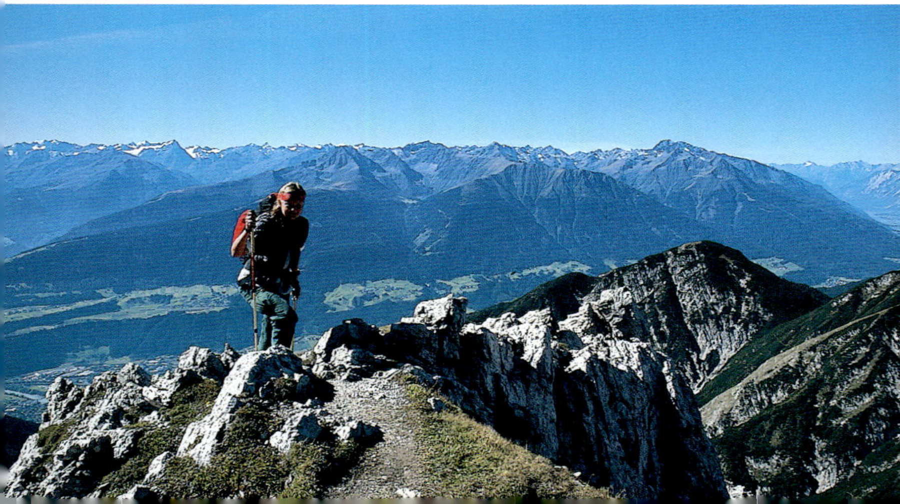

Ausgangspunkt: Seefeld, Talstation der Standseilbahn Rosshütte, 1234 m, Parkplatz und Parkhaus (Mehrtagestickets an der Kasse der Talstation erhältlich). Bahnverbindung von München (mit Umsteigen in Garmisch-Partenkirchen) und Innsbruck. Am Bahnhofplatz rechts (nach Norden) und rechts über die Gleise in die Andreas-Hofer-Straße. Immer geradeaus und am Seniorenheim vorbei, beim Kreisverkehr links und auf ausgeschildertem Fußweg zur Talstation (15 Min.).
Endpunkt: Bahnhof Hochzirl, 927 m. Bahnverbindung nach Innsbruck und über Seefeld nach Garmisch-Partenkirchen, dort Anschluss nach München.
Bergbahnen: Standseilbahn Rosshütte, Seefelder Jochbahn und Härmelekopfbahn, Sommerbetrieb Ende Mai bis Ende Oktober, Standseilbahn Rosshütte von 9 bis 17 Uhr, Seefelder Jochbahn und Härmelekopfbahn von 9.15 bis 16.45 Uhr, Tel. +43 5212 24160, rosshuette.at.
Höhenunterschied / Gehzeit:
1. Tag: 1290 m↑, 280 m↓; 4 Std.
2. Tag: 240 m↑, 680 m↓; 4 Std.
3. Tag: 780 m↑, 1660 m↓; 6.20 Std.
gesamt: 2310 m↑, 2620 m↓; 14.20 Std.
Anforderungen: Bis zur Seefelder Spitze Fahrwege und Bergsteige ohne besondere Schwierigkeiten. Im felsigen, teilweise gesicherten Gipfelbereich der Reither Spitze ist Trittsicherheit erforderlich. Freiungen-Höhenweg und Höttinger Schützensteig verlaufen über brüchiges und stellenweise ausgesetztes Gelände und setzen neben guter Trittsicherheit auch Schwindelfreiheit voraus. Schotterige Steige und kurze gesicherte Felspassagen wechseln sich ab. Der Anstieg auf den Großen Solstein ist unschwierig, aber etwas langwierig und steil. Der Abstieg von der Neuen Magdeburger Hütte erfolgt auf einfachen Berg- und Fahrwegen.
Einkehr / Übernachtung:
1. Tag: Rosshütte, nur Einkehr; Nördlinger Hütte, DAV, 55 Schlafplätze, geöffnet Anfang Juni bis Ende September Tel. +43 664 9142262, noerdlingerhuette.at.
2. Tag: Solsteinhaus, DAV, 85 Schlafplätze, geöffnet Ende Mai bis Mitte Oktober, Tel. +43 664 3336531, solsteinhaus.at.

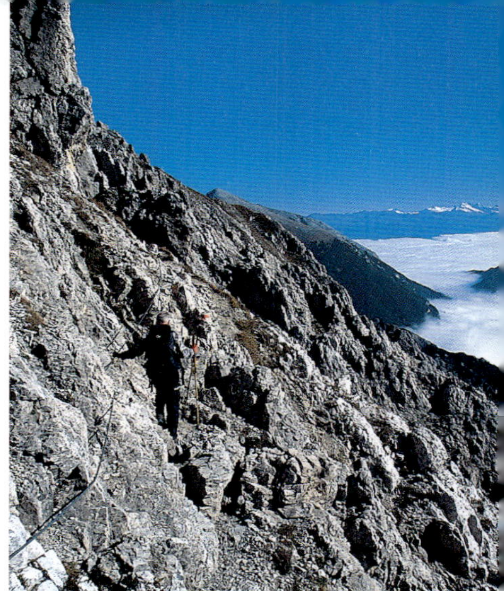

Unter den Freiungtürmen.

3. Tag: Neue Magdeburger Hütte, DAV, 54 Schlafplätze, geöffnet Mitte Mai bis Mitte Oktober, Tel. +43 5238 88790, magdeburger-huette.at.
Karten: Freytag & Berndt WK 322, Wetterstein – Karwendel – Seefeld – Leutasch – Garmisch-Partenkirchen, 1:50.000; AV-Karte Blatt 5/1, Karwendelgebirge West, 1:25.000.
Varianten: 1. Am ersten Tag kann man den Anstieg mit Hilfe des Seefelder Bergbahnenangebots nach Belieben verkürzen. Die Wanderung ist so auch in zwei Tagen zu schaffen. Der schnellste Weg zur Nördlinger Hütte startet an der Bergstation des Härmelekopfs (45 Min.).
2. Alternative zum Freiungen-Höhenweg (zum Beispiel bei schlechtem Wetter): Von der Nördlinger Hütte zum Ursprungsattel, dort Richtung Eppzirler Alm absteigen, rechtshaltend die Nordhänge über dem Almkessel queren und zur Eppzirler Scharte ansteigen, von dort Abstieg zum Solsteinhaus (4 Std.).
3. Wer nur zwei Tage Zeit hat, kann bereits vom Solsteinhaus nach Hochzirl absteigen (2 Std.).

1. Tag:

Unsere Wanderung beginnt zunächst einmal in wenig ansprechender Kulisse: Vom großen Parkplatz der Standseilbahn Rosshütte in **Seefeld 1**, 1234 m, gehen wir am Parkhaus vorbei zur Talstation und vor dem Bahngebäude rechts zu einer Schotterstraße, die entlang der Skipiste Richtung Rosshütte bergauf führt. Nach 20 Minuten halten wir uns bei der Talstation eines Sessellifts geradeaus. Wir verlassen eine Zeitlang das Pistengebiet und wandern am Haglbach entlang ins waldige Hermannstal. Über dem Tal baut sich unser erstes Gipfelziel auf, das felsige Dreieck der Seefelder Spitze. Nach einer Abzweigung zur Reither Jochalm mündet unser breiter Weg in den steinigen »Krummen Steig«, der in Kehren über einen Latschenhang hinaufzieht. Die letzten Höhenmeter zur **Rosshütte 2**, 1751 m, mit Restaurant und Seilbahnstationen legen wir wieder auf einem Fahrweg zurück.

Beim großen Bergbau-Erlebnisspielplatz zweigen wir rechts Richtung Schönangersteig / Seefelder Joch ab und folgen einem Schotterweg schräg über die Skiabfahrt zur Bergstation eines Sessellifts. Bei einer Verzweigung oberhalb des Liftgebäudes halten wir uns links (rechts führt der Schönangersteig kürzer, aber weniger aussichtsreich zur Reither Spitze) und wandern entlang der Skipiste mit großartiger Aussicht zum **Seefelder Joch 3**, 2060 m, hinauf, auf das man auch mit der Seilbahn gondeln könnte.

Wir folgen dem Bergkamm nach Süden über eine felsige, mit Drahtseilgeländern gesicherte Graterhebung und steigen zur **Seefelder Spitze 4**, 2221 m, an.

Noch vor dem Gipfelkreuz zweigt links ein Steig Richtung Reither Spitze ab, deren wuchtige Felspyramide sich unmittelbar gegenüber auftürmt. Er leitet in leicht schrofigem Gelände weiterhin am Kamm entlang und schließlich auf der Westseite hinunter zu einer Weggabelung. Wir queren nach links etwas abschüssig (Sicherungen) unterhalb von Felsabbrüchen zum mit Geröll gefüllten Reither Kar und steigen über den Schotter zum **Reither Joch 5** an.

Dort geht es links über den felsigen Gipfelaufbau der Reither Spitze bergauf. Eine Leiter und Drahtseilsicherungen erleichtern den Anstieg an einigen Passagen. Der Fels ist jedoch gut gestuft, sodass er trittsicheren Wanderern keine Probleme bereiten wird. Schließlich haben wir das

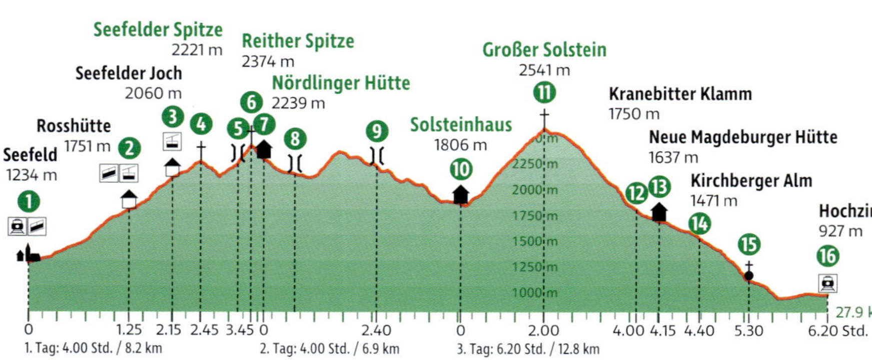

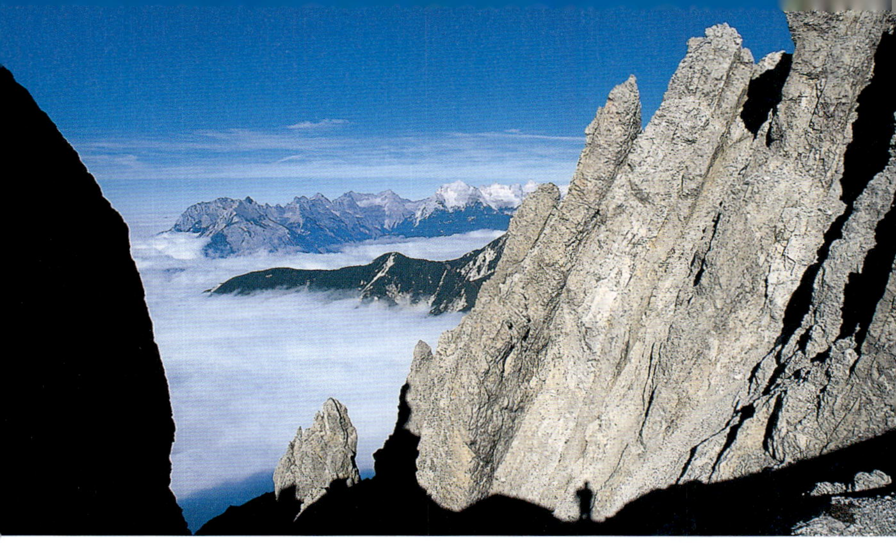

Der Freiungen-Höhenweg führt durch eine bizarre Felsszenerie.

Gipfelkreuz der **Reither Spitze ❻**, 2374 m, erreicht und genießen einen fantastischen Blick von den Hohen Tauern über die firnglänzenden Zillertaler und Stubaier Alpen bis zu den Felsburgen des Mieminger und des Wettersteingebirges. Im Norden schneiden die Karwendeltäler zwischen Schuttkare und Felsgipfel.
Unser Ziel, die **Nördlinger Hütte ❼**, 2239 m, ist auf einem Wiesenrücken am Fuß des Gipfelaufbaus bereits sichtbar. Noch einmal müssen wir einige gesicherte Schrofen überwinden, dann können wir die Beine auf der aussichtsreichen Hüttenterrasse ausstrecken.

2. Tag:

Die Etappe über den Freiungen-Höhenweg zum Solsteinhaus beginnt mit einem Abstieg: Wir folgen dem Wegweiser Richtung Ursprungsattel und Solsteinhaus und steigen hinter der Nördlinger Hütte in Kehren bergab. Der Steig geht in einem weiten Rechtsbogen das Kar auf der Ostseite der Reither Spitze aus und führt unter den Ursprungtürmen hindurch zum **Ursprungsattel ❽**, 2096 m, mit einer Abzweigung zur Eppzirler Alm. Dort beginnt der Freiungen-Höhenweg. Nachdem wir den grasigen Sattel durchquert haben, überwinden wir eine kurze, gesicherte Stufe und gehen unter Felswänden entlang. Über Geröllfelder halten wir auf eine schotterige, steile Rinne zu, durch die wir, teilweise entlang von Drahtseilen, zu einer Schulter hinaufsteigen. Anschließend führt der Steig über schrofiges Gelände zu einem Bergrücken und an ihm entlang bis fast unter den Westlichen Freiungturm (Karte: Freiungspitze). Nun folgt der spannendste Abschnitt des Freiungen-Höhenwegs. Er verläuft über die Südseite der Freiungtürme nach Osten, oft in Gratnähe und immer mit toller Aussicht. Dabei werden einige Rinnen und Felsrippen gequert. Leichte gesicherte Kletterstellen und schotterige Passagen erfordern erhöhte Aufmerksamkeit. Nachdem wir den Mittleren Freiungturm passiert haben, steigen wir einige Höhenmeter bergab und berühren östlich der Freiungtürme die Kammhöhe. In der **Kuhlochscharte ⑨**, 2171 m, zweigen schotterige Pfadspuren zur Kuhlochspitze, 2297 m (30 Min.), ab, ein Gipfelabstecher über steiles Schrofengelände und eine gesicherte Felsstelle (I).

Von der Scharte gehen wir zu einer Verzweigung hinunter, lassen dort den Weg zur Solnalm und nach Hochzirl rechts liegen und steigen links kurz zu einem Sattel hinauf. Das Solsteinhaus ist bereits in Sichtweite, doch vor der entspannten Rast auf der Hüttenterrasse tauchen wir noch einmal in eine wilde Felslandschaft ein. Wir folgen den Kehren bergab und durchqueren die zerklüfteten Gräben des Höllkars, teilweise auf gesicherten Bändern. Steil geht es anschließend über Schuttreisen hinab in den mit Geröll bedeckten Kessel unter der Erlspitze. Die Abzweigung zur Eppzirler Scharte lassen wir links liegen und halten uns rechts über das Schotterfeld bergab. Noch einmal müssen wir zwei Gräben queren, dann wandern wir gemütlich durch Latschen und über Wiesen zum **Solsteinhaus ⑩**, 1806 m. Wer früh dran ist und noch Gipfelambitionen hat, findet mit der Erlspitze, 2405 m, ein lohnendes Ziel vor der (Hütten-)Tür (1.30 Std.). Die Alternative ist allerdings auch nicht zu verachten: Die Hüttenterrasse ist besonders sonnig und aussichtsreich …

3. Tag:

Hinter dem Solsteinhaus folgen wir dem Wegweiser Richtung Großer Solstein und Neue Magdeburger Hütte kurz nach Norden und durchqueren rechts eine grasige Mulde. Scharf links zweigt der Anstieg zum

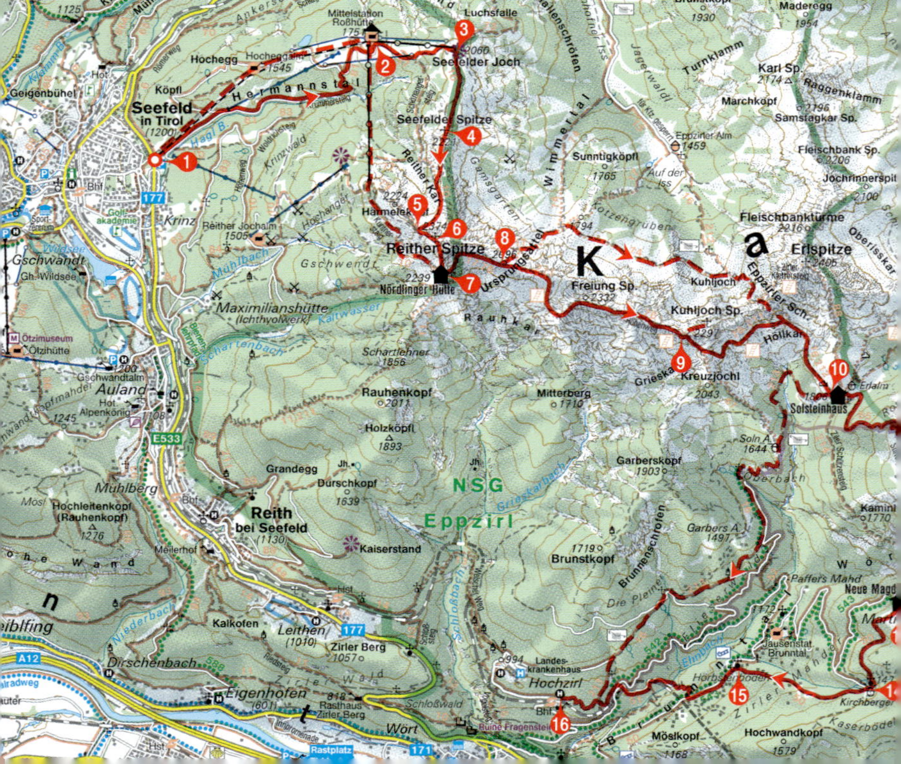

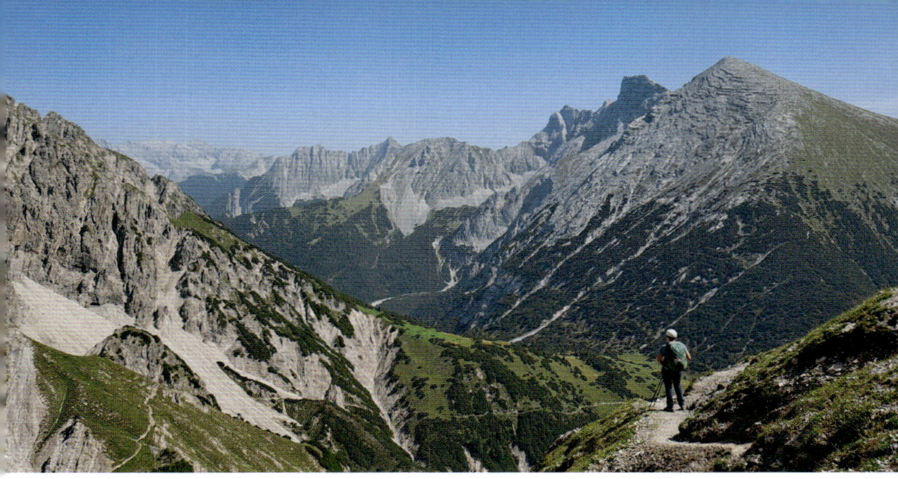

Auf dem Höhenweg zwischen Kuhlochscharte und Höllkar.

Großen Solstein ab. Er führt durch eine steile und teils felsige Latschengasse bergauf, quert nach Süden und steigt anschließend weiter steil über die mit Latschen bestandenen Westhänge des Großen Solsteins an. Nach einer knappen Stunde gelangen wir auf freies Wiesengelände und gehen an einer Abzweigung zur Magdeburger Hütte vorbei. Schotterige Kehren winden sich weiter über die steile Westflanke bergauf, dann zieht der Steig gerade nach Osten zum weiten Gipfelplateau des **Großen Solsteins** **11**, 2541 m, hinauf. Auch hier können wir uns am Panorama kaum sattsehen.

Wir halten uns an die Beschilderung »Neue Magdeburger Hütte über Höttinger Schützensteig« und gehen nach Osten auf den Kleinen Solstein zu. Die Abzweigung zur Magdeburger Hütte über das Wörgltal ignorieren wir und steigen in den Sattel zwischen den beiden Solsteinen hinab. Dort schwenkt der Pfad nach rechts. Wer auf den Kleinen Solstein, 2637 m, kraxeln will, hält sich anschließend links (1 Std. Anstieg, teils gesicherter Steig mit Felsstellen im I. Grad, Trittsicherheit und Schwindelfreiheit erforderlich). Der weitere Abstieg führt geradeaus, den Markierungen und Steinmännchen folgend, über eine sanft geneigte Hochfläche, die zusehends steiler wird. Schließlich wendet

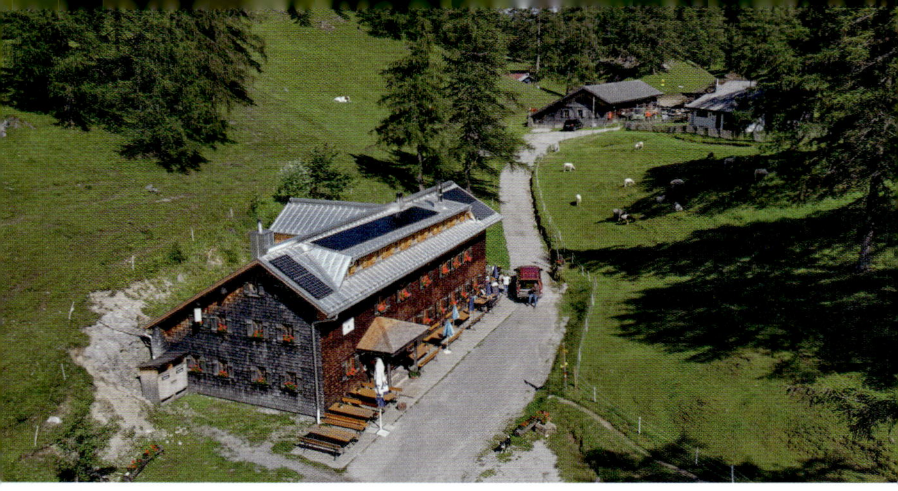

Die Neue Magdeburger Hütte.

sich der Steig nach Osten, quert etwas abschüssig eine Rinne und umgeht, nun wieder in südlicher Richtung, rechts eine felsige Erhebung. Schotterige Kehren winden sich anschließend über steile Hänge hinab, bis unsere Abstiegroute nach rechts zu felsigen Abbrüchen zieht. Wir sind nun auf dem Höttinger Schützensteig unterwegs und gehen einen tief eingeschnittenen Graben aus, über den eindrucksvoll Felswände emporragen. Drahtseilsicherungen geben hier Halt. Durch Geröllrinnen und über schotterige Bänder geht es in längerer abfallender Querung oberhalb von Felsen entlang, die in die Kranebitter Klamm abbrechen. Vorsicht ist geboten: Das Gelände ist abschüssig, der Schotter rutschig. Wir steigen zum Talschluss der **Kranebitter Klamm ⑫** hinab und überwinden dort noch einmal etwas ausgesetzt einen felsigen Absatz. Jenseits kurz ansteigend gelangen wir aus dem Tal zu einer Aussichtsbank mit Inntalblick und wandern durch Wald zu den Lärchenwiesen mit der **Neuen Magdeburger Hütte ⑬**, 1637 m, wo wir uns eine Stärkung wirklich verdient haben.

Kurz nach der Hütte zweigen wir vom Fahrweg links auf einen Pfad Richtung Kirchberger Alm und Hochzirl ab. Er führt zuerst flach über Lärchenwiesen, wendet sich dann nach Süden und quert absteigend die steilen Waldhänge zur **Kirchberger Alm ⑭**. Unterhalb der beiden Hütten kreuzen wir eine Forststraße und folgen einem breiten Waldweg weiter bergab. Wir halten uns nun immer an die Beschilderung Richtung Hochzirl und biegen nach etwa 10 Minuten rechts auf einen Steig ab. Er leitet westlich über die Zirler Mähder ins Brunntal hinab. Bei einer modern gestalteten **Kapelle ⑮** mit Brunnen mündet er in einen Fahrweg, dem wir nach links folgen. Nach 10 Minuten zweigen wir rechts wieder auf einen Steig ab und gehen zum Ehnbach hinunter. Im Talgrund treffen wir auf die Zugstrecke, queren vor dem Bahngleis rechts den Bach und folgen einem Forstweg etwas ansteigend über die waldigen Hänge des Brunntals. Schließlich schneiden wir die Fahrstraße zum Solsteinhaus und gehen dort auf einen Fußweg, der uns in leichtem Auf und Ab zum Bahnhof **Hochzirl ⑯**, 927 m, bringt.

Ins Vomper Loch

Über Pfeishütte und Halleranger

3 Tage | 39,6 km | ↗ 1610 m | ↘ 3320 m

     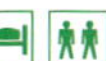

Vom Weg des Dichterkönigs ins Reich des Höllenfürsten

Goethe war, soviel bekannt ist, niemals im Karwendel und hat sich höchstens im Tal von den schroffen Kalkbergen inspirieren lassen. Dennoch trägt ein aussichtsreicher Höhenweg hoch über Innsbruck seinen Namen. Ziel des Goethewegs ist die Pfeis, ein Bergkessel mit sanften Almböden und einer gemütlichen Hütte, überragt von geröllgefüllten Karen und mächtigen Felsburgen. Beim Wilde-Bande-Steig, den wir am zweiten Tag begehen, stand kein Dichterfürst Pate. Fünf Innsbrucker Bergsteiger gaben sich 1878 am Stempeljoch das Versprechen, ihre Freizeit den Tiroler Bergen zu widmen. Das war die Geburtsstunde der »Wilden Bande«, einer Bergsteigergesellschaft, die vor allem im Karwendel von sich reden machte. Sie initiierte den Bau des Verbindungssteigs zwischen Stempel- und Lafatscherjoch – keine leichte Aufgabe im unzugänglichen Karwendelgelände.

Auch am Halleranger ist man auf der Suche nach der besten Linie. An den Nordwänden des Kleinen Lafatschers und der Speckkarspitze testen Kletterer in schwierigsten Routen ihr Können. Wanderer geraten ebenfalls ins Staunen und Schwärmen angesichts der senkrechten Felsfluchten, die aus grünen Almwiesen zu wachsen scheinen. Vom Halleranger geht es hinab in die Unterwelt. So jedenfalls empfand es Hermann von Barth, der Karwendelpionier, der im Sommer 1870 das Gebirge durchstreifte und 88 Gipfel bestieg. »In diesen Schlünden, in dieser Umwallung unnahbarer Wände und Rinnen, in dieser pfadlosen Welt der Zerstörung wäre wohl des Höllenfürsten würdigste Residenz«, schreibt er über das Vomper Loch. Bis heute ist es das abgeschiedenste Tal im Karwendel, eine urwüchsige Schluchtlandschaft, faszinierend und respekteinflößend zugleich. Über 1000 Meter hoch türmt sich graues Karwendelgestein in den Himmel, zerschnitten von Gräben und Schluchten, die kaum jemals ein Mensch betreten hat. Nur ein schmaler Pfad, gerade breit genug für ein Paar Bergschuhe, führt durch den »Grand Canyon Tirols«. Nach 17 Kilometern Wegstrecke und fast sieben Stunden wird man wieder ausgespuckt – mit heiß gelaufenen Fußsohlen, aber reich an großartigen Eindrücken von einer vielfältigen Karwendeltour.

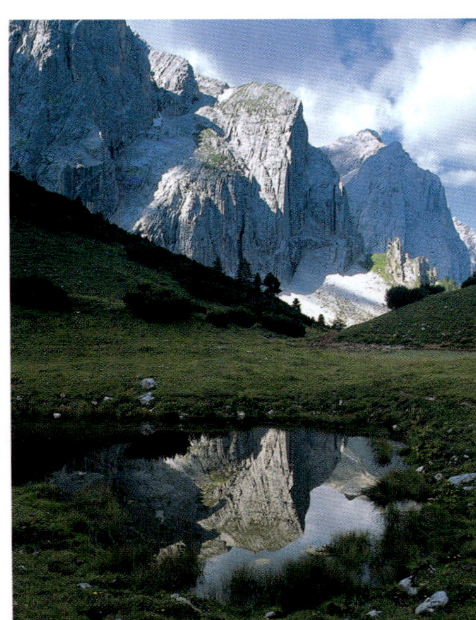

Am Überschalljoch.

Ausgangspunkt: Talstation Congress der Hungerburgbahn, 569 m, in Innsbruck, Parkmöglichkeit in der City- oder der Congressgarage (bei mehreren Tagen teuer). Vom Bahnhof Innsbruck rechts in die Bruneckerstraße, links in die Museumstraße, bei einem größeren Platz (Franziskanerplatz) rechts und geradeaus zum Kongresszentrum mit der Talstation der Zahnradbahn zur Hungerburg (15 Min.).

Endpunkt: Bahnhaltestelle Pill-Vomperbach, 556 m, Zugverbindung nach Innsbruck und Kufstein.
Von der Pension Karwendelrast, 860 m, Taxi (Tel. +43 5242 6969) zum Bahnhof in Schwaz, von dort Zugverbindung nach Innsbruck und über Kufstein Richtung München (umsteigen in Jenbach).

Bergbahnen: Hungerburgbahn, in Betrieb Montag bis Freitag von 7.15 bis 19.15 Uhr, Wochenende und Feiertage von 8 bis 19.15 Uhr; Seegrubenbahn, in Betrieb täglich von 8.30 bis 17.30 Uhr; Hafelekarbahn, in Betrieb täglich von 9 bis 17 Uhr; von Juni bis September fahren Seegruben- und Hafelekarbahn eine Stunde länger; Tel. +43 512 293344, nordkette.com.

Höhenunterschied / Gehzeit:
1. Tag: 170 m↑, 520 m↓; 2.10 Std.
2. Tag: 920 m↑, 1070 m↓; 5.30 Std.
3. Tag: 520 m↑, 1730 m↓; 8 Std.
gesamt: 1610 m↑, 3320 m↓; 15.40 Std.

Anforderungen: Der Goetheweg quert steile Hänge, ist aber gut ausgebaut. Drahtseile geben an besonders abschüssigen Stellen Halt. Am Wilde-Bande-Steig sehr steiler und schotteriger Abstieg vom Stempeljoch, anschließend Querung oberhalb von Felsabbrüchen, einige kurze Felspassagen sind mit Drahtseilen und Eisenstiften gesichert. Für beide Höhenwege ist Trittsicherheit und etwas Schwindelfreiheit erforderlich. Die Überschreitung der Speckkarspitze ist anspruchsvoll (Umgehung möglich): Anstieg über einen ausgesetzten Grat und über ungesicherte Felsstellen im I. Schwierigkeitsgrad, beim Abstieg über den Nordwestgrat im oberen Bereich stellenweise Sicherungen, gute Trittsicherheit und Schwindelfreiheit ist Voraussetzung. Langer Abstieg (1750 Höhenmeter) durch das Vomper Loch, schmale Bergpfade führen über abschüssige Schluchthänge, einige luftige Stellen sind gesichert, so auch die »Katzenleiter«, ein Steilabbruch mit rund 160 Holzstufen. Trittsicherheit und Schwindelfreiheit sind auch hier notwendig, dazu Ausdauer. Bei Nässe nicht zu empfehlen.

Einkehr / Übernachtung:
1. Tag: Restaurant Seegrube, nur Einkehr; Bergstation der Hafelekarbahn, nur Einkehr; Pfeishütte, DAV, 60 Schlafplätze, geöffnet Mitte Juni bis Anfang Oktober, Tel. +43 512 552906, pfeishuette.at.
2. Tag: Hallerangerhaus, DAV, 76 Schlafplätze, geöffnet Anfang Juni bis Anfang / Mitte Oktober, Tel. +43 720

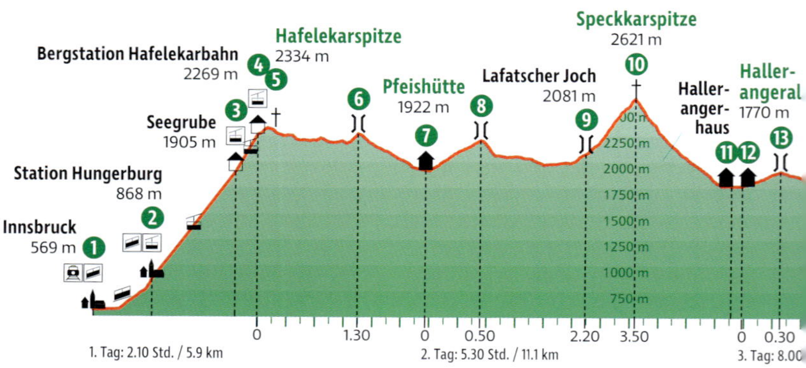

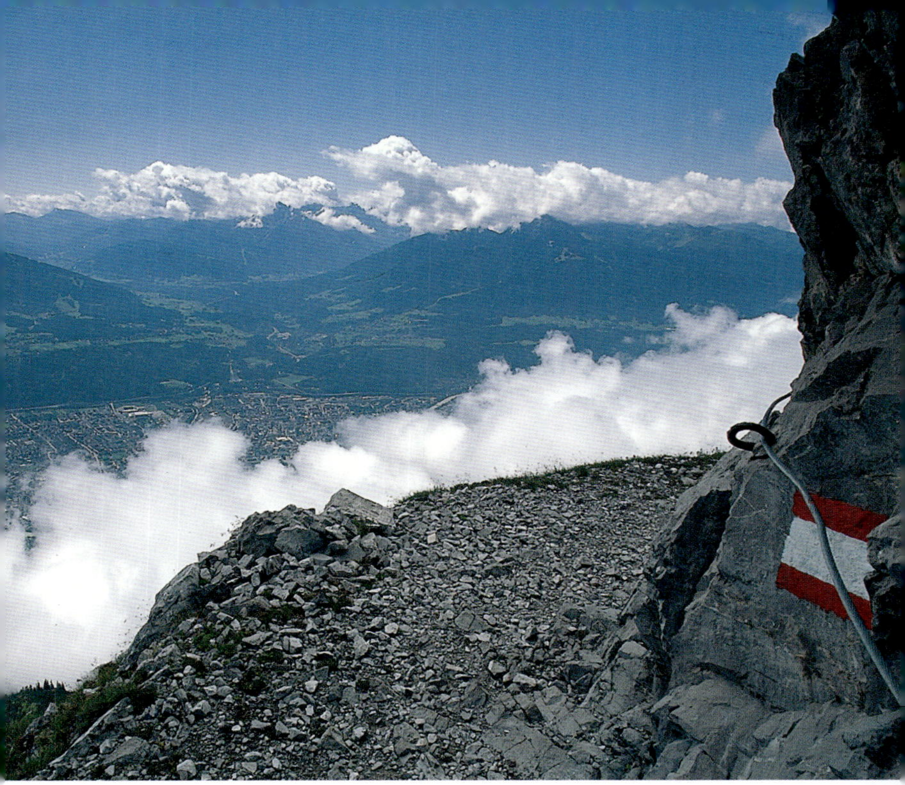

Aussichtsreich und ziemlich exponiert: der Goetheweg hoch über Innsbruck.

347028 und +43 664 8937583, hallerangerhaus.at; Hallerangeralm, privat, 69 Schlafplätze, geöffnet Anfang Juni bis Anfang / Mitte Oktober, Tel. +43 664 1055955, halleranger-alm.at.
3. Tag: Pension Karwendelrast, privat, nur Übernachtung, Zimmer und Matrazenlager, Tel. +43 5242 62251.
Karten: Freytag & Berndt WK 322, Wetterstein – Karwendel – Seefeld – Leutasch – Garmisch-Partenkirchen, und WK 321, Achensee – Rofan – Unterinntal, beide 1:50.000; AV-Karte Blätter 5/2, Karwendelgebirge Mitte, und 5/3, Karwendelgebirge Ost, 1:25.000.
Variante: Die anspruchsvolle Überschreitung der Speckkarspitze lässt sich leicht umgehen, indem man sich am Lafatscher Joch links hält und direkt zum Halleranger absteigt. Dort wartet mit der Sunntigerspitze, 2321 m, auf der Nordseite des Tals noch ein leichteres, gleichfalls lohnendes Gipfelziel (1.30 Std.).

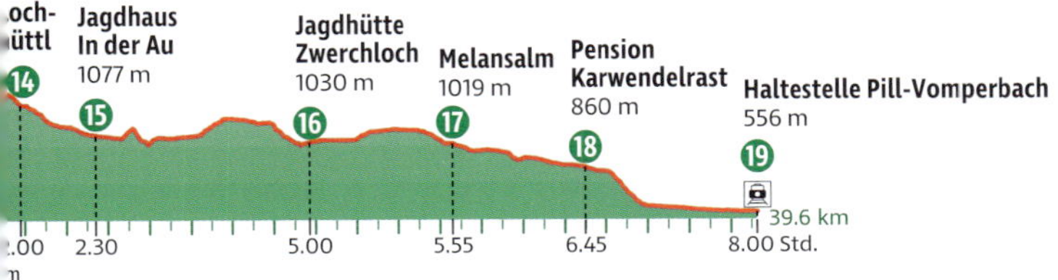

1. Tag:

Aus dem städtischen Treiben von **Innsbruck ❶**, 569 m, fahren wir mit der Zahnradbahn zur **Station Hungerburg ❷** und schweben von dort mit den Seilbahnen über die **Station Seegrube ❸** in 20 Minuten auf über 2200 Meter hinauf, mitten hinein in die schroffe Felswelt der Nördlichen Karwendelkette. Von der **Bergstation der Hafelekarbahn ❹**, 2269 m, öffnet sich ein eindrucksvoller Blick nach Süden über Innsbruck und das Inntal bis zu den Zillertaler und Stubaier Alpen.

Beim Mauerdurchgang an der Terrasse der Bergstation beginnt der Goetheweg, der die Hafelekarspitze auf ihrer Südseite umgeht. Wir überschreiten den Gipfel und folgen dazu dem breiten Weg zur Kammhöhe oberhalb der Bergstation und weiter zum Gipfelkreuz der **Hafelekarspitze ❺**, 2334 m, hinauf.

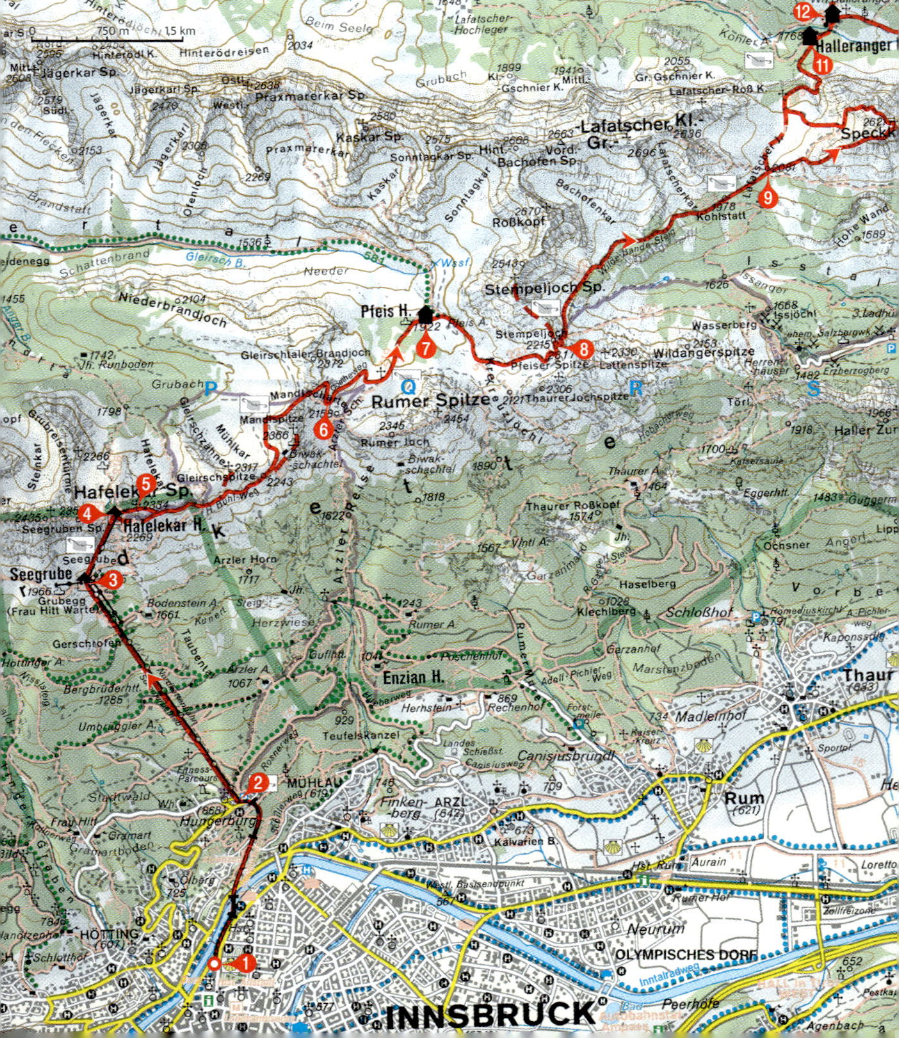

Anschließend gehen wir nach Osten zum Goetheweg hinab. Dieser wechselt kurz in die Nordseite und leitet dann in das Gleirschjöchl hinunter, wo ein Steig nach Scharnitz abzweigt. Wir gehen jedoch geradeaus und können kurz darauf links ohne großen Aufwand auf nicht bezeichneten Trittspuren die Gleirschspitze, 2317 m, erklimmen (15 Min.). Der Goetheweg quert ihre steilen Südhänge und zieht in einigen Kehren zur Mühlkarscharte hinauf. Jenseits geht es kurz hinab, vorbei an einem unmarkierten Pfad, der rechts zum Gipfel der Mandlspitze, 2366 m, abzweigt (30 Min.).

Wir wandern flach an ihrer Westflanke entlang, wenden uns bei einem Felsen mit der Aufschrift »Zugspitzblick« nach rechts und queren oberhalb ausgedehnter Geröllfelder bis unter die von Felsen eingerahmte **Mandlscharte ⑥**. Ein schotteriger Steig führt steil zur Scharte, 2277 m, hinauf, wo wir in den von mächtigen Felsgipfeln eingerahmten Kessel der Pfeis blicken. Besonders die felsstrotzende Rumer Spitze gegenüber buhlt um unsere Aufmerksamkeit.

Wir folgen den Kehren in den Kessel hinab, halten uns an einer Verzweigung links und wandern weiter absteigend über wellige Böden und durch Latschenfelder nach Norden. Bald gehen wir erneut links, passieren ein Holzkreuz und erreichen die **Pfeishütte ⑦**, 1922 m, die erst im letzten Moment vor uns auftaucht. Will man die Tour entspannt angehen, bleibt man einfach hier und lässt sich aus der Hüttenküche verwöhnen. Wer es schafft, sich von der sonnigen Hüttenterrasse loszureißen und noch zeitig genug dran ist, zieht gleich weiter zum nächsten Übernachtungsplatz.

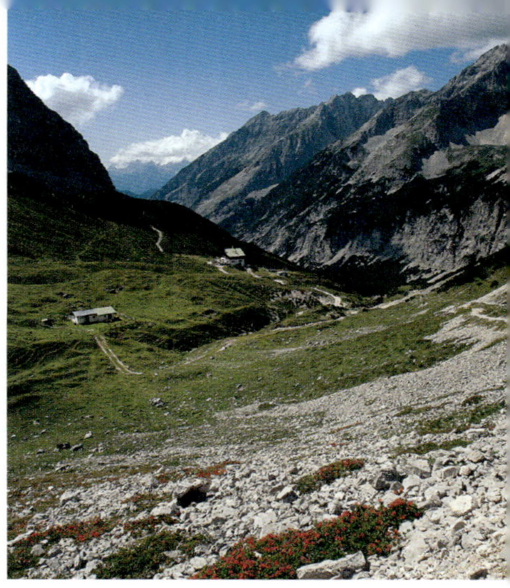

Von schroffen Felsgipfeln eingerahmt: die Pfeis.

2. Tag:

Von der Pfeishütte gehen wir auf dem Fahrweg nach Osten zum Rand des Kessels und folgen dem Steig rechts bergauf in das Hochtal zwischen Stempeljochspitze und Rumer Spitze. An einer Verzweigung halten wir uns links Richtung Stempeljoch, Lafatscher Joch und Halleranger und wandern zunächst noch mäßig ansteigend über Bergwiesen aufwärts. Weite Kehren ziehen schließlich steiler zum schmalen, von Felsen eingerahmten **Stempeljoch ⑧**, 2215 m, hinauf. Gipfelsammler können der Kleinen Stempeljochspitze, 2529 m, einen Besuch abstatten: In einer Rechtskehre am Joch leiten links Pfadspuren über den grasigen, teils auch schotterigen Rücken bergauf (1 Std., nicht markiert).

Jenseits des Stempeljochs geht es sehr steil in Serpentinen in ein schotteriges Kar hinab. Der Steig ist aufwendig im labilen Schotteruntergrund befestigt, das Gelände dennoch bröselig und rutschig und mit Vorsicht zu genießen. Bei einem

Wegweiser auf den oberen Stempelreisen halten wir geradeaus auf den felsigen Abhang zu. Wir sind nun auf dem Wilde-Bande-Steig unterwegs, der das Stempeljoch mit dem Lafatscher Joch ohne große Höhenunterschiede verbindet. Er verläuft zunächst oberhalb einer Felsstufe entlang durch die steile Ostflanke der Stempeljochspitze und weiter über die Südseite der Bachofenspitzen und des Großen und Kleinen Lafatschers. Dabei haben wir die mächtige Speckkarspitze, unser Gipfelziel, vor Augen. Einige felsige, teils gesicherte Rinnen und ein schotteriges Tälchen werden gequert. Schließlich mündet der Wilde-Bande-Steig in einen breiten Schotterweg, der links in etwa 15 Minuten zum weiten und aussichtsreichen Sattel des **Lafatscher Jochs** ⑨, 2081 m, hinaufführt. Wir gehen an den Abzweigungen zur Bettelwurfhütte und zum Halleranger vorbei und halten geradeaus auf die Westflanke der Speckkarspitze zu. Dort weist eine rote Aufschrift auf einem Felsen den Weg. Wir folgen den Markierungen etwas mühsam über die mit Geröll und Schutt bedeckten Hänge bergauf. In leichter Kletterei geht es durch eine Rinne hinauf und anschließend ziemlich luftig über den Südwestgrat zum Gipfel der **Speckkarspitze** ⑩, 2621 m. Dabei müssen mehrere Erhebungen im schmalen Kamm überwunden werden. Der Blick auf die Felskolosse des Karwendels, hinunter ins Inntal und hinüber zu den Dreitausendern der Zentralalpen ist eine ausgiebige Gipfelrast wert.

Der Abstieg beginnt nördlich des Gipfelkreuzes und verläuft entlang des Nordwestgrates, meist unterhalb der Grathöhe, über schrofiges Gelände. Einige felsige Stellen sind gesichert. Der Steig leitet nach links in das Kar auf der Westseite der Speckkarspitze und in Kehren abwärts. Einen links abzweigenden Pfad beachten wir nicht und treffen in einer Wiesenmulde auf den Weg zum Halleranger. Er windet sich in Kehren über steile Felsabbrüche und leitet über eine Schuttreise am Fuß

Kletterdorado: die Nordwände der Speckkarspitze über der Hallerangeralm.

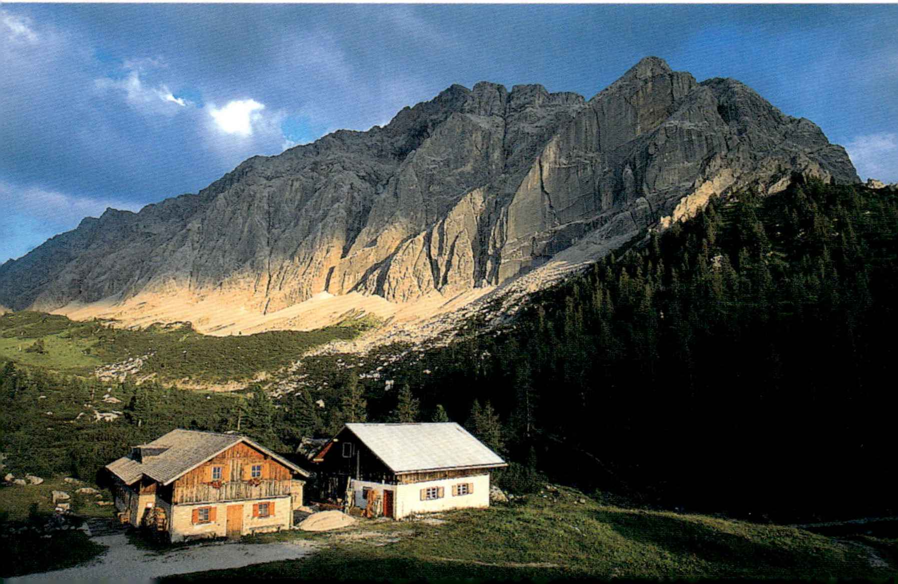

der Schnittlwände, der berühmten Kletterwände auf der Nordseite der Speckkarspitze, hinab zu den Almböden des Hallerangers. Unterhalb des Geröllfelds wendet er sich nach rechts und führt leicht ansteigend zum **Hallerangerhaus** ⓫ und, nur wenige Minuten weiter, zur **Hallerangeralm** ⓬, 1770 m, beides gemütliche Übernachtungsmöglichkeiten in fantastischer Szenerie.

3. Tag:
Von der Hallerangeralm steigen wir mäßig steil ostwärts unter den beeindruckenden Nordwänden der Speckkarspitze zum **Überschalljoch** ⓭, 1912 m, hinauf. Am weiten Wiesensattel blicken wir in den waldigen, von Felswänden eingerahmten Taleinschnitt des Vomper Lochs, unseren langen Abstiegsweg. Unterhalb des Jochs durchqueren wir eine flache Mulde und kommen zu einer Steilstufe, über die der Vomper Bach zu Tal stürzt. Oberhalb des Bachgrabens geht es durch Latschen, später über Wiesenhänge steil bergab. Rechts streben die gewaltigen Bettelwurfwände in den Himmel. Wir erreichen die Waldgrenze, wandern etwas flacher über Wiesenböden und am Bachbett entlang – der Vomper Bach versickert hier im Schotter – und folgen dem Steig über ausgedehnte Geröllhalden weiter bergab. Nachdem wir einen sumpfigen Boden überquert haben, wird das Gelände wieder steiler. Der Steig führt oberhalb einer kleinen Klamm entlang und über einen steilen Waldhang zum kleinen **Lochhüttl** ⓮, 1278 m, hinab. Dort überqueren wir eine wacklige Brücke. Einige Meter taleinwärts bietet der Vomper Bach wohltuende Erfrischung: Als rauschender Schwall stürzt er aus der Klamm.

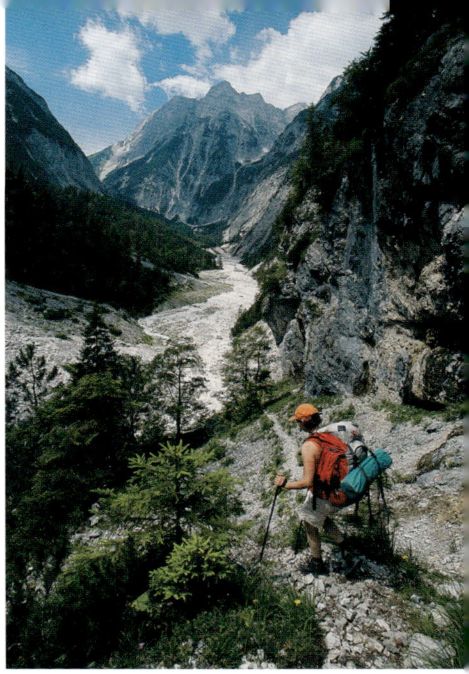

Die »Au« im Vomper Loch.

Anschließend steigen wir durch schönen Mischwald weiter bergab und wandern über eine flache Hangterrasse talauswärts zum **Jagdhaus In der Au** ⓯, 1077 m, einem wunderschönes Fleckchen Erde: Der Bach sucht sich seinen Weg durch ein breites Schotterbett, Wiesenpolster laden zur bequemen Rast ein, Felsabstürze wachsen auch hier in den Himmel. Etwa eine Viertelstunde geht es noch gemütlich am Bach entlang, dann leiten Farbpunkte über das Bachbett und jenseits über den felsigen und rutschigen Abhang der Triefenden Wand kurz steil bergauf. Dann steigen wir durch etwas abschüssiges Gelände in den Graben des Ödkarbachs mit schönen Gumpen und Wasserfällen hinab und folgen jenseits den steilen Kehren wieder bergan. Ein schmaler Pfad führt nun teilweise ausgesetzt über die waldigen Schluchthänge und quert zwei felsige Rinnen. An exponierten Wegstellen geben Drahtseile Halt. Nach kurzem Anstieg kommen wir zu einer etwas unscheinbaren Verzweigung und halten uns links, steigen also nicht zum Vomper Bach hinunter. Unser Steig quert weiterhin die steilen Bergflanken der Schlucht des Vomper Bachs, bis er sich über dem Zwerchloch, einem von wilden Felsabstürzen eingerahmten Seitental unterhalb der Lamsenspitze, nach Norden wendet und oberhalb des Zwerchbachs taleinwärts führt. Es folgt noch einmal eine spannende Wegpassage: Wir überqueren die Huderbankklamm, überwinden mit Hilfe von drahtseilgesicherten Holzstiegen, der sogenannten »Katzenleiter«, einen steilen Abbruch und gelangen so hinunter in den Talgrund des Zwerchlochs, 980 m.

Dort gehen wir über die Brücke, steigen jenseits kurz an und treffen auf den Steig, der zur Lamsenjochhütte führt. Rechts wandern wir an einer **Jagdhütte** **16** vorbei wieder aus dem Tal hinaus und biegen erneut in das schluchtartig eingeschnittene Vomper Loch ein. Der Pfad steigt in zwei Kehren an und leitet in längerer Querung über die steilen Südhänge des Hochnisslmassivs. Wir passieren die (unbewirtschaftete) **Melansalm** **17**, 1019 m, und überschreiten wenig später den Kühsoachgraben. Anschließend zieht der Pfad wieder ziemlich flach durch den Wald nach Osten. Bei einer Weggabelung folgen wir den Kehren bergab (Wegweiser am Baum) und gelangen so in den Stubbachgraben. Ein Brunnen und ein Kneippbecken sorgen dort für wohltuende Erfrischung. Kurz ansteigend stoßen wir anschließend auf eine Forststraße, die uns in 20 Minuten zur **Pension Karwendelrast** **18**, 860 m, bringt. Dort besteht die Möglichkeit, ein Taxi anzurufen und sich zum Bahnhof in Schwaz fahren zu lassen.

Zu Fuß ist der Bahnhof Pill-Vomperbach besser zu erreichen (1.15 Std.). Der Steig durch die Schlucht des Vomper Bachs ist wegen Steinschlaggefahr gesperrt und wird nicht mehr instandgesetzt. Für den Abstieg bietet sich daher der Hasentalweg an. Dazu gehen wir auf der Zufahrtsstraße zur Karwendelrast am Pirschtalerhof vorbei und biegen nach 300 m, vor den nächsten Gebäuden, rechts ab (Schild »Hasentalweg«). Vorbei an einem Haus gelangen wir zum

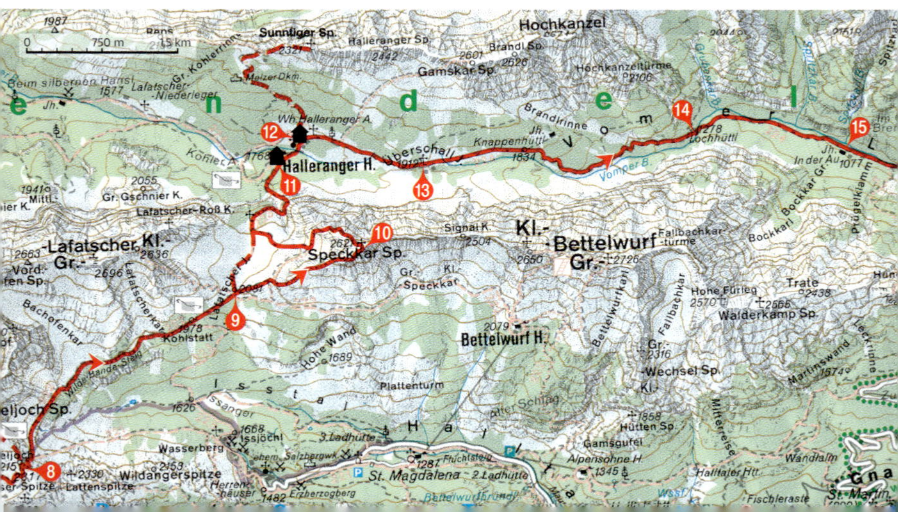

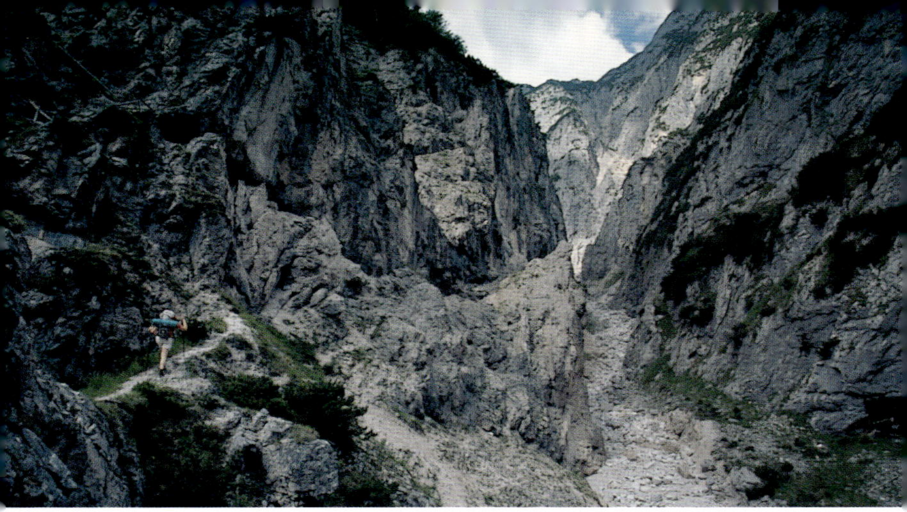

Auf schmalen Pfaden durch die wilde Felslandschaft des Vomper Lochs.

Waldrand und steigen durch das bewaldete Hasental bergab. Unsere Abstiegsroute kreuzt eine Forststraße und zieht nach links. Oberhalb einer Schottergrube zweigt rechts ein Pfad ab und führt in einigen Kehren zum Vomper Bach hinunter. Wir gehen über die Brücke und auf einem Fahrweg talauswärts, bis wir auf ein weiteres Fahrsträßchen stoßen. Dort gelangen wir rechts zur Straße Terfens – Pill und biegen links ein. Nach einem Betonwerk kommen wir zu einer Verzweigung, an der ein Schild »Vomperbach, Pill« nach rechts weist. Wir gehen einige Minuten an der Fahrstraße entlang, zweigen rechts auf die Ortseinfahrt nach Vomperbach ab und folgen kurz darauf links der Alten Landstraße durch ein Wohngebiet. An ihrem Ende gehen wir, nun wieder entlang der Hauptstraße, unter der Autobahn hindurch und rechts in ein Gewerbegebiet. Vor einer Tischlerei halten wir uns links und gelangen so zur Bahnhaltestelle **Pill-Vomperbach ⑲**, 556 m.

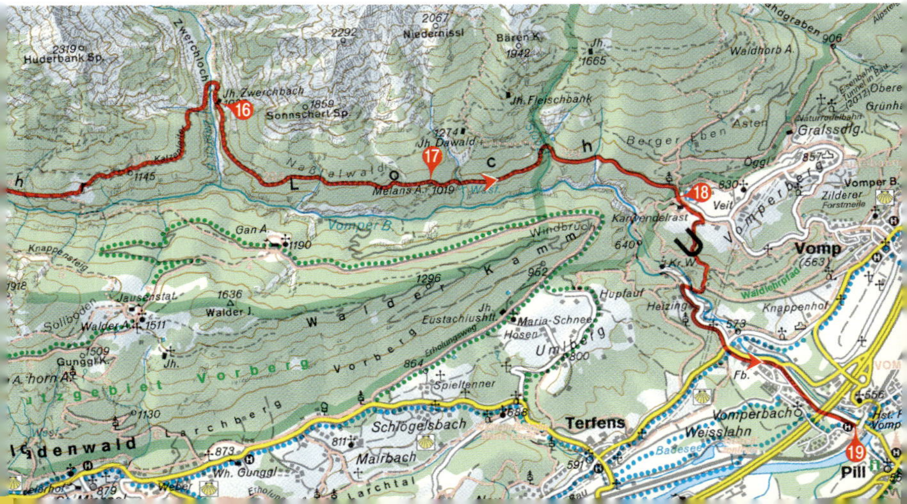

18 Gamsjoch, 2452 m
Über die Falkenhütte

2 Tage | 32,7 km | ↗ 2090 m | ↘ 1850 m

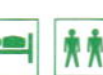

Ahornböden und Edelweißgipfel

Der Kleine und der Große Ahornboden im Karwendel sind einzigartige Naturräume. Bis zu 600 Jahre alt und mitunter auch entsprechend knorrig sind die unzähligen Ahornbäume dort. Um diese einmalige Landschaft zu erhalten, werden auf dem Großen Ahornboden in der Eng junge Bäume nachgepflanzt. Die Almsiedlung dort ist im Winter nicht bewohnt, im Sommer aber bringen Bauern aus dem Unterinntal große Rinderherden hinauf. Dann wird die Eng – ebenso wie im Herbst, wenn die Ahornbäume goldgelb und flammend rot leuchten – nicht nur von Wanderern und Bergsteigern, sondern auch von unzähligen Ausflugstouristen besucht. Sehr viel ruhiger und idyllischer ist es auf dem abgeschiedenen Kleinen Ahornboden, über den wir am ersten Tag zur Falkenhütte gelangen. Das denkmalgeschützte Gebäude wurde von 2017 bis 2020 generalsaniert. Wer am Nachmittag noch Energie übrig hat, kann von der Hütte aus den Mahnkopf besteigen. Von diesem hat man einen hervorragenden Blick auf die Laliderer Wände und in die schroff abfallende Westflanke des Gamsjochs. Wer aufmerksam schaut, kann am Mahnkopf bereits das ein oder andere Edelweiß entdecken. Am nächsten Tag auf dem Gamsjoch ist diese seltene Blume, die zwischen Juli und September blüht, kaum zu übersehen, so groß ist der Bestand. Auf dem Weg zum Gamsjoch kommen wir am Laliders-alm-Hochleger vorbei, einer traumhaft über der Eng gelegenen kleinen Almsiedlung. Für eine Einkehr müssen wir aber warten, bis wir im Talboden sind, von wo uns dann auch schon der Bus zurück Richtung Lenggries bringt.

Über dem Talboden mit den Engalmen ragt die Grubenkarspitze auf.

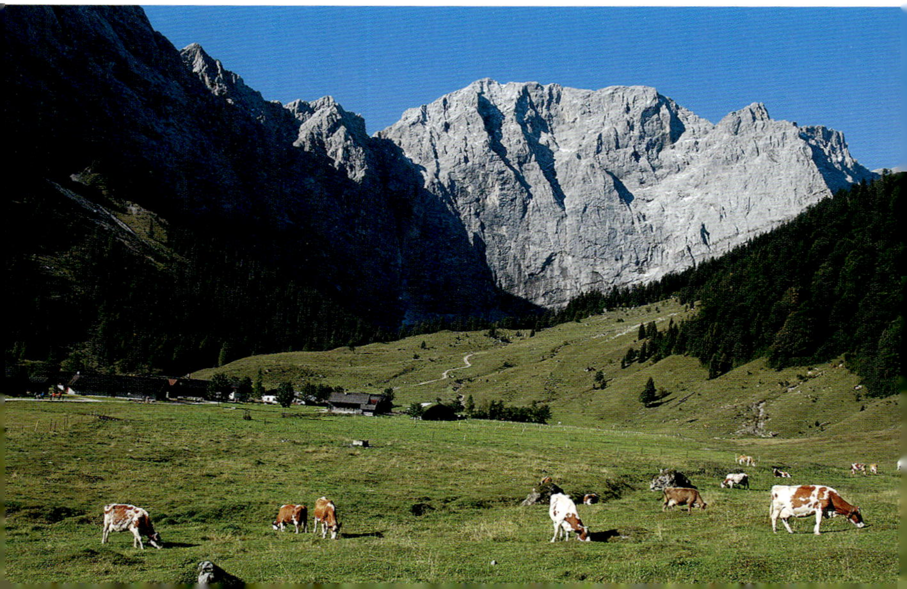

Ausgangspunkt: Rißtal, 958 m, Bushaltestelle »Einstieg Johannestal« und Wanderparkplatz ca. 3 km nach Hinterriß. Von Anfang Juni bis Mitte Oktober mit dem Bus (Linie 369) von Lenggries.
Endpunkt: Bushaltestelle »Eng / Tirol Gasthaus« beim Alpengasthof Eng im hinteren Rißtal, 1203 m. Busverbindung (Linie 369) nach Lenggries bzw. zurück zum Ausgangspunkt (letzter Bus an Samstagen, Sonn- und Feiertagen ca. 18.30 Uhr, Montag bis Freitag ca. 16.30 Uhr).
Höhenunterschied / Gehzeit:
1. Tag: 1220 m↑, 330 m↓; 5.40 Std.
2. Tag: 870 m↑, 1520 m↓; 7 Std.
gesamt: 2090 m↑, 1850 m↓; 12.40 Std.
Anforderungen: Forstwege, Wege und Bergsteige. Von der Falkenhütte auf den Mahnkopf und vom Lalidersalm-Hochleger auf den Westgipfel des Gamsjochs Trittsicherheit erforderlich. Der Übergang zum Mittelgipfel ist anspruchsvoller und wird hier nicht empfohlen. Vom Lalidersalm-Hochleger Richtung Gumpenjoch zum Teil sehr morastig.
Einkehr / Übernachtung:
1. Tag: Falkenhütte, DAV, 130 Schlafplätze, geöffnet von Mitte Juni bis Mitte Oktober, alpenverein-muenchen-oberland.de.
2. Tag: Mehrere Einkehr- und Übernachtungsmöglichkeiten in der Eng.
Karten: Freytag & Berndt WK 321, Achensee – Rofan – Unterinntal, oder WK 322, Wetterstein – Karwendel – Seefeld – Leutasch – Garmisch-Partenkirchen, beide 1:50.000; AV-Karte Blatt 5/2, Karwendelgebirge Mitte, 1:25.000.
Variante: Direkter Abstieg vom Gamsjoch in die Eng (gut 1 Std. kürzer, aber steil und geröllig): Hierzu geht man an der Verzweigung nach dem Gumpenjoch links auf Steigspuren in dem Taleinschnitt zum Bach hinab und folgt diesem abwärts. Dabei muss der Bach an einer Stelle überquert werden (nach bzw. bei starkem Regen eventuell problematisch). Weiter unten verlässt der nun verwachsene Pfad das Bachbett. Nach Überqueren einer Viehweide stößt man auf einen breiten Weg. Hier kurz nach links, dann über die Brücke, wieder nach links und kurz darauf rechts zum Parkplatz und der Bushaltestelle.

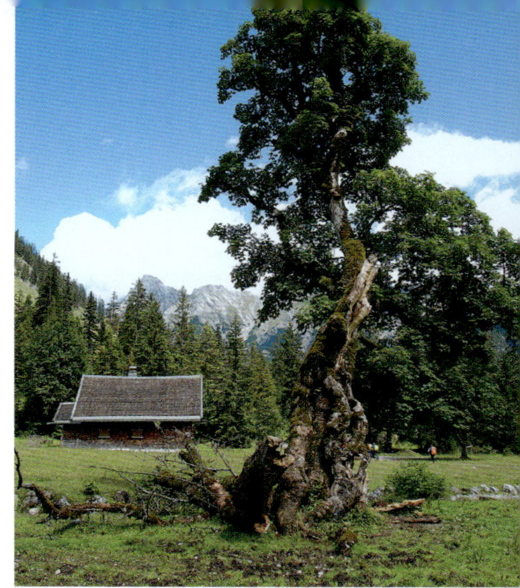

Auf dem Kleinen Ahornboden.

1. Tag:

Von der Bushaltestelle »Einstieg Johannestal« bzw. dem Wanderparkplatz im **Rißtal ❶**, 958 m, gehen wir hinab zum Rißbach, überqueren diesen über eine Brücke und folgen dem Schotter-Fahrweg nach rechts. Kurz darauf zieht dieser nach links ins Johannestal, wo anfangs der Johannesbach unter uns durch eine enge Schlucht rauscht. Wir stoßen auf einen breiteren Fahrweg und wandern auf diesem nach rechts Richtung Falkenhütte. Bald wechselt der Fahrweg auf die rechte Bachseite und zieht leicht steigend weiter das Johannestal hinauf. Bei ein paar Kehren nach gut 90 Minuten können wir ihn an einer Markierung in einer der Kehren nach rechts auf einen Steig verlassen. 15 Minuten später treffen wir wieder auf einen Fahrweg und folgen diesem nach rechts zum **Kleinen Ahornboden ❷**, 1399 m, einer

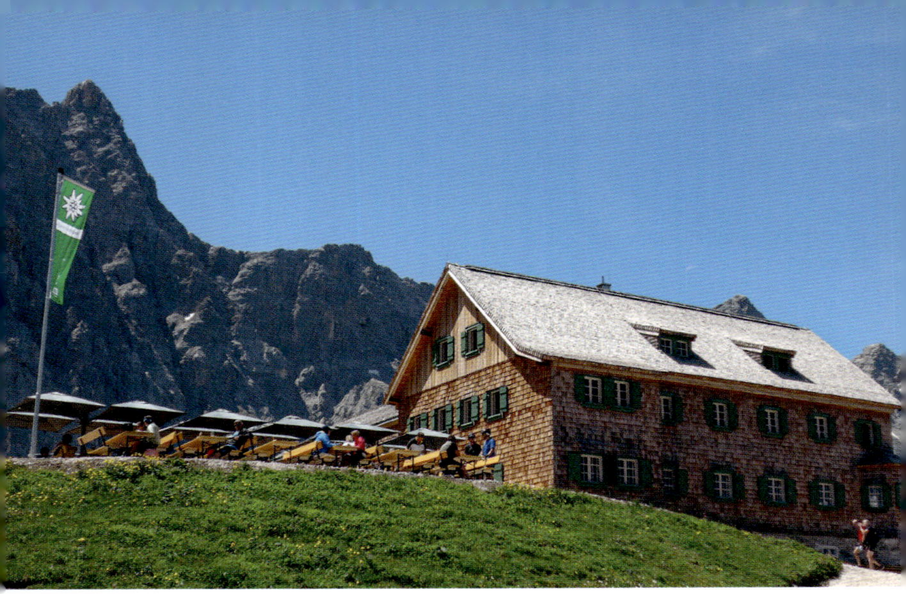

Die Falkenhütte.

idyllischen Wiesenlichtung mit einigen alten Ahornbäumen, die sich für eine ausgiebige Rast anbietet.
Wir wenden uns nach links und sind am Denkmal für Hermann von Barth. Der Karwendel-Erschließer bestieg im Sommer 1870 an die 90 Karwendelgipfel, zum Teil handelte es sich dabei um Erstbesteigungen. Am Denkmal vorbei verlassen wir kurz darauf den Fahrweg nach rechts auf einen Wanderweg. Nachdem wir eine Geröllreise überquert haben, führt uns ein gut ausgebauter Weg durch lichten Wald Richtung Falkenhütte. Nach 45 Minuten stoßen wir auf einen Fahrweg und folgen diesem nach rechts. Dann verlassen wir den Wald und erreichen über Weideflächen die **Ladizalm** ❸, 1573 m.
In Kehren geht es weiter hinauf, bis wir den Fahrweg nach links auf einen beschilderten Fußweg verlassen können und über eine Almweide die **Falkenhütte** ❹, 1848 m, erreichen. Diese liegt eindrucksvoll am Fuß der steil aufragenden Laliderer Wände.

Nachdem wir uns in der Hütte einquartiert haben, können wir noch den zur Falkengruppe gehörenden Mahnkopf besteigen (knapp 2 Std. hin und zurück). Dazu folgen wir dem Wegweiser Richtung Mahnkopf in leichtem Auf und Ab um das Ladizköpfl herum ins **Ladizjoch** ❺. Dann geht es einen steilen, schotterigen Steig hinauf zum Gipfelkreuz des **Mahnkopfs** ❻, 2094 m. Von dort haben wir einen herrlichen Blick auf die beeindruckenden Laliderer Wände und Richtung Östliche Karwen-

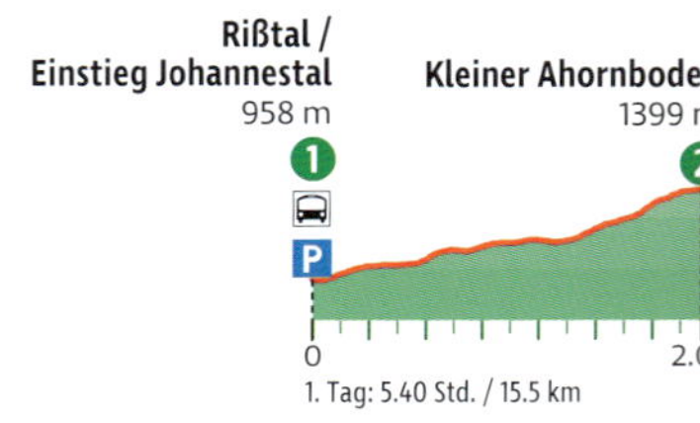

delspitze, auf die Falkengruppe und in die schroffe Westflanke des Gamsjochs, unser Gipfelziel für den nächsten Tag. Nachdem wir die Aussicht ausführlich genossen haben, gehen wir auf demselben Weg zurück zur **Falkenhütte** ❹.

2. Tag:
Von der Falkenhütte folgen wir dem Schild Richtung Eng auf einem Fahrweg hinab ins **Spielissjoch** ❼, 1773 m. Hier zweigen wir nach links auf einen Steig ab, der uns unter den imposanten Laliderer Wänden entlangführt. Dann geht es ein Stück auf einem aus dem Laliderer Tal heraufkommenden Fahrweg hinauf ins **Hohljoch** ❽, 1794 m, zu einer Gabelung. Auf dem rechten Weg werden wir später in die Eng absteigen.
Zunächst aber folgen wir dem Fahrweg nach links Richtung Gamsjoch zum **Lalidersalm-Hochleger** ❾, einer wunderschön gelegenen kleinen Almsiedlung. Von dieser leitet uns eine Wegspur auf gleicher Höhe bleibend über eine sumpfige Wiese halb um die Gumpenspitze herum bis zu einer nicht beschilderten und nicht markierten Rechtsabzweigung, an der wir einen schönen Blick in die Eng und auf das Sonnjoch haben. Der schmale Steig nach rechts hinab führt in die Eng (siehe Variante),

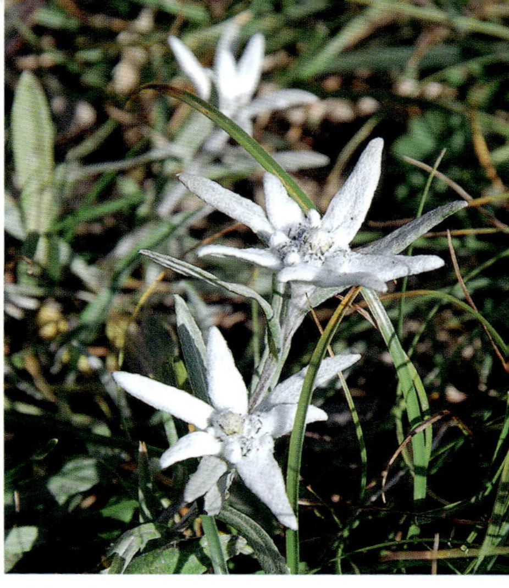
Edelweiß am Mahnkopf.

wir aber gehen geradeaus hinauf ins **Gumpenjöchl** ❿, 1974 m. Nun haben wir einen tollen Blick nach Westen auf die Falkengruppe sowie zu den Laliderer Wänden und der Falkenhütte.
Vom Gumpenjöchl folgen wir einem Steig nach rechts hinauf. Dieser führt zunächst über einen mit Schotterpassagen durchsetzten Grashang, dann felsiger (eine unproblematische Kraxelstelle) steil hinauf auf den Westgipfel des **Gamsjochs** ⓫, 2452 m. Am Weg kann man im Sommer Edelweiß entdecken und mit etwas Glück sieht man auch Gämsen.

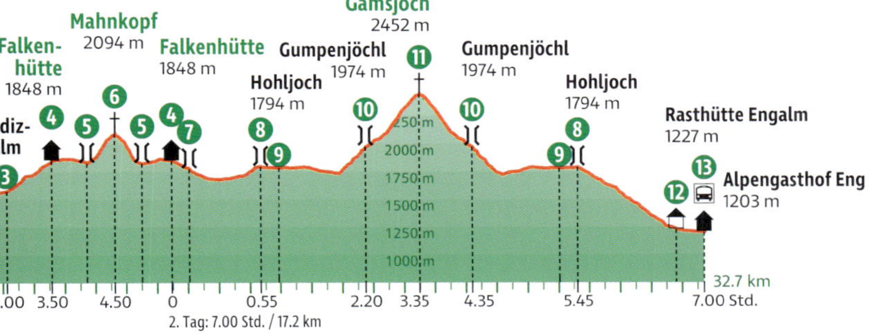

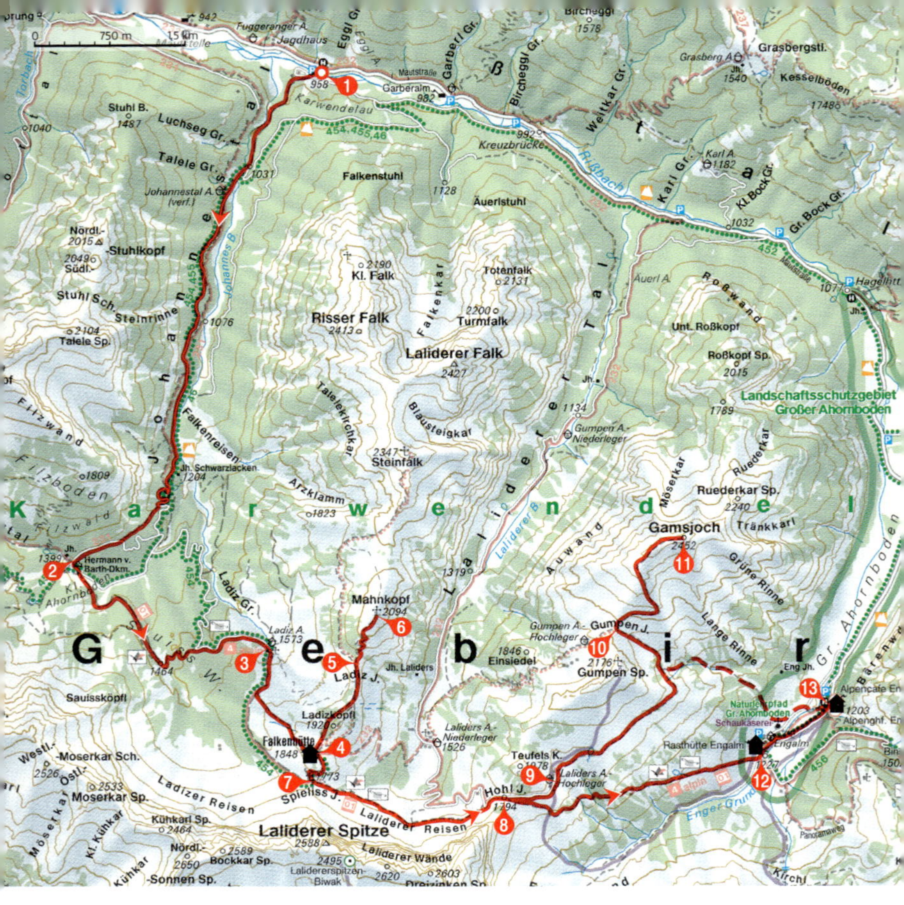

Der Übergang zum Mittelgipfel ist anspruchsvoller, die meisten geben sich daher mit dem Westgipfel zufrieden. Im Juli 2005 wurde das hier von der Wirtin des Alpengasthofs Eng errichtete Gipfelkreuz von Unbekannten aus seiner Verankerung gebrochen und den Berg hinuntergestürzt. 400 Meter tiefer wurde es gefunden. Die Rundum-Aussicht vom Gipfel ist jedenfalls fantastisch. Sie reicht bis zum Olperer in den Zillertaler Alpen und dem Großglockner in den Hohen Tauern.

Auf demselben Weg gehen wir zurück ins **Gumpenjöchl ⑩** und weiter bis zu der Abzweigung in die Eng. Bequemer und landschaftlich schöner als der direkte Weg hinunter ist es, über den **Lalidersalm-Hochleger ⑨** zurück zum **Hohljoch ⑧** zu gehen. Dort folgen wir dem Weg links hinab, erst über Almweiden, dann durch lichten Wald und schließlich noch einmal über Weidegelände, bis wir unten im Talkessel der Eng auf einen quer laufenden Weg stoßen. Gleich links befindet sich die **Rasthütte Engalm ⑫**, 1227 m.

Weiter durch die Almsiedlung und am Ende noch einmal kurz an Viehweiden entlang erreichen wir die Bushaltestelle am **Alpengasthof Eng ⑬**, 1203 m.

Rofan-Durchquerung

Über Erfurter und Bayreuther Hütte

3 Tage | 29,0 km | ↗ 1800 m | ↘ 2200 m

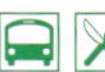

Abwechslungsreiche Durchquerung zwischen Achensee und Inntal

Der fjordartig eingeschnittene Achensee trennt auf neun Kilometern Länge das zu den Brandenberger Alpen gehörende Rofan vom Karwendel. Direkt an seinem Ufer beginnt die hier vorgestellte dreitägige Rofan-Durchquerung und endet 400 Meter tiefer im Inntal. Im Herzen dieses Gebirges hat sich eine wellige Hochebene ausgebildet, in die ein paar kleine Seen eingelagert sind. Die an den Rändern aufragenden Gipfel stürzen teilweise mit steilen Wänden ab. Stützpunkt für eine ganze Reihe der Rofangipfel ist die mit tollem Achensee-Blick am Rand dieser Hochebene liegende Erfurter Hütte. Gleich neben der Hütte befindet sich die Bergstation der von Maurach heraufkommenden Rofanseilbahn und entsprechend viel los ist hier tagsüber. Wer nur zwei Tage Zeit hat, kann die Seilbahn nutzen, um die Tour um einen Tag zu verkürzen, verpasst dann aber mit dem Aufstieg über das Steinerne Tor und die Obere Dalfazalm ein herrliches und stilles Stück Landschaft. Die unmittelbare Umgebung der Erfurter Hütte ist dagegen leider etwas verbaut. So wurde zum Beispiel der Gschöllkopf, der Hausberg der Hütte, mit einer Aussichtsplattform versehen, von der man mit dem sogenannten Skyglider hinabrauschen kann. Schnell aber lässt man am zweiten Tag diese »Attraktionen« hinter sich und wandert über die Hochebene zur Rofanspitze, nach der Hochiss der zweithöchste Gipfel des Massivs. Die Nordwestwand ist steil und schroff, wir aber nähern uns von der Südseite, auf der sie sich über einen Grashang problemlos besteigen lässt. Anschließend geht es über den sogenannten Schafsteig, das anspruchsvollste Wegstück der gesamten Tour, hinab zu dem idyllisch in Almwiesen eingebetteten Zireinsee, dessen Oberfläche je nach Wetter in unterschiedlichen Grün- und Blautönen schimmert. Von dort wandern wir zur Bayreuther Hütte, die auf einem langgezogenen Almboden aussichtsreich über dem Treffpunkt von Ziller-, Alpbach- und Inntal liegt. Am nächsten Tag geht es über die ebenfalls mit schöner Aussicht über dem Inntal thronende Sonnwendbichlalm hinab.

Am Zireinsee.

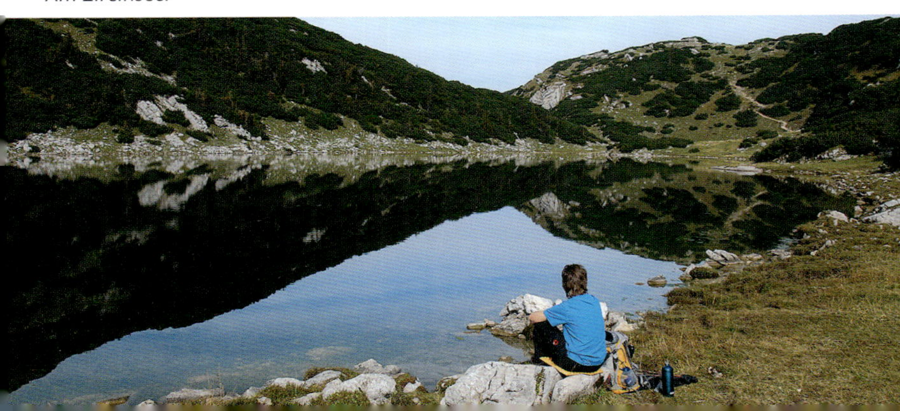

Ausgangspunkt: Achenkirch, Haltestelle »Achenseehof«, 936 m, Wanderparkplatz, Bus von Tegernsee (Linie 390) und, mit Umsteigen in Maurach, von Jenbach (Linie 8332 und 390 bzw. 4080).
Endpunkt: Bahnhaltestelle Münster-Wiesing, 538 m, an der Bahnlinie Innsbruck – Rosenheim. Wer zurück zum Ausgangspunkt muss, geht nicht zum Bahnhof, sondern nach Wiesing / Kanzelkehre, 896 m. Von dort Bus (Linie 8332 und 390 bzw. 4080) mit Umsteigen in Maurach nach Achenkirch »Achenseehof«, letzte Verbindung an Werktagen ca. 19.25 Uhr, an Sonn- und Feiertagen ca. 18.15 Uhr).
Bergbahn: Rofanseilbahn, Sommerbetrieb Ende April bis Mitte Juni sowie Mitte September bis Anfang November von 8.30 bis 17 Uhr, Mitte Juni bis Mitte September von 8 bis 17.30 Uhr, Tel. +43 5243 5292, rofanseilbahn.at.
Höhenunterschied / Gehzeit:
1. Tag: 1180 m↑, 280 m↓; 4.30 Std.
2. Tag: 510 m↑, 770 m↓; 4.45 Std.
3. Tag: 110 m↑, 1150 m↓; 3.30 Std.
gesamt: 1800 m↑, 2200 m↓; 12.45 Std.
Anforderungen: Fast durchgängig gute Wege und Steige. Für den Abstieg über den Schafsteig zum Zireinsee auf der zweiten Etappe ist Trittsicherheit erforderlich. Hier gibt es ein paar Kraxelstellen, die mit Drahtseilen versichert sind. Sehr steil, Vorsicht bei Nässe.

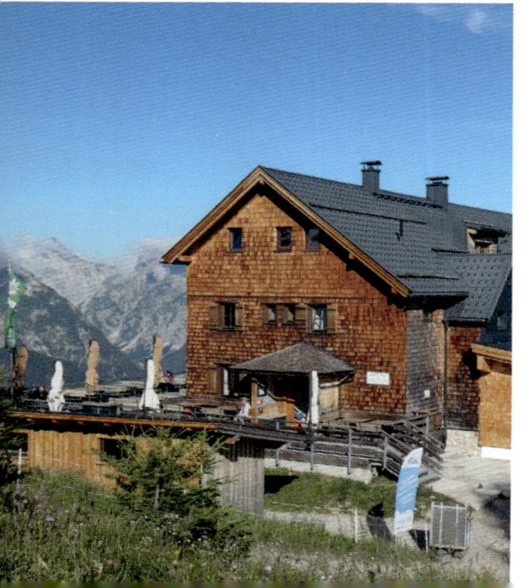

Einkehr / Übernachtung:
1. Tag: Obere Dalfazalm, privat, 43 Schlafplätze, geöffnet Mitte Mai bis Anfang November, Tel. +43 664 9159807, dalfazalm.at; Erfurter Hütte, DAV, 76 Schlafplätze, fast ganzjährig geöffnet, Tel. +43 5243 5517 und +43 664 5146833, erfurterhuette.at; Berggasthaus Rofan, privat, 55 Schlafplätze, geöffnet Anfang Januar bis Ende März sowie Anfang Mai bis Ende Oktober, Tel. +43 5243 5058, berggasthof-rofan.com.
2. Tag: Mauritzalm, nur Einkehr; Bergalm, nur Einkehr; Bayreuther Hütte, DAV, 49 Schlafplätze, geöffnet Mitte Mai bis Mitte Oktober, Tel. +43 6643 425103, bayreuther-huette.de.
3. Tag: Sonnwendbichlalm, nur Einkehr; Panorama-Restaurant Kanzelkehre (Variante), nur Einkehr.
Kinder: Nur für berggängige, trittsichere Kinder.
Karten: Freytag & Berndt WK 321, Achensee – Rofan – Unterinntal, 1:50.000; AV-Karte Blatt 6, Rofan, 1:25.000.
Variante: Über die Schermsteinalm zur Bayreuther Hütte (zum Teil schmaler Steig entlang eines abschüssigen Grashangs, sehr gute Trittsicherheit und Schwindelfreiheit unbedingt erforderlich, Vorsicht bei Nässe; ca. 250 m zusätzlicher Anstieg): Von der Rofanspitze in einem Bogen über den Schafsteigsattel zurück zur Aufstiegsroute und auf dieser bis zur Verzweigung am Roßkopf. Nach links in den Krahnsattel, dort wieder links und durch eine wilde Felslandschaft hinab. Dann nach links durch Schuttreisen zu der unter einer überhängenden Felswand liegenden Schermsteinalm queren. Kurz auf einem Fahrweg hinab, dann gleich nach links auf einem Steiglein hinauf. In einem Bogen auf die Südseite des Vorderen Sonnwendjochs und zu einer Schulter mit einer Weggabelung. Dem Schild nach rechts Richtung Bayreuther Hütte folgen (3.40 Std. ab Rofanspitze).

Die Erfurter Hütte.

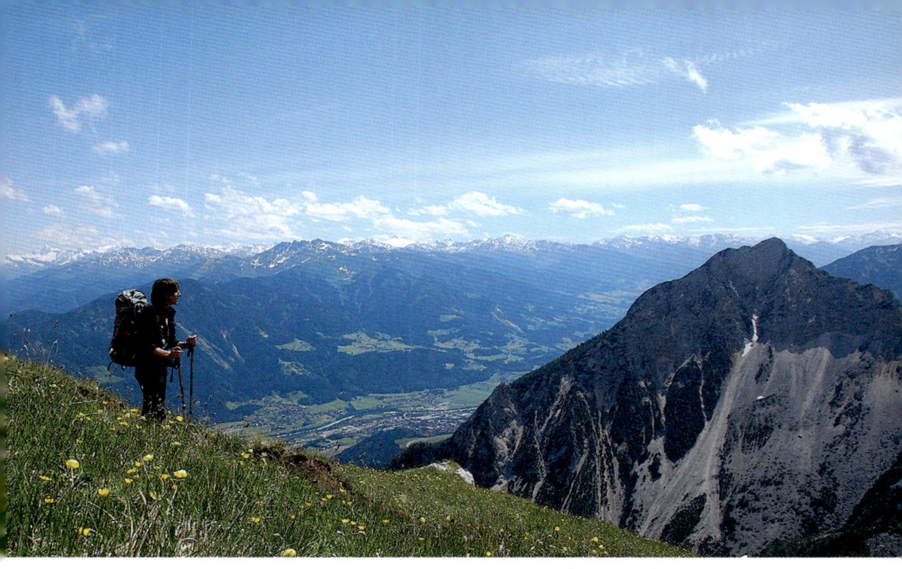

Am Weg von der Schermsteinalm zur Bayreuther Hütte (Variante): Blick ins Inntal und zum Ebner Joch (rechts).

1. Tag:

Rechts vom Wanderparkplatz an der Bushaltestelle **Achenseehof ①**, 936 m, gehen wir in die Forststraße Richtung Kotalm, verlassen diese aber an einem Hochseilgarten gleich wieder, einem Schild zur Erfurter Hütte folgend, nach rechts auf einen Wanderweg. Wir überqueren ein Bachbett, halten uns links (ein kleiner Abstecher führt zu einem Wasserfall) und wandern ein Stück am Bach entlang. Dann leitet uns ein schöner, aber steiler Steig durch lichten, lärchendurchsetzten Wald einen Bergrücken hinauf. Schließlich treffen wir auf eine Forststraße und folgen dieser wenige Minuten nach rechts zu einer Wiesenterrasse mit dem **Kotalm-Niederleger ②**, 1260 m. Hier haben wir einen schönen Blick auf die Bergkulisse hinter dem Achensee.

Ein Wegweiser Richtung Erfurter Hütte / Kotalm-Mitterleger leitet uns nach links, den Markierungen entlang, über eine Weide und in den Wald. Wir stoßen auf einen Fahrweg, folgen diesem ein kleines Stück nach links und kürzen ihn dann nach rechts auf einem Steig ab. In der Folge überqueren wir noch dreimal den Fahrweg, bis wir schließlich den **Kotalm-Mitterleger ③**, 1608 m, erreichen. Auch hier haben wir einen herrlichen Ausblick.

Weiter geht es Richtung Steinernes Tor erst flach über im Frühsommer üppig blühende Almweiden, dann hinauf durch eine urtümliche, mit einer Unzahl an Felsbrocken durchsetzte Graslandschaft. Dabei kommen wir an den Überresten des verfallenen **Kotalm-Hochlegers ④** vorbei und erreichen schließlich das **Steinerne Tor ⑤**, 1976 m (auch Kotalmsattel), einen Durchlass zwischen den felsigen Ausläufern von Klobenjoch und Streichkopf.

Nun steigen wir ein kleines Hochtal hinab auf den Achensee zu und kommen zur **Oberen Dalfazalm ⑥**, 1693 m. Die Dächer der Almgebäude sind mit den traditionellen, nur

durch aufgelegte Steine befestigten Legschindeln gedeckt. Hier kann man bei einem Nachmittagskaffee die Aussicht auf den Achensee und das Karwendel genießen.
An der Alm halten wir uns links und folgen mit schönem Seeblick dem Höhenweg zur **Erfurter Hütte** 7 1831 m, wo wir auf der aussichtsreichen Terrasse in der Abendsonne den Tag ausklingen lassen können.

2. Tag:
Von der Erfurter Hütte gehen wir auf dem breiten Weg bis zu der Verzweigung an der Mauritzalm. Hier folgen wir dem Schild Richtung Rofanspitze auf dem Hauptweg bleibend und wandern unterhalb des Gschöllkopfs entlang durch eine Wiesenmulde in einen kleinen **Sattel** 8, wo sich der Weg gabelt. Wir gehen linkshaltend durch eine weitere Mulde, kommen zwischen dem markanten Roßkopf und einer kleinen Lacke an die nächste Verzweigung und gehen geradeaus Richtung Rofanspitze. Weiter leicht ansteigend erreichen wir, an einer Gabelung rechts, die **Grubascharte** 9. Direkt vor uns liegt der Grubasee und etwas weiter links vorne die Rofanspitze. Dem nach links ziehenden Steig folgend gelangen wir zu einer Abzweigung, wenden uns nach links und erreichen nach wenigen Kehren den Grat. Diesem folgen wir ein kleines Stück nach rechts bis auf den Gipfel der **Rofanspitze** 10, 2259 m. Hier haben wir einen herrlichen Rundblick auf das Kaisergebirge, in die Zentralalpen, ins Karwendel und natürlich auf die umliegenden Rofangipfel.
Nun folgen wir dem Grat mit beeindruckendem Blick in die Nordwestwand der Rofanspitze geradeaus weiter. Nach einem Rechtsknick erreichen wir im **Schafsteigsattel** 11 die Linksabzweigung zum Zireinsee. Auf dem sogenannten Schafsteig geht es nun, anfangs recht steil, hinab. Dabei müssen wir ein paar Kraxelstellen bewältigen, über die uns Seile und Trittbügel hinunterhelfen. Vor uns liegt ein eigentümlich geschichteter Felsriegel. Dann zieht der schotterige Weg unter der Ostwand der Rofanspitze, in der man manchmal Kletterer beobachten kann, entlang. Anschließend geht es durch eine urtümliche Landschaft, ein mit Latschen durchsetztes Feld aus Felstrümmern, zur Verzweigung am **Marchgatterl** 12, 1905 m.
Hier folgen wir dem Weg nach rechts über die latschenbestandene und felsdurchsetzte Wiese. Zehn Minuten später gabelt sich der Weg erneut.

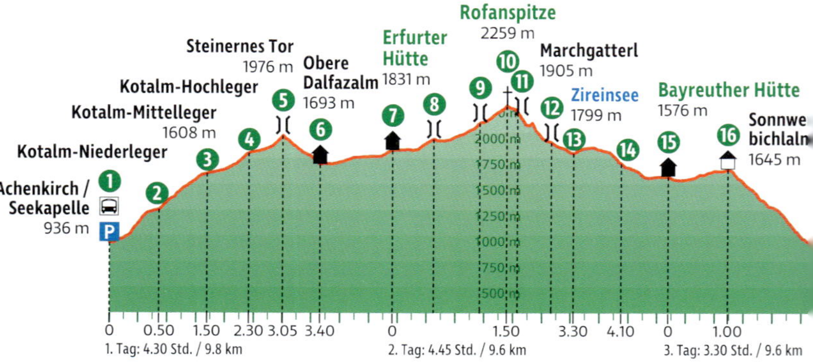

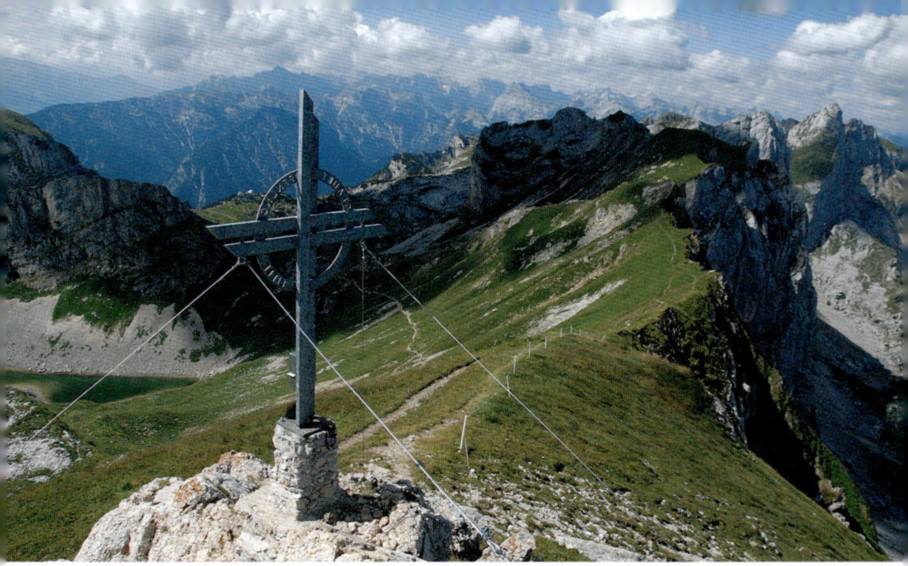

Auf dem Gipfel der Rofanspitze.

Rechts geht es zur Bayreuther Hütte. Vorher aber machen wir einen Abstecher nach links zu dem idyllisch in einer Wiesenmulde liegenden, von Latschenhängen umgebenen **Zireinsee ⑬**, 1799 m. An seinem Ufer können wir herrlich im Gras liegen und eine ausgedehnte Pause machen, denn zur Bayreuther Hütte sind es nur noch 75 Minuten.

Anschließend geht es zurück zu der Abzweigung und nach links. Erst zieht unser Weg auf gleich bleibender Höhe unter den beeindruckenden Ostabstürzen von Rofanspitze bzw. Sagzahn entlang, dann gehen wir über eine Geländekante und etwas hinab zu einer Ansammlung von Almgebäuden, der **Zireiner Alm ⑭** 1698 m. Hier haben wir einen ersten Blick hinab ins Inntal. Wir folgen dem an der Alm beginnenden Fahrweg zehn Minuten abwärts, bis in einer Linkskehre rechts ein Steig abzweigt. Dieser führt durch einen verwunschen wirkenden Wald zur **Bayreuther Hütte ⑮**, 1576 m, die auf den Weideflächen der Bergalm liegt. Von der Hüttenterrasse hat man einen herrlichen Fernblick über das Inntal hinweg in die Zentralalpen.

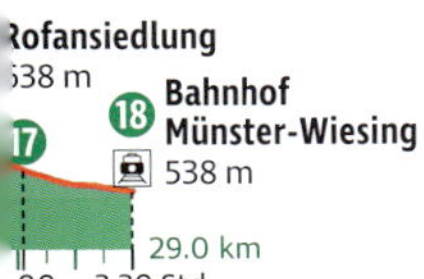

3. Tag:

Von der Bayreuther Hütte folgen wir dem Schild Richtung Wiesing / Sonnwendbichlalm mehr oder weniger auf gleicher Höhe bleibend, an der Abzweigung nach wenigen Minuten geradeaus, durch den Wald. Ab und zu können wir durch die Bäume hinab ins Inntal blicken. Dann verlassen wir den Wald und erreichen die auf einer aussichtsreichen Wiesenterrasse gelegene **Sonnwendbichlalm ⑯**, 1645 m. Hier leitet uns das Schild »Münster über Seitensteinalm« nach links. Von der vorgelagerten Rastbank mit Panoramablick führt uns ein Steig in Kehren durch den Wald hinab (gut auf die Markierungen achten!), bis wir auf ein Schotter-Fahrsträßchen treffen, dem wir nach links abwärts folgen. Wer ein Auto am Ausgangspunkt stehen hat, verlässt das Sträßchen nach ungefähr 15 Minuten an einer Verzweigung (Astenberg) nach rechts, geht in gut 30 Minuten zur Kanzelkehre und fährt mit dem Bus zum Parkplatz zurück (Umsteigen in Maurach).

Ansonsten halten wir uns an Verzweigungen immer Richtung Wiesing / Rofansiedlung. Dann geht das Fahrsträßchen in ein Asphaltsträßchen über, das in einem Bogen hinab zur **Rofansiedlung ⑰** führt.

Im Ort biegen wir an einer Kreuzung mit Wanderschildern und Sitzbänken unter großen Fichten nach links ab und folgen der Straße in einem Bogen hinab bis zu einer großen Querstraße. Dort gehen wir nach links, dann überqueren wir die Inntal-Autobahn nach rechts über eine Brücke. Wir folgen dem Sträßchen durch das Gewerbegebiet, bis wir auf eine Querstraße treffen. Diese führt uns links zum Bahnhof **Münster-Wiesing ⑱**, 538 m.

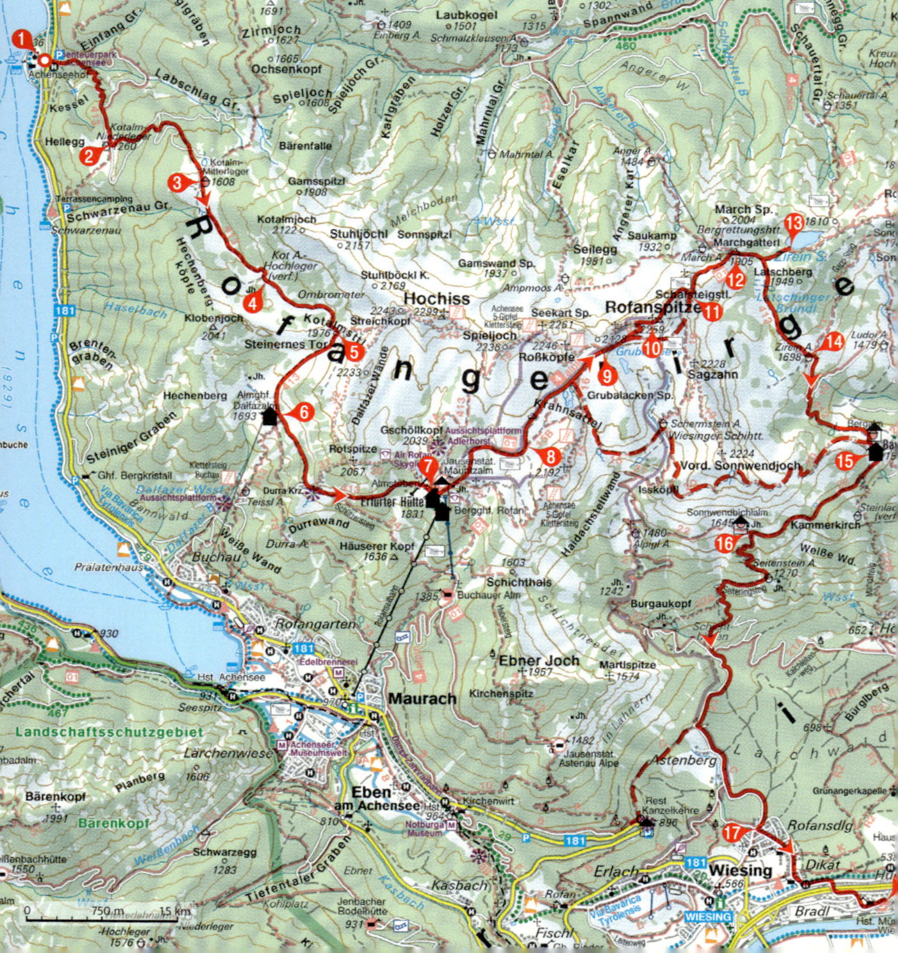

Über den Blaubergkamm

Durch die Wolfsschlucht zur Halserspitze

20

2 Tage | 21,2 km | ↗ 1430 m | ↘ 1430 m

Augenschmaus und Gaumenfreuden zwischen Bayern und Tirol

Sonnig und aussichtsreich liegt die kleine Blaubergalm auf der Südseite des gleichnamigen Bergkamms – ein Platz, um die Zeit zu vergessen. Sie bietet an zwei Tagen in der Woche eine einfache und urige Übernachtungsmöglichkeit. Warum also nicht einmal bleiben, wenn sich die anderen Wandernden wieder auf den Weg ins Tal machen, gedankenlos in die Abendsonne blinzeln und den Blick über die Silhouette der Berge gleiten lassen? Die zackige Gipfelriege des Karwendels ziert den Horizont, das Rofan schneidet mit kantigen Abbrüchen in den Himmel und der breite Bergklotz des Guffert wirft sich im letzten Licht in Pose. Für die Hintergrundmusik bei diesen eindrucksvollen Landschaftsbildern sorgen die Kühe, die mit dröhnenden Glocken zum Melken trotten. Nicht nur für Augen und Ohren ist etwas geboten, auch das leibliche Wohl kommt auf der Blaubergalm nicht zu kurz. Die Milch der dreißig Kühe, die den Sommer auf der bereits auf Tiroler Boden gelegenen Alm verbringen, wird zu Graukäse und Butter verarbeitet. Dazu kommen mehrere Sorten Schnittkäse auf den Teller. Sie stammen aus eigener Erzeugung vom Hof der Almleute im Inntal, ebenso Brot, Wurst, Speck, Nudeln und Schnaps. Wer sich durch alle Schmankerl probieren will, hat also einiges zu tun. Dabei wird man feststellen: Der Akzent der Sennerin klingt irgendwie anders. Die gebürtige Niederländerin hat ihr Herz an einen Tiroler verloren – und an die Blauberge. Wer diesen Flecken Erde kennt, wird sie verstehen.

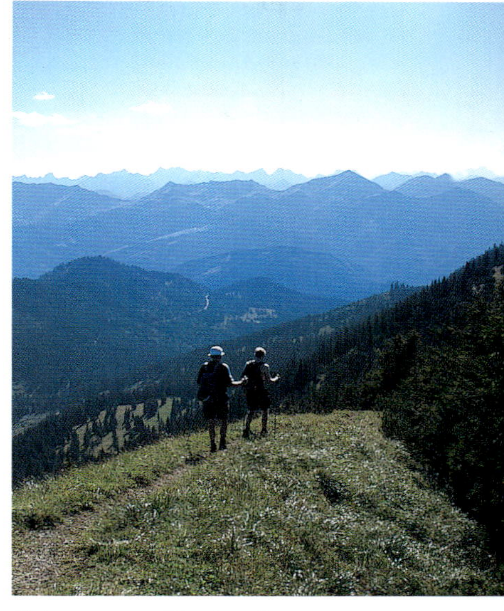

Unterwegs am Blaubergkamm.

Der Anstieg zu den sonnendurchfluteten Almwiesen führt durch eine dramatische Schluchtlandschaft. Düstere Felsabstürze ragen empor, Bäche stürzen aus felsigen Schlünden – die Große Wolfsschlucht ist eine der wildesten Gegenden in den Bayerischen Voralpen. Sie schneidet in die Nordseite der Blauberge, die sich zwischen Bayern und Tirol als ein abweisender Wall aus zerfurchten Felsflanken auftürmen. Über den Kamm dieses felsigen Bollwerks verläuft eine großartige Panoramawanderung, eine »Sightseeing-Tour« zwischen Bayerischen Voralpen und hohem Gebirge, bei der sich das Auge kaum sattsehen kann.

Ausgangs- und Endpunkt: Parkplatz an der Achenpassstraße (B 307), 800 m, südlich von Kreuth, etwa 1 km nach der Abzweigung nach Wildbad Kreuth auf der linken Seite. Mit der Bayerischen Regiobahn (BRB) nach Tegernsee, weiter mit dem Bus (Linie 356 oder 390) Richtung Stuben bzw. Pertisau zur Haltestelle »Siebenhütten«.

Höhenunterschied / Gehzeit:
1. Tag: 930 m↑, 170 m↓; 3.45 Std.
2. Tag: 500 m↑, 1260 m↓; 5.00 Std.
gesamt: 1430 m↑↓; 8.45 Std.

Anforderungen: Steiler Anstieg durch die Wolfsschlucht über teilweise ausgesetzte, gesicherte Felspassagen, bei Nässe unangenehm rutschig, Schwindelfreiheit und Trittsicherheit notwendig. Nach Frostnächten ist der Anstieg nicht zu empfehlen. Am Blaubergkamm steiniger, aber unschwieriger Steig. Beim Abstieg von der Halserspitze im oberen Bereich felsiges und schrofiges Gelände, das ebenfalls einen sicheren Tritt erfordert. Im Sommer kann es am Latschenkamm der Blauberge heiß werden, deshalb ist es ratsam, nicht zu spät aufzubrechen.

Einkehr / Übernachtung:
1. Tag: Siebenhütten, nur Einkehr; Blaubergalm, privat, 20 Schlafplätze, geöffnet Mitte Mai bis Anfang Oktober, Übernachtung nur am Samstag, Montag und an Feiertagen möglich, Tel. +43 664 2306719 oder +43 664 2306729.
2. Tag: Siebenhütten (s. o.).

Kinder: Die Übernachtung auf der Blaubergalm ist ein Highlight für junge Wanderer. Der Anstieg durch die Wolfsschlucht ist jedoch nur für bergerfahrene Kinder geeignet. Eine einfachere Variante führt über die Königsalm zum Schildenstein und zur Blaubergalm. Die zweite Tagesetappe über den Blaubergkamm erfordert einige Ausdauer.

Karten: Bayerisches Landesamt für Digitalisierung, Breitband und Vermessung UK 50-53, Mangfallgebirge, 1:50.000; AV-Karte BY 14, Mangfallgebirge Süd, 1:25.000.

Herrlicher Logenplatz: die Blaubergalm mit Blick ins Achenseetal.

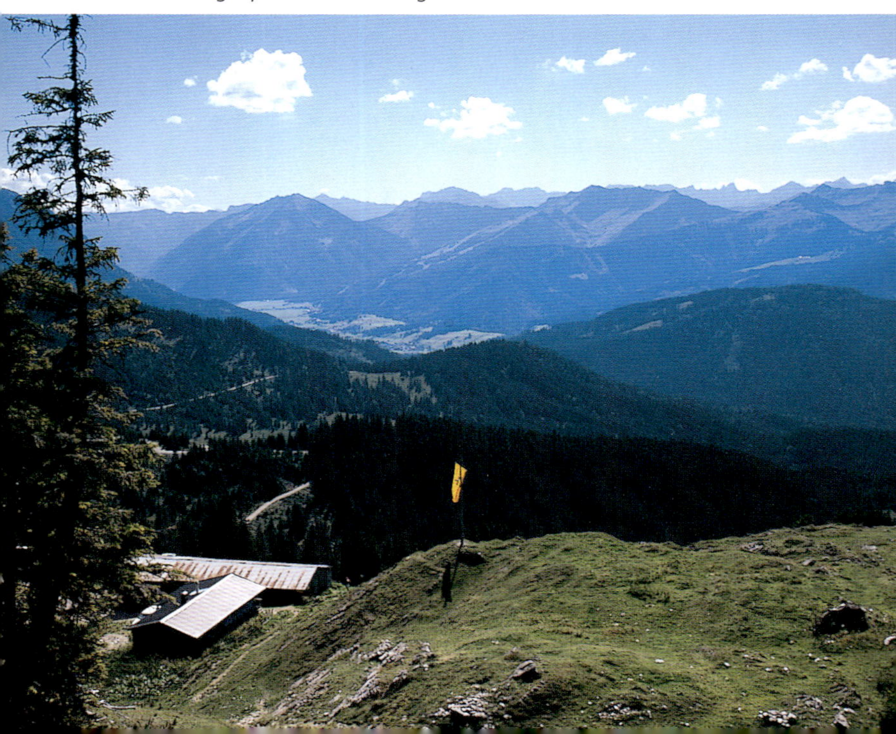

1. Tag:

Vom Parkplatz, 800 m, an der **Achenpassstraße** ❶ überqueren wir die Weißach und folgen dem Forstweg geradeaus Richtung Wolfsschlucht / Siebenhütten ins Tal der Hofbauernweißach. An einer Verzweigung halten wir uns rechts und wandern weiter flach am Bach entlang zur Alm **Siebenhütten** ❷. Die schindelgedeckten Almhütten unter schattigen Ahornbäumen sind ein besonders idyllischer Platz, an dem wir am Ende unserer Tour noch einmal vorbeikommen werden.

Wir bleiben auf der rechten Bachseite und steigen rechts zur Lichtung mit der Oberhofer Weißachalm und der Königshütte an. Der Weg fällt zum Bachbett der Felsweißach ab und führt am Ufer entlang in den engen Taleinschnitt der **Großen Wolfsschlucht** ❸ hinein. Immer näher rücken die steilen, abweisenden Bergflanken im Talschluss. Noch ist es schwer vorstellbar, dass es dort einen Durchschlupf geben soll. Markierungen leiten teilweise weglos durch das Bachbett. Am Beginn der Kleinen Wolfsschlucht, die links in die Blauberge schneidet, zeigt ein historischer Wegweiser, ein Stein mit der Inschrift »Zur großen Wolfsschlucht«, dass Wanderer früher schon in dieser eindrucksvollen Bergwildnis unterwegs waren.

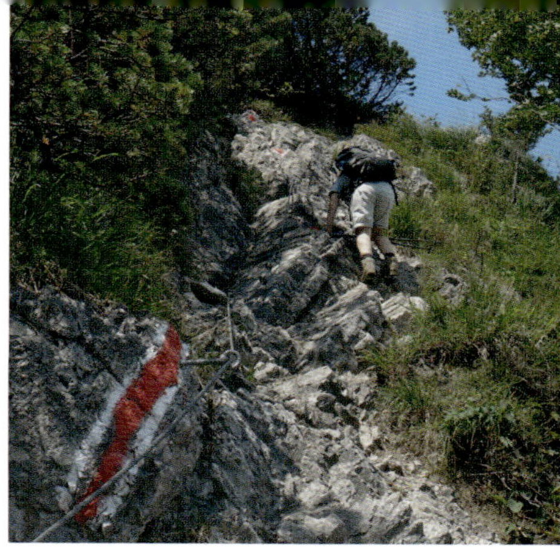

Felspassagen in der Großen Wolfsschlucht.

Schließlich stehen wir am Fuß der steilen Abstürze und steigen rechts von einem Wasserfall über gut gestuften Fels bergauf. Passagen auf einem schotterigen Steig und gesicherte Felsstellen wechseln sich nun ab. Einige Zeit folgen wir den Kehren über einen bewaldeten Hang bergauf und gewinnen anschließend wieder in felsigem Gelände weiter an Höhe. Entlang von Drahtseilsicherungen queren wir nach rechts über eine abschüssige Sandreise und können bald darauf auf einem Flachstück durch lichten Bergwald kurz verschnaufen. Noch einmal ansteigend geht es zu einem weiten **Sattel** ❹ im Westen der Blauberge hinauf.

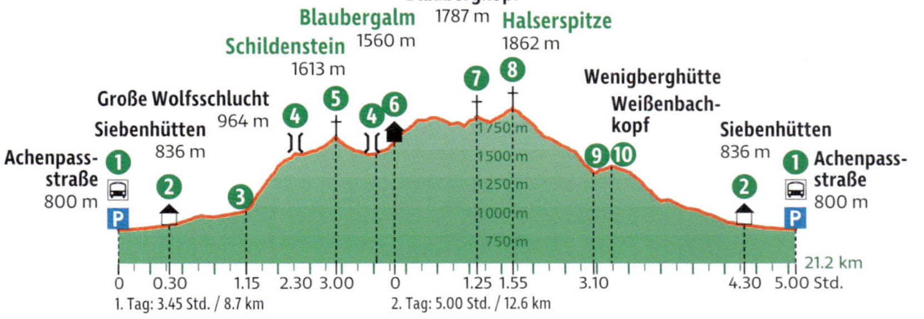

Als Gipfelziel für den heutigen Tag bietet sich der Schildenstein an. Dazu halten wir uns rechts und wandern über welliges Gelände nach Westen unter die Südflanke, bis rechts ein Steig zum Gipfel abzweigt. Vom höchsten Punkt des **Schildensteins ❺**, 1613 m, genießen wir einen schönen Blick auf das Tegernseer Tal, die umliegenden Tegernseer Berge, Rofan und Karwendel. Auch ein Stück des Achensees spitzt heraus.

Wir kehren zum **Sattel ❹** zurück und folgen dort dem Schild Richtung Halserspitze nach Südosten. Dann gehen wir entweder links auf einem kleinen Pfad über den Predigtstuhl, einen Ausläufer des Blaubergkamms, oder geradeaus etwas ansteigend über die Südhänge zur **Blaubergalm ❻**, 1560 m. Sie ist noch eine richtige Alm, bei der das Vieh an erster Stelle steht.

2. Tag:

Von der Blaubergalm zieht ein Steig Richtung Blauberge / Halserspitze zur Kammhöhe hinauf. Dort beginnt die aussichtsreiche Genusswanderung, die in einigem Auf und Ab über den Gratrücken der Blauberge führt. Wir folgen dem Kamm nach Osten zu einer ersten Erhebung hinauf und wandern anschließend über die steilen Südhänge knapp unterhalb der latschenbewachsenen Blaubergschneid. Die Halserspitze am östlichsten Ende des Grats haben wir dabei schon im Blick. Der Steig leitet kurz in eine Senke im Grat hinab und über eine Anhöhe zum Latschengipfel des **Blaubergkopfs ❼**, 1787 m, hinauf. Noch einmal geht es in eine Einsattelung hinab. Dann führt ein teils felsiger Pfad weiterhin entlang des Latschenkamms über die unscheinbare Karspitze, wo ein

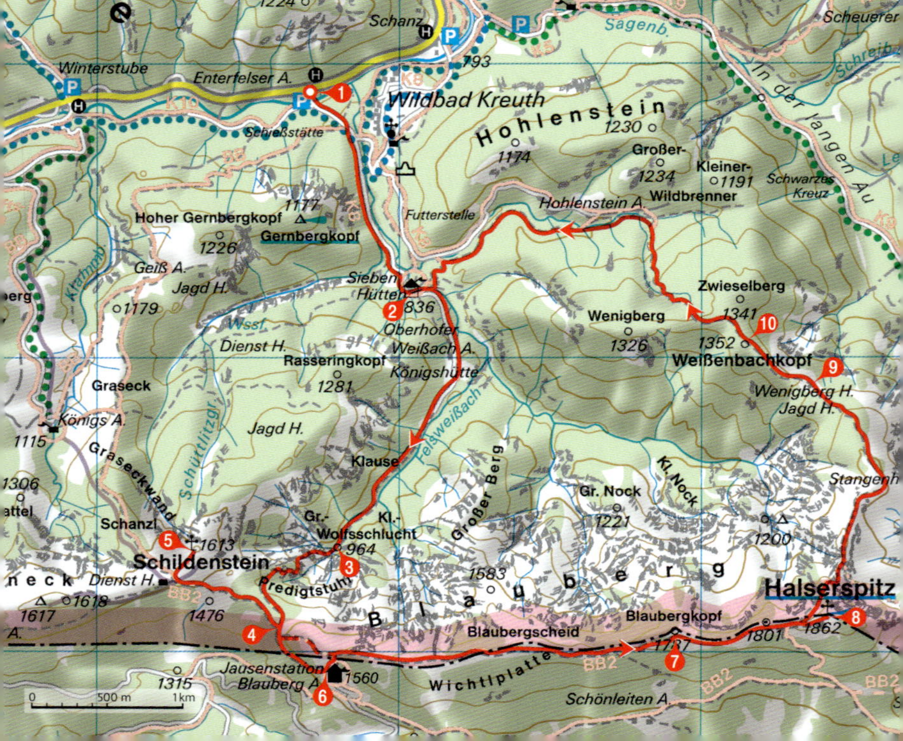

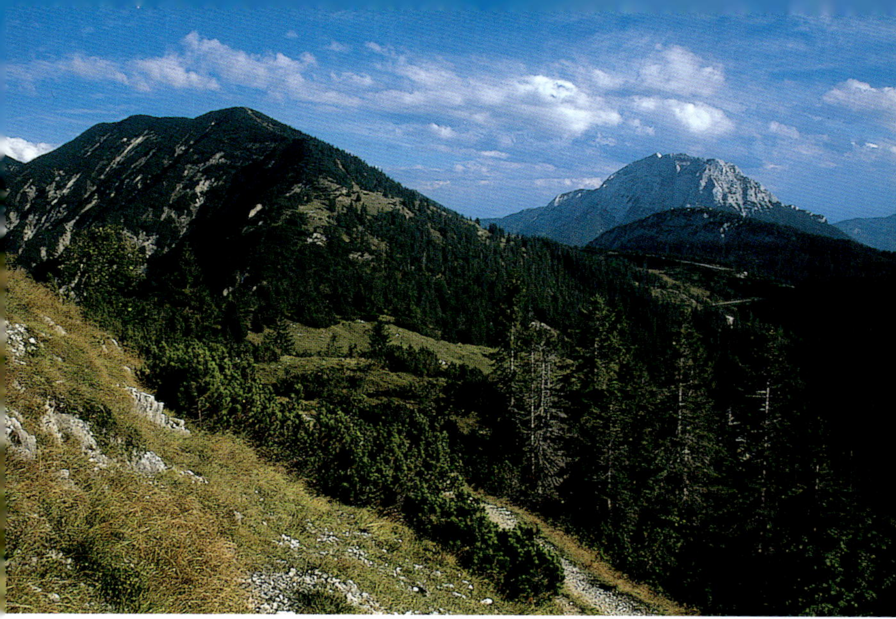

Am Weg zum Schildenstein: Blauberge (links) und Guffert.

Steig zur Gufferthütte abzweigt, und hinauf zur **Halserspitze ⑧**, 1862 m. Noch einmal genießen wir den fantastischen Rundblick, der bei klarem Wetter vom Großvenediger bis zur Zugspitze reicht.

Für den Abstieg gehen wir einige Minuten auf der Anstiegsroute zurück, bis ein Wegweiser Richtung Wildbad Kreuth/Siebenhütten nach rechts zeigt. Einige kleine Felsstufen, die oft rutschig sind, erfordern einen sicheren Tritt. Wir queren die steile Nordwestflanke der Halserspitze oberhalb eines großen Schuttkars und steigen über Schrofen und durch Latschen zum Anriss einer Sandreise hinab. Dort folgen wir geradeaus dem schmalen Pfad über den Latschenkamm. Bald erreichen wir die Baumgrenze und wandern über einen steilen Waldhang zur kleinen **Wenigberghütte ⑨** hinab. Ein kurzer Gegenanstieg bringt uns zum **Weißenbachkopf ⑩**, 1352 m, hinauf. Anschließend geht es zunehmend steiler in den Zwieselgraben hinab und am Bachbett entlang ins Tal des Hohlensteinbachs, der durch erfrischende Gumpen sprudelt. Wir folgen dem Bach talauswärts und bleiben bei einer Verzweigung geradeaus am Bachufer. Der Hohlensteinbach stürzt über eine Stufe und verschwindet in einem tief eingeschnittenen Graben, an dessen Abhang sich der Weg entlangschlängelt. Bei einer kleinen Hütte treffen wir auf eine Forststraße und gelangen rechts zur Almwirtschaft **Siebenhütten ②**, der richtige Platz, um die Wanderung bei einer Brotzeit ausklingen zu lassen. Die Hofbauernweißach mit ihren Kiesbänken lädt zum entspannten Sonnenbad oder einem erfrischenden Sprung ins kühle Bachwasser ein. Anschließend kehren wir am Bach entlang auf dem schon bekannten Forstweg zum Parkplatz an der **Achenpassstraße ①** zurück.

21 Durch die Tegernseer Berge

Über Tegernseer und Lenggrieser Hütte

2 Tage | 22,9 km | ↗1440 m | ↘1610 m

Gipfelreigen in den Bayerischen Voralpen

Wenn die Tage wieder kürzer werden und die ersten Unterkunftshäuser in höheren Lagen schon geschlossen haben, dann ist eine gute Zeit, um altbekannte Berge und Hütten auf neuen Wegen zu verknüpfen. Ein wahrer Gipfelreigen breitet sich bei dieser Tour vor uns aus. Am ersten Tag führt uns ein südseitiger Aufstieg anfangs durch lichten Mischwald, dann in spannender Kraxelei an sonnenwarmen Felsen hinauf zur Tegernseer Hütte, die wie ein Adlerhorst spektakulär im Sattel zwischen Roß- und Buchstein klebt. An der beliebten, 2020/21 umgebauten Hütte treffen sich Wanderer und Kletterer. An Roß- und Buchstein sowie der dem Roßstein südseitig vorgelagerten Roßsteinnadel werden über 90 Kletterrouten in verschiedenen Schwierigkeitsgraden geboten. Während der Roßstein problemlos auch von Wanderern zu besteigen ist, darf sich an den Buchstein nur heranwagen, wer absolut trittsicher und schwindelfrei ist sowie über die entsprechende alpine Erfahrung verfügt. Spannende Kraxelei verspricht anschließend der Übergang zur Lenggrieser Hütte über Mariaeck, der zudem teilweise auf einsamen Pfaden verläuft. Am nächsten Tag geht es zunächst auf das Seekarkreuz, das zu jeder Jahreszeit gerne besucht wird, bevor wir die recht stillen Kampen überschreiten. Vielleicht sind manchen ja die Zustiegswege zu lang, dabei ist die aussichtsreiche Überschreitung dieses latschenbestandenen Kammes mit seinen drei Erhebungen, zwei davon mit Gipfelkreuz, durchaus spannend. Anschließend geht es hinab nach Lenggries oder Bad Wiessee – wer allerdings die Gipfelsammlung noch erweitern möchte, dehnt die Runde über den Fockenstein aus.

Die Tegernseer Hütte am Fuß des Buchsteins.

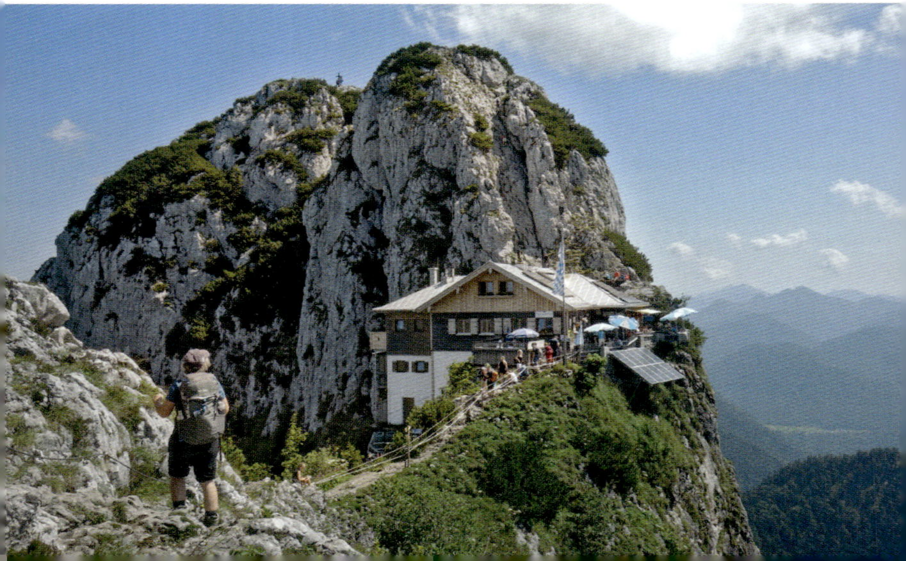

Ausgangspunkt: Bushaltestelle »Tegernseer Hütte«, 852 m, an der Achenpassstraße (B 307), ca. 5 km hinter Wildbad Kreuth; Wanderparkplatz. Mit der Bayerischen Regiobahn (BRB) nach Tegernsee, weiter mit dem Bus (Linie 390) Richtung Stuben / Pertisau.
Endpunkt: Bahnhof von Lenggries, 679 m, Bayerische Regiobahn (BRB) nach München. Die Rückfahrt mit öffentlichen Verkehrsmitteln zum Ausgangspunkt ist nur bis mittags möglich. Wer mit dem Auto anreist, sollte dieses daher in Tegernsee stehenlassen und eventuell nach Bad Wiessee absteigen (siehe Variante). Von Lenggries nach Tegernsee stündliche Zugverbindung (Umsteigen in Schaftlach).
Höhenunterschied / Gehzeit:
1. Tag: 1000 m↑, 520 m↓; 5 Std.
2. Tag: 440 m↑, 1090 m↓; 4.45 Std.
gesamt: 1440 m↑, 1610 m↓; 9.45 Std.
Anforderungen: Trittsicherheit und etwas Schwindelfreiheit erforderlich. Beim Aufstieg zur Tegernseer Hütte Kraxelei an teilweise recht speckigem Fels, einige Stellen sind mit Drahtseil gesichert. Auch beim Übergang zur Lenggrieser Hütte ein paar Kraxelstellen, außerdem eine kurze Leiter; ein paar Meter etwas ausgesetzt. Der Aufstieg zum Spitzkamp ist ausgesetzt und erfordert noch einmal etwas Kraxelei.
Einkehr / Übernachtung:
1. Tag: Sonnbergalm Hochleger (Getränke, Brotzeiten, Kuchen), Tegernseer Hütte, DAV, 21 Schlafplätze, geöffnet Mitte Mai bis Anfang November, keine Übernachtung von Sonntag auf Montag, Tel. +49 8029 9979262 und +49 175 4115813, tegernseerhuette.de (keine Wolldecken, Schlafsack mitbringen); Roßsteinalm, Brotzeiten und Getränke; Lenggrieser Hütte, DAV, 48 Schlafplätze, ganzjährig geöffnet, November bis Mai Montag und Dienstag Ruhetag, Tel. +49 8042 5633096 und +49 175 8440191, lenggrieserhuette.de.
2. Tag: Keine.
Kinder: Nur für geübte Kinder.
Karten: Bayerisches Landesamt für Digitalisierung, Breitband und Vermessung UK 50-52, Tölzer Land – Starnberger See, 1:50.000; AV-Karte Blatt BY 13, Mangfallgebirge West, 1:25.000.

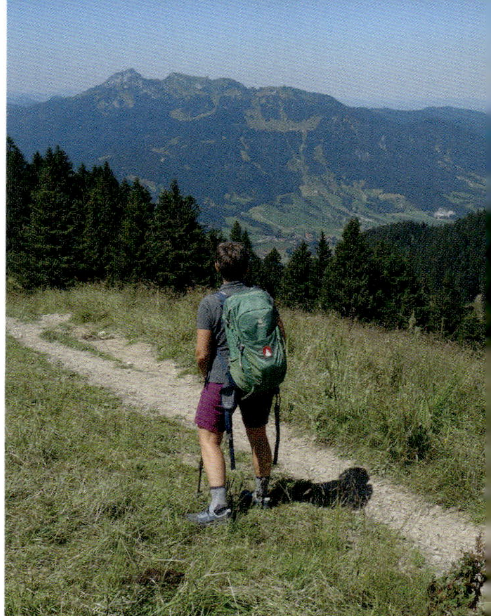
Beim Anstieg zum Seekarkreuz blickt man zurück auf die Benediktenwand.

Varianten: 1. Von der Lenggrieser Hütte direkt nach Lenggries: Auf dem sogenannten Grasleitensteig durch den Wald hinab, dann durch Weidegebiet und an einigen Höfen vorbei zu einem Wanderparkplatz. Weiter wie unten beschrieben (2.15 Std. bis zum Bahnhof).
2. Abstieg nach Bad Wiessee: Am Hirschtalsattel rechts, über eine Wiese und in einem Bogen durch den Wald hinab in den Stinkergraben. Diesen erst auf einem Steig (an einer Stelle rechts abzweigen), dann auf einem Schottersträßchen abwärts. An einem Jagdhaus vorbei und über den Platz davor. An der Forststraße nach links und am Söllbach entlang leicht abwärts. Der Schotter geht in Asphalt über. An der Söllbachklause vorbei zu einem Sträßchen und rechts zur Hauptstraße von Bad Wiessee. Nach rechts und gleich wieder links zur Bushaltestelle »Söllbach« (2 Std. ab Hirschtalsattel). Von dort mit dem Bus nach Tegernsee bzw. nach Gmund. In Tegernsee und Gmund Bayerische Regiobahn (BRB).

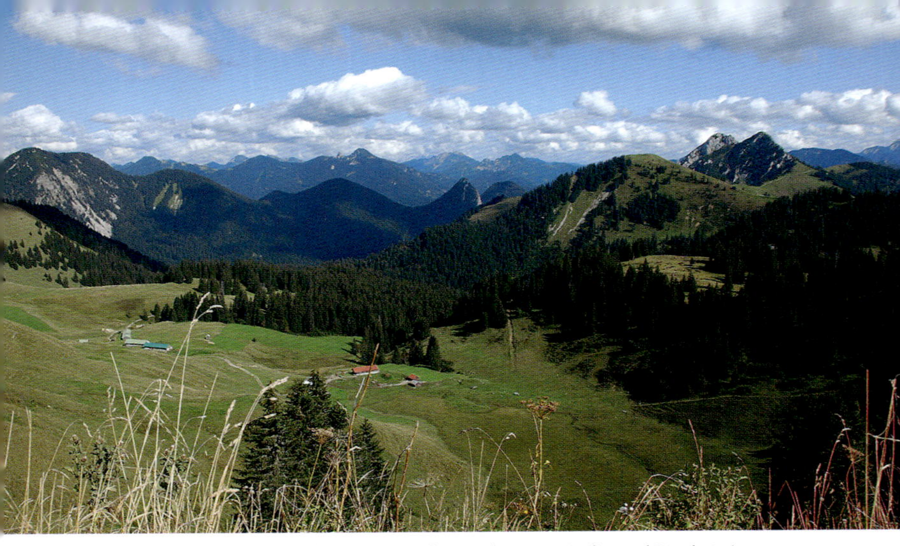

Am Rücken des Seekarkreuzes: Rechts sieht man Roß- und Buchstein.

1. Tag:
Von der Bushaltestelle »Tegernseer Hütte«, 852 m, an der **Achenpassstraße** ❶ gehen wir über den Wanderparkplatz und biegen an dessen hinterem Ende nach links in einen Steig ein. Dieser führt durch schönen Mischwald steil bergauf und ist, da er viel begangen wird, entsprechend erodiert. Am **Sonnbergalm Niederleger** ❷, 1140 m, lichtet sich der Wald vorübergehend. Wir steigen weiter bergauf und verlassen den Wald schließlich an dem auf einer Schulter liegenden **Sonnbergalm Hochleger** ❸, 1477 m. Nun sehen wir Roß- und Buchstein vor uns und zwischen den beiden die Tegernseer Hütte.
Unser Weg zieht nach links in einen Sattel. Kurz darauf gelangen wir an eine Abzweigung bei einem markanten Fels. Links könnten wir direkt zur Lenggrieser Hütte weitergehen, den abwechslungsreichen Umweg über die Tegernseer Hütte und den Roßstein sollten wir uns aber nicht entgehen lassen. Dazu halten wir uns rechts. Über einige Kraxelstellen geht es nun, teilweise mit Drahtseilen gesichert, durch die felsige Wand hinauf bis kurz vor die Hütte. Linkshaltend erreichen wir gleich darauf den Gipfel des **Roßsteins** ❹, 1698 m. Hier haben wir eine schöne Rundsicht: Rofan und Achensee, Karwendel, Wetterstein, Estergebirge, Ammergebirge und natürlich die Tegernseer Berge breiten sich vor uns aus, und im Norden kann man bei guter Sicht sogar München ausmachen.
Wir folgen dem Grat das kurze Stück hinab zur **Tegernseer Hütte** ❺, 1638 m, deren kleine Terrasse bei gutem Wetter fast immer überfüllt ist. Wer absolut trittsicher und schwindelfrei ist, kann noch den Buchstein, 1701 m, besteigen. Direkt von der Hütte führt eine Kletterei im II. Schwierigkeitsgrad durch eine speckige Felsrinne hinauf (nicht bei Nässe, 30 Minuten hin und zurück).
Um zur Lenggrieser Hütte weiterzugehen, folgen wir direkt hinter der Tegernseer Hütte dem Steig in Serpentinen über den mit niedriger Vegetation bewachsenen Hang hinab zu einer Verzweigung. Hier gehen

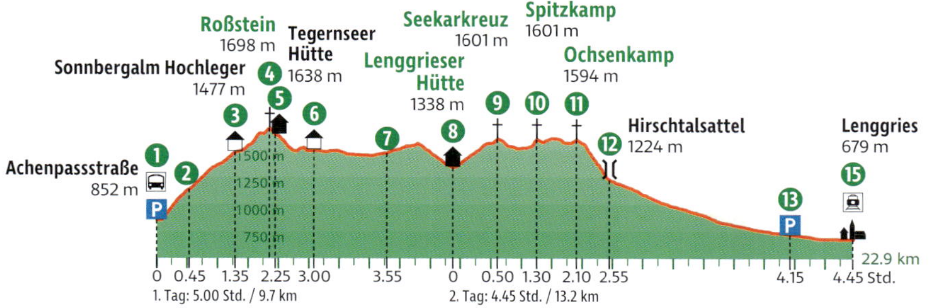

wir geradeaus leicht ansteigend weiter und treffen zehn Minuten später auf einen querenden Weg. Auf diesem wandern wir ein kurzes Stück nach rechts über Almgelände bis zu einer kleinen Almsiedlung, den **Roßsteinalmen** ❻, 1498 m. Hier beginnt ein Fahrweg, dem wir, an einer Verzweigung rechts, leicht bergab folgen, bis rechts ein mit »Seekar, Lenggrieser Hütte« ausgeschilderter Steig abzweigt. Dieser ist teilweise recht matschig und verläuft teils durch Wald, teils oberhalb von einer Wiese an einer Felswand entlang auf gleicher Höhe bleibend bis zu einer Verzweigung am **Mariaeck** ❼, 1469 m. Hier leitet uns ein Schild Richtung Lenggrieser Hütte geradeaus weiter. Erst geht es noch auf einem Steig dahin, dann kraxeln wir über Fels hinauf – eine Stelle ist mit Trittbügeln versehen, eine andere mit einer kurzen Leiter. Anschließend folgen wir einem Grat, bis wir auf den zum Seekarkreuz hochziehenden Rücken treffen. Wir halten uns links, tauchen kurz darauf in den Wald ein und erreichen 20 Minuten später die erst 2020 umgebaute und renovierte **Lenggrieser Hütte** ❽, 1338 m. Von der Terrasse können wir in der Nachmittagssonne den Blick zum Karwendel schweifen lassen.

Abstieg vom Gipfel des Spitzkamps.

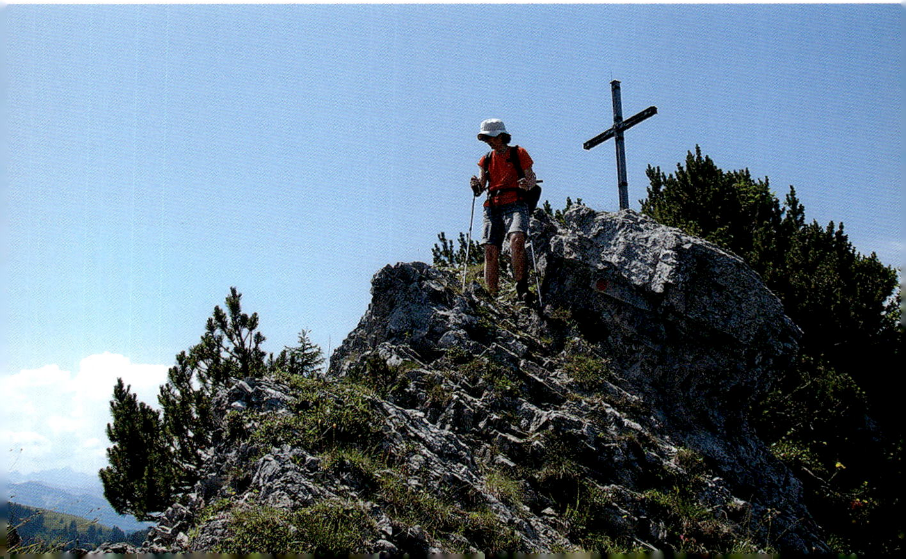

2. Tag:
Von der Lenggrieser Hütte steigen wir zunächst auf dem Weg vom Vortag wieder auf, bis der Steig zur Tegernseer Hütte rechts abzweigt. Nun folgen wir dem Rücken geradeaus weiter durch eine Senke und hinauf auf den Gipfel des **Seekarkreuzes** ❾, 1601 m. Wenn wir früh an der Hütte aufgebrochen sind, haben wir vielleicht Glück und den beliebten Gipfel ganz für uns alleine. Der schöne Blick auf Roß- und Buchstein, das Karwendel und hinab nach Lenggries lohnt eine längere Pause. Anschließend gehen wir geradeaus weiter, bis wir in einem Sattel auf einen Fahrweg treffen. Diesem folgen wir kurz geradeaus, dann halten wir uns an einer Verzweigung rechts (kein Schild in unsere Richtung). Nach wenigen Minuten verlassen wir in einem kleinen Sattel den Fahrweg nach links auf einen unmarkierten, schmalen Steig, der sich kurz fast eben dahinschlängelt. Dann geht es sehr steil hi-

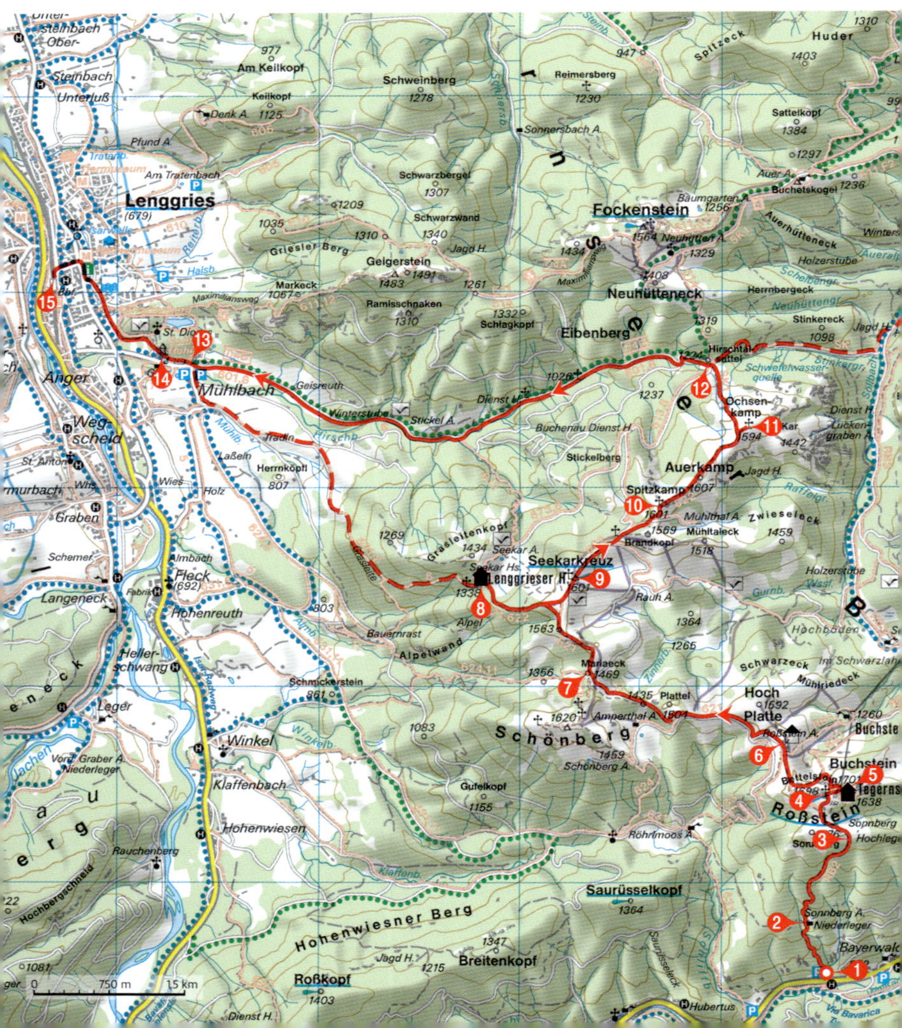

nauf – stellenweise kraxeln wir dabei etwas ausgesetzt über Fels (zum Teil Trittbügel und Holzstufen) – zum Gipfel des **Spitzkamps** ⑩, 1601 m. Hier ist man fast immer allein.

Vor uns liegt ein latschenbestandener Kamm, über den unser weiterer Weg verläuft. Wir steigen ein Stück ab, dann geht es erst auf der rechten, dann auf der linken Kammseite wieder hinauf und unter dem höchsten Punkt des Auerkamps vorbei. Nun bleiben wir erst mehr oder weniger direkt auf dem Kamm, dann geht es ein Stück hinab. An einer Linksabzweigung (unser Abstiegsweg) vorbei gelangen wir hinauf auf den **Ochsenkamp** ⑪, 1594 m, der mit seinem herrlichen Tiefblick auf den Tegernsee zu einer weiteren Pause einlädt.

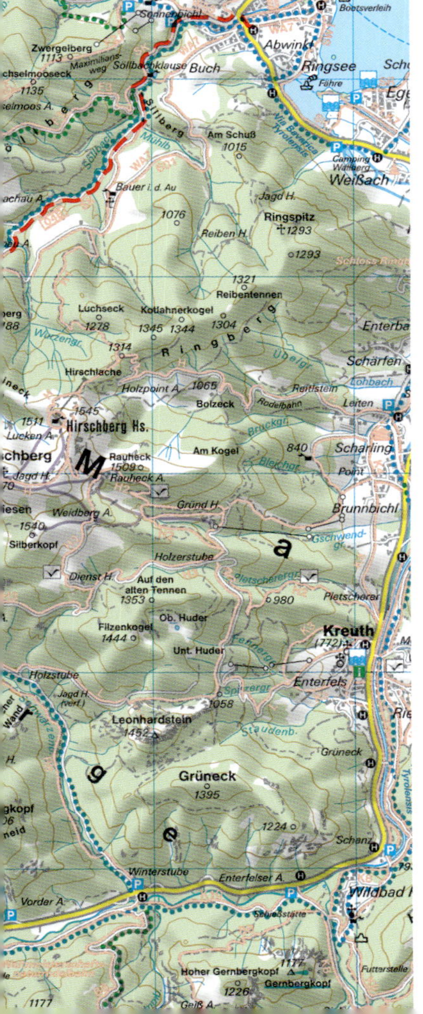

Wir gehen das kurze Stück zu der Abzweigung zurück und folgen dort dem Schild Richtung Bad Wiessee / Abwinkl nach rechts hinab. Erst steigen wir durch eine Latschengasse, dann durch lichten Wald und schließlich kurz über eine Weide steil bergab in den **Hirschtalsattel** ⑫, 1224 m.

Hier stoßen wir auf eine Verzweigung von Fahrwegen und folgen dem Schild Richung Lenggries auf dem mittleren, der am Hirschbach entlang abwärts leitet (geradeaus geht es Richtung Fockenstein). Dabei kommen wir an der Einmündung eines direkt von der Lenggrieser Hütte herabführenden Weges vorbei. Eine Viertelstunde danach verlassen wir den Wald und wandern durch Weidegebiet weiter. Der Schotter geht in Asphalt über, wir gelangen zu den ersten Häusern und kurz darauf zu einem **Wanderparkplatz** ⑬. Hier leitet uns ein Schild Richtung Hohenburg / Lenggries über einen Bach auf einen Fußweg. An der Gabelung nach wenigen Metern halten wir uns links. Bald darauf gehen wir zwischen den Gebäuden von **Schloss Hohenburg** ⑭, heute eine Schule, hindurch und folgen dem Fahrsträßchen weiter. Rechts zweigt ein Fußweg nach Lenggries ab. Hier bleiben wir noch auf dem Fahrsträßchen, bis, wiederum rechts, der Großherzogin-Maria-Anna-Weg wegführt. Diesem folgen wir in den Ort bis zur Hauptstraße. Hier gehen wir rechts und an der Kreuzung links zum Bahnhof von **Lenggries** ⑮, 679 m.

22 Rund um den Spitzingsee
Über Brecherspitze und Rotwand

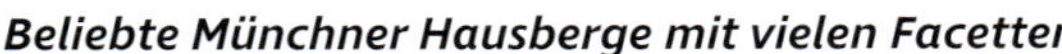
2 Tage | 33,5 km | ↗2290 m | ↘1960 m

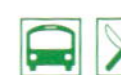

Beliebte Münchner Hausberge mit vielen Facetten

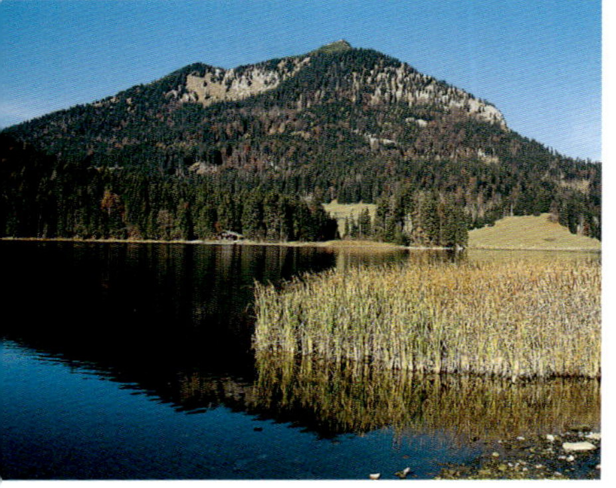
Spitzingsee mit Brecherspitze.

Generationen von Wanderern haben am Spitzingsee ihre Bergstiefel geschnürt. Das Gebiet zwischen Stümpfling und Rotwand zählt bis heute zu den beliebtesten Wanderregionen in den Bayerischen Voralpen. Auch der Münchner Skisport nahm dort seinen Anfang. Bereits in den Zwanzigerjahren des vergangenen Jahrhunderts pilgerten Scharen Skibegeisterter von der Bahnstation Fischhausen-Neuhaus am Schliersee zu den Skigipfeln über dem Spitzingsee. Wer sich die Fahrkarte nicht leisten konnte, schnallte Skier, Stöcke und Rucksack auf das Rad und strampelte von München in die Berge. Alpenvereinssektionen und Skiclubs pachteten über den Winter Almhütten für ihre Mitglieder. Dort konnte man sich aufwärmen, sein Essen zubereiten und natürlich feiern. Als Nachtlager dienten oft nur Strohsäcke mit dünnen Decken. Die Schönfeld- und die Albert-Link-Hütte, benannt nach dem Gründer der Skiabteilung bei der Sektion München, waren ursprünglich solch einfache Unterkünfte, bevor sie vom Alpenverein gekauft und neu aufgebaut wurden. Heute spielen die beiden Hütten als Stützpunkt für Skifahrer keine große Rolle mehr. Sie haben sich als Adresse für gute Küche einen Namen gemacht und sind Mitglied bei »So schmecken die Berge«, einer Initiative des Alpenvereins, die auf die Direktvermarktung lokaler Produkte setzt. Möglichst viel, was auf den Teller kommt, stammt aus der Region. Auf der Albert-Link-Hütte wird manches selbst hergestellt – von geräuchertem Speck und Hirschsalami über Holzofenbrot bis zu den Nudeln. Für die Kuchen ist ein eigener Konditor zuständig. Da läuft einem schon beim Lesen der Speisekarte das Wasser im Mund zusammen.

Die Überschreitung der Bergkämme über dem Spitzingsee bietet ein wahres Kontrastprogramm. Mit der Brecherspitze und der Rotwand werden zwei Klassiker unter den Münchner Hausbergen bestiegen. Das Rotwandhaus gehört zu den beliebtesten Hütten in den Bayerischen Voralpen. Kein Wunder, thront es doch an einem besonders sonnigen und aussichtsreichen Platz. Viel bevölkert ist auch das Liftgebiet rund um den Stümpfling und vis-à-vis am Taubenstein. Doch es gibt auch stille Ecken am Spitzingsee. Auf die schmalen Pfade am Rotkopf und am Stolzenberg verirren sich nur wenige Wanderer. Und durch den romantischen Pfanngraben führt einer der einsamsten Anstiege auf die viel besuchte Rotwand.

Ausgangspunkt: Bahnhof Fischhausen-Neuhaus, 801 m, Parkplatz. Haltestelle der Bayerischen Regiobahn (BRB).
Endpunkt: Spitzingsattel, 1127 m. Bus (Linie 362) zum Bahnhof Schliersee (einzelne Verbindungen mit Halt am Bahnhof Fischhausen-Neuhaus), Haltestelle der Bayerischen Regiobahn (BRB). Wer das Auto am Bahnhof Fischhausen-Neuhaus stehen hat, fährt i. d. R. mit dem Bus bis zur Haltestelle »Neuhaus, Schliersee«, folgt der Neuhauser Straße einige Minuten in Fahrtrichtung und geht vor dem Bahnübergang nach links zum Parkplatz.
Bergbahn: Taubensteinbahn, in Betrieb Mitte Mai bis Anfang November von 9 bis 17 Uhr, bei guter Witterung auch im November (wird im Internet bekannt gegeben), Tel. +49 8026 92922913, alpenbahnen-spitzingsee.de. Stümpflingbahn, Sommerbetrieb Mitte / Ende Mai bis Anfang Oktober von 9 bis 17 Uhr, Tel. +49 8026 9292230, alpenbahnen-spitzingsee.de.
Höhenunterschied / Gehzeit:
1. Tag: 1300 m↑, 1040 m↓; 6.15 Std.
2. Tag: 990 m↑, 920 m↓; 6 Std.
gesamt: 2290 m↑, 1960 m↓; 12.15 Std.
Anforderungen: Bei der Überschreitung der Brecherspitze einige felsige Passagen, die von trittsicheren Wanderern aber problemlos zu meistern sind. Am Westgrat kurze ausgesetzte Stellen mit Drahtseilsicherungen, Schwindelfreiheit erforderlich. Über Stümpfling und Roßkopf Bergwege ohne Schwierigkeiten. Am Stolzenberg Kammüberschreitung auf schmalem Pfad, der Trittsicherheit erfordert, bei Nässe nicht zu empfehlen. Am zweiten Tag Anstieg zur Rotwand auf unschwierigen Bergwegen und -pfaden. Im Bereich des Taubensteins felsiger, aber gut ausgebauter Steig. Abstieg zum Spitzingsattel auf teils sehr steinigen Bergpfaden, oft rutschig. Beide Tagesetappen setzen einige Ausdauer voraus.
Einkehr / Übernachtung:
1. Tag: Ankelalm, zur Weidesaison einfach bewirtschaftet, Montag Ruhetag; Obere Firstalm, privat, 48 Schlafplätze, ganzjährig geöffnet, Betriebsruhe im November und April, Übernachtung nach Vereinbarung, Tel. +49 8026 7302, firstalm.de; Untere Firstalm, nur Einkehr; Jagahütt'n an der Bergstation der Stümpflingbahn, nur Einkehr, geöffnet zu den Betriebszeiten der Bahn; Albert-Link-Hütte, DAV, 65 Schlafplätze, ganzjährig geöffnet außer Mitte November bis Weihnachten und Mitte März bis Anfang Mai, Montag Ruhetag (außer Feiertag), in den Nächten von Sonntag auf Montag und von Montag auf Dienstag keine Übernachtung, Tel. +49 8026 71264, alpenverein-muenchen-oberland.de.

Die Albert-Link-Hütte verwöhnt ihre Gäste mit manchem Schmankerl.

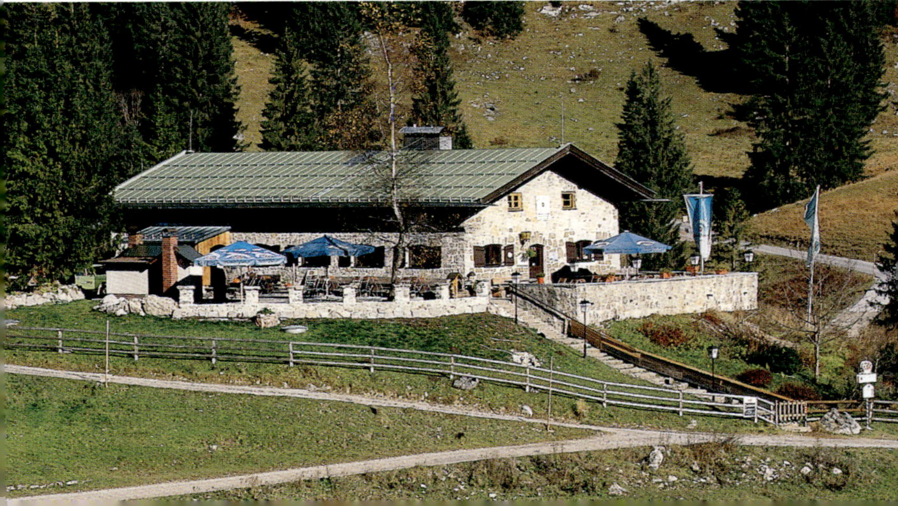

2. Tag: Blecksteinhaus, DAV, 44 Schlafplätze, ganzjährig geöffnet außer im November, ab 17 Uhr geschlossen, Dienstag Ruhetag, Tel. +49 8026 71204, blecksteinhaus.de; Rotwandhaus, DAV, 73 Schlafplätze, ganzjährig geöffnet außer im April und vom 1.12. bis 25.12., Tel. +49 8026 3959880 und +49 8026 7683, rotwandhaus.de; Berggaststätte Taubensteinbahn, nur Einkehr; Taubensteinhaus, DAV, 50 Schlafplätze, geöffnet Ende Dezember bis Mitte / Ende März Donnerstag bis Sonntag und von Mitte Mai bis Anfang / Mitte November, Dienstag Ruhetag (außer in den bayerischen Schulferien), Tel. +49 171 2255033, alpenverein-muenchen-oberland.de; Schönfeldhütte, DAV, 36 Schlafplätze, geöffnet Ende April bis Anfang / Mitte November, Tel. +49 8026 7496, alpenverein-muenchen-oberland.de.

Kinder: Vor allem am ersten Tag nur für trittsichere, geübte Kinder. Für beide Tagesetappen ist zudem Ausdauer erforderlich.

Karten: Bayerisches Landesamt für Digitalisierung, Breitband und Vermessung UK 50-53, Mangfallgebirge, 1:50.000; AV-Karte Blatt BY 15, Mangfallgebirge Mitte, 1:25.000.

Variante: Für ausdauernde Wanderer bieten sich am zweiten Tag mit Aiplspitze, 1759 m, und Jägerkamp, 1746 m, zwei weitere lohnende Gipfelziele an: Von der Taubensteinbahn über den Rauhkopf in einen Sattel hinab und geradeaus zur Schnittlauchmoosalm. Entweder vor der Alm rechts zur Aiplspitze (Trittsicherheit und Schwindelfreiheit erforderlich) oder links an der Hütte vorbei zum Jägerkamp, ab Taubensteinbahn jeweils 1 Std. Anschließend Abstieg über die Oberen Schönfeldalmen zur Schönfeldhütte (1 Std. von der Aiplspitze, 45 Min. vom Jägerkamp).

1. Tag:

Vom Bahnhof **Fischhausen-Neuhaus ①**, 801 m, gehen wir kurz nach links und biegen bei den Wegweisern rechts in die Waldschmidtstraße ein. Wir spazieren durch das Wohngebiet von Neuhaus, halten uns an der ersten Kreuzung geradeaus und folgen an der zweiten rechts der Grünseestraße. Nachdem wir die Krettenburgstraße überquert haben, kommen wir zum Waldrand. Dort beginnt links ein Forstweg Richtung Brecherspitze. Er verläuft zunächst flach am Waldhang entlang, führt über den Ankelbach und an einer Kiesgrube vorbei. Bei einer Weggabelung zweigen wir rechts Richtung Ankelalm / Brecherspitze ab und steigen in einigen Kehren über den Waldhang östlich des Ankelgrabens bergauf. Nach etwa einer Stunde, bald nachdem wir eine Diensthütte passiert haben, kommen wir in freies Gelände und blicken auf unser erstes Gipfelziel, die Brecherspitze. Wenig später stehen wir vor der **Ankelalm ②**, 1311 m, im Kessel unter dem Gipfel und können uns ein zweites Frühstück genehmigen.

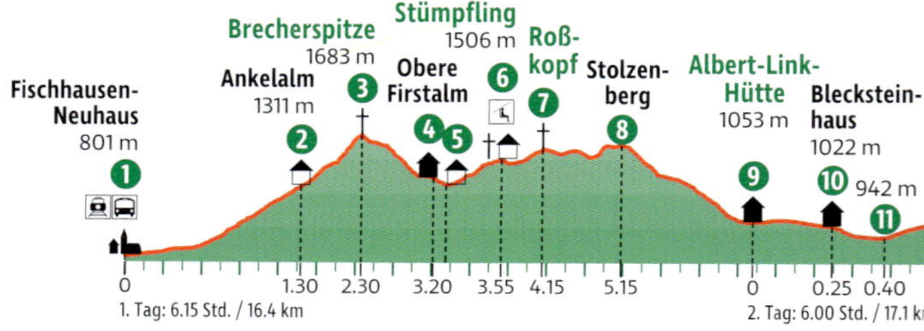

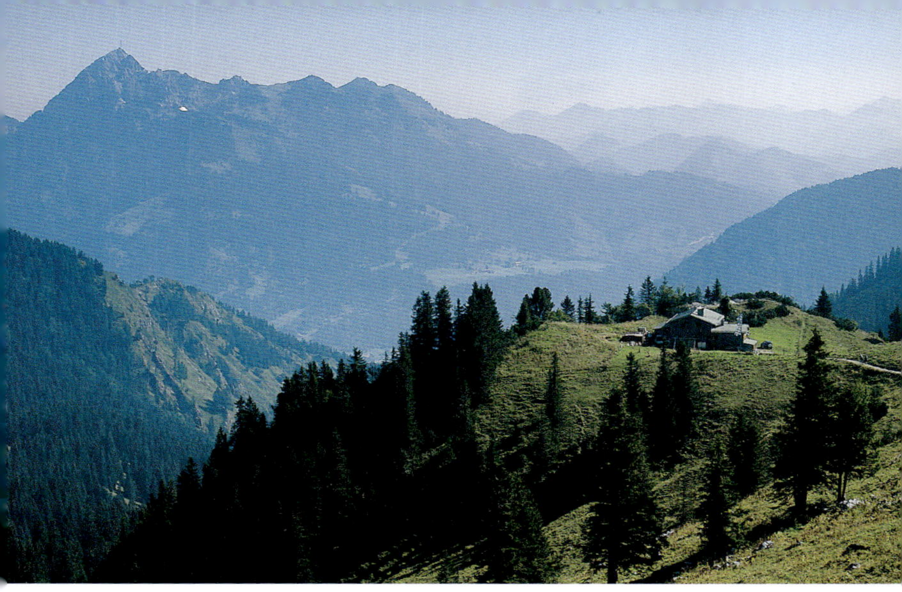

Das Taubensteinhaus ist eine von vielen Hütten am Weg.

Während der Weidesaison bietet die Alm Brotzeiten und Getränke an.
50 Meter nach der Ankelalm zweigt links der Steig zur Brecherspitze ab. Er zieht am linken Rand des Grashangs zum breiten Wiesengrat hinauf und bietet dabei schöne Ausblicke auf den Schliersee. Oben wenden wir uns nach rechts und folgen dem mit Latschen bewachsenen Nordgrat bergauf. Er wird immer steiler, nach oben hin auch schmäler und stellenweise felsig, ist aber für trittsichere Bergwanderer unschwierig zu begehen. Schließlich haben wir das Gipfelkreuz der **Brecherspitze** ❸, 1683 m, erreicht und können unsere gesamte weitere Route überblicken: den Bergrücken vom Stümpfling bis zum Stolzenberg, die Wiesen mit der Valeppalm und der Albert-Link-Hütte sowie die Gipfel und Kämme des Rotwandgebiets. Tief unten glänzt die dunkle Wasserfläche des Spitzingsees. Am Horizont schneiden die Felsgrate von Wetterstein und Karwendel in den Himmel. Im Süden leuchten die Schneeberge der Zentralalpen.
Der Abstieg verläuft entlang des schmalen und teilweise felsigen Südwestgrats, der an einigen Passagen mit Drahtseilen gesichert ist. Zunächst geht es etwas bergab, dann erreichen wir in kurzem Gegenanstieg den sogenannten Wintergipfel. Dort halten wir uns geradeaus und steigen über den Wiesenhang zur **Oberen Firstalm** ❹, 1369 m, hinab. Auf der sonnigen Terrasse des Berggasthauses oder auch auf der wenig unterhalb gelegenen **Unteren Firstalm** ❺ können wir uns stärken.

Rotwand-haus 1737 m
Rotwand 1884 m
Bergstation Taubensteinbahn 1613 m
ümpfl-alm
⓬ ⓭ ⓮ ⓯
Schönfeldhütte 1410 m
⓰
⓱ Spitzing-sattel 1127 m
1750 m
1500 m
1250 m
1000 m
33.5 km
2.30 3.10 3.35 4.30 5.00 6.00 Std.

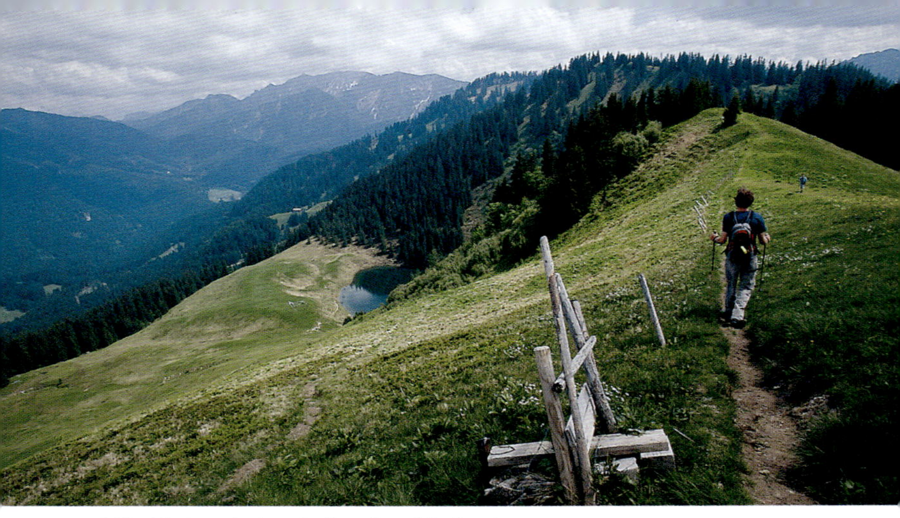

Stille Pfade zwischen Roßkopf und Stolzenberg.

Die Wanderung führt nun einige Zeit durch das Stümpfling-Skigebiet. Von der Unteren Firstalm steigen wir am rechten Rand des Wiesenhangs bergauf, wenden uns unterhalb der Kammhöhe nach links und wandern oberhalb des Firstalm-Kessels zum **Stümpfling ❻**, 1506 m, mit einer Skilift-Bergstation hinauf.

Nach kurzem Abstieg gehen wir an der Stümpfling- und der Suttenbahn mit dem Gasthaus Jagahütt'n vorbei und weiter Richtung Süden zur Stümpflingalm. Über einen Wiesenrücken leitet der Steig zum **Roßkopf ❼**, 1580 m, hinauf – ein kleiner Gipfel mit großer Aussicht. Verlockend schimmert der Grünsee aus dem Bergkessel unterhalb herauf. Wir folgen dem grasigen Kamm, der nach Süden zieht, in waldiges Gelände und lernen die stille Seite des Spitzingseegebiets kennen. Nachdem wir einen kleinen Sattel passiert haben, queren wir leicht ansteigend die bewaldete Westseite des Rotkopfs. Bei einer Abzweigung Richtung Spitzingsee könnte man die Tour abkürzen: Links geht es ziemlich steil und bei Nässe rutschig zur Unteren Haushamer Alm hinunter, wo beide Wege wieder zusammentreffen (Zeitersparnis etwa 45 Min.).

Wir bleiben am Kamm und steigen zum langgezogenen Rücken des Stolzenbergs hinauf. Dort wenden wir uns nach links und folgen dem teilweise schmalen Wiesengrat mit schönem Blick auf das Tal des Spitzingsees. Nach kurzem Anstieg führt der Pfad unterhalb der höchsten Erhebung im Kamm des **Stolzenbergs ❽** vorbei und steil durch eine steinige Gasse bergab (Schild »Spitzingsee«). Den Pfadspuren folgend steigen wir über Grashänge hinab, vorbei an einer verfallenen Alm, bis die Markierungen nach links über etwas sumpfiges Wiesengelände in den Wald leiten. Wir queren einen bewaldeten Hang und gelangen zur Unteren Haushamer Alm. Bei der ersten Almhütte gehen wir nach links und treffen auf einen Fahrweg, der rechts ziemlich steil zu den Wiesen der Valeppalm hinunterführt. Dort wandern wir geradeaus an den Almhütten vorbei zur **Albert-Link-Hütte ❾**, 1053 m, wo allerlei Köstlichkeiten zum Schlemmen einladen.

2. Tag:

Von der Albert-Link-Hütte geht es zuerst ganz gemütlich ins Tal der Roten Valepp hinein. Wir spazieren auf dem schon bekannten Weg südwestlich über die Wiesen der Valeppalm. Bei der Kreuzung am Rand des Talbodens halten wir uns nun links und wandern am Fuß des bewaldeten Berghangs entlang. Nach einer scharfen Linkskehre fällt der Weg etwas ab. Dann zweigen wir rechts ab und gelangen zum **Blecksteinhaus ⑩** und weiter absteigend an das Ufer der Roten Valepp. Dort folgen wir dem Bachlauf taleinwärts bis zu einer Brücke, über die wir auf die Fahrstraße gelangen. Sie bringt uns links zur **Waitzinger Alm ⑪**, 942 m, einst Ausgangspunkt der Neuhauser Bockerlbahn. Diese wurde im Jahr 1919 gebaut, um die rund 300.000 Bäume, die ein Föhnsturm an den Südhängen der Rotwand damals gefällt hatte, ins Tal nach Neuhaus zu transportieren, und war aufgrund der Höhenunterschiede, die sie zu bewältigen hatte, eine technische Meisterleistung.

Nach der Hütte der Waitzinger Alm biegen wir rechts in einen Almweg Richtung Pfanngraben / Rotwand ein. Er führt kurz über dem Valepptal bergauf und wendet sich dann nach

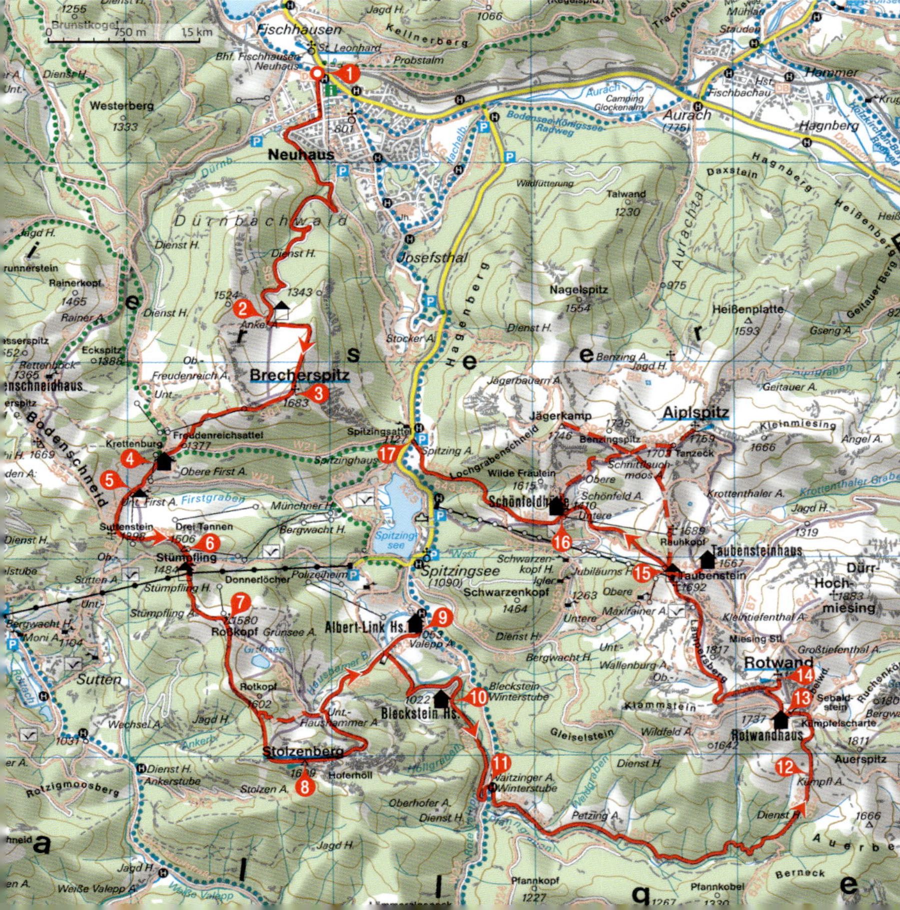

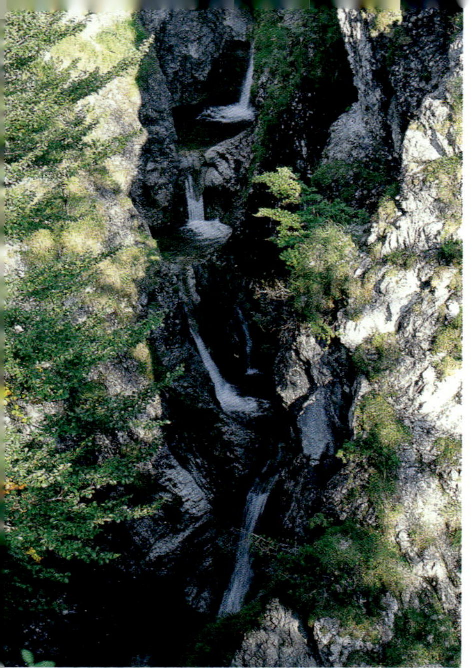

Wasserspiele im Pfanngraben.

links in das Tal des Pfanngrabens. An einer Verzweigung halten wir uns rechts und wandern auf einem breiten Weg oberhalb des schluchtartig eingeschnittenen Bachtals entlang. Tief unten sprudelt das Wasser durch grünlich schimmernde Pools, schäumt über felsige Rutschen und stürzt sich übermütig über kleine Stufen. Eine Zeitlang verläuft der Anstieg direkt am Ufer entlang, bevor der Bach wieder in einer felsigen Klamm verschwindet. Unterhalb der Petzingalm überqueren wir einen Zufluss und kommen an einer Diensthütte vorbei. Tief unten in der Schlucht veranstaltet der Bach weiter seine Wasserspiele. Weiter taleinwärts verläuft der Weg wieder auf Höhe des Bachbetts und steigt schließlich nach links, nun als schmaler Steig, über den bewaldeten Hang an. Er quert einige Zuflüsse und gewinnt in Kehren an Höhe. Eine Abzweigung nach Bayrischzell und in die Valepp lassen wir rechts liegen und treten bald darauf auf die Wiesen der **Kümpflalm ⓬**, 1504 m, hinaus.

Wir gehen rechts an der Hütte vorbei und über die Hänge des Almkessels weiter bergauf. Eine Senke unterhalb der Kümpflscharte wird rechts umgangen, dann haben wir den Sattel erreicht. Mehrere Wege treffen sich dort. Links führt ein Steig in wenigen Minuten zum **Rotwandhaus ⓭**, 1737 m, hinauf. Eine Einkehr ist dort fast ein Muss. Zubereitet werden bayerische und Tiroler Gerichte, vorwiegend mit Produkten aus der Region oder vom Hof des Hüttenwirts. Mit Panoramablick bis zu den Gletscherriesen der Hohen Tauern und der Zillertaler Alpen schmeckt es natürlich doppelt so gut.

Auch wenn es mit vollem Bauch etwas Überwindung kostet – der Gipfel der **Rotwand ⓮**, 1884 m, ist fast zum Greifen nah. Wir gehen zurück zum Wegekreuz auf der Nordseite der Hütte und geradeaus auf den Wanderweg, der über den Südhang zum Gipfel hinaufzieht.

Haben wir den Rundblick ausgekostet, kehren wir auf der Anstiegsroute zurück, bis rechts ein Steig abzweigt. Er verläuft unter den felsigen Rotwandköpfen entlang zu einem Sattel nordöstlich des Kirchsteins, wo wir auf den Weg, der vom Rotwandhaus herüberführt, treffen. Die nun folgende Höhenwanderung zur Taubensteinbahn gehört zu den beliebtesten Routen im Spitzingseegebiet. Nach kurzem Abstieg halten wir uns rechts, queren die Wiesenhänge des Lämpersbergs und kommen, wiederum absteigend, zu einer Einsattelung. Ein felsiger, aber unschwieriger Steig bringt uns in den Sattel unterhalb des Taubensteins, den wir in einem Abstecher von wenigen Minuten besteigen können. Gestuftes Felsgelände und eine kurze gesicherte Rinne unterhalb des Gipfels erfordern gute Trittsicherheit.

Der Weiterweg führt auf der Ostseite des Taubensteins über einen felsigen Absatz und leitet zur Bergstation der **Taubensteinbahn** ⑮, 1613 m, hinab, die dazu einlädt, knieschonend zum Spitzingsee hinunterzuschweben. An der Talstation befindet sich eine Bushaltestelle. Für den Abstieg zu Fuß wandern wir an Gaststätte und Seilbahnstation vorbei und kurz hinab in einen Sattel mit einer Wegkreuzung. Rechts könnte man in fünf Minuten das Taubensteinhaus besuchen, ebenfalls eine traditionsreiche Einkehr. Links geht es Richtung Schönfeldhütte / Spitzingsattel über die Skipiste hinunter und in den Wald. Bei einer Verzweigung biegen wir scharf rechts ab und folgen einem steinigen Pfad über den steilen Waldhang abwärts, ein Wegstück, das bei Nässe unangenehm rutschig ist. Ein Wirtschaftsweg führt schließlich zu einer Forststraße, auf der wir rechts in kurzem Anstieg zur **Schönfeldhütte** ⑯, 1410 m, gelangen – noch einmal eine Gelegenheit, sich kulinarisch verwöhnen zu lassen.

Der Abstieg zum Spitzingsattel beginnt hinter dem Alpenvereinshaus: Von der Hüttenterrasse gehen wir durch das Gatter und wandern links auf einem holperigen Pfad, teils über Felsen und Wurzeln, um die Erhebung der Wilden Fräulein herum. Weiter absteigend quert unser Weg die bewaldeten Hänge oberhalb des Spitzingsees und leitet zuletzt über Wiesen zum **Spitzingsattel** ⑰ 1127 m, hinab. Dort treffen wir auf die Spitzingstraße und kehren mit dem Bus zum Ausgangspunkt zurück.

Felsige »Backenzähne« über dem Rotwandhaus: die Rotwandköpfe.

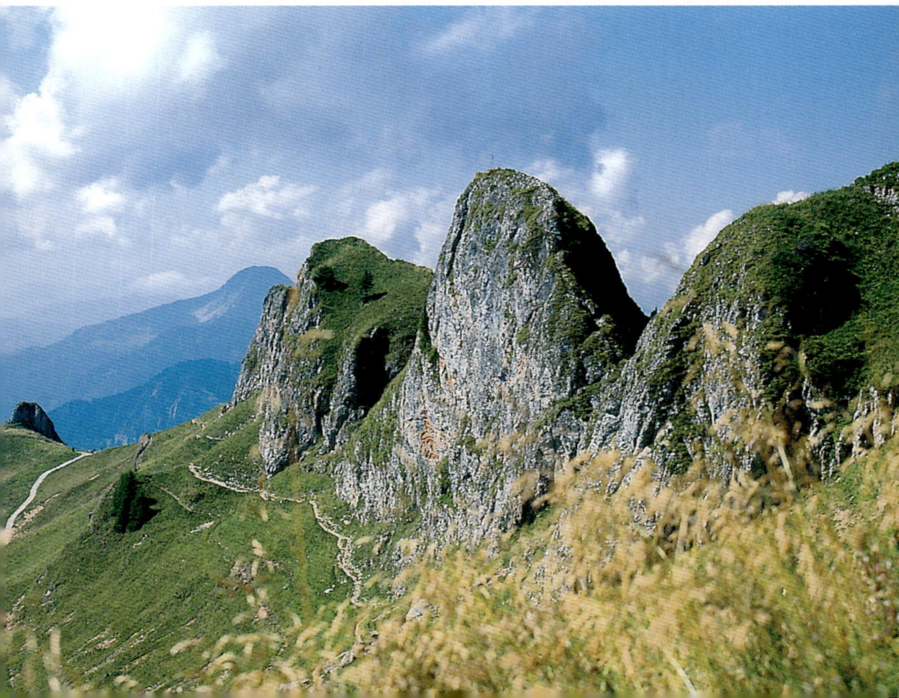

23 Rund um das Kaisertal

Von Kufstein über die Pyramidenspitze

TOP | 4 Tage | 36,3 km | ↗2600 m | ↘2600 m

  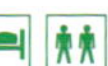

Nahblicke auf steile Wände, gezackte Grate und stolze Gipfel

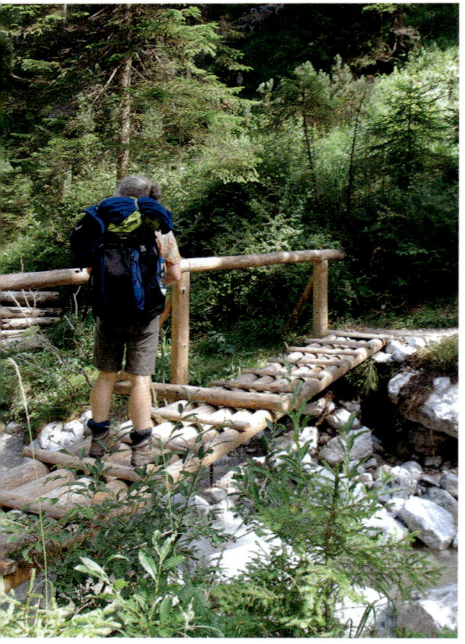

Im Kaisertal.

Das relativ kleine, aber landschaftlich ausgesprochen beeindruckende Kaisergebirge ist in zwei Massive gegliedert: den niedrigeren und sanfteren Zahmen Kaiser im Norden und den Wilden Kaiser mit seinen steil aufragenden Felswänden und -gipfeln im Süden. Zahmer und Wilder Kaiser werden im Osten durch das Kaiserbachtal und im Westen durch das Kaisertal getrennt. Bei der hier vorgestellten abwechslungsreichen Umrundung des Kaisertales – mit Besteigung der aussichtsreichen Pyramidenspitze – bleiben wir durchgehend im Wandergelände, haben aber herrliche Ausblicke auf die gigantische Felsszenerie des Wilden Kaisers. Das Kaisertal war bis vor gut 15 Jahren Jahren von Kufstein-Sparchen nur über einen Stiegenweg zugänglich. Seit 2008, nach langen Auseinandersetzungen zwischen Anwohnern und Naturschützern, ist es durch einen Tunnel aus dem Inntal zu erreichen. Aus Gründen des Umweltschutzes darf dieser aber nur von Anwohnern benutzt werden.

Am ersten Tag übernachten wir nach einem nachmittäglichen Anstieg in der Vorderkaiserfeldenhütte, in der Wert auf regionale Küche gelegt wird. Von der Terrasse hat man einen schönen Blick auf die Felsgipfel des Wilden Kaisers und hinab ins Inntal. Am zweiten Tag erreichen wir, nach einer langen und anstrengenden Etappe, das Stripsenjochhaus. Dieses liegt direkt an einigen der bedeutendsten Klettergipfel des Wilden Kaisers, entsprechend viele Kletterer finden sich dort ein. Die Strips, wie die Hütte von diesen liebevoll genannt wird, ist auf den Besucheransturm eingerichtet. Abends bekommt man bei gutem Wetter auf der Hüttenterrasse einen herrlichen Sonnenuntergang geboten. Am nächsten Tag wandern wir auf schönem Weg ins Kaisertal hinab, kommen am Hans-Berger- und dem Anton-Karg-Haus vorbei und steigen auf zur Kaindlhütte. Diese ist als ehemalige Alm relativ klein. Hier geht es familiär zu, ein angenehmer Ort, um zu entspannen, bevor es am nächsten Tag zurück nach Kufstein geht.

Ausgangspunkt: Ebbs, Kaisertal-Aufstieg, 500 m, Parkplatz. Von München Hbf mit der Bayerischen Regiobahn (BRB) über Rosenheim nach Kufstein bzw. von Innsbruck über Wörgl. Vom Bahnhof Kufstein mit dem Bus (Linie 1 oder 4030) bis Haltestelle »Ebbs Kaisertal« (zu Fuß gut 35 Minuten).
Endpunkt: Kufstein Bahnhof, 499 m.
Bergbahn: Kaiserlift vom Brentenjoch nach Kufstein, in Betrieb von Anfang Mai bis Anfang November von 8.30 bis 16.30 Uhr, Tel. +43 5372 6930, naturerlebnis-kaisergebirge.at→Kaiserlift.
Höhenunterschied / Gehzeit:
1. Tag: 890 m↑; 2.30 Std.
2. Tag: 1080 m↑, 900 m↓; 7 Std.
3. Tag: 530 m↑, 810 m↓; 4.20 Std.
4. Tag: 100 m↑, 890 m↓; 3.10 Std.
gesamt: 2600 m↑↓; 17 Std.
Anforderungen: Trittsicherheit erforderlich, für die zweite Etappe auch Kondition. Beim Aufstieg zur Pyramidenspitze muss ein kurzer gesicherter Kamin abgestiegen werden. Am zweiten Tag genügend Wasser mitnehmen, erst kurz vor der Hochalm kommt eine spärliche Quelle.
Einkehr / Übernachtung:
1. Tag: Veitenhof, privat, 14 Doppel- bzw. Dreibettzimmer, ganzjährig von Donnerstag bis Sonntag geöffnet, Tel. +43 5372 222270, veitenhof.at; Rietzaualm, privat, 45 Schlafplätze, ganzjährig geöffnet, Montag Ruhetag, Tel. +43 5372 63624, ritzaualm.com, bei Redaktionsschluss geschlossen, Wiedereröffnung voraussichtlich September 2024; Vorderkaiserfeldenhütte, DAV, 87 Schlafplätze, ganzjährig geöffnet, Januar bis März Mittwoch und Donnerstag, April nur Donnerstag Ruhetag, Tel. +43 5372 63482, alpenverein-muenchen-oberland.de, voraussichtlich 2025/26 wegen Ersatzbau geschlossen.
2. Tag: Hochalm, nur Getränke; Stripsenjochhaus, ÖAV, 148 Schlafplätze, geöffnet von Mitte Mai bis Anfang Oktober, Tel. +43 664 3559094, stripsenjoch.at.
3. Tag: Hans-Berger-Haus, TVN, 50 Schlafplätze, geöffnet von Mitte Mai bis Mitte Oktober, +43 5372 62575, hansbergerhaus.at; Anton-Karg-Haus, ÖAV, 102 Schlafplätze, geöffnet von Anfang Mai bis Mitte Oktober, Tel. +43 5372 62578, hinterbaerenbad.com; Kaindlhütte, privat, 40 Schlafplätze, geöffnet von Mitte Mai bis Mitte Oktober, Tel. +43 5372 21255, kaindlhuette.com; Pfandlhof (Variante), privat, Einzel- und Doppelzimmer, ganzjährig geöffnet, Donnerstag Ruhetag, Tel. +43 5372 62118, pfandlhof.at; Berg'K'Hof (Variante), privat, Gästezimmer, ganzjährig geöffnet, Tel. +43 5372 222270, bergkhof.at.
4. Tag: Duxer Alm, nur Einkehr (zu Redaktionsschluss geschlossen, Wiedereröffnung unbestimmt).
Karten: Freytag & Berndt WK 301, Kitzbühel – Kaisergebirge – Kufstein, 1:50.000; AV-Karte Blatt 8, Kaisergebirge, 1:25.000.
Varianten: Wer einen Tag weniger zur Verfügung hat, wandert vom Anton-Karg-Haus in 2.30 Std. auf dem Fahrweg durch das Kaisertal zurück zum Ausgangspunkt oder geht von der Kaindlhütte noch in 1 Std. über das Brentenjoch zur Bergstation des Kaiserlifts und fährt mit diesem hinab nach Kufstein (Talstation unweit vom Ausgangspunkt).

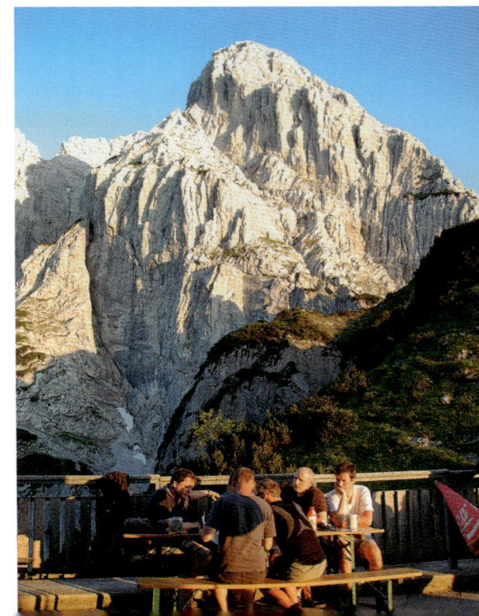

Das Totenkirchl von der Terrasse des Stripsenjochhauses.

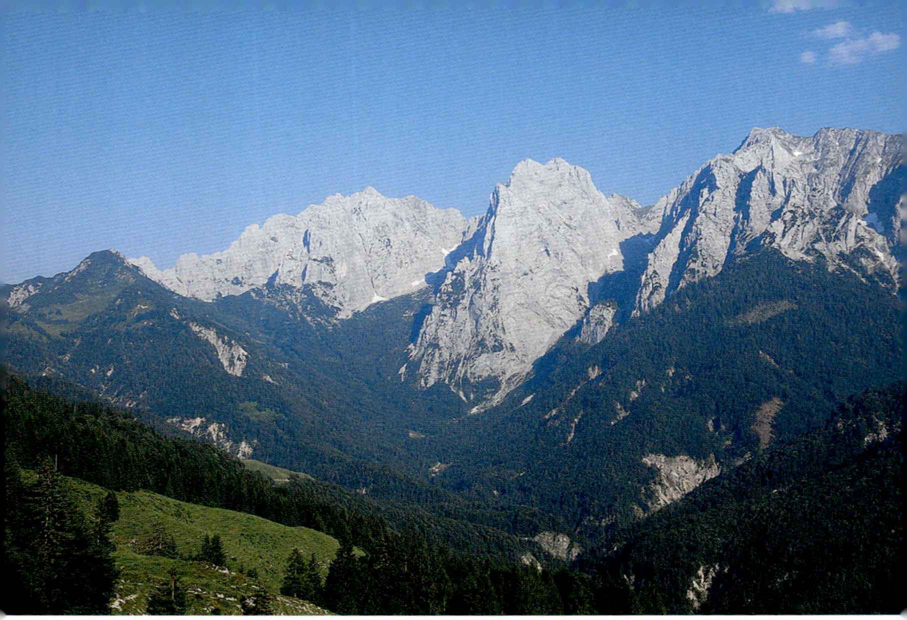

Blick von der Rietzaualm zu Stripsenkopf, Totenkirchl, Halt-Stock und Sonneck.

1. Tag:
Von der Bushaltestelle **Ebbs Kaisertal ❶**, 500 m, steigen wir am Ortsausgangsschild Eichelwang den Treppenweg – früher die einzige Verbindung von Kufstein ins Kaisertal – hinauf. Nach 15 Minuten enden die Stufen und es geht auf einem Fahrweg oberhalb des Talgrundes flacher weiter. Dabei kommen wir an der Abzweigung zur Tischoferhöhle vorbei. In der Höhle wurden die Skelette von ca. 380 Höhlenbären und anderen Tieren gefunden, außerdem Werkzeug und Schmuck aus der jüngeren Steinzeit und der Bronzezeit. Bald darauf erreichen wir den **Veitenhof ❷**, 705 m.

Zehn Minuten danach zweigt links ein breiter Weg ab. Auf diesem steigen wir anfangs recht steil durch Wald bergauf, dann durchqueren wir das Almgelände der bewirtschafteten **Rietzaualm ❸**, 1160 m, an der sich auch eine kleine Kapelle befindet.

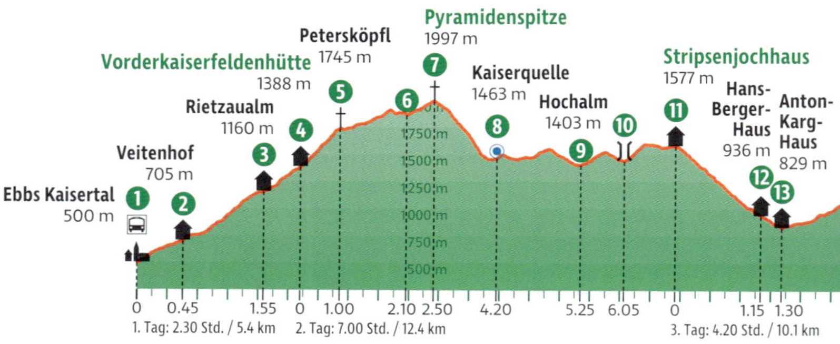

An der Gabelung beim obersten Gebäude halten wir uns links. Nochmal geht es durch Wald hinauf, dann sind wir an der **Vorderkaiserfeldenhütte 4**, 1388 m. Von hier blicken wir auf die beeindruckenden Felswände des Wilden Kaisers, ins Inntal und im Hintergrund zu den Kitzbüheler und Zillertaler Alpen.

2. Tag:
Links hinter der Vorderkaiserfeldenhütte folgen wir dem Schild Richtung Pyramidenspitze durch lichten Wald bergauf zu einer Verzweigung. Ein kurzer Abstecher nach links führt auf die Naunspitze, eine tolle Aussichtskanzel über dem Inntal. Wir halten uns rechts und gelangen allmählich in die Latschenregion. Nach knapp einer halben Stunde gehen wir an einer Abzweigung nach rechts und sind gleich darauf auf dem **Petersköpfl 5**, 1745 m, von dem wir einen herrlichen Rundblick haben. Auch das latschenbestandene wellige Karstplateau, über das unser weiterer Weg führen wird, breitet sich vor uns aus.

Zurück am Hauptweg halten wir uns rechts und steigen nun, vorbei an Dolinen, langsam durch die Latschen bergauf. Abschnittsweise verläuft der Weg über Fels und immer wieder geht es zwischendurch auch einige Meter hinab. Wir kommen an einer Abzweigung nach Hinterkaiserfelden und zur Vorderkaiserfeldenhütte vorbei und kraxeln gleich darauf am sogenannten **Vogelbad 6** einen kurzen drahtseilversicherten Kamin hinab. Anschließend geht es nur noch bergauf, bis wir mit der **Pyramidenspitze 7**, 1997 m, den bekanntesten Gipfel des Zahmen Kaisers erreicht haben.

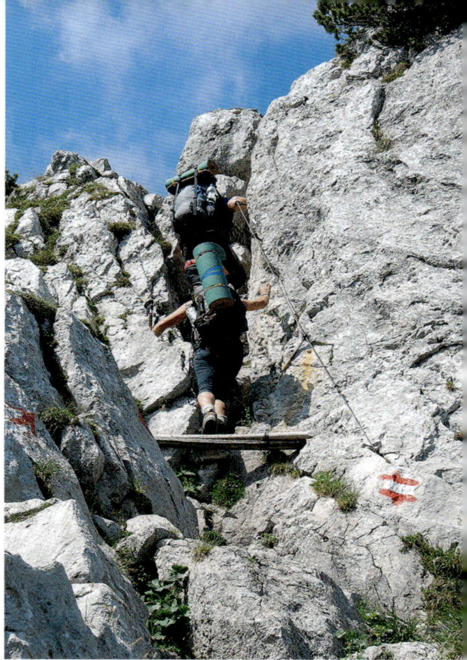

Der kurze Kamin am »Vogelbad«.

Nun folgen wir dem nach Süden Richtung Stripsenjochhaus leitenden Pfad. Erst geht es über eine felsdurchsetzte Bergwiese, dann führt uns ein unangenehm steiler, gerölliger und sonnenexponierter Steig zwischen Latschen hindurch das Ochsenweidkar hinab. Nach ungefähr einer Stunde treffen wir auf einen direkt von der Vorderkaiserfeldenhütte kommenden Höhenweg, halten uns links und queren ein Geröllkar. Gleich danach kommen wir

Kaindlhütte 1293 m
Brentenjoch 1204 m
Duxer Alm 911 m
Kufstein 499 m
15 16 17 18 19
36.3 km
0 0.50 1.45 2.55 3.10 Std.
4. Tag: 3.10 Std. / 8.4 km

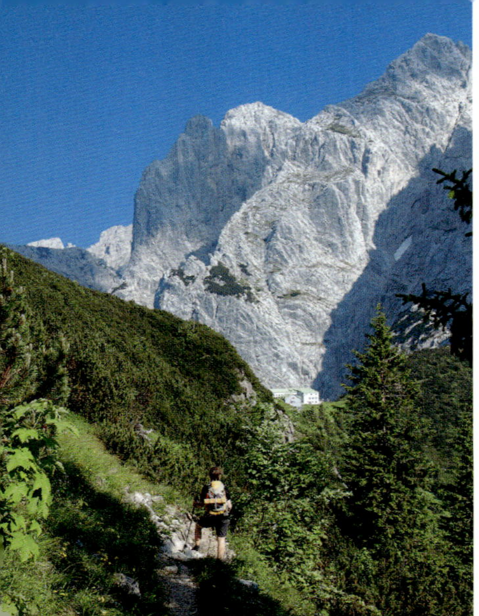

Das Stripsenjochhaus vor Predigtstuhl und Fleischbank.

zu einer Verzweigung an ein paar Bäumen. Hier folgen wir geradeaus weiter dem Höhenweg und kommen nach 10 Minuten an der **Kaiserquelle ❽** vorbei (links vom Weg). Der Weg leitet uns nun, teilweise durch Wald, teilweise mit freier Sicht auf den Wilden Kaiser, mit etwas Auf und Ab langsam bergauf. Dann erreichen wir nach einem längeren Abstieg eine Verzweigung bei der **Hochalm ❾**, 1403 m. Dort halten wir uns rechts, biegen kurz darauf zwischen den Almgebäuden wieder rechts ab und steigen über eine Viehweide einen Hang hinauf. Der Steig führt am höchsten Punkt des Ropanzen vorbei, dann zu einer Kreuzung im **Feldalmsattel ❿**, 1433 m, hinab. Hier geht es geradeaus den nächsten Wiesenhang hinauf in einen weiteren Sattel. Erst etwas hinab, dann leicht bergauf erreichen wir endlich das in beeindruckender Umgebung liegende **Stripsenjochhaus ⓫**, 1577 m.

3. Tag:

Vom Stripsenjochhaus folgen wir dem Schild Richtung Hans-Berger- und Anton-Karg-Haus in westliche Richtung hinab ins Kaisertal. Der Abstieg verläuft, teilweise in Kehren, auf einem schönen Weg erst durch eine vielfältige Strauchvegetation, dann durch Mischwald zum **Hans-Berger-Haus ⓬**, 936 m, einem Naturfreundehaus. Weiter durch den Wald hinab erreichen wir knapp eine Viertelstunde später bereits die nächste Hütte, das **Anton-Karg-Haus ⓭**, 829 m, in Hinterbärenbad. Der mit viel Liebe zum Detail gestaltete Außenbereich lädt zu einer kleinen Pause ein. Wer auf dem kürzesten Weg zurück nach Kufstein möchte, wandert von hier einfach weiter auf dem Fahrweg talauswärts. Zur Kaindlhütte folgen wir dem sogenannten Bettlersteig, der links aufwärts abzweigt. Wir steigen durch lichten Wald hinauf und queren dabei einige Gräben. Bei einem von ihnen gehen wir etwas

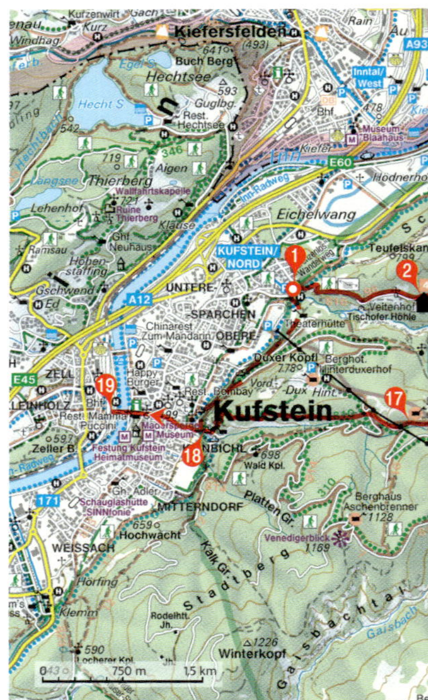

länger an einem abschüssigen Geländeeinschnitt entlang. Schließlich kommen wir zu einer Verzweigung, an der es links zu einem Klettersteig geht. Hier halten wir uns rechts. Kurz durch dichten Wald erreichen wir die idyllisch auf einer Lichtung gelegene **Straßwalch-Jagdhütte** ⑭, 1117 m. Nun wandern wir, teils eben, teils leicht bergauf, auf einem schönen Steig weiter. Nach einer halben Stunde geht es steiler bergauf, erst noch durch Wald, dann mit Blick ins Kaisertal auf einem abschnittsweise mit Holztreppen ausgebauten Steig. Wir erreichen einen Sattel und befinden uns nun im Almgelände. Links ragen die Felswände des Wilden Kaisers auf. Höhehaltend zieht unser Weg durch die Wiesen, bis wir nach einer Viertelstunde auf einen Almfahrweg stoßen. Diesem folgen wir nach links zu einer kleinen Almsiedlung mit der **Kaindlhütte** ⑮, 1293 m. Die meisten der Almhütten sind inzwischen Wochenendhäuser, die Kühe und das Jungvieh werden gemeinschaftlich versorgt. Wer will, macht noch einen kleinen Spaziergang auf das Hocheck, 1470 m (knapp eine Stunde hin und zurück), bevor der Tag mit Blick auf Zettenkaiser und Scheffauer beim Geläut der Kuhglocken ausklingt.

4. Tag:

Von der Kaindlhütte folgen wir dem Fahrweg Richtung Kufstein ein Stück hinab und zweigen dann nach links auf einen Wanderweg ab, der uns, einen Fahrweg überquerend, weiter hinabführt. Wir überqueren einen Bach, halten uns auf dem breiten Weg links, treffen kurz darauf auf ein Fahrsträßchen und folgen diesem nach links. Erst auf gleichbleibender Höhe, dann leicht bergauf erreichen wir das **Brentenjoch** ⑯, 1204 m. Wer mit dem Sessellift nach Kufstein hinabfahren möchte, geht hier geradeaus zur bewirtschafteten Brentenjochalm und an der Verzweigung

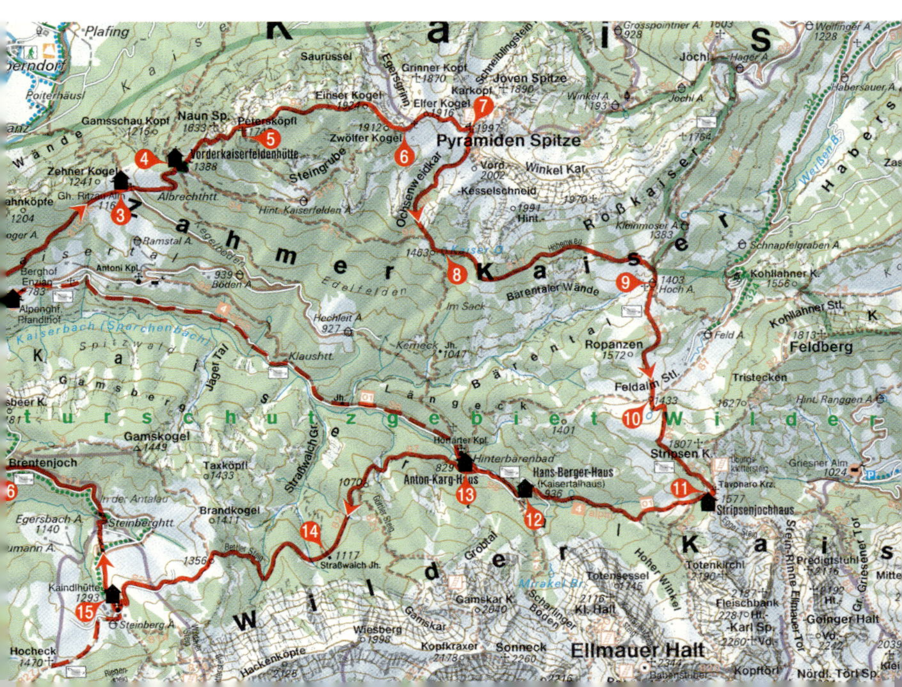

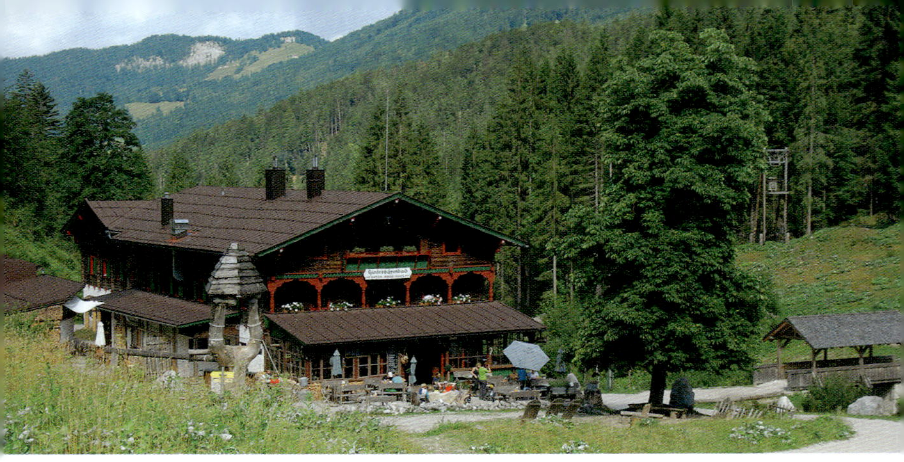

Das einladende Anton-Karg-Haus.

rechts hinauf zur Bergstation des Sessellifts (10 Minuten). Für den Abstieg zu Fuß folgen wir am Brentenjoch dem Fahrweg nach rechts. Nach wenigen Metern kürzen wir links eine große Kehre auf einem Wanderweg ab. Dann geht es auf dem Fahrweg weiter, bis wir diesen, einem Wegweiser Richtung Kufstein folgend, nach rechts auf einen breiten Wanderweg verlassen können. An Verzweigungen der Beschilderung Richtung Kufstein folgend erreichen wir die **Duxer Alm** ⑰, 911 m, mit der Mittelstation des Sessellifts.

Von dort gehen wir kurz auf dem Fahrweg weiter, bis links ein Steig abzweigt. Dieser stößt gleich wieder auf einen Fahrweg. Wir gehen gegenüber auf dem Wanderweg weiter, dann leitet ein Schild »Kufstein über Elfenhain« links in einen schmalen Steig. Dieser führt uns erst etwas hinab, dann geht es oberhalb des rauschenden Kienbachs auf gleicher Höhen bleibend durch den verwunschen wirkenden Wald. Schließlich führt unser Weg von der Klamm weg und verläuft, an zwei Abzweigungen nach Hinterdux vorbei, am Ende in weiten Kehren durch den Wald hinab Richtung Kufstein.

Bei einer Verzweigung am **Ortsrand** ⑱ gehen wir wenige Meter nach links, treffen auf die Kienbergstraße und halten uns rechts. Immer geradeaus kommen wir durch das Stadtzentrum mit zahlreichen Cafés und Restaurants. Dann überqueren wir den Inn und sind gleich darauf am Bahnhof von **Kufstein** ⑲, 499 m.

Wer mit dem Auto angereist ist, geht an der Verzweigung am Ortsrand rechts Richtung Theaterhütte. Kurz darauf ist der Weg geradeaus weiter wegen eines Felssturzes gesperrt (Stand Anfang 2024). Hier links hinab zu einem Sträßchen, auf diesem kurz nach rechts und gleich wieder rechts die Straße leicht bergauf. Nicht lange und links zweigt ein Fußweg Richtung Theaterhütte ab, der oberhalb von Kufstein entlangführt. An einer Verzweigung links, ein Schottersträßchen queren und zu einer Kreuzung unterhalb der Theaterhütte. Hier geradeaus weiter Richtung Kaiseraufstieg / Kaisertal. An der nächsten Kreuzung links, etwas hinab und an den ersten Häusern über Stufen rechts zu einer Straße hinunter. An dieser rechts zurück zum Kaisertal-Parkplatz.

Auf der Südseite des Wilden Kaisers
Über die Gruttenhütte

2 Tage | 18,4 km | ↗1270 m | ↘1210 m

Wilde Felswelt und kaiserliche Ausblicke

Die Silhouette des Wilden Kaisers ist eine der eindrucksvollsten in den Nördlichen Kalkalpen – ein Labyrinth aus felsigen Graten, Pfeilern, Zacken und Zinnen. An den Wänden wurde Klettergeschichte geschrieben. Die Kletterelite lotete in der felsigen Vertikale immer wieder ihre Grenzen aus. Das steinerne Amphitheater des Wilden Kaisers zu erkunden, ist auch beim Wandern ein Erlebnis. Zwei Tage lang führt diese Tour entlang seiner Sonnenseite, immer begleitet von herrlichen Ausblicken über die sanften Kitzbühler Alpen zu den Gletschergipfeln der Hohen Tauern. Über schönes Almgelände geht es zum Baumgartenköpfl, ein kleiner, aber feiner Aussichtsgipfel. Im »Bergsteigergrab« hat dort Michael Wieser, der »Koasa Much«, seine letzte Ruhestätte gefunden. Der begeisterte Alpinist hatte alle Gipfel im Kaisergebirge bestiegen und veranlasst, dass dort Gipfelbücher deponiert wurden.
Immer wieder neue Einblicke in die faszinierende Felswelt tun sich auf, in die Schotterwüste des Ellmauer Tors und ins sagenumwobene »Wilde Schloss«, eine wehrhafte Felsburg mit zahlreichen Türmen und Spitzen. Unser Etappenziel, die Gruttenhütte, thront wie ein Adlerhorst auf einem Geländevorsprung, mit dem höchsten Kaisergipfel, der Ellmauer Halt, im Rücken und dem Großglockner am Horizont – ein wunderbarer Platz zum Verweilen und Genießen. Viel Genuss bietet auch der Wilde-Kaiser-Steig am zweiten Tag, eine Panoramawanderung, die diesen Namen verdient. Im Hintersteiner See unterzutauchen, ist das würdige Finale dieses vielseitigen Streifzugs durch das Kaisergebirge.

Imposante Felskulisse beim Anstieg zur Gruttenhütte.

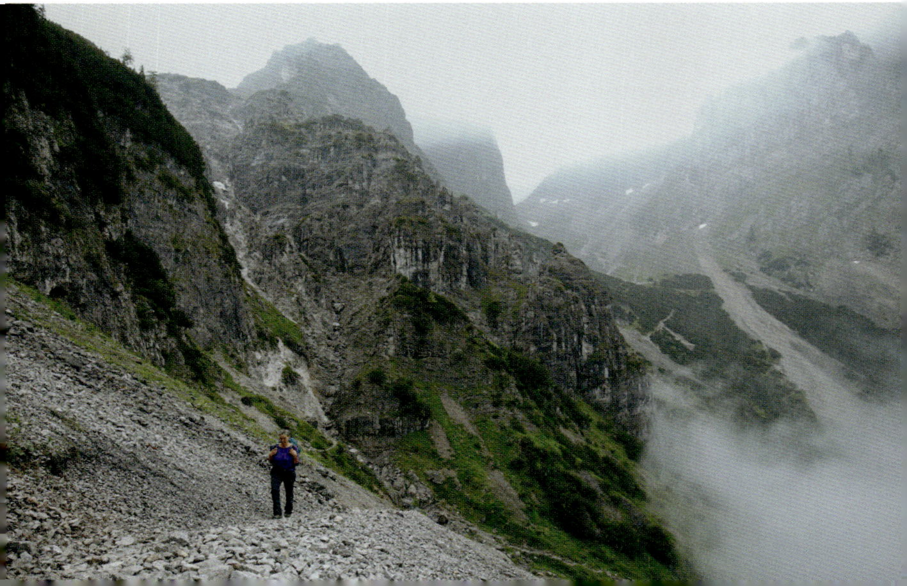

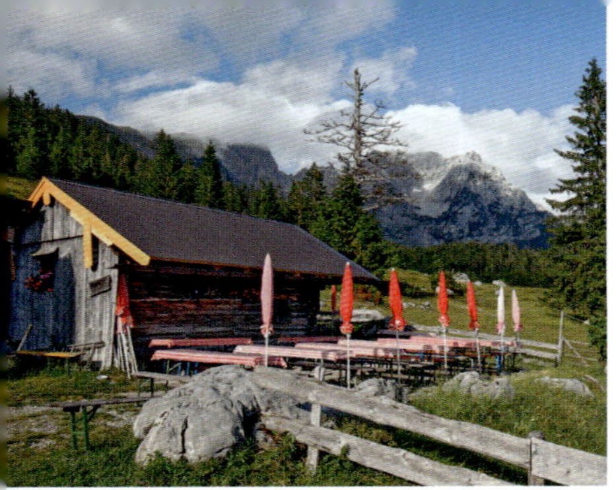

Die Steiner Hochalm.

Ausgangspunkt: Wanderparkplatz Hüttling, 820 m, nordöstlich über Going. Mit der Bahn nach Kufstein, weiter mit dem Bus (Linie 4902) nach Söll, Haltestelle »Kreisverkehr«, dort umsteigen in den Wanderbus KaiserJet (Linie 4061) und nach Going, Haltestelle »Badesee« (verkehrt von Mitte Mai bis Ende Oktober). Von dort fährt ein Wanderbus nach Hüttling (fünfmal täglich von Ende Mai bis Anfang Oktober), zu Fuß sind es 25 Min. Die Nutzung der Wanderbusse ist kostenlos. Hüttling ist ein Tagesparkplatz. Wer mit dem Auto anreist, parkt deshalb am besten am Endpunkt Hintersteiner See (gebührenpflichtig), fährt mit dem Wanderbus nach Scheffau, Haltestelle »Dorf« (verkehrt von Mitte Mai bis Ende Oktober) und steigt dort um in den Wanderbus KaiserJet (Linie 4061) zum Badesee von Going.

Endpunkt: Hintersteiner See, 882 m. Mit dem Wanderbus nach Scheffau, Haltestelle »Dorf«, weiter mit dem Bus zum Bahnhof Wörgl (Linie 4060) oder alternativ nach Söll, Haltesstelle »Kreisverkehr«, und von dort mit dem Bus (Linie 4902) zum Bahnhof Kufstein.

Höhenunterschied / Gehzeit:
1. Tag: 1110 m↑, 310 m↓; 4.30 Std.
2. Tag: 160 m↑, 900 m↓; 4.15 Std.
gesamt: 1270 m↑, 1210 m↓; 8.45 Std.

Anforderungen: Zum Baumgartenköpfl bequeme Almfahrwege und Steige ohne Schwierigkeiten. Der Anstieg zur Gruttenhütte über den Klammlweg ist die herausforderndste Passage der Tour: bei einer Bachquerung Felsen mit Eisenklammern und einer Leiter, durch die Felsschlucht Klamml steiler, schotteriger Steig und ebenfalls eine Felsstelle mit Trittbügel. Etwas Schwindelfreiheit erfordert anschließend die Hangquerung. Am zweiten Tag gut begehbare Steige und nicht allzu viele Anstiegshöhenmeter. Eine gesicherte Felspassage ist für trittsichere Wanderer problemlos zu meistern.

Einkehr / Übernachtung:
1. Tag: Graspoint-Niederalm, nur Einkehr, voraussichtlich geöffnet Sonntag, Montag und Dienstag, außerhalb der Öffnungszeiten Getränketrog zur Selbstbedienung; Obere Regalm, nur Einkehr, geöffnet Juni bis Anfang Oktober an Wochenenden und Feiertagen, Juli bis Ende September auch am Freitag, aktuelle Info unter regalm.at; Gaudeamushütte, DAV, 56 Schlafplätze, geöffnet Mitte Mai bis Mitte Oktober, Tel. +43 5358 2262, dav-main-spessart.de; Gruttenhütte, DAV, 103 Schlafplätze, geöffnet Pfingsten bis Mitte Oktober, Tel. +43 5358 43389, gruttenhuette.at.
2. Tag: Steiner Hochalm, nur Getränke; Berggasthof Bärnstatt, nur Einkehr, geöffnet Samstag bis Dienstag ab 17 Uhr, am Sonntag auch mittags, baernstatt.at; Seestüberl, nur Einkehr, Dienstag Ruhetag.

Karten: Freytag & Berndt WK 301, Kitzbühel – Kaisergebirge – Kufstein, 1:50.000; AV-Karte Blatt 8, Kaisergebirge, 1:25.000.

Hinweis: Die Gruttenhütte ist oft ausgebucht. Alternativ bietet sich an, bereits auf der Gaudeamushütte zu bleiben. Von Vorteil ist dann, dass man den etwas mühsamen, steilen Anstieg durch das Klamml gleich in der Früh zurücklegt. Die zweite Etappe ist dann länger (5.30 Std.).

Variante: Im Bergkessel unter der Multerkarwand stürzt ein schöner Wasserfall über die Felsen. Die Abzweigung ist ausgeschildert und führt etwas steil zum Bergfuß. Beim Wasserfall folgt man dem Steig Richtung Westen und trifft bei der Kaiser-Hochalm wieder auf die Hauptroute (30 Min. zusätzlich).

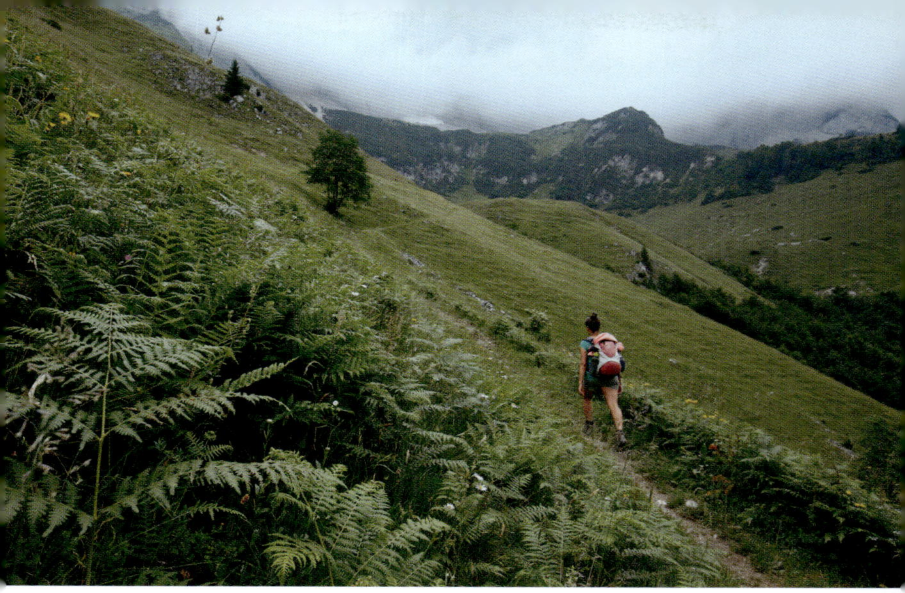

Über blühende Almwiesen zur Oberen Regalm.

1. Tag:

Vom **Wanderparkplatz Hüttling ❶** folgen wir dem Fahrweg am Sinnersbach entlang taleinwärts. Nach 10 Min. queren wir den Bach nach rechts und steigen, vorbei an zwei Rechtsabzweigungen, zur **Graspoint-Niederalm ❷**, 975 m, hinauf. Kurz nach der Alm biegen wir in einer Rechtskehre auf den Steig Richtung Obere Regalm / Ackerlhütte ab und wandern erneut im Tal des Sinnersbachs bergauf, bis wir wieder auf eine Forststraße treffen. Auf ihr gehen wir nach links und verlassen sie nach 10 Min., um rechts dem Steig entlang eines Bachs aufwärts zu folgen. Wegweiser, die die Richtung zur Gaudeamushütte vorgeben, bleiben unbeachtet. Der Anstieg zieht ziemlich steil einen Waldhang hinauf und kreuzt die Zufahrt zur Oberen Regalm. Wir betreten die Almböden, wo sich uns ein imposanter Anblick bietet. Die Felsfluchten von Regalp-, Ackerl- und Maukspitze bauen sich über den Wiesen auf. Vor dieser großartigen Kulisse liegt die **Obere Regalm ❸**, 1313 m, auf der sich eine Rast lohnt, um auch den Blick zu den Kitzbühler Alpen und den Hohen Tauern zu genießen. Außerhalb der Öffnungszeiten sind Getränke zur Selbstbedienung deponiert.

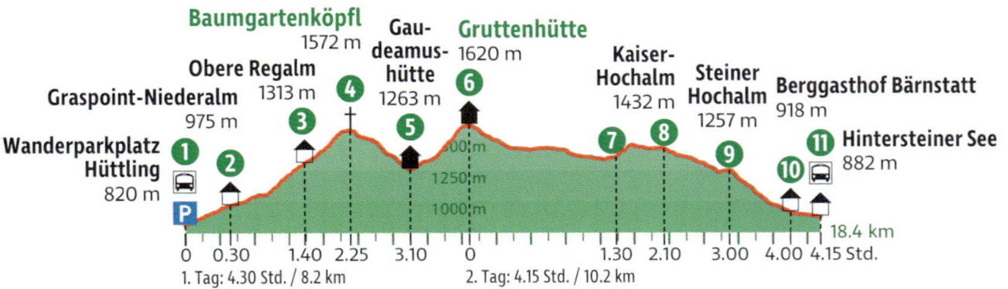

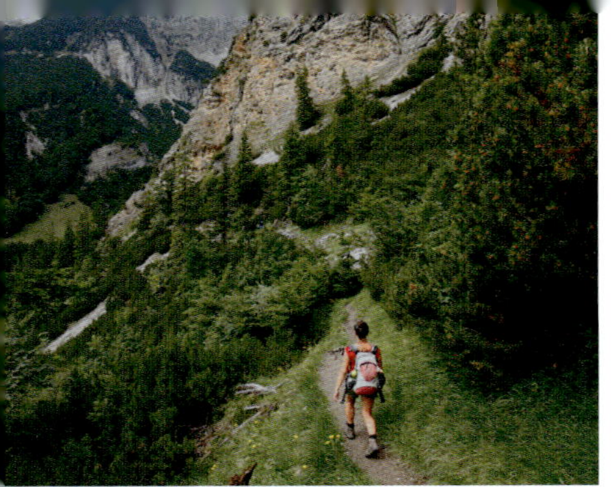

Am Wilde-Kaiser-Steig.

100 m nach der Alm zweigen wir links auf einen Pfad ab, der zum Baumgartenköpfl und zur Gaudeamushütte ausgeschildert ist. Er zieht nach links über die Weiden hinauf und steigt dann ziemlich steil in einem Wiesentälchen an. Sobald wir auf einen weiteren Steig treffen, queren wir nach links zu einem Sattel, halten uns dort erneut links und haben kurz darauf das **Baumgartenköpfl ❹**, 1572 m (auch Brennender Palven), mit dem Bergsteigergrab und dem Gipfelkreuz erreicht, ein fantastischer Aussichtsplatz.

Zurück beim Sattel setzen wir unsere Wanderung nach links fort und queren die steilen Hänge. Nach der Baumgartenalm geht es links bergab. Unser Ziel, die Gruttenhütte, exponiert auf einem felsigen Geländeabsatz gelegen, rückt bereits ins Blickfeld, doch bis zu ihrer Terrasse sind noch einige Höhenmeter zu überwinden. Wir lassen den Pfad zum Übungsklettersteig rechts liegen und steigen über Almgelände zu einer weiteren Verzweigung ab. Rechts würde der Weg weiter zur Gruttenhütte führen. Links empfiehlt sich jedoch der kurze Abstecher zur **Gaudeamushütte ❺**, 1263 m, wo wir uns mit Blick auf die großartige Felsszenerie des »Wilden Schlosses« noch einmal stärken können.

Nach der Rast gehen wir einige Meter auf demselben Weg zurück und zweigen nach dem Metallgatter links ab (Schild »Gruttenhütte über Klammlweg«). Wir queren das Schotterbett eines Bachs und gehen geradeaus auf die Felswände zu. Unsere Anstiegsroute lässt den Steig zum Ellmauer Tor rechts liegen und wird nun immer steiler. Bei einer Bachquerung gilt es, gesicherte Passagen zu bewältigen. Eine Felsstufe erklimmen wir dort mithilfe einer Leiter. Anschließend steigen wir über ein Geröllfeld zur Felsschlucht Klamml an und passieren dabei die Abzweigung des Klamml-Klettersteigs. Eingerahmt von Felswänden führt ein schotteriger Steig steil durch den schmalen Einschnitt aufwärts. Einige Eisenklammern helfen über eine felsige Stufe hinauf, dann ist ein flacher Absatz erreicht, mit großartigem Blick auf die felsige Kulisse. Ein letzter kurzer Anstieg bringt uns zu einem grasigen Plateau, über das wir in wenigen Minuten zur **Gruttenhütte ❻**, 1620 m, gelangen.

Als kleine Zugabe bietet sich die Gruttenhöhe, 1705 m, über der Hütte an (15 Min.). Dort hat das restaurierte Gipfelkreuz der Ellmauer Halt von 1883 einen neuen Platz gefunden.

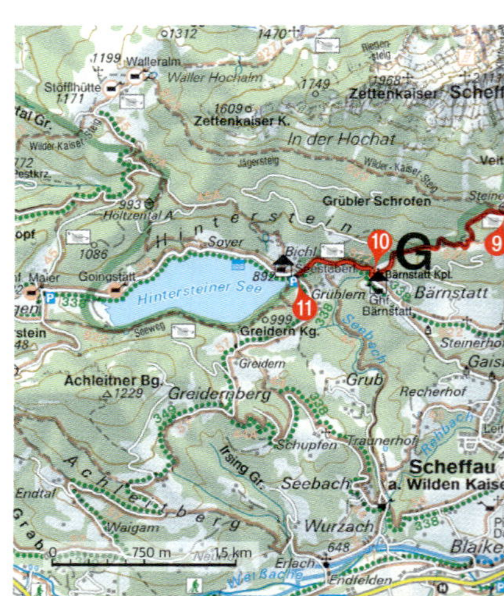

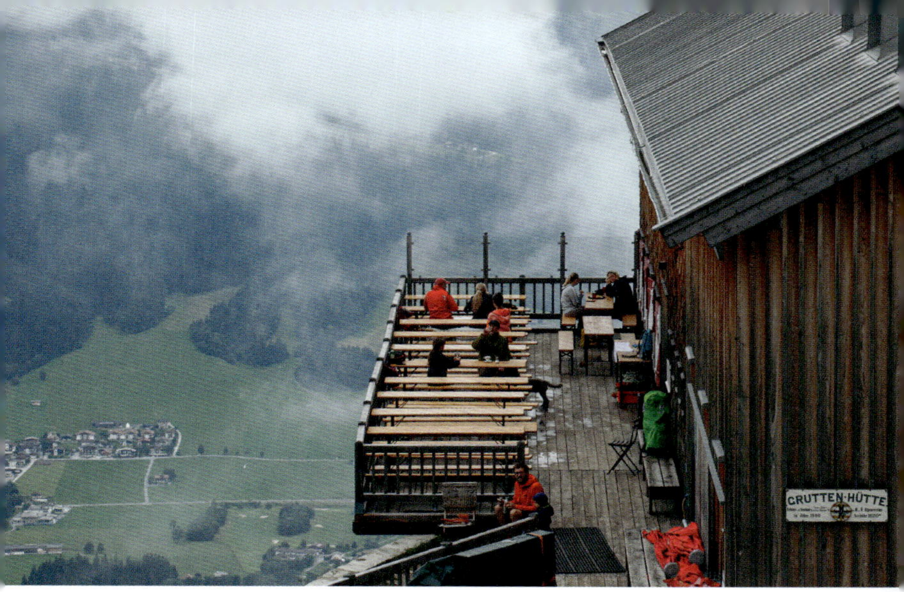

Ein besonderer Logenplatz: die Terrasse der Gruttenhütte.

2. Tag:
Unsere Wanderung am zweiten Tourentag beginnt zunächst auf dem schotterigen Zufahrtsweg, der von der Hütte bergab führt. Nach 20 Min. kommen wir zu einer Abzweigung Richtung Hintersteiner See, steigen dort rechts über einige Stufen bergauf und queren ohne großen Höhenunterschied die Hänge unter dem Tuxeck. Wir sind nun auf einem Teilstück des Wilde-Kaiser-Steigs unterwegs, der über die gesamte Südseite des Kaisergebirges verläuft, und können uns auf eine Höhenwanderung zum Genießen freuen. Mit herrlichem Panorama geht es durch Waldstücke, über Latschenhänge und Geröllfelder. Vorbei am Anstiegsweg zum Tuxeck kommen wir in einen landschaftlich großartigen **Bergkessel 7**, 1362 m, unter der bei Kletterern beliebten Multerkarwand und halten uns dort

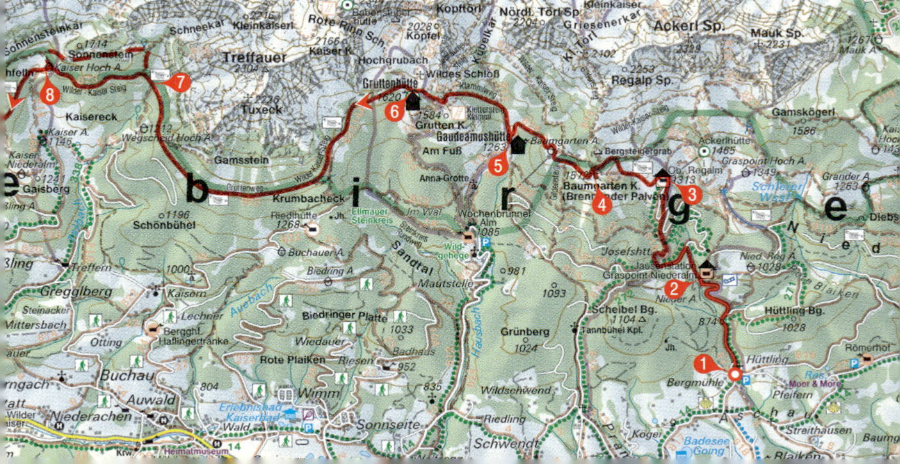

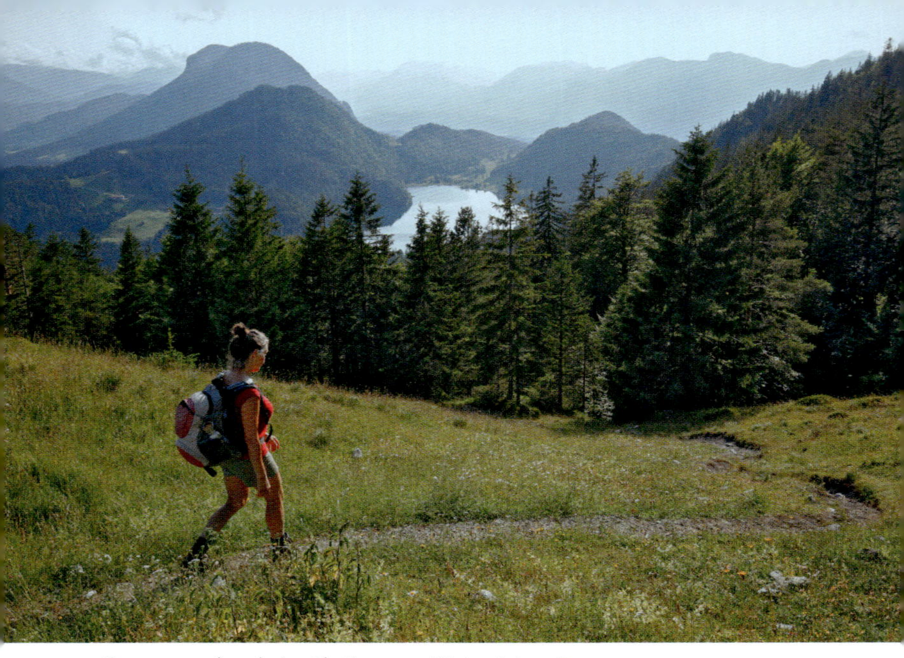

Genusswandern beim Abstieg zum Hintersteiner See.

an den beiden Abzweigungen jeweils geradeaus (rechts zum Wasserfall, siehe Variante). Malerische Wiesenflecken laden zu einer Rast ein. Mit etwas Glück lassen sich Gämsen beobachten.

Aus dem Kessel steigen wir ziemlich steil, die letzten Meter über eine Metallstiege, zu einem Geländerücken an und folgen dem Höhenweg weiter in leichtem Auf und Ab über die Südhänge. Auch die **Kaiser-Hochalm 8**, 1432 m, die wir nun erreichen, ist ein wunderschöner Platz vor einer großartigen Felskulisse, eines der Postkartenmotive des Wilden Kaisers.

Bei der Alm stoßen wir auf einen Fahrweg, der an den bewaldeten Hängen eines Tals entlangführt. Nach 15 Min. zweigt rechts ein Steig Richtung Steiner Hochalm / Hintersteiner See ab und führt im Wald bergab. Sobald wir zu freien Wiesenhängen kommen, wandern wir rechts am Waldrand entlang noch einmal einige Höhenmeter bergauf. Über schöne Bergwiesen bringt uns der Pfad zur **Steiner Hochalm 9**, 1257 m, einem einladenden Platz für eine Rast vor dem Talabstieg.

Anschließend biegen wir nach den Almgebäuden links ab, halten uns gleich darauf rechts und folgen dem Steig über die Wiese in den Wald. Im Tal glänzt der Hintersteiner See verheißungsvoll. Unser Abstiegspfad schlängelt sich durch ein bewaldetes Tal und setzt sich schließlich bei einer Lichtung als breiter Wirtschaftsweg fort. Wir biegen links in eine Forststraße ein, gehen bei einer Verzweigung rechts und treffen bei der St.-Leonhard-Kapelle und dem **Berggasthof Bärnstatt 10**, 918 m, auf die Straße, die von Scheffau heraufführt.

Rechts erreichen wir nach 15 Min. den **Hintersteiner See 11**, 882 m, mit dem Strandbad für Erfrischung und dem Seestüberl für die Einkehr.

Rund um das Priental

Von Aschau

4 Tage | 51,9 km | ↗ 3240 m | ↘ 3240 m

Chiemgauer Paradeberge

Gleich auf vier bekannte Chiemgauer Berge führt diese Tour: Klausenberg, Spitzstein, Geigelstein und Kampenwand lassen sich zu einer abwechslungsreichen viertägigen Runde um das Priental verbinden. Der Klausenberg, unser erstes Ziel, ragt recht unscheinbar nur wenig über dem Kamm auf der Westseite des Tals auf. Seitdem die Klausenhütte, die nur ein paar Höhenmeter unter dem Gipfel liegt, nicht mehr bewirtschaftet wird, zählt er zu den stilleren Bergen. Das Spitzsteinhaus, unsere erste Unterkunft, und der Spitzstein sind dagegen sowohl im Sommer als auch im Winter beliebte Tourenziele. Der klassische Aufstieg führt von Sachrang herauf, wir nähern uns von der unbekannteren und wilderen Nordseite. Den als Blumenberg gerühmten Geigelstein auf der Ostseite des Prientals erreichen wir nach einer Übernachtung in der Priener Hütte am dritten Tag. Er ist der höchste Gipfel der westlichen Chiemgauer Alpen und war jahrelang Gegenstand von Auseinandersetzungen über eine Erschließung mit Almfahrstraßen und Liften. Seit 1991 ist er Naturschutzgebiet. Zum Schutz seltener Vögel ist im April und Mai außerdem der Übergang vom Geigelstein zum Weitlahnerkopf (Richtung Kampenwand) gesperrt, die hier vorgestellte Tour sollte daher erst ab Juni unternommen werden. Ganz anders als der Geigelstein präsentiert sich die Kampenwand, deren Gipfelaufbau ein beeindruckendes Gebilde aus zahlreichen Felszinnen ist. Viele Fahrwege führen bis an ihren Fuß, eine Gondelbahn bringt die Besucher von Hohenaschau hinauf und die bewirtschafteten Almen laden zu einer Einkehr ein. Es ist also kein Wunder, dass im Kampenwandgebiet Trubel herrscht. Trotzdem lohnt sich ein Besuch, denn der zackige Kamm und der Weg durch die schluchtartigen »Kaisersäle« zum Gipfel mit dem zwölf Meter hohen Kreuz sind durchaus beeindruckend. Außerdem nähern wir uns der Kampenwand von der ruhigeren Südseite, und nach einer Übernachtung in der Sonnenalm können wir auf dem Gipfel sein, bevor der große Ansturm einsetzt.

Am Gipfel des Klausenbergs: Blick Richtung Brandenberger Alpen und Bayerische Voralpen.

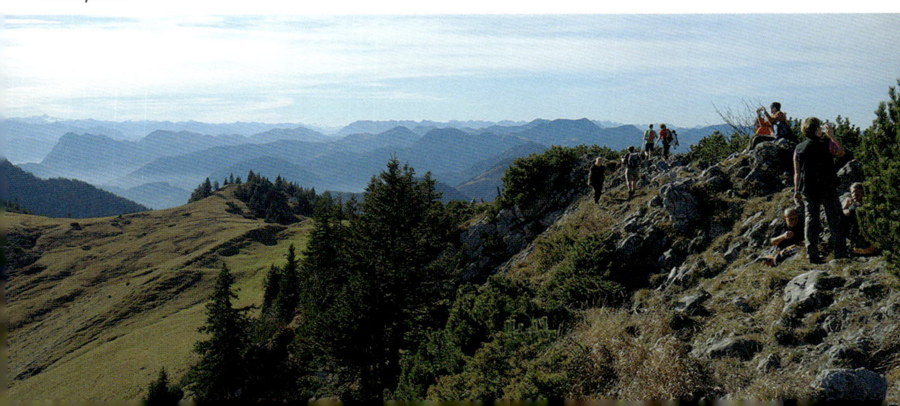

Ausgangs- und Endpunkt: Aschau, 615 m, Bahnverbindung von Prien. Wer mit dem Auto anreist, beginnt die Tour am Parkplatz »Festhalle« in Hohenaschau, 627 m. Bei Anschluss bis hierher auch mit dem Bus (Linie 482) vom Bahnhof Aschau (Haltestelle »Schlosseinkehr«).

Bergbahn: Kampenwandbahn, Sommerbetrieb von Anfang Mai bis Ende Juni und von Mitte September bis Ende November von 9 bis 17 Uhr sowie von Anfang Juli bis Mitte September von 9 bis 18 Uhr, Tel. +49 8052 906440 bzw. +49 8052 9064420 (automatische Ansage), kampenwand.de.

Höhenunterschied / Gehzeit:
1. Tag: 1070 m↑, 430 m↓; 5.40 Std.
2. Tag: 1070 m↑, 920 m↓; 6.20 Std.
3. Tag: 850 m↑, 790 m↓; 6.00 Std.
4. Tag: 250 m↑, 1100 m↓; 4.20 Std.
gesamt: 3240 m↑↓; 22.20 Std.

Anforderungen: Für die ganze Tour ist Trittsicherheit nötig. Am ersten Tag ist zwischen Hofalm und Klausenberg etwas Orientierungssinn erforderlich. Am dritten Tag beim Abstieg vom Weitlahnerkopf ein paar drahtseilversicherte, bei Nässe rutschige, aber nicht ausgesetzte Kraxelstellen. Im Gipfelbereich der Kampenwand mehrere Kraxelstellen, der Fels ist teilweise speckig, Vorsicht bei Nässe, eine Stelle ist etwas ausgesetzt (Metallkette zur Sicherung). Die Kampenwand kann ausgelassen werden.

Einkehr / Übernachtung:
1. Tag: Spitzsteinhaus, DAV, 53 Schlafplätze, ganzjährig geöffnet, im Winter MIttwoch und Donnerstag Ruhetag, Tel. +43 5373 8330, spitzsteinhaus.info.
2. Tag: Altkaseralm, nur Einkehr, ganzjährig geöffnet, Montag Ruhetag; mehrere Möglichkeiten in Sachrang; Priener Hütte, DAV, 97 Schlafplätze, ganzjährig geöffnet, Tel. +49 8057 428, prienerhuette.de.
3. Tag: Rossalm, Brotzeiten und Getränke, nur im Sommer bewirtschaftet; Hofbauernalm, Brotzeiten und Getränke, nur im Sommer bewirtschaftet; Sonnenalm, privat, 64 Schlafplätze, geöffnet Weihnachten bis Ende November, Reservierung erforderlich, Tel. +49 151 23002836, kampenwand.de.
4. Tag: Steinlingalm, nur Einkehr, Montag Ruhetag; Maisalm, nur Einkehr, Montag Ruhetag.

Karten: Freytag & Berndt WK D9, Chiemsee – Traunstein – Ruhpolding, 1:50.000; AV-Karte Blatt BY 17, Chiemgauer Alpen West, 1:25.000.

Variante: An der Verzweigung unterhalb des Spitzstein-Gipfels rechts an den Fuß des Gipfelaufbaus und auf dem sogenannten Nordwandsteig in 15 Minuten direkt auf den Gipfel (»schwarz«, Trittsicherheit und Schwindelfreiheit erforderlich, Kraxelei an feuchtem Fels mit guter Seilversicherung, eine ausgesetzte Stelle kurz nach Beginn der Drahtseile). Von dort auf direktem Weg zum Spitzsteinhaus.

Hinweis: Da die Route bei Sachrang das Priental quert, kann man gut nur den östlichen oder nur den westlichen Teil der Tour unternehmen (Busverbindung zwischen Aschau und Sachrang).

Die Priener Hütte.

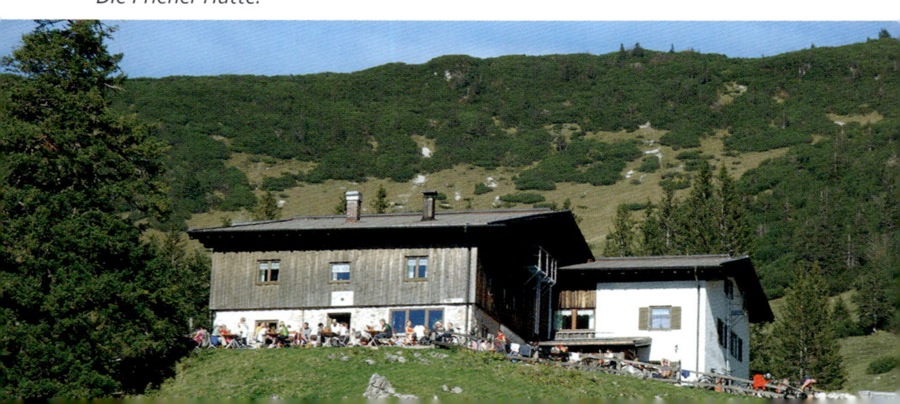

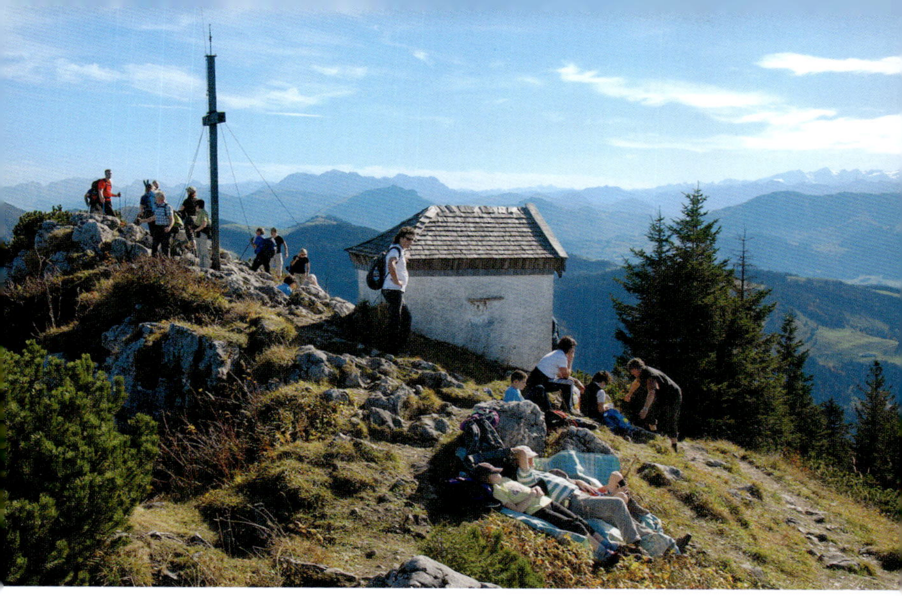

Der Gipfel des Spitzsteins wird zu jeder Jahreszeit gerne besucht.

1. Tag:
Vor dem Bahnhof von **Aschau ❶**, 615 m, biegen wir nach links in die Hauptstraße ein und folgen dieser aus dem Ort hinaus und auf Schloss Hohenaschau zu. Direkt am Fuß des Schlossbergs befindet sich der **Parkplatz »Festhalle« ❷**, Ausgangspunkt für diejenigen, die mit dem Auto anreisen. Hier verlassen wir die Hauptstraße nach rechts in die Schlossbergstraße. Nach Überquerung der Prien stoßen wir auf die Zellerhornstraße, folgen dieser nach rechts und zweigen kurz darauf links in den Heurafflerweg (Weg Nr. 217) ab. Das Asphaltsträßchen geht in einen breiten Schotterweg über, dem wir durch schönen Mischwald steil hinauf zur **Hofalm ❸**, 970 m, folgen. Wir gehen auf dem Fahrweg weiter, können aber gleich darauf an der Rechtskurve geradeaus (Schild: Hochries / Riesenhütte) über eine Wiese, an den Resten eines alten Kalkbrennofens vorbei, eine Kehre abkürzen. Dann folgen wir dem Fahrweg durch den Wald, bis wir ihn in einer Rechtskehre nach links auf einen teilweise gerölligen Weg verlassen. Bei einer Kreuzung wandern wir auf dem geradeaus führenden Fahrweg weiter. Bald danach zweigt am Tafelbaum, 1131 m, unser Weg Richtung Laubenstein / Klausen / Spitzstein nach links ab. Wir stoßen auf einen Forstweg und gehen links hinauf zum **Laubensteingatterl ❹**, 1273 m.

Hier verzweigt sich der Weg. Wir halten uns links Richtung Predigtstuhl / Laubenstein / Spitzstein und gelangen zur **Laubensteinalm ❺**. Vom letzten Gebäude der idyllischen Almsiedlung könnte man einen kurzen Abstecher auf die grasige Kuppe des Laubensteins machen, von dem man eine herrliche Aussicht hat. Wir verlassen den Fahrweg allerdings schon vor der ersten Almhütte an den Wanderschildern nach rechts auf einen unscheinbaren Pfad. Nach ca. 20 Metern knickt dieser nach rechts (roter Pfeil auf einem Stein). Auf spärlich markierten Pfadspu-

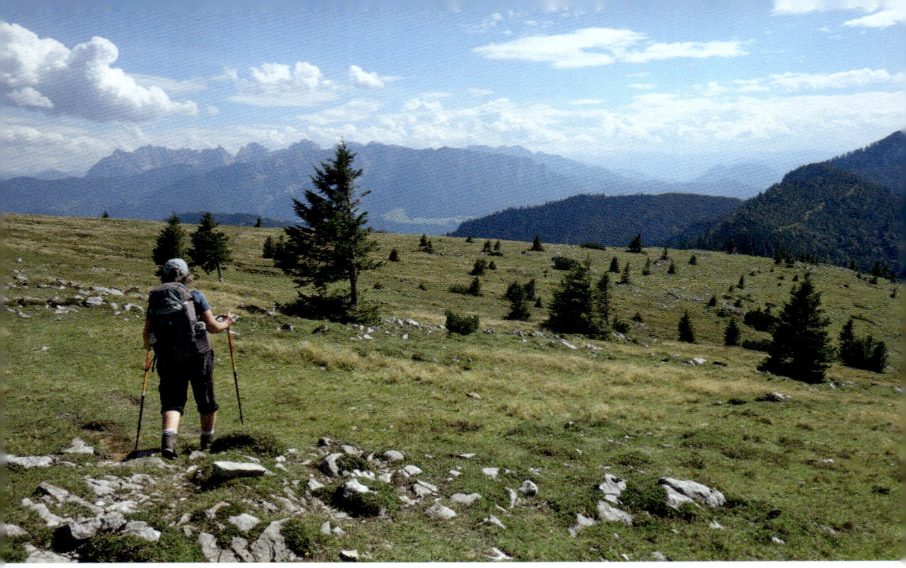

Auf den Wiesen bei der Feichtenalm ist man meist ganz allein unterwegs

ren steigen wir nun erst durch lichten Wald, dann auf einem grasigen Rücken steil hinauf auf die Wiesenkuppe des **Aberecks** ❻, 1461 m. Von dort führt uns ein abwechslungsreicher Steig teils auf dem Kamm, teils rechts davon etwas auf und ab zum **Predigtstuhl** ❼, 1494 m (kleine Abstecher), und weiter auf den Gipfel des **Klausenbergs** ❽, 1554 m. Hier haben wir einen schönen Blick auf Chiemsee und Hochries, besonders aber auf die andere Seite des Prientals, wo die Route der nächsten Tage verläuft.

Vom Gipfel folgen wir dem Kamm hinab und sind kurz darauf an der schon länger nicht mehr bewirtschafteten **Klausenhütte** ❾, 1508 m. Diese liegt in einem weiten, zu einer gemütlichen Pause einladenden Wiesensattel. Ein Schild Richtung Spitzstein leitet uns geradeaus weiter. Wir wandern rechts am Zinnenberg vorbei und über eine schöne Wiesenhochfläche mit der **Feichtenalm** ❿ und einigen Trockenmauern. Bald nach der Alm geht es, eine Abzweigung ins Tal ignorierend, leicht ansteigend wieder am Kamm entlang. Dann leitet der Steig, an einer weiteren Abzweigung ins Tal vorbei, hinab und durch spannendes Felsgelände wieder hinauf zu einer Verzwei-

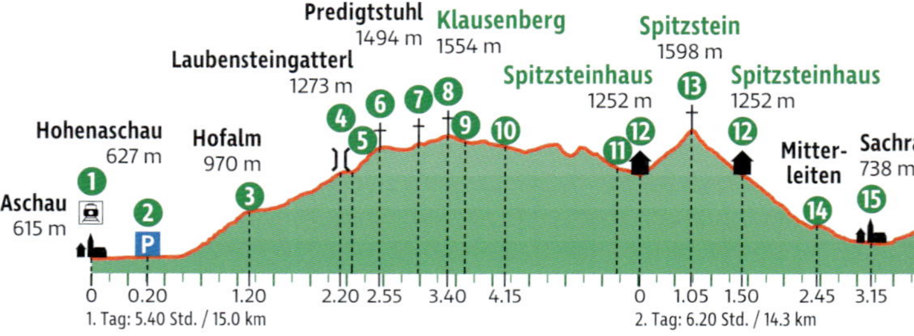

gung. Rechts führt der anspruchsvolle Nordwandsteig direkt auf den Gipfel des Spitzsteins (siehe Variante). Wir halten uns links und steigen durch einen verwunschen wirkenden Wald hinab zu einer weiteren Verzweigung. Hier wenden wir uns nach rechts Richtung Spitzsteinhaus und gehen zügig (Steinschlaggefahr!) an der imposanten Spitzsteinmauer entlang hinab. Bei der kleinen **Auer-alm** ⓫, 1305 m, treffen wir auf einen Fahrweg, folgen diesem kurz nach rechts und wandern dann über eine Weide zum bereits sichtbaren **Spitzsteinhaus** ⓬, 1252 m, hinüber.

2. Tag:

Den zweiten Tag beginnen wir mit einer Besteigung des Spitzsteins. Hierzu folgen wir vom Spitzsteinhaus dem aufwärts führenden Fahrweg, der gleich oberhalb der Hütte endet. Ein Weg führt, an der Verzweigung links (nicht dem Schild »Spitzstein über Nordwandsteig« folgen), an der bewirtschafteten Altkaseralm vorbei, weiter über Bergwiesen hinauf. Dann durchqueren wir einen Waldgürtel – der Steig ist nun teilweise felsdurchsetzt – und wandern schließlich noch kurz durch Latschen hinauf auf den nach Norden steil abbrechenden Gipfel des **Spitzsteins** ⓭, 1598 m, auf dem sich außer dem Gipfelkreuz auch ein kleines Kapellchen befindet.

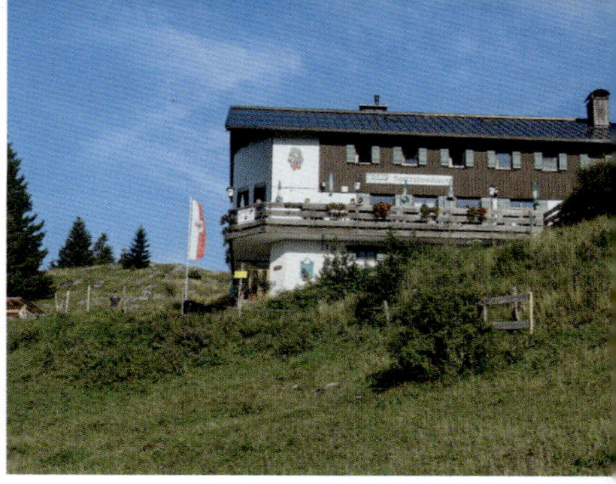

Das Spitzsteinhaus.

Auf demselben Weg geht es zurück zum **Spitzsteinhaus** ⓬. Von dort steigen wir kurz auf dem befestigten Fahrweg ab, dann biegen wir Richtung Sachrang nach links in einen Wanderweg ein, der uns, einen Fahrweg überquerend, über Bergweiden hinabführt. Wir gelangen an den Waldrand, gehen einige Zeit an diesem entlang und schließlich auf einem Steig durch den Wald weiter bergab. Dann verlassen wir den Wald, queren einen Bacheinschnitt und treffen nach einem kurzen Anstieg in dem kleinen Weiler **Mitterleiten** ⓮ auf eine Asphaltstraße. Dieser folgen wir, verlassen sie aber kurz nach den Häusern bei einem Schild Richtung Sachrang nach rechts. In einem weiten Bogen gelangen wir über eine Wiese in den Wald und steigen hinab zu einer Kreuzung. Wir folgen geradeaus dem Fahrweg an einem Bach entlang, bis wir bei

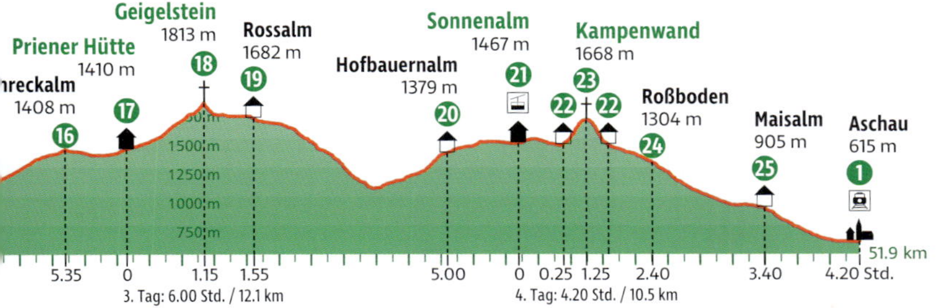

einem Wanderparkplatz wieder auf eine Asphaltstraße treffen. Linkshaltend gelangen wir zur Kirche von **Sachrang ⑮**, gehen über eine Brücke und erreichen die Ortsmitte mit dem Gasthaus zur Post, dem Dorfladen (meist nur vormittags geöffnet) und der Bushaltestelle, 738 m.

Kurz die Dorfstraße entlang kommen wir an den nördlichen Ortsrand, überqueren die Staatsstraße und wenden uns nach links zum Wanderparkplatz. An dessen Ende beginnt rechts ein Schottersträßchen zur Priener Hütte. Diesem folgen wir ca. 40 Minuten, bis kurz nach einer deutlichen Rechtskehre ein Weg nach links abzweigt, der über die Schreckalm zur Priener Hütte führt. (Wer will, wandert auf dem bequemeren Fahrsträßchen – zwei Abkürzungsmöglichkeiten – weiter.) Der Wanderweg leitet kurz bergauf zu einer Forststraße. Dieser folgen wir nach links, bis wir sie an einer beschilderten Abzweigung nach rechts verlassen können.

Der Weg geht in einen schönen Waldsteig über, den sogenannten Jägersteig, dem wir ca. 45 Minuten bergauf folgen. Dann überqueren wir einen Fahrweg. Ein paar Minuten später stoßen wir wieder auf einen Fahrweg und folgen ihm nach rechts zu den Almböden der **Schreckalm ⑯**. Ein Pfad leitet über ausgedehnte Weideflächen zum Almgebäude, 1408 m, von dem man eine herrliche Aussicht hat.

Wir stoßen auf einen Fahrweg, der etwas bergab führt und bald auf das von Sachrang kommende Fahrsträßchen trifft. Diesem folgen wir nach links (an der Verzweigung rechts) und erreichen an einem kleinen See vorbei die **Priener Hütte ⑰**, 1410 m, im Almgelände etwas oberhalb der Niederkaseralm.

3. Tag:

Von der Hütte folgen wir zunächst dem Fahrweg durch im Frühsommer blumenübersäte Almweiden weiter hinauf, verlassen diesen aber bald darauf kurz vor einer Alm nach links auf einen Steig. Bei einer Bergwachthütte treffen wir wieder auf einen Fahrweg, gehen ein Stück auf diesem entlang und zweigen dann nach rechts auf einen anderen

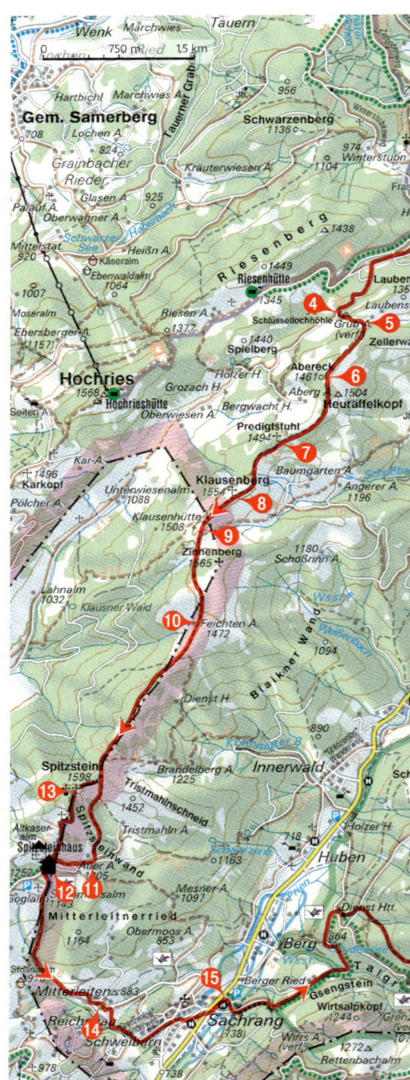

Fahrweg ab. Dieser endet an einer Alm. Nun führt ein Steig im Bogen den freien Hang hinauf, bis wir auf einen Querweg stoßen. Links führt unser späterer Weg weiter, zunächst aber wenden wir uns nach rechts und steigen durch Latschen steil hinauf auf den Gipfel des **Geigelsteins 18**, 1813 m. Von dort haben wir einen herrlichen Blick auf Chiemgauer und Berchtesgadener Alpen, Loferer Steinberge, Hohe Tauern, Kaisergebirge, Stubaier Alpen und Karwendel sowie hinab ins Inntal.

Auf demselben Weg gehen wir zurück bis zur Abzweigung. Geradeaus weiter queren wir nun fast auf gleicher Höhe bleibend über Almmatten hinüber zu einem ausgedehnten Wiesensattel mit der im Sommer bewirtschafteten **Rossalm 19**, 1682 m, einer der höchstgelegenen Almen

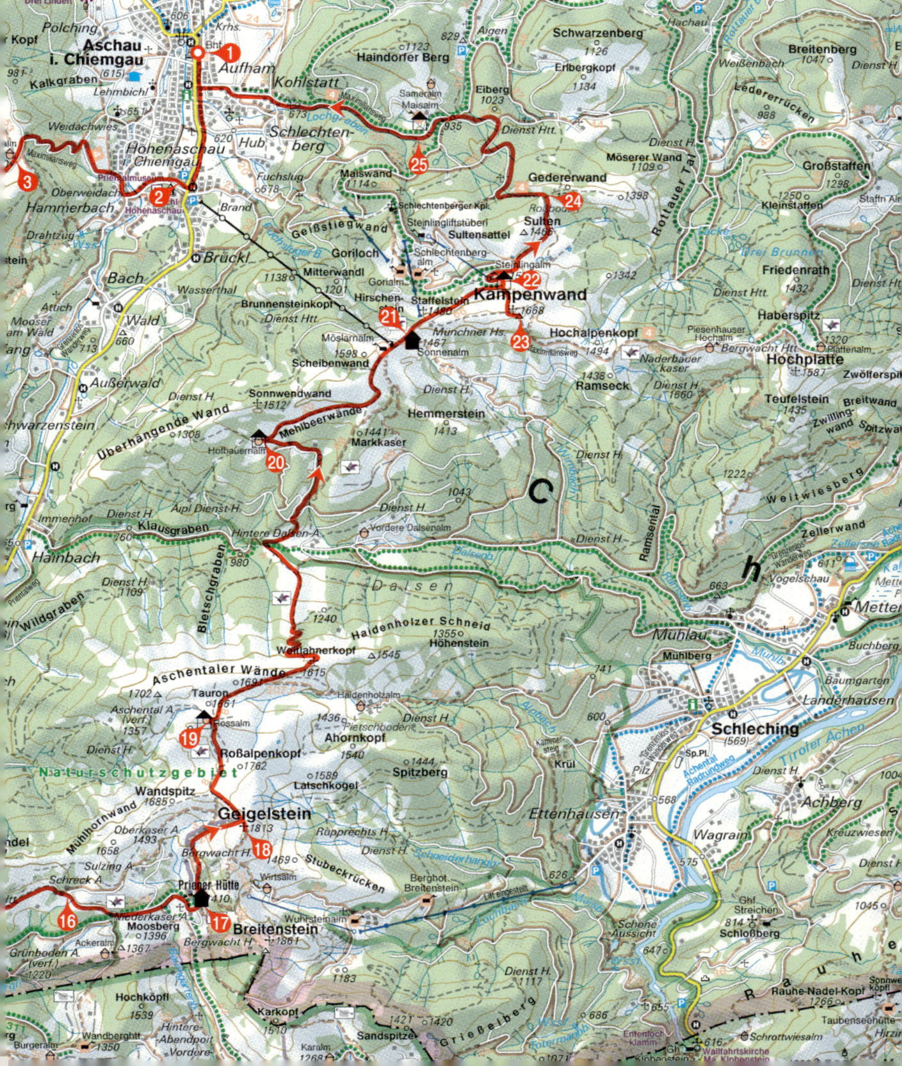

Deutschlands. Dort gehen wir nach rechts zu einem Schuppen und an diesem links über die Wiese zu einem Wanderschild in einer Mulde. Hier halten wir uns rechts Richtung Kampenwand. An der Abzweigung nach Schleching vorbei steigen wir etwas bergauf bis kurz vor das Gipfelkreuz des Weitlahnerkopfs. Nun geht es links vom Gipfel mit ein paar Kraxeleien den drahtseilversicherten, steilen Steig hinab. Anschließend wandern wir durch fast schon urtümlich wirkenden Wald weiter abwärts. Dann verlassen wir diesen und steigen, den Markierungen folgend, mit Blick auf die Kampenwand über felsdurchsetzte Almweiden hinab. Ein Stück führt der Weg an einem Waldsaum entlang, dann peilen wir nicht die rechts liegenden Gebäude der Dalsenalm an, sondern die grünen und gelben Wegweiser links davon, 1000 m. Hier gehen wir durch die Öffnung in einem Zaun und Richtung Kampenwand weiter über die Wiese und in den Wald. Kurz darauf treffen wir auf einen Fahrweg. Rechts geht es auf direktem Weg zu Sonnenalm und Kampenwand, wir wandern links mit interessanten Landschaftseindrücken über die Hofbauernalm hinauf. Zunächst folgen wir dazu kurz dem Fahrweg, dann zweigt eine Fahrspur nach rechts ab und leitet uns zu einem Holzhaus. Ein Steig führt weiter durch den Wald und über Lichtungen, dann an einer Felswand entlang. Wir treffen wieder auf den Fahrweg, halten uns rechts und sind kurz darauf an der beschaulichen, auf einer Wiesenterrasse gelegenen **Hofbauernalm** ⑳, 1379 m. Von der kleinen vorgelagerten Kapelle blickt man hinab ins Priental.

An der Hofbauernalm knickt der Weg nach rechts und führt, nur noch leicht ansteigend, über Almweiden

Die Sonnenalm am Fuß der Kampenwand.

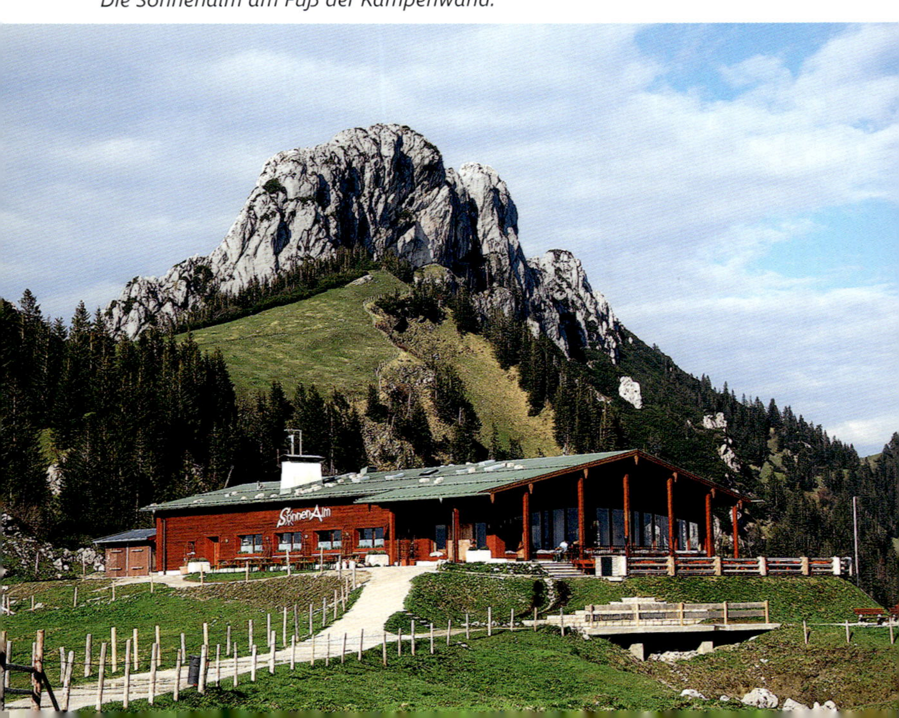

an einem verfallenen Gebäude vorbei in eine Scharte, von der wir einen herrlichen Blick auf die Zacken der Kampenwand haben. Dann geht es unterhalb einer Felswand entlang zur Bergstation der Kampenwandbahn und zur **Sonnenalm 21** gleich dahinter, 1467 m. Tagsüber herrscht hier viel Betrieb, aber abends kann man den Blick von der Terrasse in aller Ruhe genießen.

4. Tag:
Von der Sonnenalm folgen wir dem Fahrweg mit einem kurzen Abstecher zu einem Aussichtspunkt mit Chiemseeblick weiter zur **Steinlingalm 22**, 1452 m. Nun ragt die Nordseite der Kampenwand vor uns auf. Wir verlassen den Fahrweg nach rechts und steigen den erodierten Gras- und Latschenhang steil hinauf direkt auf die Felswand zu. Eine kurze Kraxelei führt uns in eine Scharte am Fuß des Gipfelaufbaus. Hier wenden wir uns nach links und gehen zwischen Felswänden durch die beeindruckenden »Kaisersäle« (auf die Markierungen achten!). Dabei müssen ein paar Felsbarrieren überwunden werden – Vorsicht, der Stein ist vom vielen Begehen glatt poliert. Schließlich erreichen wir den Fuß des Ostgipfels, steigen etwas ausgesetzt mit einer Metallkette gesichert halb um diesen herum und gelangen von der anderen Seite hinauf. Über eine kleine Brücke erreichen wir das riesige Gipfelkreuz der **Kampenwand 23**, 1668 m. Auf demselben Weg geht es zurück zur **Steinlingalm 22** und zu der Verzweigung des Fahrwegs wenige Meter danach. Hier folgen wir dem Schild Richtung Aschau nach rechts hinab. In einer Linkskehre verlassen wir den Fahrweg nach rechts auf einen Wanderweg und gehen in ei-

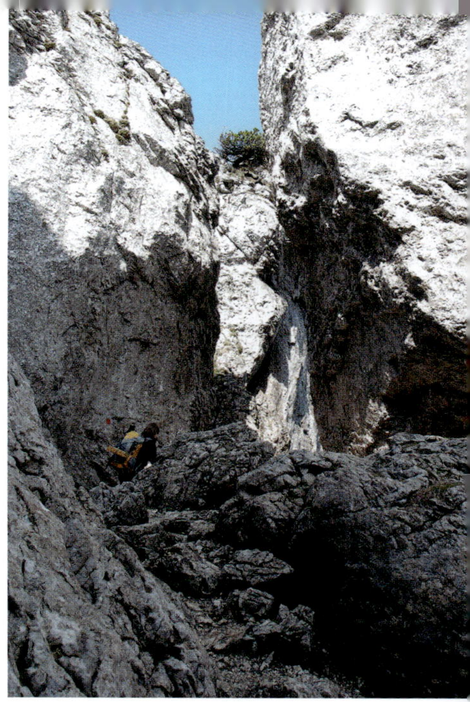

Der Weg auf den Gipfel der Kampenwand führt durch die »Kaisersäle«.

nem Bogen bis in einen Sattel, den **Roßboden 24**, 1304 m. Nun wandern wir auf einem schönen Steig durch Wald abwärts. Schließlich geht der Steig in einen Fahrweg über. Wir folgen diesem hinab und halten uns an Verzweigungen immer an die Schilder »Aschau über Maisalm«. An der bewirtschafteten **Maisalm 25** vorbei geht der Fahrweg in ein teilweise unangenehm steiles Teersträßchen über. Dann wandern wir am rauschenden Bach entlang durch den Lochgraben zu den ersten Häusern von Aschau. Durch ein Wohngebiet hindurch erreichen wir eine Gabelung, halten uns rechts und stoßen auf die Hauptstraße. Wer zum Parkplatz nach Hohenaschau zurückmuss, geht links. Den Bahnhof von **Aschau 1** erreichen wir rechts nach wenigen Minuten.

26 Hochgern, 1744 m, und Hochfelln, 1671 m

Von Marquartstein nach Ruhpolding

2 Tage | 30,2 km | ↗ 2120 m | ↘ 2000 m

  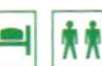

Logenplätze über dem Chiemsee

Der Hochgern ist ein beliebtes Wanderziel im Chiemgau. Von Prien aus gesehen ragt er mächtig über dem Chiemsee auf und entsprechend herrlich ist der Blick vom Gipfel auf den größten bayerischen See. Auch das bis zu den Hohen Tauern reichende Bergpanorama ist beeindruckend. Ein ganzes Stück unterhalb des Gipfels liegt das Hochgernhaus und trägt mit seiner nach Südwesten gerichteten Aussichtsterrasse ebenfalls zur Beliebtheit des Hochgern bei. Und wer sich am Fernblick sattgesehen hat, kann rund um die Hütte Murmeltiere beim Spielen beobachten. Einen Übernachtungsplatz muss man allerdings frühzeitig reservieren, denn zu den 15 Schlafplätzen im Haupthaus kommen nur noch 20 einfache Matratzenlager im Nebengebäude. Leider kann man im Hochfellnhaus, das sich neben einer Kapelle direkt auf dem Gipfel des Hochfelln befindet, nicht übernachten, denn auch vom Hochfelln hat man einen schönen Blick auf den Chiemsee, dazu auf Watzmann, Hohen Göll und Dachstein. Auch der Hochfelln wird häufig besucht, denn eine von Bergen heraufkommende Gondelbahn erleichtert den Aufstieg. Wer damit hinunterfahren möchte, sollte bedenken, dass es am Wochenende nur eingeschränkten Busverkehr von der Talstation gibt. Aber der abschließende Fußmarsch nach Ruhpolding lohnt sich, beschert er doch noch einmal spannende Landschaftseindrücke.

Am Gipfel des Hochgern.

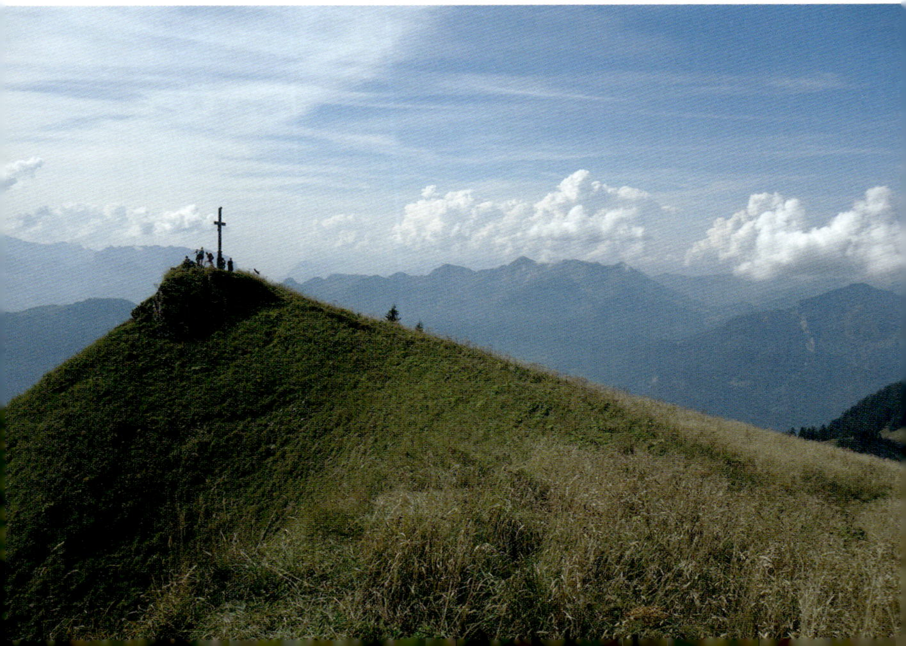

Ausgangspunkt: Marquartstein, 546 m, Bus (Linie 9505 bzw. 9509) von Prien und Übersee, Haltestelle »Marquartstein Rathaus«.
Endpunkt: Ruhpolding, 662 m, Bahnhof. Zurück nach Marquartstein mit dem Bus (Linie 9512 nach Traunstein und dort umsteigen in Linie 9509 oder Linie 9506 nach Reit im Winkl und dort umsteigen in Linie 9505) oder mit dem Zug über Traunstein nach Prien bzw. Übersee und von dort mit dem Bus (Linie 9505 bzw. 9509), letzte Fahrtmöglichkeit Montag bis Freitag ca. 19.45 Uhr, am Wochenende ca. 18.45 Uhr. Eventuell bei der Anfahrt das Auto in Prien oder Übersee stehenlassen und mit dem Bus nach Marquartstein. Bei der Rückfahrt kann man dann mit dem Zug oder Bus nach Traunstein und von dort mit dem Zug nach Prien bzw. Übersee fahren.
Bergbahn: Hochfelln-Seilbahn, Sommerbetrieb von Anfang Mai bis Ende Oktober / Anfang November von 9 bis 16.45 Uhr, Tel. +49 8662 8511, hochfelln-seilbahn.de.
Höhenunterschied / Gehzeit:
1. Tag: 1260 m↑, 340 m↓; 4.40 Std.
2. Tag: 860 m↑, 1660 m↓; 7.20 Std.
gesamt: 2120 m↑, 2000 m↓; 12.00 Std.
Anforderungen: Kondition und etwas Trittsicherheit erforderlich. Der erste Tag verläuft überwiegend auf einem Forstweg und guten Steigen, kurz nach der Staudacheralm geht es eine knappe Stunde auf steilem, bei Nässe etwas rutschigem Steig steil bergauf. Am zweiten Tag verläuft die Route teils über schmale, kurz etwas abschüssige Steige.

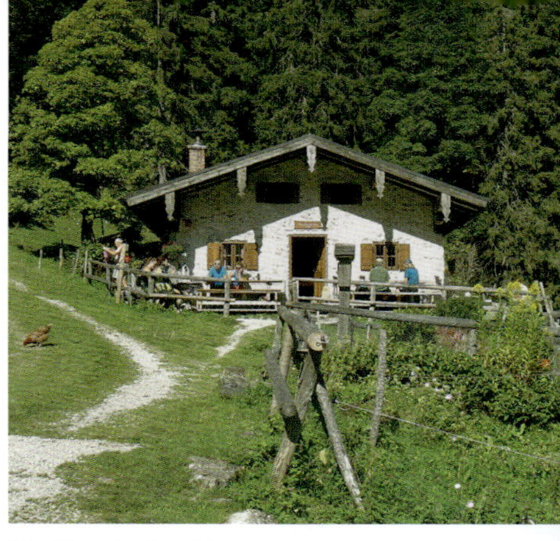

Die Staudacher Alm.

Einkehr / Übernachtung:
1. Tag: Staudacher Alm, nur Einkehr; Agergschwendtalm (Variante), nur Einkehr; Hochgernhaus, privat, 35 Schlafplätze, ganzjährig geöffnet, Tel. +49 8641 6929283 und +49 163 2497558, hochgernhaus.de.
2. Tag: Enzianhütte, nur Einkehr; Moaralm, nur Einkehr; Hochfellnhaus, nur Einkehr.
Karten: Freytag & Berndt WK D9, Chiemsee – Traunstein – Ruhpolding, 1:50.000; AV-Karte Blatt BY 18, Chiemgauer Alpen Mitte, 1:25.000.
Variante: Vom Wanderparkplatz auf einem breiten Weg, dann auf einem Schottersträßchen in ca. 2.30 Std. direkt zum Hochgernhaus, am zweiten Tag von der Hütte zum Gipfel und vom Gipfelgrat auf einem Steig nach Süden hinab auf die unten beschriebene Route (dadurch am zweiten Tag unwesentlich längere Gehzeit).

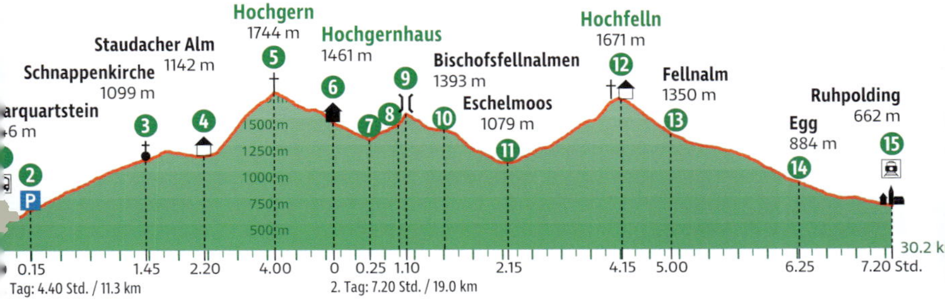

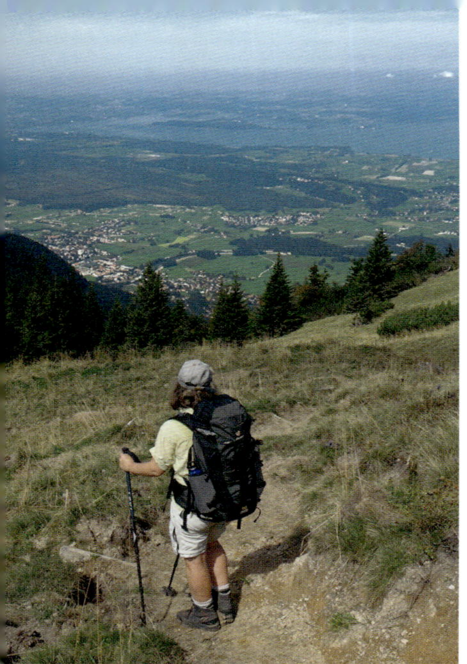

Beim Anstieg zum Hochgern blickt man zurück auf den Chiemsee.

1. Tag:

Von der Bushaltestelle am Rathaus von **Marquartstein ❶**, 546 m, gehen wir kurz die Straße weiter, dann links und über eine Brücke über die Tiroler Achen. Auf der anderen Seite halten wir uns rechts und folgen erst der Alten Dorfstraße, dann der Burgstraße. Immer geradeaus bergauf erreichen wir einen **Wanderparkplatz ❷**, 636 m. Dort leiten uns Wegweiser Richtung Staudacheralm / Schnappenberg auf einen Fahrweg durch den Wald. An Verzweigungen halten wir uns dabei immer an die Beschilderung und erreichen schließlich die **Schnappenkirche ❸**, eigentlich »St. Wolfgang auf dem Schnappenberg«, 1099 m. Hier stehen zwei Rastbänke mit Chiemseeblick.

Von der Kirche gehen wir ein paar Meter zurück und folgen dem links abzweigenden Weg erst kurz hinauf, dann leicht abwärts durch den Wald. Ungefähr eine halbe Stunde nach der Kirche mündet der Weg in eine Forststraße ein. Hier halten wir uns rechts und sind 10 Minuten darauf an der im Sommer bewirtschafteten **Staudacher Alm ❹**, 1142 m.

Von dieser folgen wir dem Pfad geradeaus über eine Wiese bis zu einer Gabelung. Wir halten uns rechts, durchqueren kurz darauf einen Waldstreifen und steigen in Serpentinen einen mit Ahornbäumchen bewachsenen steilen Hang hinauf. Unter uns sehen wir den Chiemsee liegen. Nach knapp 400 Höhenmetern erreichen wir einen grasigen Absatz mit einer Senke, auf dem unser Weg nach links zieht. Wir gehen einen Hang hinauf, kommen dabei an einer Abzweigung zum Hochgernhaus vorbei und erreichen den Gipfelgrat. Linkshaltend gelangen

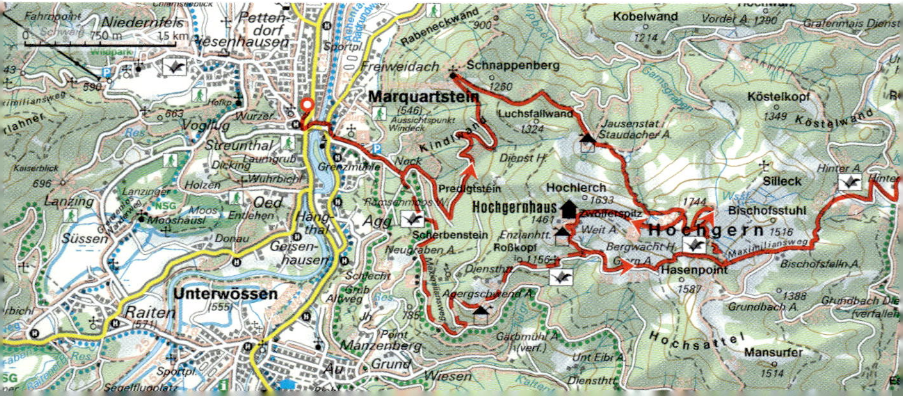

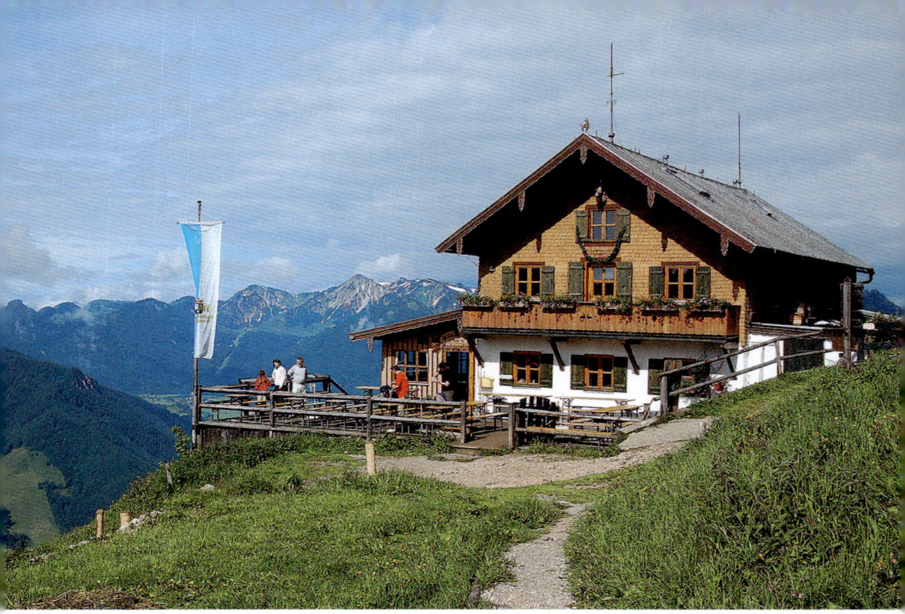

Aussichtsreich liegt das Hochgernhaus über dem Tal der Tiroler Achen.

wir zu einer Abzweigung. Geradeaus weiter sind wir bald darauf am Gipfelkreuz des **Hochgern 5**, 1744 m. Direkt danach kommt eine zweite, grasbewachsene Erhebung, auf der sich eine Miniaturkapelle mit dem Gipfelbuch befindet und die mehr Platz für eine Rast bietet. Die Aussicht vom Hochgern reicht von den Chiemgauer und Berchtesgadener Alpen über Loferer und Leoganger Steinberge, Hohe Tauern und Kaisergebirge bis zu Rofan, Karwendel und den Bayerischen Voralpen.

Ein schmales Steiglein leitet uns von der Kuppe mit der Kapelle hinab zu unserem Aufstiegsweg. Diesem folgen wir zurück, bis der Weg zum Hochgernhaus nach links abzweigt. Mit schöner Aussicht zum Chiemsee gehen wir nun bis in einen kleinen Sattel und weiter über Bergwiesen hinab zum **Hochgernhaus 6**, 1461 m. Auch von der Hüttenterrasse hat man einen beeindruckenden Fernblick, außerdem sieht man hinab nach Unterwössen und ins Tal der Tiroler Achen.

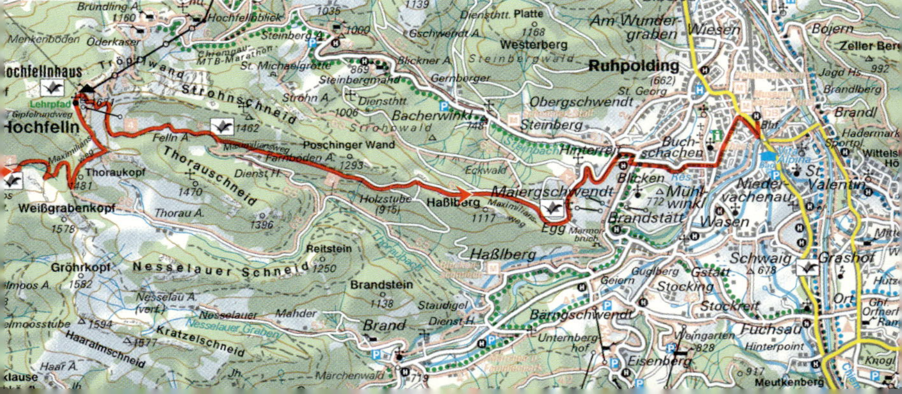

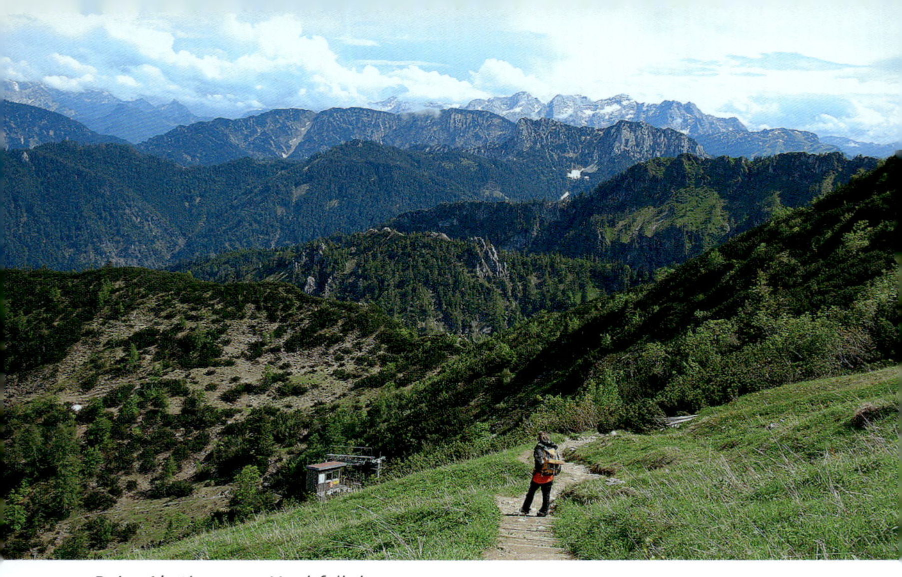

Beim Abstieg vom Hochfellnhaus.

2. Tag:
Vom Hochgernhaus führt uns ein Fahrweg an der Enzianhütte und der Moaralm vorbei einige Kehren hinab und zu einer Verzweigung an einer **Bergwachthütte 7**. Ab hier verläuft unser Weg nun auf dem Maximiliansweg. Wir folgen dem Fahrweg Richtung Bischofsfelln- und Gernalm nach links, bis dieser an der **Gernalm 8**, 1439 m, endet. Rechts am Gebäude vorbei führt ein Steig einen grasbewachsenen Hang hinauf weiter. Dann geht es entlang einer Geröllreise zwischen Felsen steil hinauf in einen kleinen **Sattel 9**. Nun queren wir leicht abwärts eine vom Hochgern herabziehende Grasflanke und erreichen zehn Minuten später eine Kreuzung. Schräg links kommt der Weg vom Gipfel des Hochgern herab. Wir halten uns geradeaus abwärts Richtung Bischofsfelln Almen und Eschelmoos. Der Weg führt kurz durch Wald hinab, dann auf das Gelände der **Bischofsfellnalmen 10**, 1393 m. Vor uns sehen wir nun den Hochfelln, unser zweites Gipfelziel.

Links an den Almgebäuden vorbei geht es erst über freies Gelände, dann zunehmend durch Baumbestand hinab. Über eine Almweide erreichen wir einen Fahrweg. Diesem folgen wir nach rechts, halten uns an der nächsten Verzweigung wieder rechts und erreichen an einer Kreuzung **Eschelmoos 11**, den vorläufig tiefsten Punkt, 1079 m. Ein Schild Richtung Hochfelln weist uns nach links einen Fahrweg entlang, der nach gut 20 Minuten endet. Kurz davor führt links ein ausgeschilderter Steig über ein Bachbett und schlängelt sich dann durch Mischwald weiter hinauf zu einem Sattel mit einer Verzweigung. Wir folgen dem teilweise recht schmalen Steig nach links unter einer Felswand entlang (rechts im Tal sehen wir die Thoraualm liegen) und an einer Abzweigung nach Ruhpolding vorbei hinauf. Über Fels und durch Latschen erreichen wir eine Verzweigung. Wir gehen links, steigen weiter hinauf und kommen zu einer Verzweigung mit einer Sitzbank. Hier halten wir uns rechts und gelangen aussichtsreich auf einem geologisch-botanischen Lehrpfad an einer Kapelle vorbei zum Gipfel des **Hochfelln** ⑫, 1671 m. Gleich daneben befindet sich das Hochfellnhaus. Auf dessen Terrasse liegen uns der Chiemsee und das Alpenvorland zu Füßen. Wer versucht ist, vom Hochfelln mit der Gondelbahn hinab nach Bergen zu fahren, sollte Folgendes beachten: Der letzte Bus von der Talstation zum Bahnhof von Traunstein fährt Montag bis Freitag ca. 18.35 Uhr, am Wochenende ca. 14.35 Uhr.

Vom Hochfellnhaus folgen wir zunächst dem Weg Richtung Hochfellnbahn Mittelstation und Bergen hinab, gehen dann aber an der Verzweigung rechts abwärts Richtung »Ruhpolding über Farnböden-Alm« in den Talboden mit der **Fellnalm** ⑬, ca. 1350 m. Der Weg zieht auf der linken Talseite weiter zu einer Verzweigung, an der wir geradeaus dem Schild Egg / Ruhpolding folgen. Ein schöner, teilweise recht schmaler Steig leitet uns leicht abwärts, dann geht er in einen breiten Fahrweg über, der bald darauf steiler bergab führt. An einer großen Kreuzung halten

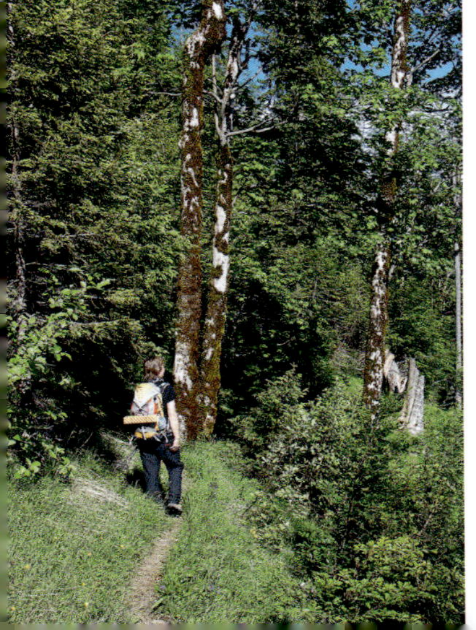

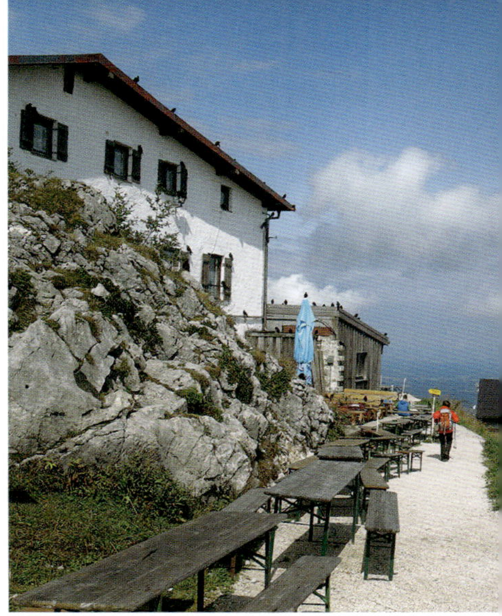

Das Hochfellnhaus.

wir uns halb rechts Richtung Egg / Ruhpolding. Kurz darauf geht es auf einem Steig durch Wald, dann über Weidegelände weiter hinunter. Einem Wegweiser Richtung Egg / Ruhpolding folgend sind wir kurz darauf an den Häusern von **Egg** ⑭, 884 m. Hier stoßen wir auf ein Asphaltsträßchen, dem wir nach links in einem Bogen folgen. An der Querstraße halten wir uns rechts und an der Hauptstraße wieder rechts. Gleich darauf biegen wir links in ein kleines Sträßchen ein. Es geht nochmals etwas hinauf und hinab, dann an einer Kreuzung geradeaus. Nach wenigen Metern treffen wir auf eine Vorfahrtstraße. Hier halten wir uns links. Sobald die Vorfahrtstraße eine Linksbiegung macht, gehen wir geradeaus in eine Einbahnstraße. Diese stößt auf die Hauptstraße. Hier nach rechts; an der Gabelung links erreichen wir den Bahnhof von **Ruhpolding** ⑮, 662 m.

Von der Fellnalm nach Ruhpolding.

27 Überschreitung der Reiteralpe

Über die Neue Traunsteiner Hütte

3 Tage | 29,5 km | ↗1960 m | ↘2280 m

Durch ein unbekanntes Naturparadies

Die Reiteralpe (auch Reiteralm genannt), ein an den Rändern teilweise schroff abstürzendes Tafelgebirge, ist einer der neun Gebirgsstöcke der Berchtesgadener Alpen und trotzdem fast noch ein Geheimtipp. Dabei ist die Natur dort von eindrucksvoller, urtümlicher Schönheit mit einer einzigartigen Flora. Der innere Teil besteht aus einer eingesunkenen Hochfläche, auf der Almwirtschaft betrieben wird und auf der sich auch die Neue Traunsteiner Hütte befindet. Die Hochfläche wird im nördlichen Teil begrenzt von Krummholzbeständen und ursprünglichen Zirbenwäldern. Hier unterhält die Bundeswehr einen Truppenübungsplatz, der für die Öffentlichkeit gesperrt ist. Im Süden der Reiteralpe hat sich eine fantastische Felslandschaft mit steilen Hörnern, abrupt abfallenden Wänden und großen Geröllkaren ausgeprägt. Trotz der schroffen Wände ist die Reiteralpe von drei Seiten auch für Wanderer zugänglich. Zwei dieser Wege, den Wachterlsteig und den Alpasteig, über die auch die Via Alpina verläuft, werden wir auf der hier vorgestellten Ost-West-Überschreitung kennenlernen. Beide Steige sind abwechslungsreich und wenig begangen und führen durch ursprüngliche, wildromantische Wälder. Wer mehr als zwei Tage Zeit für die Reiteralpe hat, sollte unbedingt einen zusätzlichen Tag auf der Neuen Traunsteiner Hütte verbringen und sich zum Beispiel die hier vorgestellte spannende Kammrunde vornehmen. Dabei werden fünf schwach ausgeprägte Gipfel überschritten, von denen man eine herrliche Aussicht insbesondere auf den Hochkalterstock und den Hintersee hat. Die Neue Traunsteiner Hütte ist groß und selten voll und verfügt außer über Matratzenlager auch über Vierbettzimmer und neun nette Doppelzimmer, sodass einem erholsamen längeren Aufenthalt eigentlich nichts im Wege steht.

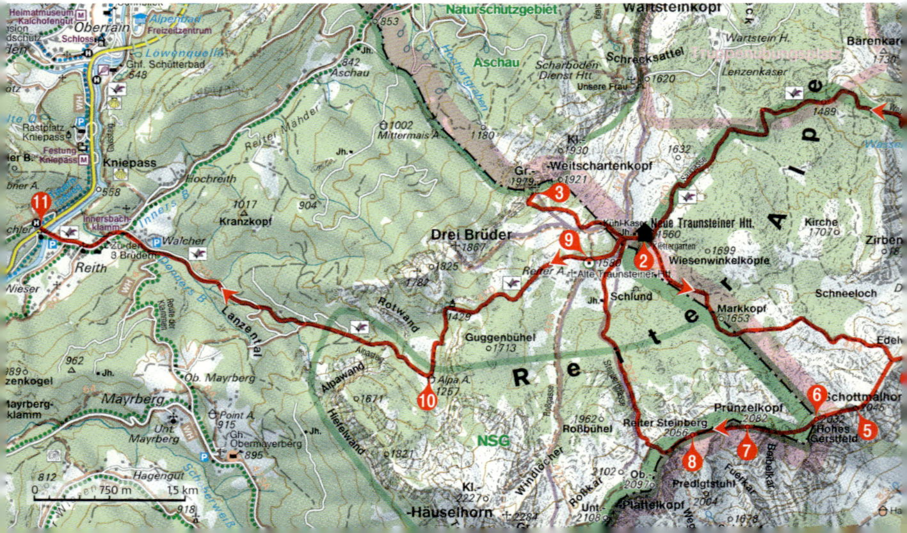

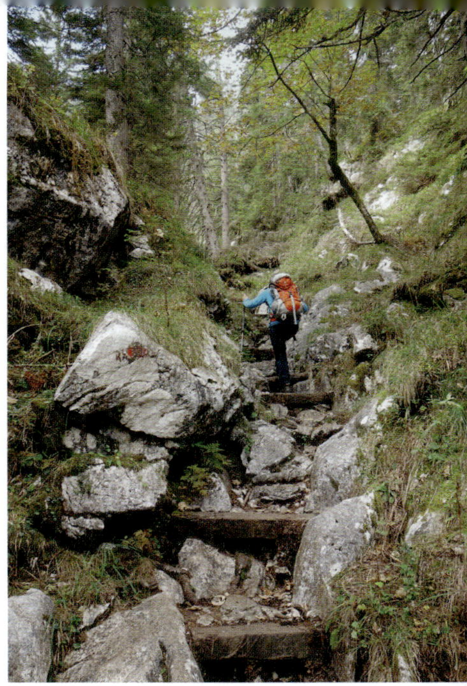

Der Wachterlsteig führt wildromantisch zur Neuen Traunsteiner Hütte.

Ausgangspunkt: Schwarzbachwacht, 889 m, gebührenpflichtiger Parkplatz, Bushaltestelle »Alpenstraße, Abzweigung Hintersee«. Bus (Linie 846) von Berchtesgaden nach Ramsau, Haltestelle »Hochkalter« oder »Neuhausenbrücke«, dort umsteigen in die Linie 845; Rufbus von Bischofswiesen bzw. Berchtesgaden, Tel. +49 8652 964822 (Anmeldung spätestens zwei Stunden vor der gewünschten Abfahrtszeit), berchtesgaden.de/rufbus-berchtesgaden.
Endpunkt: Reith, 564 m, am Bus (Linie 260) von Zell am See über Lofer und Bad Reichenhall (Bahnhof) nach Salzburg (Bahnhof).
Die Rückfahrt mit öffentlichen Verkehrsmitteln zum Ausgangspunkt ist umständlich. Wer mit dem Auto anreist, geht am besten auf dem Aufstiegsweg zurück oder lässt den Wagen in Bad Reichenhall stehen, fährt mit dem Zug nach Berchtesgaden und weiter mit dem Bus zum Ausgangspunkt.
Höhenunterschied / Gehzeit:
1. Tag: 1190 m↑, 520 m↓; 5.45 Std.
2. Tag: 700 m↑↓; 6 Std.
3. Tag: 70 m↑, 1060 m↓; 3.15 Std.
gesamt: 1960 m↑, 2280 m↓; 15 Std.
Anforderungen: Der Aufstieg zur Neuen Traunsteiner Hütte sowie der Abstieg nach Reith erfolgen auf schmalen, aber problemlosen Waldsteigen, auch der Aufstieg auf den Großen Weitschartenkopf ist einfach. Für die Kammrunde am zweiten Tag ist Trittsicherheit erforderlich. Diese nicht bei Nebel begehen, da dann die Markierungen in dem teilweise weglosen Karstgelände schwer zu finden sind. Genügend Wasser mitnehmen (keine Quellen unterwegs).

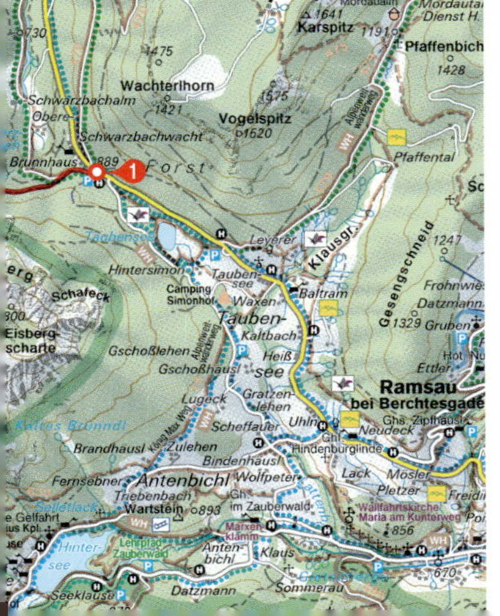

Einkehr / Übernachtung:
1. und 2. Tag: Neue Traunsteiner Hütte, DAV, 88 Schlafplätze, geöffnet Anfang Juni bis Mitte Oktober, Tel. +49 861 21398831, traunsteinerhuette.com.
Kinder: In der vorgeschlagenen Form nur für ausdauernde Kinder; eventuell am ersten Tag die Besteigung des Großen Weitschartenkopfes weglassen und den zweiten Tag abkürzen.
Karten: Freytag & Berndt WK 393, Loferer und Leoganger Steinberge – Chiemgauer Alpen – Nationalpark Berchtesgaden, 1:50.000; AV-Karte Blatt BY 20, Lattengebirge – Reiteralm, 1:25.000.

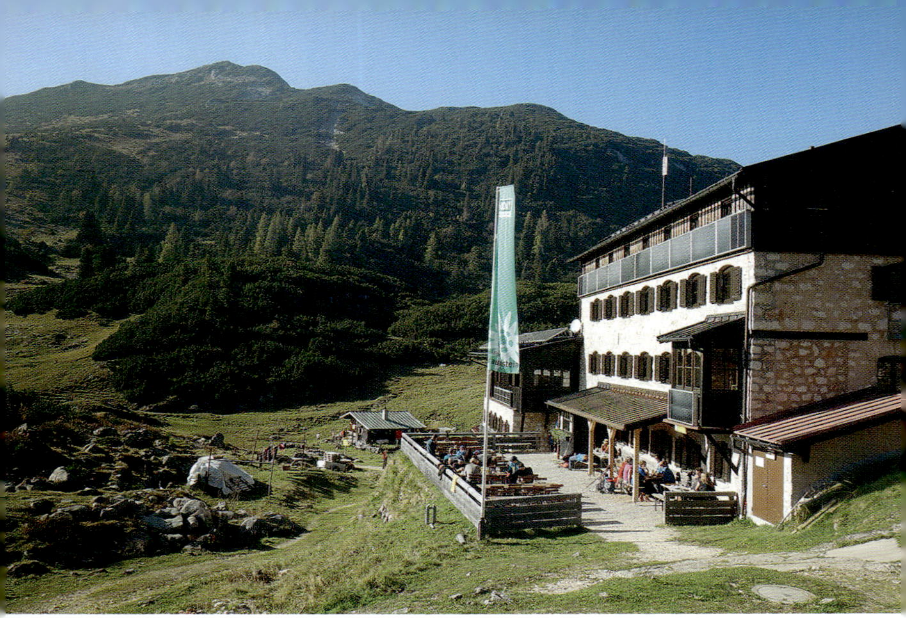

Die Neue Traunsteiner Hütte mit dem Großen Weitschartenkopf.

1. Tag:

Von der Bushaltestelle an der **Schwarzbachwacht** ❶, 889 m, gehen wir vor zum Wanderparkplatz. An dessen rechtem Rand leiten uns Schilder auf einen Schotterfahrweg, den wir gleich darauf nach links auf einen anderen Fahrweg verlassen. Dieser zieht eben in den Wald hinein, wird schnell schmaler und geht in einen Steig, den sogenannten Wachterlsteig, über. Nach 20 Minuten führt dieser bergauf und schlängelt sich nun ungefähr zwei Stunden abwechslungsreich, aber steil durch den wildromantischen Wald hinauf. Dann steigen wir nur noch sanft bergan und kommen bald an einer verfallenen Alm vorbei. Der Weg zieht nun über locker mit Fichten, Lärchen und Kiefern bestandene Wiesen weiter. An Karrenfelsen vorbei wandern wir dabei durch ein paar Senken und über einige kleine Erhebungen. An der Verzweigung beim Schild »Neue Traunsteiner Hütte

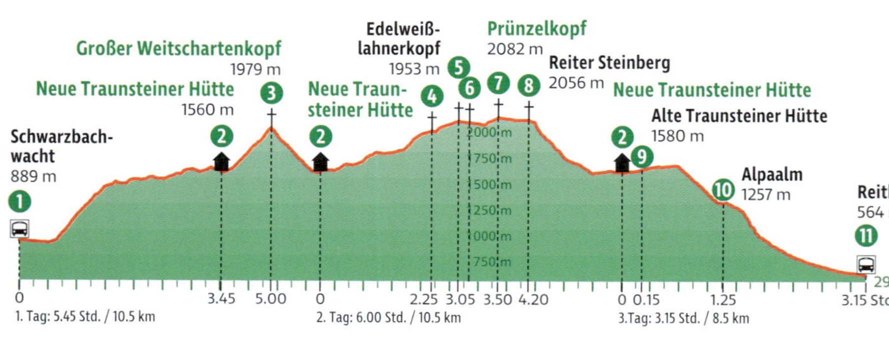

40 Minuten« halten wir uns links. Wir gelangen allmählich in die Latschenregion und erreichen schließlich die **Neue Traunsteiner Hütte ❷**, 1560 m. Diese liegt am Rand einer großen Wiesensenke mit einigen Almgebäuden.

Der Hausberg der Hütte ist der Große Weitschartenkopf, und wer noch genügend Energie hat, kann vor dem Abendessen hinaufgehen und die tolle Aussicht genießen (2 Std. hin und zurück). Dazu folgen wir von der Hütte dem Weg kurz in westliche Richtung am rechten Rand der Senke entlang, zweigen dann nach rechts ab und gehen kurz darauf an einer weiteren Verzweigung wiederum rechts. Nun führt der Steig durch Latschen hinauf auf den Grat zwischen dem Großen Weitschartenkopf und den Drei Brüdern. Hier halten wir uns rechts und sind gleich darauf auf dem Gipfel des **Großen Weitschartenkopfs ❸**, 1979 m.

Auf demselben Weg geht es zurück zur **Neuen Traunsteiner Hütte ❷**.

2. Tag:

Auf der heutigen Runde, einer abwechslungsreichen Kammwanderung, die über fünf schwach ausgeprägte Gipfel führt, werden wir nur wenigen anderen Menschen begegnen. Von der Hütte gehen wir dazu kurz auf unserem Hüttenanstiegsweg zurück, dann wenden wir uns an der Verzweigung nach rechts Richtung Edelweißlahnerkopf. Nun geht es durch eine traumhaft schöne, etwas gewellte und locker mit Lärchen und Kiefern bestandene felsdurchsetzte Graslandschaft leicht ansteigend hinauf. Da die Pfadspur manchmal undeutlich ist, sollte man immer gut auf die Markierungen achten. Wir gelangen in die Latschenregion und der Steig wird felsiger. Schließlich erreichen wir eine Verzweigung auf dem Grat zwischen Edelweißlahnerkopf und Schottmalhorn, wenden uns nach links und sind kurz darauf auf dem Gipfel des **Edelweißlahnerkopfs ❹**, 1953 m. Edelweiß finden wir hier

Beim Abstieg vom Großen Weitschartenkopf.

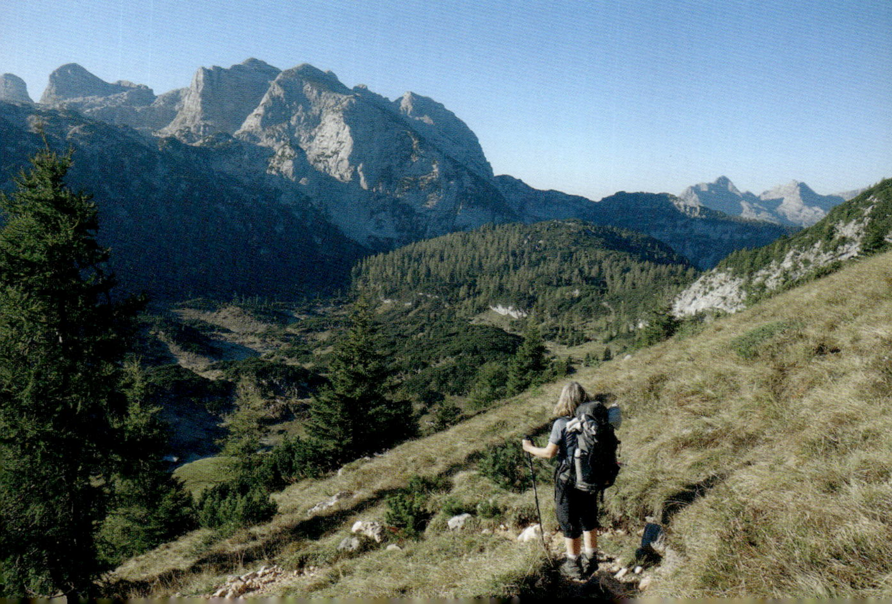

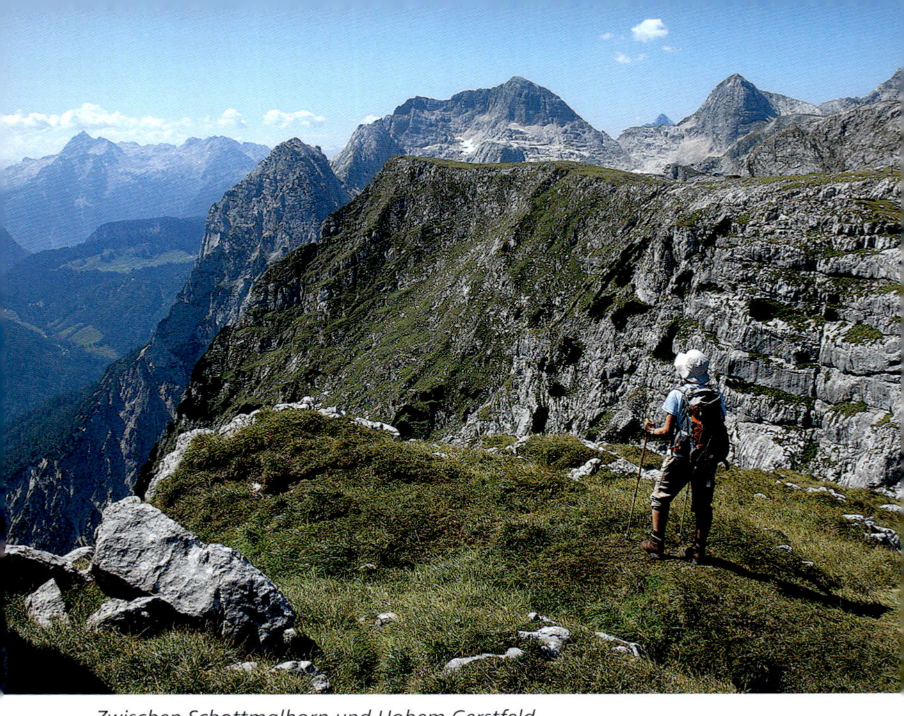

Zwischen Schottmalhorn und Hohem Gerstfeld.

zwar nicht, dafür aber haben wir einen herrlichen Rundblick. Unter uns liegt der Hintersee und darüber ragen Hochkalter und Watzmann auf.

Vom Gipfel gehen wir zurück zu der Verzweigung. Nun wandern wir geradeaus weiter und folgen dem Kammverlauf – immer mit herrlichem Blick – entlang der Markierungen. Erst geht es über Geröll und Felsen, vorbei an einer riesigen Doline, dann über felsdurchsetzte Wiesenflächen hinauf zum Gipfel des **Schottmalhorns** ❺, 2045 m. Wenige Minuten hinab und kurz wieder hinauf und wir sind auf dem **Hohen Gerstfeld** ❻, 2032 m.

Von dort steigen wir in westliche Richtung ab und folgen dann den Markierungen über das gewellte, karstige Hochplateau hinauf auf den **Prünzelkopf** ❼, 2082 m. Nun geht es wieder kurz abwärts und nach einem weiteren Aufstieg erreichen wir die felsübersäte Gipfelhochfläche des **Reiter Steinbergs** ❽, 2056 m, von dem wir das Almgelände mit der Neuen Traunsteiner Hütte überblicken.

Kurz hinter dem Gipfel befindet sich eine Abzweigung. Hier folgen wir dem Wegweiser nach rechts Richtung Neue Traunsteiner Hütte. Durch die sogenannte Steinberggasse, eine gewaltige Felsrinne, führt uns der Steig teils über Geröll, teils über Schotter ca. 45 Minuten steil hinab. Dann gelangen wir allmählich in die Latschenregion, Alpenrosen säumen unseren Weg und es ist nicht mehr ganz so steil. Die ersten Lärchen und Kiefern tauchen auf. Schließlich erreichen wir den Almboden, vor uns sehen wir die Alte Traunsteiner Hütte liegen. Unser Weg zieht nach rechts hinüber zurück zur **Neuen Traunsteiner Hütte** ❷.

3. Tag:
Auch diese Etappe führt wieder durch eine urtümliche Berglandschaft. Von der Neuen Traunsteiner Hütte wandern wir zunächst an der **Alten Traunsteiner Hütte ❾** vorbei durch das Almgebiet und steigen am Ende der Senke wenige Höhenmeter hinauf. Nun geht es, erst mit Blick ins Tal, dann entlang von steilen Wänden durch Mischwald bergab. Wir erreichen die **Alpaalm ❿**, 1257 m, einen idyllischen kleinen Almboden mit drei Hütten, und wandern am Rand der Wiese entlang, bis der Weg nach rechts knickt.

Durch eine wildromantische Wald- und Berglandschaft gehen wir weiter steil hinab. Nachdem wir dreimal einen Forstweg gekreuzt haben, verbreitert sich unser Weg und führt an einem Bach, dem Donnersbach, entlang. Wir treffen auf einen Fahrweg und folgen diesem nach rechts, weiterhin am rauschenden Bach entlang. Dann stoßen wir auf ein asphaltiertes Sträßchen, halten uns links und gelangen zu den ersten Häusern von **Reith ⓫**. Die Straße zieht durch den Ort bis zu einem Wanderparkplatz. Gleich danach überqueren wir die Saalach und stoßen auf die Bundesstraße mit der Bushaltestelle, 564 m.

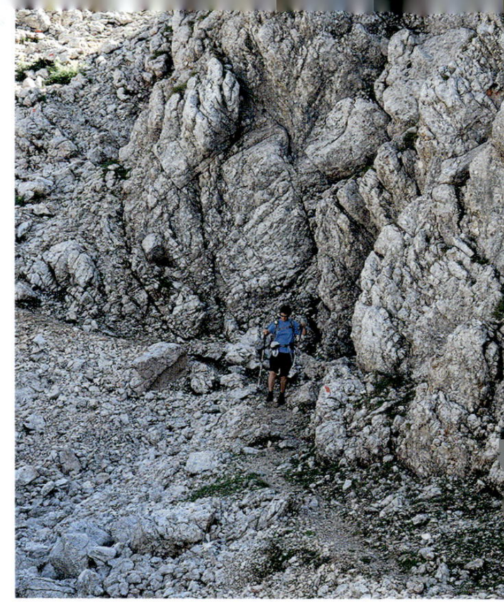

In der Steinberggasse.

Auf der idyllischen kleinen Lichtung mit der Alpaalm.

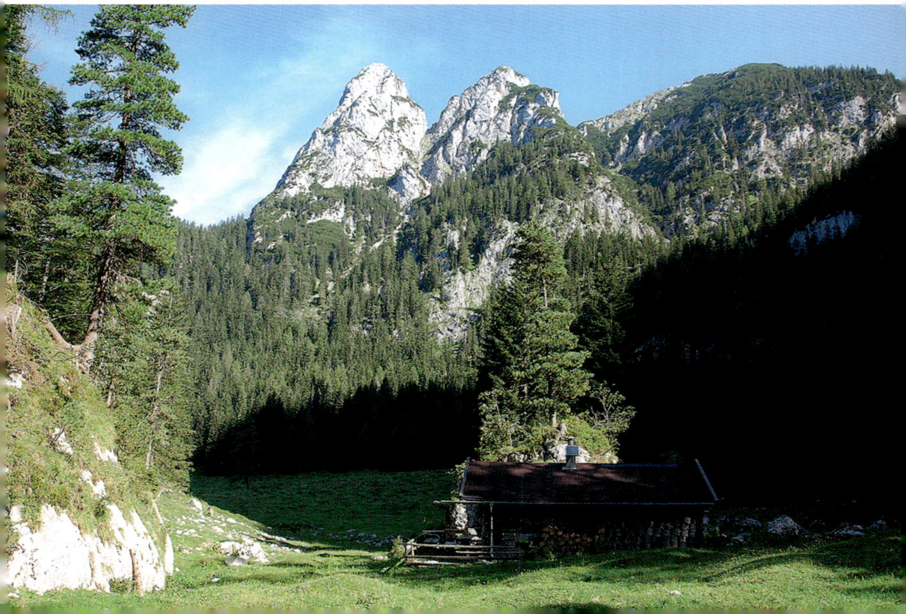

28 Durch das Steinerne Meer

Über Ingolstädter Haus und Kärlingerhaus

TOP 4 Tage | 40,1 km | ↗ 2090 m | ↘ 2120 m

   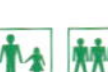

Eine Landschaft wie aus einer anderen Zeit

Auf der Hochfläche des Steinernen Meers glaubt man sich auf einem anderen Planeten. Eine tosende Brandung scheint mitten in der Bewegung zu Fels erstarrt zu sein. Wie Walfischrücken wölben sich Felsbuckel aus dem grauen Ozean. Eine Stille liegt über dieser Gesteinswüste, die fast greifbar scheint. Abweisend, ja, lebensfeindlich ist diese Landschaft und hat doch eine ganz eigene Faszination. An der Stelle des Steinernen Meers, des größten Gebirgsstocks der Berchtesgadener Alpen, befand sich vor Jahrmillionen tatsächlich ein flacher Ozean. Aus den Überresten der Muschelbänke bildete sich Dachsteinkalk. Regenwasser verursacht chemische Prozesse, die den Kalk auflösen. So frisst die Erosion tiefe Rillen und Furchen, die für den Karst typischen Karren, in den Fels und schafft bizarre Gesteinsformationen. Mit mehreren Hütten in großartiger Lage ist die Karsthochfläche für eine Durchquerung geradezu geschaffen. Aussichtsreiche Gipfel liegen als lohnende Zugaben am Weg.

Den Auftakt der Tour, die zu einem großen Teil im Nationalpark Berchtesgaden verläuft, bildet das rund zwölf Kilometer lange Wimbachtal. Ein mächtiger Geröllstrom wälzt sich über den Talboden, der von den zerrissenen Felsflanken des Hochkalters und des Watzmanns eingerahmt wird. Ab dem Riemannhaus ist man auf den Spuren der Almer Wallfahrt unterwegs. Jedes Jahr Ende August pilgern bis zu 3000 Gläubige vom österreichischen Maria Alm über das Steinerne Meer nach St. Bartholomä am Königssee, ein beschwerlicher Gang durch das Hochgebirge, der erstmals im Jahr 1635 als Dank für die überstandene Pest durchgeführt wurde. Wie ein Garten Eden erscheint einem nach der kargen Mondlandschaft der grüne Bergkessel mit dem Funtensee und dem viel besuchten Kärlingerhaus. Als kältester Ort Deutschlands hat es der See zu einiger Berühmtheit gebracht. An einem Sommertag ist davon jedoch nichts zu spüren. Ob kühles Seewasser, weiches Wiesenpolster oder sonnige Hüttenterrasse – es ist ein wunderbarer Ort zum Müßiggang. Das Finale dieser Tour, die mit landschaftlichen Höhepunkten nicht geizt, ist der Abstieg zum Königssee. In seinen glasklaren Fluten werden selbst die müdesten Wanderer wieder munter. Ebenfalls nicht zu verachten ist eine kühle Halbe im Wirtshaus St. Bartholomä mit Blick auf fast 2000 Meter senkrechten Fels – die berühmte Watzmann-Ostwand.

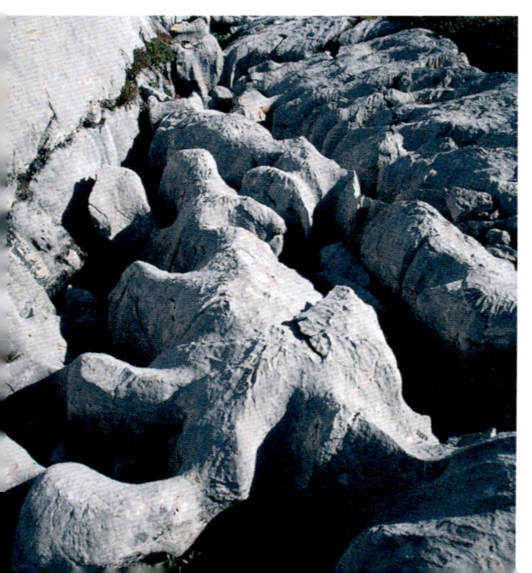

Werk der Erosion: Karrengelände.

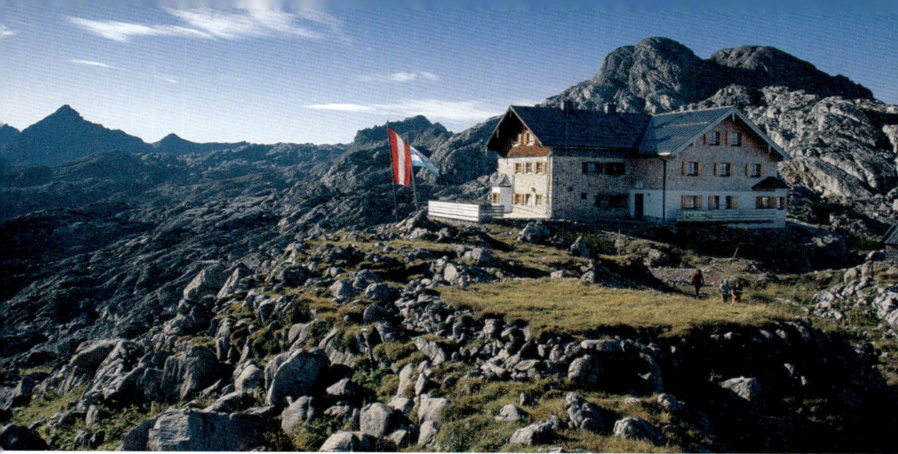

Panoramaplatz über dem Steinernen Meer: das Ingolstädter Haus.

Ausgangspunkt: Wimbachbrücke, 625 m, östlich von Ramsau, gebührenpflichtiger Parkplatz. Vom Bahnhof Berchtesgaden mit dem Bus (Linie 846) Richtung Hintersee, Haltestelle »Wimbachbrücke«.

Endpunkt: St. Bartholomä am Königssee, 604 m. Mit dem Elektromotorboot zur Schiffsanlegestelle in Königssee, weiter mit dem Bus (Linie 840, 841 oder 843A/B) zum Bahnhof in Berchtesgaden. Rückkehr von dort zum Ausgangspunkt mit dem Bus (Linie 846) bis 19.15 Uhr, am Wochenende und an Feiertagen bis 18.15 Uhr.

Königsseeschifffahrt: Abfahrt von St. Bartholomä Ende April bis Mitte Oktober mindestens halbstündlich bis 17.30 Uhr, Mitte Mai bis Anfang Oktober auch um 18 Uhr (ggf. kein Bootsverkehr bei Nebel, Sturm oder Hochwasser), Tel. +49 8652 96360, seenschifffahrt.de/koenigssee.

Höhenunterschied / Gehzeit:
1. Tag: 700 m↑; 3 Std.
2. Tag: 1020 m↑, 230 m↓; 4.40 Std.
3. Tag: 320 m↑, 810 m↓; 5.10 Std.
4. Tag: 50 m↑, 1080 m↓; 3.10 Std.
gesamt: 2090 m↑, 2120 m↓; 16 Std.

Anforderungen: Durch das Wimbachtal ist man auf breiten Wegen ohne Schwierigkeiten unterwegs. Am zweiten und dritten Tag führt die Wanderung über schrofiges und felsiges Gelände. Dabei müssen auch einige steilere Passagen überwunden werden, Trittsicherheit erforderlich. Bei schlechter Sicht kann die Orientierung schwierig sein. Der Abstieg vom Kärlingerhaus zum Königssee verläuft auf guten Bergwegen, ist jedoch teilweise steil.

Einkehr / Übernachtung:
1. Tag: Wimbachschloss, nur Einkehr; Wimbachgrieshütte, TVN, geöffnet Mitte Mai bis Mitte Oktober, 47 Schlafplätze, Tel. +49 8657 7944001, wimbachgrieshuette.de.
2. Tag: Ingolstädter Haus, DAV, 115 Schlafplätze, geöffnet Mitte Juni bis Anfang Oktober, Tel. +43 6582 8353, dav-ingolstadt.de.
3. Tag: Riemannhaus, DAV, 94 Schlafplätze, geöffnet von Mitte Juni bis Anfang Oktober, Tel. +43 6582 73300, dav-ingolstadt.de, zu Redaktionsschluss Umbau der Hütte, Wiedereröffnung im Laufe des Sommers 2024 geplant; Kärlingerhaus, DAV, 160 Schlafplätze, geöffnet Ende Mai bis Mitte Oktober, Tel. +49 8652 6019901, kaerlingerhaus.de.
4. Tag: St. Bartholomä, nur Einkehr.

Kinder: Nur für geübte Kinder mit entsprechender Ausdauer.

Karten: Freytag & Berndt WK 393, Loferer und Leoganger Steinberge – Chiemgauer Alpen – Nationalpark Berchtesgaden, 1:50.000; AV-Karte BY 21, Nationalpark Berchtesgaden – Watzmann, 1:25.000.

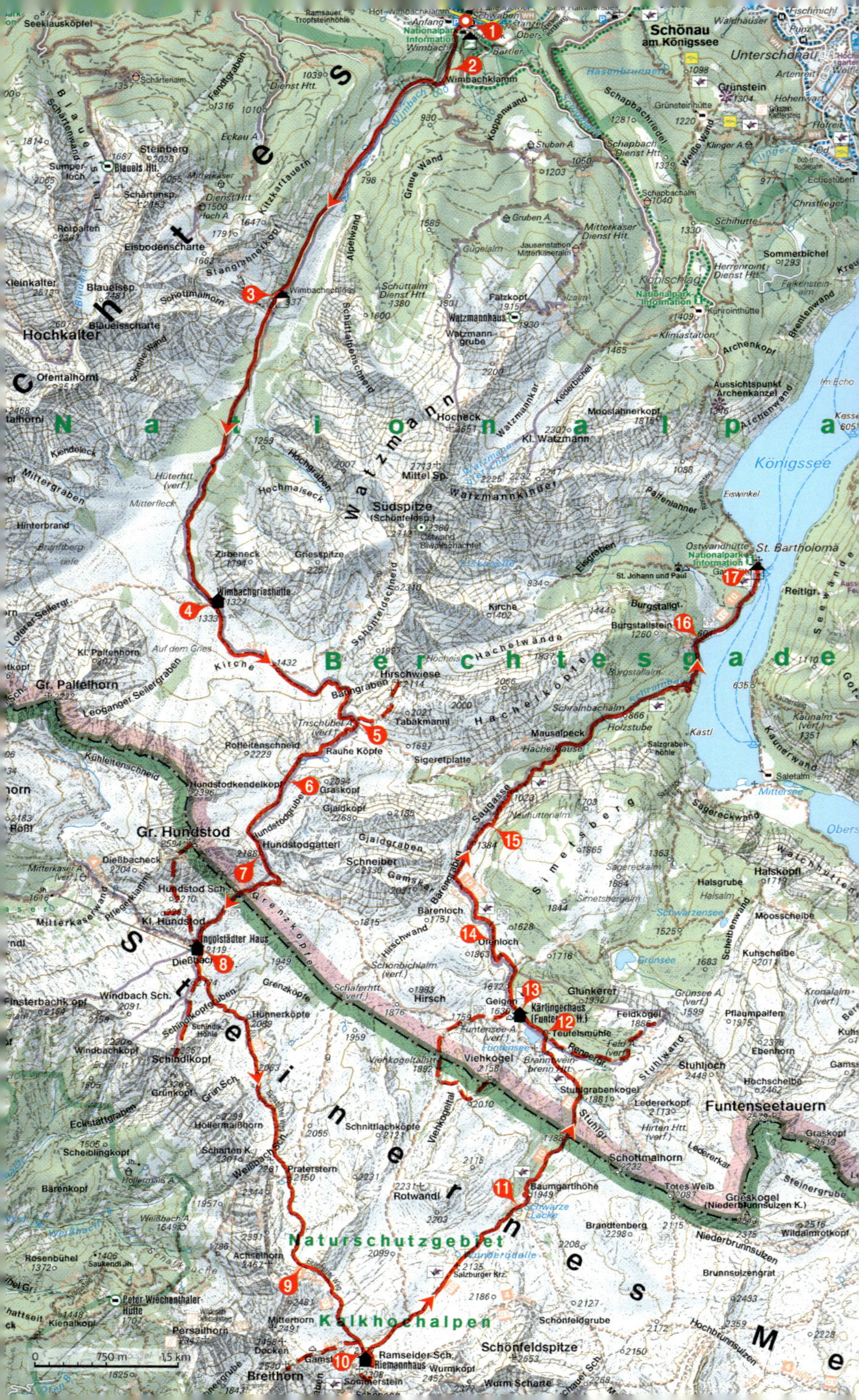

Schönau am Königssee
Unterschönau
Nationalpark Information
Wimbachklamm
Wimbachschloss
Hochkalter
Blaueisspitze
Blaueisscharte
Blaueis Htt.
Steinberg
Watzmann
Südspitze
Hocheck
Mittel Sp.
Kl. Watzmann
Watzmannhaus
Watzmannkinder
Königssee
St. Bartholomä
Wimbachgrieshütte
Gr. Palfelhorn
Trischübel A.
Hirschwiese
Tabakmanndl
Rauhe Köpfe
Hundstodkendelkopf
Graskopf
Gjaidkopf
Gr. Hundstod
Kl. Hundstod
Ingolstädter Haus
Grenzkopf
Hirsch
Kärlingerhaus
Funtensee
Viehkogel
Feldkogel
Stuhljoch
Funtenseetauern
Schottmalhorn
Baumgartlhöhe
Schwarze Lacke
Rotwandl
Naturschutzgebiet
Kalkhochalpen
Riemannhaus
Ramseider Sch.
Schönfeldspitze
Breithorn
Persailhorn
Peter-Wiechenthaler-Hütte
Nationalpark Berchtesgaden
Steinernes Meer
Saugasse
Simetsberg
Burgstallstein
0
750 m
1,5 km

1. Tag:
Vom Parkplatz bei der **Wimbachbrücke** ❶, 625 m, folgen wir rechts dem asphaltierten Sträßchen zum Wimbachhof hinauf. Dort gibt es an einem Automaten Münzen für den Eintritt in die Wimbachklamm. Wer sich die Gebühr sparen will, kann die Klamm auf einem Fahrweg umgehen. Dazu hält man sich an der folgenden Verzweigung geradeaus. Links geht es dagegen zum Drehkreuz am Eingang der **Wimbachklamm** ❷ hinunter. Holzstege und Treppen führen durch die 200 Meter lange Schlucht, die ein ohrenbetäubendes Spektakel bietet. Wild schäumend zwängt sich der Bach durch das enge Felsmaul, Wasserschleier rieseln über moosüberzogene Wände. Bei einer Brücke haben wir das Ende der Klamm erreicht.
Wir bleiben dort auf der rechten Talseite, treffen wieder auf den Fahrweg und wandern ziemlich flach entlang eines breiten Geröllbetts in das Wimbachtal hinein. Der Bach schlängelt sich hier zwischen Kiesbänken hindurch, weiter oben versickert er in den Schuttmassen, die aus den zerklüfteten Felsflanken rechts und links des Tals heruntergeschwemmt wurden. Sanft ansteigend gelangen wir über den bewaldeten Talboden zum **Wimbachschloss** ❸, 937 m, das von eindrucksvollen Felswänden überragt wird. Das Gasthaus hat eine lange Geschichte. 1784 wurde es als Jagdschloss erbaut und später auch von den Wittelsbacher Herrschern, die im Wimbachtal bedeutende Hofjagden abhielten, genutzt. Heute ist das gemütliche Wirtshaus ein beliebtes Ausflugsziel.
Wir folgen dem breiten Schotterweg weiter durch den Wald bergauf und setzen unsere Wanderung ins Wimbachtal fort. Die Szenerie wird immer

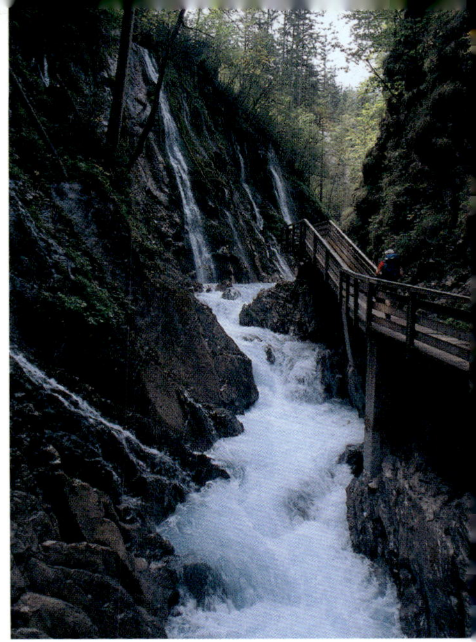

In der Wimbachklamm.

eindrucksvoller. Links türmt sich das Watzmannmassiv auf, rechts streben die Wände des Hochkalters gen Himmel. Den Talschluss dominieren die Spitzen der beiden Palfelhörner. Wir wechseln über die Schutthalden des Wimbachgries auf die linke Talseite und gehen weiterhin auf einem bequemen Wanderweg, nun durch Latschen und Kiefern, auf den Talschluss zu. Die letzten Meter zur **Wimbachgrieshütte** ❹, 1327 m, verlaufen im Geröll, dann haben wir unsere Unterkunft erreicht. Sie liegt inmitten einer imposanten Arena aus zerfurchten Felsflanken und riesigen Schuttströmen und ist wichtiger Stützpunkt für die Watzmannüberschreitung, die wohl bekannteste Bergtour in den Berchtesgadener Alpen. Der beliebteste Platz ist natürlich an der Hüttenwand, doch auch in der gemütlichen Gaststube mit Kachelofen lässt es sich gut aushalten.

2. Tag:
Bei der Wimbachgrieshütte folgen wir dem Wegweiser Richtung Ingolstädter und Kärlingerhaus und wandern weiter in das obere Wimbachtal hinein. Unser Anstiegsweg überquert das Wimbachgries, wendet sich nach Südosten und führt teils über sandigen Untergrund auf den Talschluss zu. Fichten und Latschen haben den Überlebenskampf in der Geröllwüste verloren und recken ihre vertrockneten Äste in den Himmel. Bald nachdem wir die Abzweigung zur Watzmann-Südspitze passiert haben, führt der Steig auf der linken Talseite steiler hinauf. Er zieht nach rechts und quert unter Felswänden die Steilstufe im Talschluss. Dabei bietet sich ein herrlicher Ausblick über das Wimbachtal. Anschließend geht es durch Lärchen zum **Trischübelpass** ❺ hinauf. Kurz vor dem Sattel zweigt links der Anstieg zur Hirschwiese, 2114 m, ab, ein Gipfel, zu dem ein steiler, aber gut begehbarer Pfad hinaufführt (bei Nässe nicht zu empfehlen, 1 Std.). Oben angelangt ist man von den Berchtesgadener Felsbergen umzingelt und blickt vis-à-vis direkt auf die Watzmann-Südspitze.
Die weitere Route leitet vom Trischübelpass rechts Richtung Hundstodgatterl / Ingolstädter Haus über eine felsige Geländestufe hinauf. Anschließend steigen wir in eine sumpfige Mulde hinab, die wir durchqueren. Am Rand der Senke wendet sich der Steig nach links und führt zwischen Graskopf und Rotleitenschneid steil über felsdurchsetzte Wiesen bergauf. Beim Blick zurück bekommen wir eine beeindruckende Ansicht des Watzmann-Südgipfels geboten. Anschließend durchwandern wir das wellige Gelände der **Hundstodgruben** ❻ und haben den breiten Bergklotz des Großen Hundstods vor uns. Von Furchen durchzogene Felsbuckel sind Vorboten des Steinernen Meers. Der Bergpfad dreht schließlich nach links und erreicht in steilerem Anstieg das **Hundstodgatterl** ❼, 2188 m, einen Sattel östlich des Großen Hundstods und Tor zum Steinernen Meer. Dort öffnet sich ein faszinierender Blick über das ausgedehnte Karstplateau. Jenseits geht es über eine Steilstufe aus Schrofen und Karren zur Hochfläche hinab. Wir balancieren über ausgewaschenes und teils scharfkantiges Kalkgestein und achten dabei gut auf die Markierungen. Nach einigen mühsamen Abstiegshöhenmetern sind wir wieder auf einem Steig unterwegs. Im Süden ist bereits unser Ziel, das Ingolstädter Haus, zu sehen. An den Ausläufern

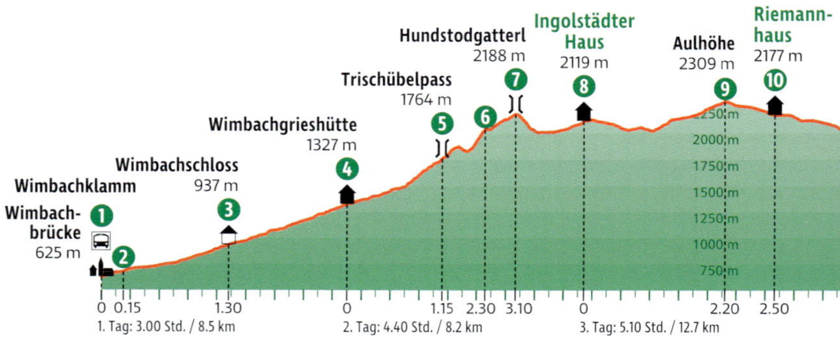

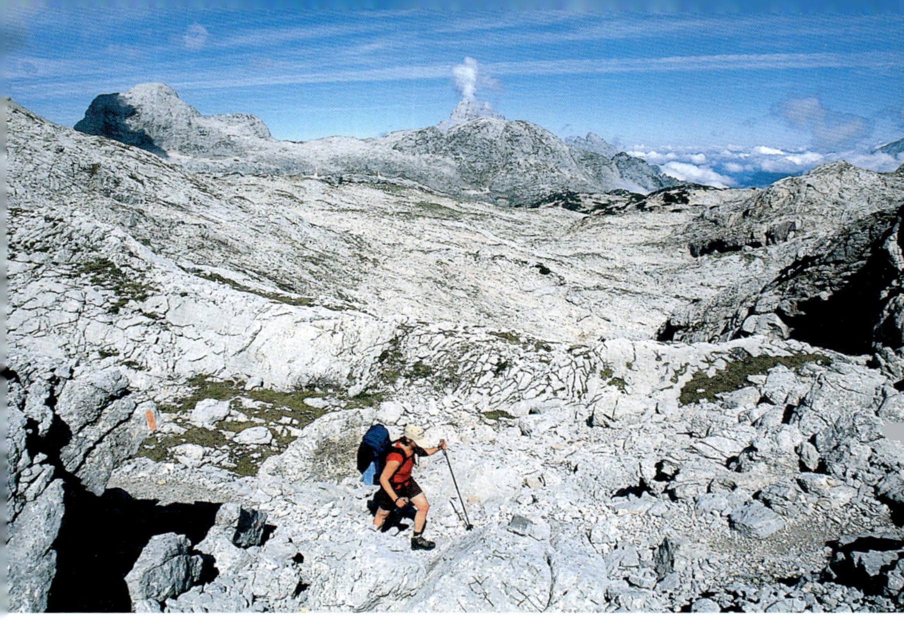

Die Felswüste des Steinernen Meers mit Großem Hundstod und Watzmann.

des Schneibers entlang gelangen wir zu einer Verzweigung, verlassen dort den direkten Abstieg zum Kärlingerhaus und wandern rechts in mäßiger Steigung zum **Ingolstädter Haus ⑧**, 2119 m, hinauf.

Das Berghaus, das ziemlich abgelegen in der Dießbachscharte am nordwestlichen Eck des Steinernen Meers thront, ist ein hervorragender Ausguck über die karge Felswüste. Besonders die Abendstimmung, wenn das Steinerne Meer in das letzte Licht getaucht ist, bietet unvergessliche Bilder. Im Westen ziehen die Felsstöcke der Leoganger und Loferer Steinberge den Blick auf sich. Einige interessante Gipfel im Umkreis des Alpenvereinshauses laden dazu ein, die Bergstiefel noch einmal zu schnüren. Unübersehbar ist der Hausberg der Hütte, der Große Hundstod, 2594 m, ein lohnendes Ziel für geübte Bergwanderer (Schwindelfreiheit erforderlich, kurze Kletterstellen I, 1.30 Std.). Das Panorama am Gipfel verdient fünf Sterne und gilt als eines der beeindruckendsten in den Berchtesgadener Alpen. Zahmer gibt sich der Kleine Hundstod, 2263 m, der für eine kurze Spritztour vor oder nach dem Abendessen geeignet ist (30 Min.). Der Aufstieg zu den Schindlköpfen, 2357 m, wird mit einem umfassenden Blick über das Steinerne Meer sowie nach Süden über das Saalachtal bis zu den Hohen Tauern belohnt (1 Std.).

Funtensee
1601 m
Kärlingerhaus
1630 m
⑫ ⑬ ⑭
Saugasse
1340 m
⑮
Königssee
604 m
⑯
St. Bartholomä
604 m
⑰
40.1 km
0 0.35 1.15 2.55 3.10 Std.
4. Tag: 3.10 Std. / 10.7 km

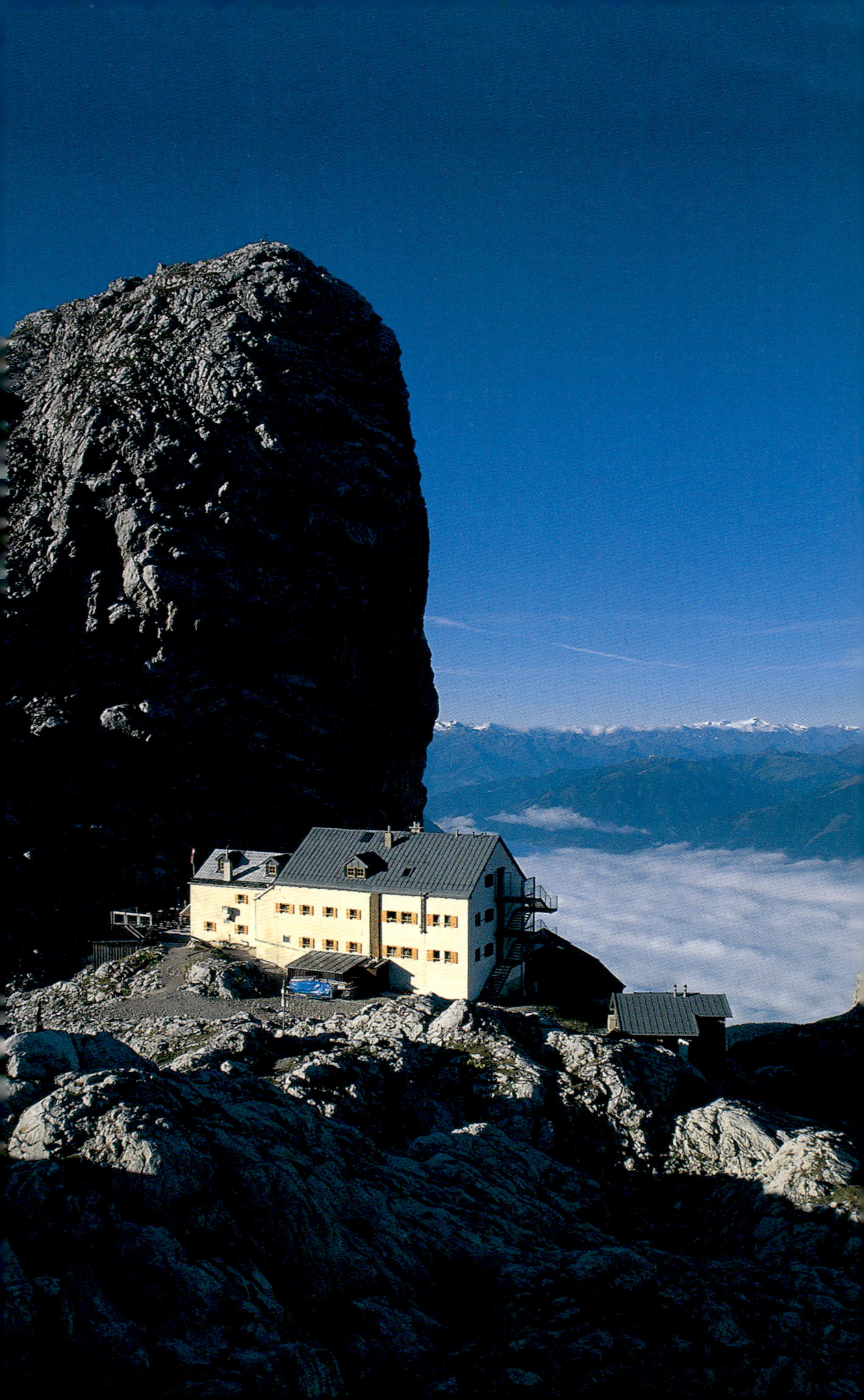

3. Tag:
Die heutige Etappe führt mitten durch die eigentümliche Karstlandschaft des Steinernen Meers mit seinen faszinierenden Felsskulpturen. Zunächst sind wir auf dem Eichstätter Weg unterwegs, der Ingolstädter Haus und Riemannhaus verbindet.

Beim Ingolstädter Haus orientieren wir uns am Schild »Riemannhaus«, das nach Süden weist, und gehen auf einem felsigen Steig auf und ab am westlichen Rand der Hochfläche entlang. Die Erosion hat dem Kalkgestein arg zugesetzt und es zu bizarren Formen ausgehöhlt. Wir passieren die Abzweigung zu den Schindlköpfen, wandern in der Folge unter den Gipfeln, die das Plateau im Westen begrenzen, entlang und durchqueren dabei drei kleine Senken. Im Blick haben wir immer das markante Felsdreieck der Schönfeldspitze im Süden des Steinernen Meers. Aus der letzten begrünten und von Felsblöcken übersäten Mulde, dem tiefsten Punkt des Eichstätter Weges, steigen wir schließlich zwischen zwei felsigen Rippen bergauf und queren oberhalb eines Taleinschnitts mit interessanten aufgefalteten Felsstrukturen entlang. In unserem Rücken stehen Großer Hundstod und Watzmann als steinerne Wächter. Bei einer Wegkreuzung würde man links direkt zum Kärlingerhaus gelangen. Wir wählen jedoch eine längere Runde über das Hochplateau und halten uns geradeaus Richtung Riemannhaus. Weiter sanft ansteigend leitet uns der Steig durch ein felsiges Labyrinth zum höchsten Punkt, der **Aulhöhe ⑨**, hinauf. Nun geht es über Karrengelände leicht bergab, bis wir über dem **Riemannhaus ⑩**, 2177 m, stehen – mit dem steil aufragenden Sommerstein dahinter ein imposanter Anblick. Wir gehen an der Abzweigung zum Breithorn vorbei und erreichen das Berghaus in der Ramseider Scharte in einem zehnminütigen steilen Abstieg. Auf der Terrasse stehen Liegestühle für müde Wanderer bereit. Über dem grünen Pinzgau grüßen am Horizont die Gletschergipfel der Hohen Tauern, allen voran der Großglockner. Da fällt es schwer, sich wieder loszureißen.

Wer Zeit hat und es gerne gemütlich angeht, könnte hier noch einmal übernachten. Möglich wäre auch, am folgenden Tag gleich bis zum Königssee abzusteigen. Rund um das Riemannhaus warten ebenfalls zwei lohnende Gipfelziele, die von trittsicheren Wanderern gut zu besteigen sind: Der schroffe Sommerstein, mit seinen Wänden auch bei Kletterern beliebt, ist auf einem steilen, felsigen Steig zu erreichen (30 Min.), das Breithorn westlich der Hütte über die mit Felsblöcken und Geröll bedeckten Nordosthänge (1 Std.). Beides sind fantastische Aussichtsberge.

Für den Weiterweg zum Kärlingerhaus gehen wir auf dem Hinweg einige Meter zurück und zweigen beim Schild »Funtensee / Königssee« rechts ab. Die Markierungen leiten über Felsen hinauf und anschließend in einigem Auf und Ab nordostwärts über die wellige Hochfläche zum Salzburger Kreuz. Wir passieren die »Wunderquelle«, in dieser wasserlosen Felswüste tatsächlich eine seltene Erscheinung, und folgen dem Steig über Karrenfelder an der **Schwarzen Lacke ⑪** vorbei. Immer

Fantastisch gelegen: das Riemannhaus unter dem schroffen Sommerstein (vor dem Umbau).

mehr grüne Flecken, vor allem Latschen und Distelgestrüpp, tauchen auf. Steiler leiten Stufen zwischen Felsen hindurch zu einem mit Latschen und Zirben bestandenen Boden hinab, dem Baumgartl. Ungewohnt wirkt die grüne und liebliche Landschaft nach dem kargen und rauen Felsplateau. Wir durchqueren den flachen Kessel und steigen durch lichten Lärchenwald weiter bergab, bis wir nach einer weiteren lärchenbestandenen Senke in den Stuhlgraben kommen. Nach einer kleinen Brücke halten wir uns links und wandern in den Wiesenkessel des **Funtensees ⓬** hinab. Wir gehen an seinem rechten Ufer entlang, vorbei an der Teufelsmühle. Der unterirdische Abfluss des Sees verursacht ein dumpfes Grollen, das die Sage dem Teufel zuschreibt. In kurzem Anstieg erreichen wir das stattliche **Kärlingerhaus ⓭**, 1630 m, und blicken noch einmal zurück zum Steinernen Meer, das über dem Waldgürtel wie eine erstarrte graue Lavamasse erscheint. Als steiler Zahn ragt darüber das Schottmalhorn empor.

Auch am Kärlingerhaus muss man nicht auf einen »Gipfelsturm« verzichten. Der Anstieg zum Viehkogel, 2158 m, führt wieder an den Rand des Steinernen Meers und offeriert einen ausgezeichneten Panoramablick über die versteinerten Wellenkämme (1.30 Std.). Vom Feldkogel, 1886 m, östlich des Funtensees geht der Blick nach Norden über den Königssee (1 Std.).

Das Kärlingerhaus mit der Hochfläche des Steinernen Meers und dem markanten Schottmalhorn.

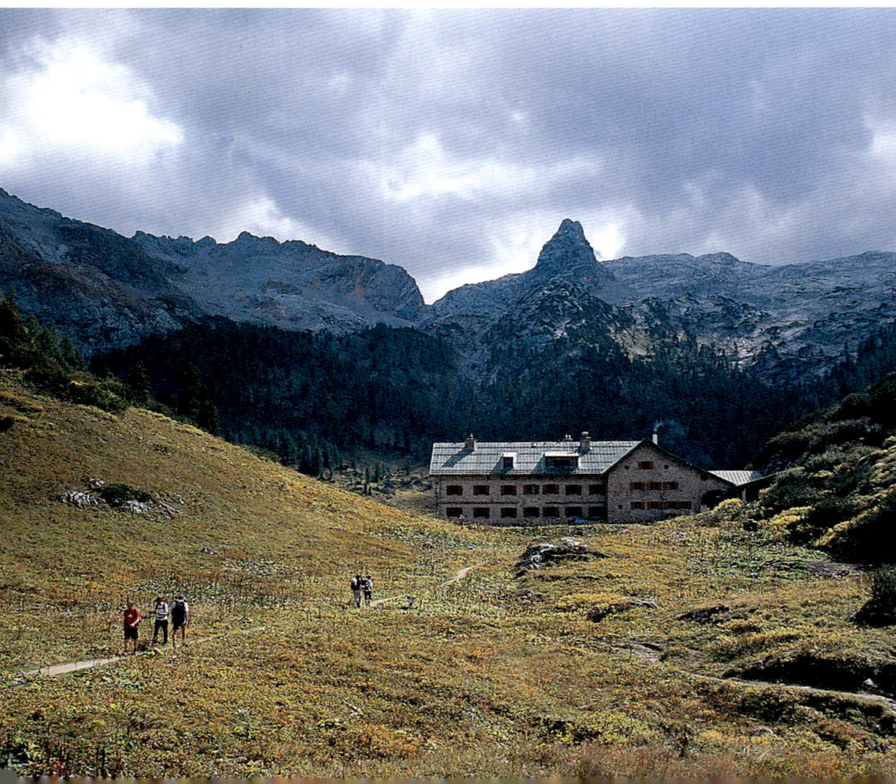

4. Tag:
Für den Abstieg zum Königssee wandern wir hinter dem Kärlingerhaus nach Nordwesten, lassen die Abzweigung zum Ingolstädter Haus links liegen und verlassen den Funtenseekessel in kurzem Anstieg. Dann geht es flacher durch ein Tälchen auf die Felsspitze des Watzmanns zu. Bei einer Verzweigung halten wir uns links und steigen durch eine idyllische Landschaft mit Felsblöcken und Lärchen in die Senke des **Ofenlochs** ⓮ hinab. Anschließend gelangen wir in ein von Felsen eingerahmtes Hochtal und wenden uns unterhalb des Bärengrabens nach rechts. Der Weg leitet durch das immer enger werdende Tal, vorbei an einer Abzweigung zum Trischübel, zur berüchtigten **Saugasse** ⓯. Kehrenreich geht es zwischen Felswänden über den Steilhang hinab. Nach einer Rastbank mit Kreuz haben wir den Talboden erreicht und können bei der Wanderung durch ein flaches bewaldetes Hochtal den Beinen eine kurze Erholungspause gönnen. Bei einer Weggabelung biegen wir rechts ab und kommen zum Schrainbach, dem wir nun bis zum Königssee folgen. Der Steig überquert die Lichtung mit der Schrainbach-Holzstube, führt dort über eine Brücke und weiter talaus zu einer Steilstufe über dem Königssee, wo der Schrainbach in einer felsigen Klamm verschwindet. Noch einmal müssen wir in zahlreichen, teils betonierten Serpentinen absteigen. Durch den Wald glänzt bereits das Blau des Königssees herauf. Unser Abstieg überquert erneut den Schrainbach, der sich sprühend und tosend über Felsstufen in den Königssee stürzt, und verläuft direkt über dem See an der steilen Burgstallwand entlang. Schließlich haben wir das Ufer des **Königssees** ⓰, 604 m, erreicht und können uns vom kleinen Kiesstrand aus in die Fluten stürzen. Abkühlung ist garantiert: Der Königssee erwärmt sich auch im Hochsommer auf nicht mehr als 16 bis 18° C. Auch am Weg nach **St. Bartholomä** ⓱ winken noch einige schöne Badeplätze. Wir überqueren ausgedehnte Geröllhalden – Schutt aus den Wänden des Watzmanns, den der Eisbach hierher geschwemmt hat – und wandern am Ufer entlang zu Wallfahrtskirche und Wirtshaus, wo meist reger Ausflugsbetrieb herrscht. Gemütlich gleiten wir in einem der Elektroboote über die Wasserfläche des Königssees – ein stilvoller Ausklang für diese großartige Tour.

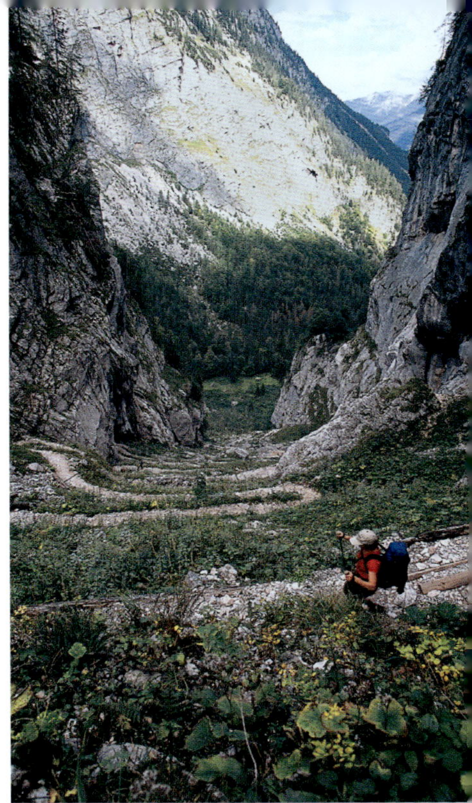

Abstieg durch die Saugasse.

29 Schneibstein-Überschreitung, 2276 m

Über den Jenner

3 Tage | 32,5 km | ↗ 2190 m | ↘ 2210 m

Watzmannblick hoch über dem Königssee

Auf dieser Tour, die hoch über der Ostseite des Königssees verläuft, bieten sich immer wieder herrliche Ausblicke auf Watzmann und Königssee, den Hochkönig mit der Übergossenen Alm und das Steinerne Meer. Die erste Etappe verläuft zwar überwiegend auf Fahrwegen, hat aber mit Königsbachalm und Jenner attraktive Zwischenziele. Die bis kurz unter den Jennergipfel führende Gondelbahn kann die erste Etappe verkürzen und bietet Konditionsstarken die Möglichkeit, die Schneibstein-Überschreitung innerhalb von zwei Tagen durchzuführen. Nach dem Jenner wird es ruhiger und am Carl-von-Stahl-Haus tauchen wir in die einmalige Landschaft des Nationalparks Berchtesgaden ein. Die Alpenvereinshütte liegt aussichtsreich am Torrener Joch zwischen Göllstock und Hagengebirge, an der Grenze zwischen Bayern und dem Salzburger Land. Sollte das Stahlhaus überfüllt sein, kann man auf das etwas darunter liegende Schneibsteinhaus ausweichen. Die abwechslungsreiche zweite Etappe führt uns zunächst auf den Schneibstein, von dem wir einen herrlichen Rundblick haben. Der Schneibstein gilt als der leichteste Zweitausender des Berchtesgadener Landes, seine Überschreitung bietet aber trotzdem ein spannendes alpines Ambiente. Anschließend durchqueren wir eine wellige Karsthochfläche zu dem kleinen, idyllischen Seeleinsee. Dann geht es hinüber auf die lieblichere Westseite des Hagengebirges zur Gotzenalm, die auf einer weitläufigen Wiesenterrasse oberhalb des Königssees liegt. Ein Abendspaziergang führt zum Feuerpalfen, einem Aussichtspunkt, von dem man einen prächtigen Blick in die Watzmann-Ostwand und hinunter auf den Königssee mit St. Bartholomä hat. Auf der dritten Etappe geht es dann hinab zur Bootsanlegestelle Kessel. Bevor wir zurück nach Königssee fahren, können wir uns noch im kalten, klaren Wasser erfrischen.

Die Gotzenalm vor dem Watzmann (rechts).

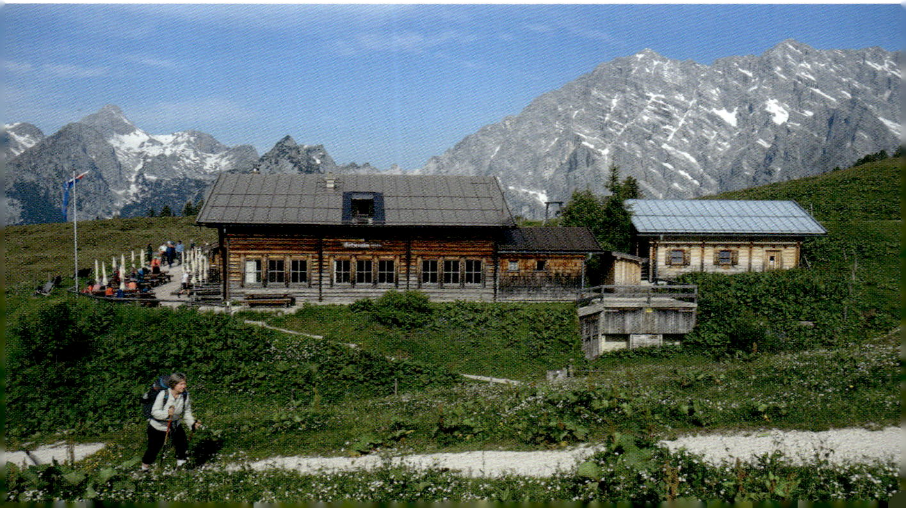

Ausgangspunkt: Königssee, Talstation der Jennerbahn, 620 m, großer, gebührenpflichtiger Parkplatz, Bus vom Bahnhof Berchtesgaden (Linie 840, 841 und 843).

Endpunkt: Kessel, 604 m. Mit dem Elektroboot zurück nach Königssee, von dort Bus (Linie 840, 841 und 843) zum Bahnhof von Berchtesgaden.

Bergbahn: Jennerbahn, Sommerbetrieb Anfang Mai bis Anfang November von 9 bis 17 Uhr, auch die Personalfahrt um 8.30 Uhr kann genutzt werden, Tel. +49 8652 95810, jennerbahn.de.

Königsseeschifffahrt: Abfahrt von Kessel Ende April bis Mitte Oktober mindestens halbstündlich bis 17.40 Uhr, Mitte Mai bis Anfang Oktober bis 18.10 Uhr (ggf. kein Bootsverkehr bei Nebel, Sturm oder Hochwasser), Tel. +49 8652 96360, seenschifffahrt.de/koenigssee.

Höhenunterschied / Gehzeit:
1. Tag: 1310 m↑, 200 m↓; 5.00 Std.
2. Tag: 880 m↑, 930 m↓; 6.40 Std.
3. Tag: 1080 m↓; 3 Std.
gesamt: 2190 m↑, 2210 m↓; 14.40 Std.

Anforderungen: Die erste Etappe verläuft vorwiegend auf Wirtschaftswegen, die zweite und dritte Etappe führen über Bergsteige, Trittsicherheit und etwas Schwindelfreiheit erforderlich. Bei Nebel kann es auf der zweiten Etappe Orientierungsprobleme geben.

Einkehr / Übernachtung:
1. Tag: Königsbachalm, nur Einkehr; Bergstation Jennerbahn, nur Einkehr; Carl-von-Stahl-Haus, ÖAV, 102 Schlafplätze, ganzjährig geöffnet, Tel. +49 8652 6559922, stahlhaus.watzapp.at; Schneibsteinhaus (etwas unterhalb vom Stahlhaus), DAV, 66 Schlafplätze, geöffnet Ende Mai bis Ende Oktober, Tel. +49 8652 2596, schneibsteinhaus.wixsite.com/schneibsteinhaus.
2. Tag: Gotzenalm, privat, 92 Schlafplätze, geöffnet Ende Mai bis Mitte Oktober, Tel. +49 8652 9734010, gotzenalm.de.
3. Tag: Keine.

Karten: Freytag & Berndt WK D5, Berchtesgaden – Bad Reichenhall – Königssee, 1:25.000; AV-Karte BY 21, Nationalpark Berchtesgaden – Watzmann, 1:25.000.

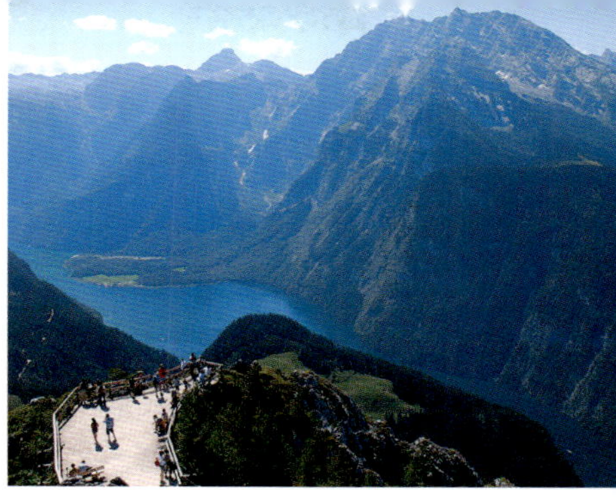

Blick vom Jenner auf Königssee und Watzmann.

Varianten: 1. Abstieg auf dem Kaunersteig: Am dritten Tag auf dem bekannten Weg zurück zur Abzweigung Richtung Königssee. Hier nach rechts und zur Regenalm. An dem Gebäude rechts entlang, dann den Pfadspuren entlang der Markierungen (anfangs rechts von einem Steinmäuerchen) über locker mit Fichten bestandene Wiesen in den Wald folgen. Auf einem Steig steil bergab zu den ersten Holzstiegen des Kaunersteigs. Nun kommen immer wieder Stiegenpassagen, auch Metallstifte, teilweise mit Drahtseilsicherung (bei Nässe rutschig). Dann geht es, teils über Metallbügel, weiter hinab – hier ist die Zuhilfenahme der Hände nötig. Am Königssee angekommen links zur Bootsanlegestelle Salet (3.00 Std. ab Gotzenalm). Der Kaunersteig ist sehr steil und teilweise abschüssig, Schwindelfreiheit und gute Trittsicherheit nötig, auf herabfallende Steine achten (Schwierigkeit »schwarz«).

2. Abstieg über die Königsbachalm: Am dritten Tag von der Abzweigung an der Gotzentalalm noch wenige Meter auf dem breiten Almfahrweg weiter, dann am Wegweiser Richtung Königsbachalm rechts auf den Steig. Über den Wiesenhang leicht bergauf, in den Wald und eine Fahrspur überqueren. Der Steig wird schmaler und führt am Hang entlang. Im offenen Almgelände angekommen auf dem Wanderweg hinab zur Königsbachalm und auf bekanntem Weg zurück zur Talstation der Jennerbahn (insgesamt 4.00 Std.).

1. Tag:

Von der Talstation der Jennerbahn in **Königssee** ❶, 620 m, gehen wir auf dem links von der Seilbahn parallel dazu aufwärts führenden Sträßchen bis zu einer quer verlaufenden Straße. Hier halten wir uns rechts und bald darauf, dem Schild Richtung Königsbachalm / Jenner (Weg Nr. 493) folgend, wieder rechts. An einer Gabelung links, dann geht das Sträßchen in einen breiten Schotterweg über, der in den Wald eintaucht. Unter der Jennerbahn hindurch zieht dieser oberhalb vom Königssee aufwärts. Ab und zu gibt der Wald erste Blicke auf den See und den Watzmann frei. Schließlich kommen wir zu einem **Aussichtsplatz** ❷ mit Sitzbänken, ca. 1030 m, der zu einer ersten kleinen Rast einlädt. Bald darauf mündet unser Weg in eine Almfahrstraße ein, der wir nach rechts, dem Königsbach entlang, folgen. Eine Viertelstunde später sind wir bei der bewirtschafteten **Königsbachalm** ❸, 1180 m.

An der Gabelung folgen wir dem Wegweiser Richtung Jenner und Stahlhaus durch freies Almgelände nach links. Der weitere Weg ist nun stark begangen, da viele Wanderer von der Mittelstation der Jennerbahn herüberkommen oder von der Bergstation absteigen. An der Abzweigung ein paar Minuten später halten wir uns rechts, kurz darauf links. Der Fahrweg zieht nun durch Wald, an einer Abzweigung zur Königstalalm vorbei, weiter hinauf bis zur nächsten beschilderten Abzweigung. Wer nicht auf den Jenner möchte, kann hier geradeaus in 45 Minuten über das Schneibsteinhaus zum Stahlhaus gehen. Zum Jenner folgen wir dem Steig nach links über den freien Hang in Serpentinen hinauf. Wir erreichen zuerst die **Bergstation der Jennerbahn** ❹, 1802 m, und linkshaltend 15 Minuten später den Gipfel des **Jenners** ❺, 1874 m. Hier haben wir eine fantastische Aussicht: Hochkönig, Steinernes Meer, Watzmann, Reiteralpe und Untersberg breiten sich vor uns aus und tief unter uns liegt der Königssee.

Auf demselben Weg gehen wir zurück zur Bergstation, wo wir uns in einem großen Selbstbedienungsrestaurant versorgen können. Dann folgen wir den Schildern Richtung Stahlhaus und Schneibsteinhaus hinab und an der Verzweigung nach rechts. An der Linksabzweigung zur Mitterkaseralm und zur Mittelstation gehen wir geradeaus weiter. Dann queren wir durch Latschen, an der Abzweigung zum Schneibsteinhaus vorbei, bis wir das **Carl-von-Stahl-Haus** ❻ am Torrener Joch, 1733 m, erreichen. Hier öffnet

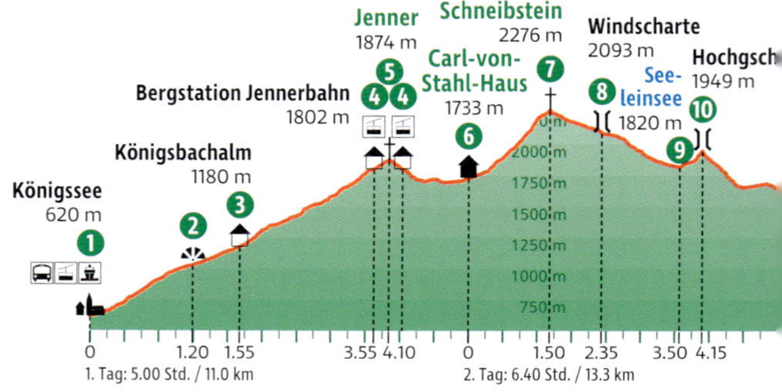

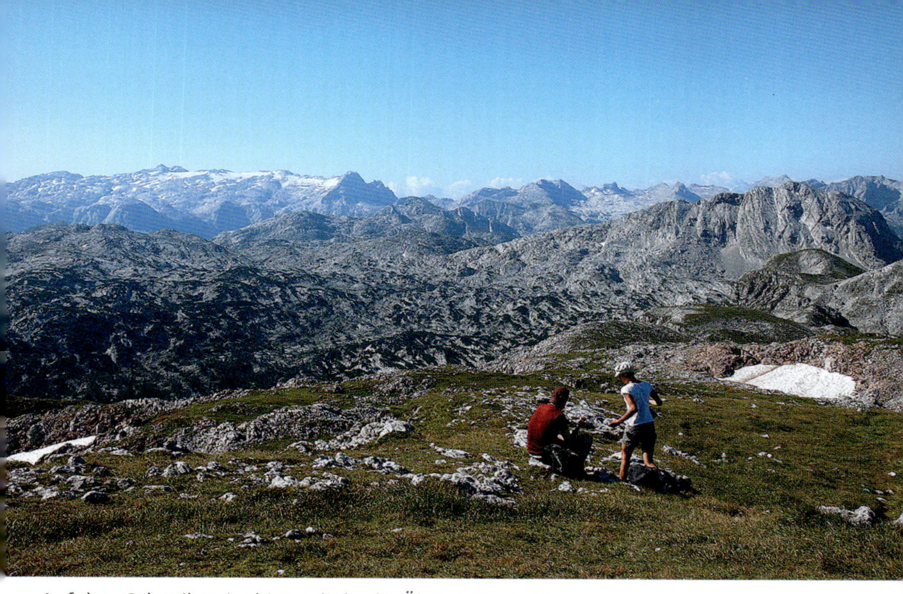

Auf dem Schneibstein; hinten links die Übergossene Alm.

sich der Blick nach Osten zum Tennengebirge. Das Stahlhaus ist nicht nur Stützpunkt für eine Besteigung des Schneibsteins, sondern auch für die Überschreitung des Göllstocks zum Purtschellerhaus.

2. Tag:

Vom Stahlhaus folgen wir dem Schild Richtung Schneibstein und Seeleinsee auf markiertem Weg nach Südosten. Erst steigen wir durch Latschen, dann über Geröll und schließlich über felsdurchsetzte Bergwiesen hinauf auf die flache Kuppe des **Schneibsteins** ❼, 2276 m, mit den zwei Gipfelkreuzen. Von hier haben wir einen herrlichen Rundblick auf Hagengebirge, Hochkönig, Steinernes Meer, Watzmann, Reiteralpe, Göllstock, Tennengebirge und Dachstein.

Nach der Gipfelpause wandern wir über fels- und gerölldurchsetztes Gras in südliche Richtung hinab in die **Windscharte** ❽, 2093 m, die ihren Namen nicht ohne Grund erhalten hat. Dann leiten uns die Markierungen rechts am Windschartenkopf vorbei erst auf einem Höhenweg, dann leicht abwärts weiter. Durch eine karge Karstlandschaft geht es zwischen dem Fagstein und dem Hochseeleinkopf hindurch. Schließlich wird das Grün üppiger und wir erreichen den in einer Mulde liegenden, türkis glitzernden kleinen **Seeleinsee** ❾, 1820 m, über dem der graue Kahlersberg aufragt. Das Ufer des Sees bietet sich für eine gemütlich Pause an.

Feuerpalfen
1741 m
⑪ ⑫ ⑪
Gotzenalm
1685 m
Seeaualm
⑬
Gotzentalalm
1110 m
⑭
Kessel
604 m
⑮
32.5 km
.10 0 0.40 1.30 3.00 Std.
3. Tag: 3.00 Std. / 8.2 km

Gleich nach dem See gelangen wir an eine Gabelung, halten uns links und steigen durch ein Feld aus riesigen Felsblöcken, teilweise über Geröll, steil hinauf bis in den Sattel **Hochgschirr** ⑩, 1949 m. Nun geht es rechts vom Kahlersberg und unterhalb der beeindruckenden Laafeldwand entlang hinab zu einer unbeschilderten Verzweigung. Hier halten wir uns rechts und müssen noch einmal ein paar Höhenmeter bergauf bewältigen. Dann führt uns für kurze Zeit ein schöner Höhenweg oberhalb des Landtalgrabens entlang, bis der Weg nach rechts knickt und in den Wald eintaucht. Dort wandern wir auf gleicher Höhe bleibend weiter bis zu einer Abzweigung. Links geht es über den Kaunersteig zum Königssee hinab; hier werden wir am nächsten Tag absteigen. Vorerst folgen wir jedoch dem Weg geradeaus erst durch lichten Wald, dann über Almgelände weiter, bis wir die **Gotzenalm** ⑪, 1685 m, das Ziel der heutigen Etappe, erreichen. Nachdem wir uns einquartiert haben, können wir noch einen Abendspaziergang zum Aussichtspunkt **Feuer-**

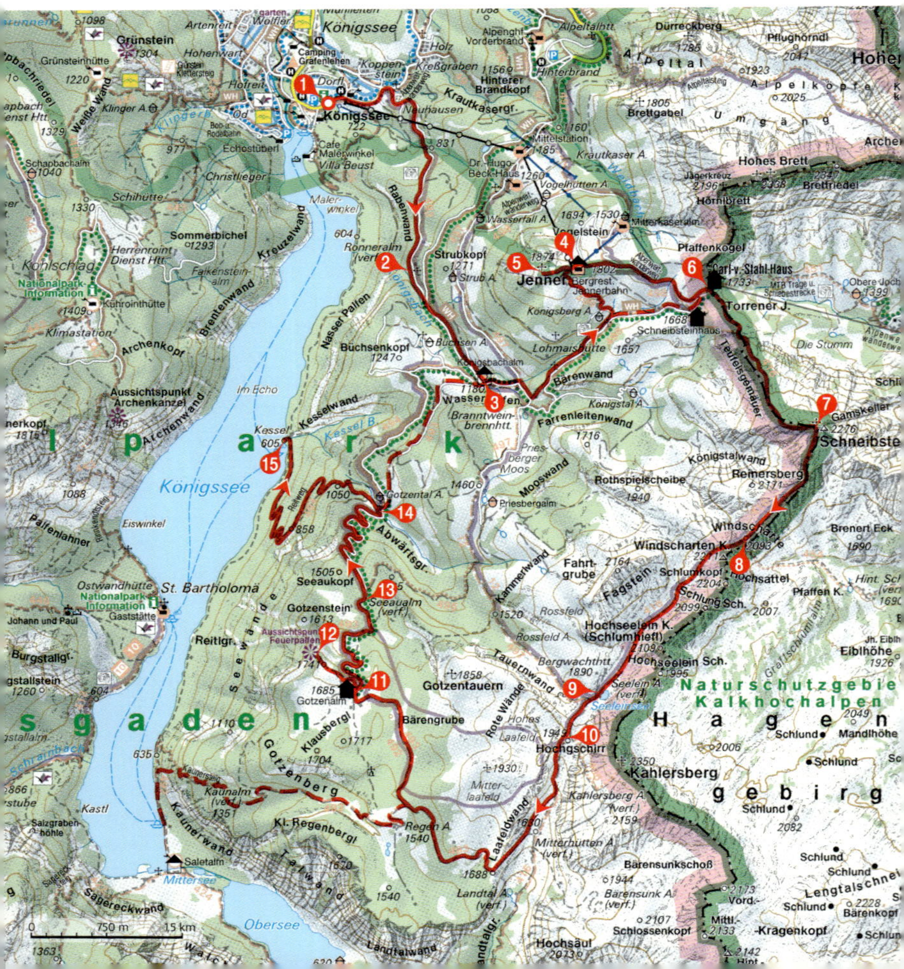

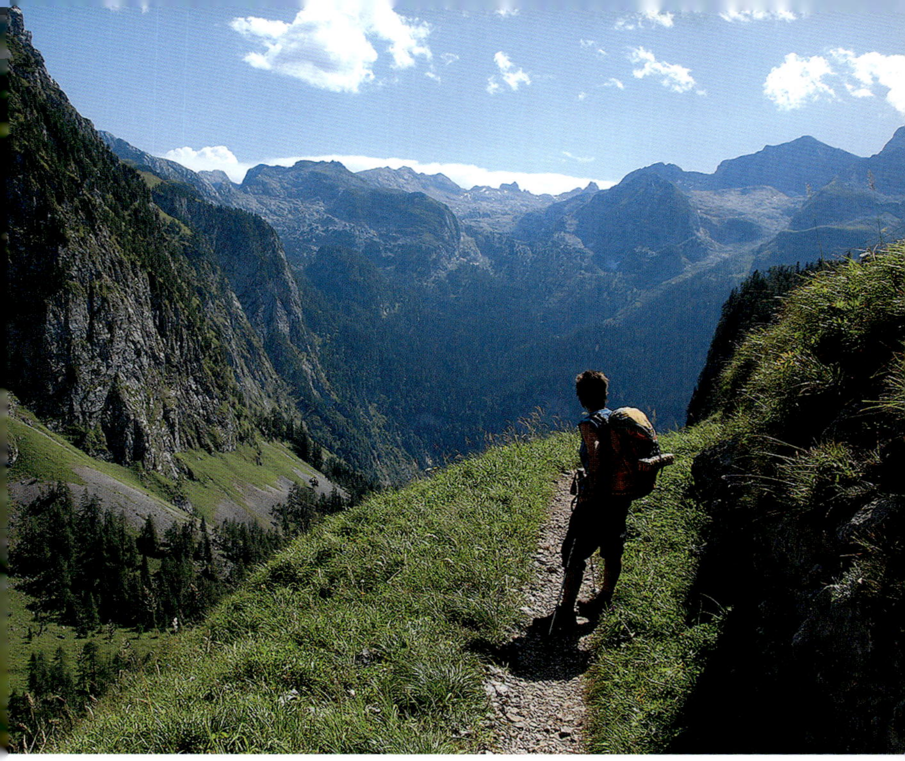

Auf dem Höhenweg unter der Laafeldwand.

palfen ⑫, 1741 m, unternehmen. Der Blick von dort hinab auf den Königssee mit St. Bartolomä sowie zur direkt gegenüber liegenden gigantischen Watzmann-Ostwand ist überwältigend.

3. Tag:

Vor der **Gotzenalm ⑪** folgen wir dem Wegweiser Richtung Königsbachalm nach links und sind gleich darauf in einem kleinen Sattel. Von links kommt ein Steig vom Feuerpalven herab. Wir gehen geradeaus auf dem Almfahrweg weiter. Dieser führt erst durch offenes Gelände, dann durch lichten Wald in Windungen hinab zur **Seeaualm ⑬**, 1473 m, deren Gebäude allerdings verfallen ist.

Hier gehen wir geradeaus auf dem nun breiteren Fahrweg durch Wald weiter abwärts bis zur **Gotzentalalm ⑭**, 1110 m.

Noch vor den Almgebäuden biegen wir nach links auf einen etwas schmaleren Fahrweg ab. Kurz darauf zweigt hinter einer Almhütte rechts der Wanderweg nach Kessel ab. Dieser wird bald zu einem Steig, der in angenehmen Serpentinen durch schönen Wald den steilen Hang hinabführt. Nach einer längeren Querung leicht abwärts erreichen wir die Bootsanlegestelle **Kessel ⑮**, 604 m. Kessel ist Bedarfshaltestelle; mit einer Schiebetafel signalisieren wir den Booten der Königsseeschifffahrt unseren Fahrtwunsch. Vorher können wir auf der kleinen grünen Landzunge noch den Blick auf den See genießen oder auch ein erfrischendes Bad im kalten Wasser wagen.

30 Überschreitung des Untersbergs
Von Bischofswiesen nach Marktschellenberg

2 Tage | 20,9 km | ↗ 1640 m | ↘ 1820 m

  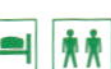

Karstlandschaft, Aussichtsgipfel und die größte Eishöhle Deutschlands

Der Untersberg, der nördlichste Gebirgsstock der Berchtesgadener Alpen, wird von Mythen und Sagen umrankt, die von allerlei schrecklichen und wundersamen Begebenheiten berichten – weshalb der Berg früher auch den Namen »Wunderberg« hatte. Die bekannteste Sage lautet, dass Kaiser Barbarossa (anderen Erzählungen zufolge Karl der Große) mit seinem gesamten Hofstaat im Berg schlafend auf seine Auferstehung wartet. Auch von den Untersberger Manndln berichten die Sagen, Zwergen, die in den Höhlen des Gebirgsstocks wohnen und einen riesigen Schatz bewachen sollen. Und in der Tat: Der Untersberg ist von über 400 Höhlen durchzogen, die durch Auswaschung des Kalksteins entstanden sind.

Das Tafelgebirge ist leicht nach Norden geneigt, im Südosten fällt es beeindruckend steil ab. Die mit dichten Latschenfeldern bestandene Hochfläche ist durch Mulden, Dolinen, Kuppen und Karrenflächen geprägt, nur wenige Erhebungen ragen heraus. Zwei der bedeutenderen, der Berchtesgadener und der Salzburger Hochthron, werden auf der hier vorgestellten Überschreitung besucht.

Die Tour führt von Bischofswiesen-Winkl über den Scheibelkopf, einen herrlichen Aussichtspunkt, hinauf zum Stöhrhaus. Nur ein Katzensprung ist es von hier auf den Berchtesgadener Hochthron, die höchste Erhebung des Untersbergs. Am nächsten Tag wandern wir auf und ab über das Hochplateau und machen einen Abstecher auf den Salzburger Hochthron, den Hausberg von Salzburg. Dann geht es über den Thomas-Eder-Steig, eine kunstvoll in der Steilwand angelegte, gut gesicherte Steiganlage mit Stiegen, Tunneln und Galerien, hinab zur Toni-Lenz-Hütte. Dabei kommen wir an zwei Abzweigungen zur Schellenberger Eishöhle, der größten Eishöhle Deutschlands, vorbei. Das Eis ist bis zu 3000 Jahre alt und stellenweise 30 Meter dick. Eine Besichtigung (nur im Rahmen einer Führung möglich) lohnt sich. Um ausreichend Zeit zu haben, empfiehlt es sich, eine zusätzliche Übernachtung in der Toni-Lenz-Hütte einzuplanen.

Von der Terrasse des Stöhrhauses blickt man auf Hochkalter und Reiteralpe.

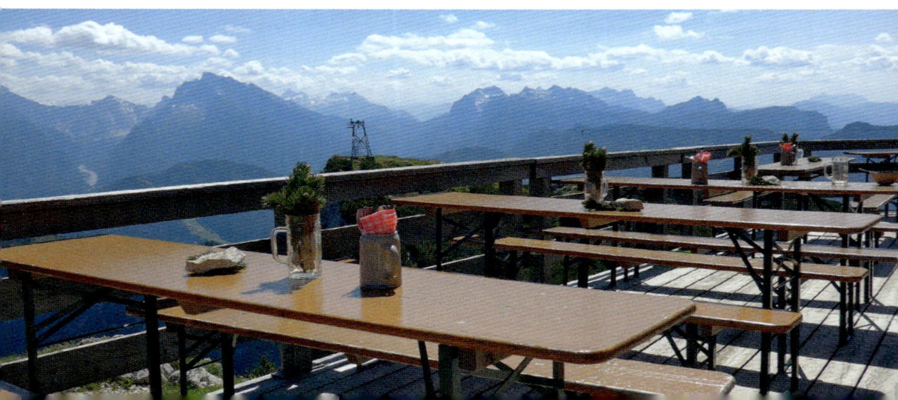

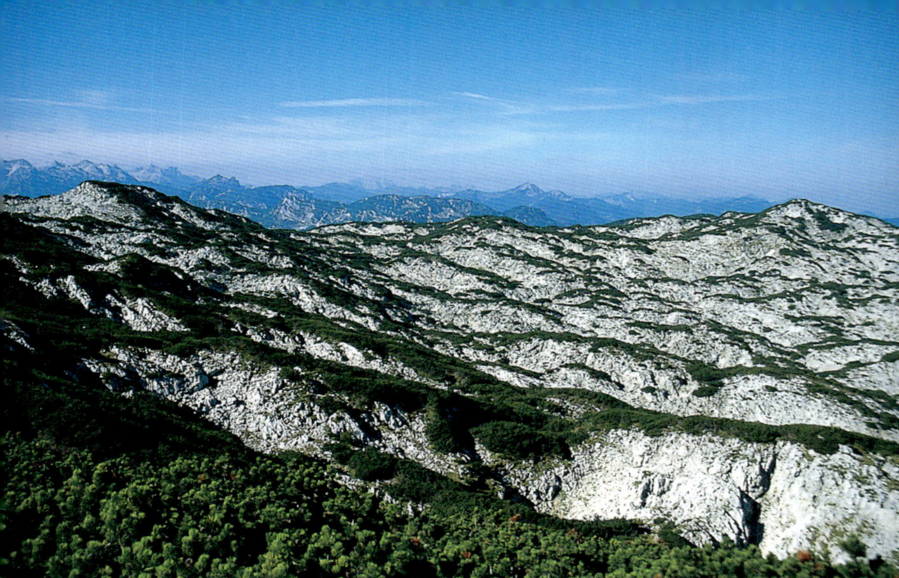

Latschen und Fels prägen die wellige Hochfläche des Untersbergs.

Ausgangspunkt: Bischofswiesen / Winkl, Bushaltestelle »Siedlung«, 647 m. Bus (Linie 841) von Bad Reichenhall und Berchtesgaden, Parken bei der Kirche.
Endpunkt: Marktschellenberg / Paßthurm, 468 m, Bushaltestelle »Eishöhle Marktschellenberg«. Bus (Linie 840) nach Berchtesgaden und Salzburg. Zurück nach Bischofswiesen / Winkl mit Umsteigen in Berchtesgaden, letzter Bus 18.40 Uhr.
Bergbahn: Untersbergbahn, Sommerbetrieb Anfang Mai bis Ende Juni von 8.30 bis 17 Uhr, Anfang Juli bis Ende September von 8.30 bis 17.30 Uhr, Tel. +43 6246 724770, untersbergbahn.at.
Höhenunterschied / Gehzeit:
1. Tag: 1330 m↑, 80 m↓; 5 Std.
2. Tag: 310 m↑, 1740 m↓; 6.30 Std.
gesamt: 1640 m↑, 1820 m↓; 11.30 Std.
Anforderungen: Trittsicherheit und für den Thomas-Eder-Steig auch etwas Schwindelfreiheit erforderlich. An den Holzstufen beim Thomas-Eder-Steig bei Nässe Rutschgefahr. Bei Nebel auf dem Karstplateau ggf. Orientierungsprobleme.
Einkehr / Übernachtung:
1. Tag: Stöhrhaus, DAV, 58 Schlafplätze, geöffnet Ende Mai bis Mitte Oktober, Tel. +49 8652 7233, stoehrhaus.de.
2. Tag: Toni-Lenz-Hütte, privat, 15 Schlafplätze, geöffnet Mitte Mai bis Ende Oktober, Tel. +49 151 70817887, toni-lenz-huette.de; Bergstation der Untersbergbahn (Variante), nur Einkehr.
Karten: Freytag & Berndt WK 393, Loferer und Leoganger Steinberge – Chiemgauer Alpen – Nationalpark Berchtesgaden, 1:50.000, und WK D5, Berchtesgaden – Bad Reichenhall – Königssee, 1:25.000; AV-Karte BY 22, Berchtesgaden – Untersberg, 1:25.000.
Hinweis: Besichtigung der Eishöhle von Ende Mai bis Ende September von 10 bis 16 Uhr zu jeder vollen Stunde, im Oktober von 10 bis 15 Uhr, Eintritt 9,50 Euro für Erwachsene, 5 Euro für Kinder. Treffpunkt vor dem Höhleneingang. Warme Jacke mitnehmen, die Temperatur in der Höhle liegt um den Nullpunkt, eishoehle.net.
Variante: Wer die Tour am zweiten Tag abkürzen möchte, geht vom Salzburger Hochthron zum Geiereck und fährt von dort mit der Untersbergbahn hinab. Von dort Bus (Haltestelle »Grödig Untersbergbahn«, Linie 840) nach Berchtesgaden und Salzburg.

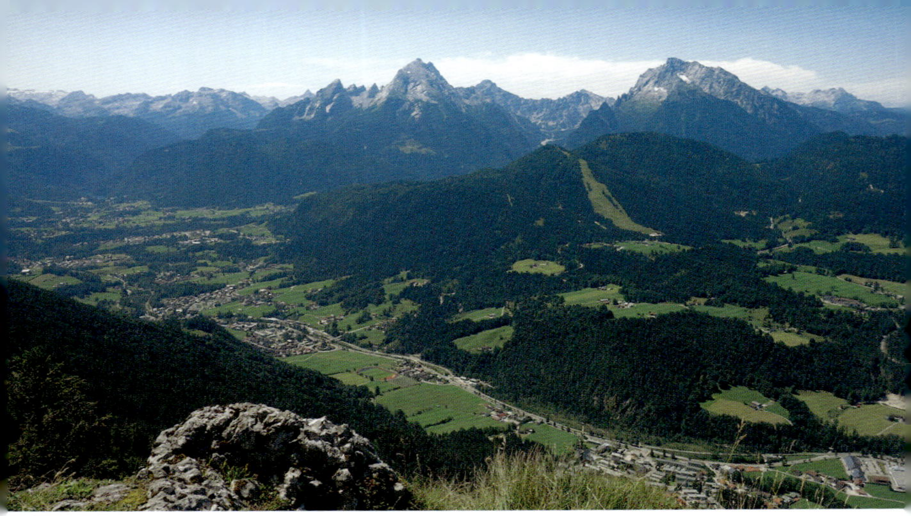

Vom Scheibelkopf blickt man auf Watzmann und Hochkalter.

1. Tag:

Von der Bushaltestelle »Siedlung« in **Bischofswiesen / Winkl** ➊, 647 m, folgen wir der Adalbert-Stifter-Straße hinauf, gehen links in die Gerhard-Hauptmann-Straße und dann rechts in die Ferdinand-Porsche-Straße. Am Ortsende leitet uns ein Wegweiser Richtung Stöhrhaus geradeaus auf einem Fahrweg durch den Wald hinauf. Bald darauf biegen wir in einer Kehre in den links wegführenden Wanderweg ein. An einer Abzweigung bleiben wir links auf dem Hauptweg. Dieser geht in einen Steig über, der durch den Wald hinaufleitet. An einer Kreuzung halten wir uns rechts Richtung Stöhrhaus. Erst geht es noch durch dichten Wald, dann lichtet sich dieser und der gut angelegte Steig führt mit Blick auf das Lattengebirge und den Hochstaufen am steilen Hang, teils an Felswänden entlang, hinauf. In einer Kehre zeigt sich das erste Mal der Watzmann. Schließlich machen wir einen Abstecher von wenigen Metern nach rechts zum **Scheibelkopf** ➋, ca. 1480 m, einem tollen Aussichtsplatz mit Kreuz und Sitzbank. Hier breiten sich fast die gesamten Berchtesgadener Alpen vor uns aus.

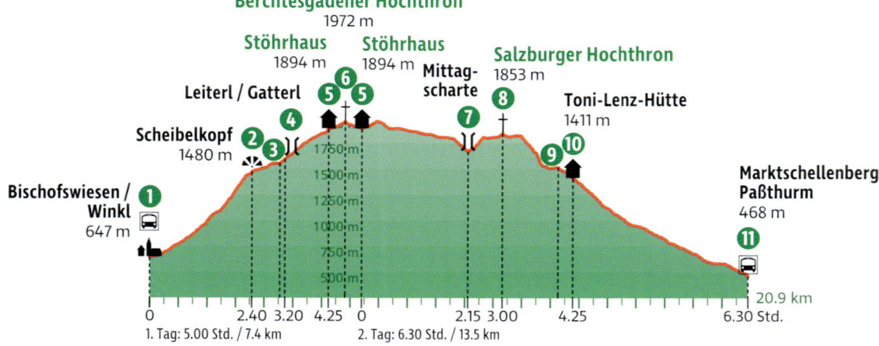

Anschließend durchqueren wir eine Lichtung, an deren Ende sich eine Holzhütte, die Reisenkaser-Diensthütte, befindet. Wir wandern weiter durch lichten Wald und halten uns an einer Verzweigung rechts. Durch ein Windwurfgebiet geht es leicht hinab in eine Senke mit dem **Zehnkaser ❸**, 1561 m. Geradeaus aufwärts weiter kommen wir in einen Sattel, das **Leiterl (Gatterl) ❹**, 1602 m, wo sich der Blick weitet.
Hier wenden wir uns nach links und steigen mit schönen Ausblicken durch Latschen weiter bergauf. Schon fast auf dem Hochplateau des Untersbergs angelangt, können wir einen Nahblick in dessen spektakuläre Wand werfen. Wenige Minuten später sind wir am **Stöhrhaus ❺**, 1894 m, angelangt.
Als Nachmittagsspaziergang bietet sich noch ein Besuch des Berchtesgadener Hochthrons, des höchsten Gipfels des Untersbergs, an. Hierzu folgen wir vom Stöhrhaus dem Weg nach Osten über das wellige Karstplateau. Nach 15 Minuten zweigt rechts ein Steig ab, über den wir in wenigen Minuten den Gipfel des **Berchtesgadener Hochthrons ❻**, 1972 m, erreichen. So nah an der Unterkunft können wir die herrliche Aussicht, nun auch ins Salzachtal hinab, ausführlich genießen. Anschließend kehren wir auf demselben Weg zum **Stöhrhaus ❺** zurück.

2. Tag:
Am zweiten Tag folgen wir vom Stöhrhaus dem Weg vom Vortag Richtung Berchtesgadener Hochthron. Da noch einiges vor uns liegt, lassen wir den Gipfel jetzt besser aus und wandern an der Abzweigung zu diesem geradeaus vorbei. In nördliche Richtung geht es auf und ab – insgesamt aber leicht abwärts – über das latschenbestandene Hochplateau. Dabei ziehen Dolinen und andere Erscheinungen des Karsts unsere Aufmerksamkeit auf sich. Eine halbe Stunde nach der Abzweigung zum Berchtesgadener Hochthron kommen wir an eine weitere Verzweigung und halten uns rechts, dem Schild Richtung Mittagscharte folgend. Alpenrosen und ein paar andere Bergblumen säumen den Weg, während wir weiter über den Unters-

Das letzte Stück zum Stöhrhaus geht es durch Latschengelände hinauf.

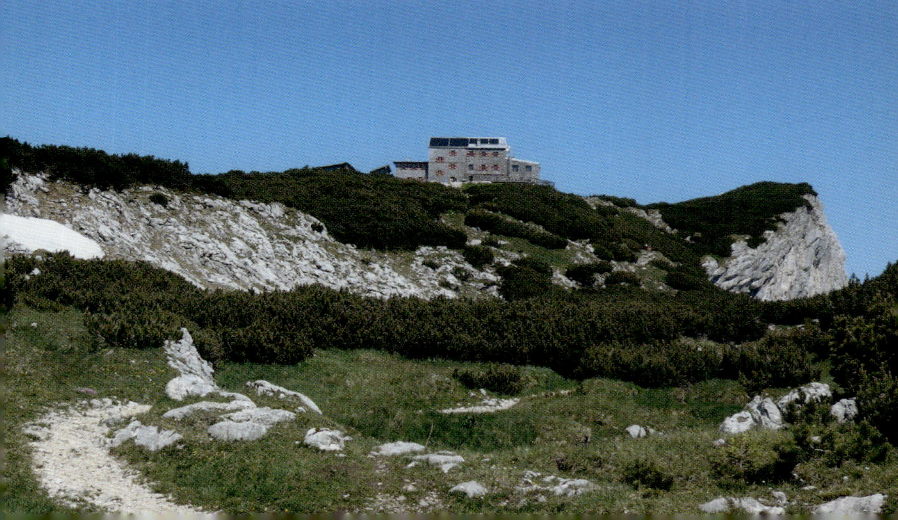

berg wandern. Schließlich geht es deutlicher hinab und wir kommen zu einer Verzweigung in einer Mulde. Zum Salzburger Hochthron folgen wir dem Steig nach links. (Wer direkt zur Toni-Lenz-Hütte möchte, hält sich hier rechts und stößt bald auf den unten beschriebenen Weg.) Kurz darauf sind wir an einer weiteren Verzweigung, der **Mittagscharte ❼**, 1671 m, an der sich eine Steinhütte befindet.

Wir halten uns rechts Richtung Salzburger Hochthron (die auf dem Schild angegebene Gehzeit von 30 Minuten ist zu kurz). An der Verzweigung kurz darauf kann man rechts direkt zur Toni-Lenz-Hütte gehen, unser späterer Weiterweg. Vorerst halten wir uns links. Erst geht es steil in Kehren bergauf, dann relativ auf gleicher Höhe bleibend durch Latschen weiter und schließlich kurz hinab in eine Senke. Es folgt ein letzter Anstieg und wir sind auf dem Gipfel des **Salzburger Hochthrons ❽**, 1853 m. Die Rundsicht ist fantastisch: Wir blicken auf Salzburg und ins Salzkammergut, zu Totem Gebirge, Tennengebirge, Dachstein, Hochkönig, Steinernem Meer, Leoganger und Loferer Steinbergen sowie den Chiemgauer Alpen.

Auf demselben Weg gehen wir zurück zu der Verzweigung kurz vor der Mittagscharte und halten uns links Richtung Toni-Lenz-Hütte. Kurz geht es hinab, dann beginnt der Thomas-Eder-Steig, der, immer gut gesichert, durch Tunnel, Galerien und über Treppen durch die steile Felswand des Untersbergs hinunterführt. Am Ende der Steiganlage queren wir ein Geröllkar und folgen dem teils drahtseilgesicherten Höhenweg entlang abschüssiger

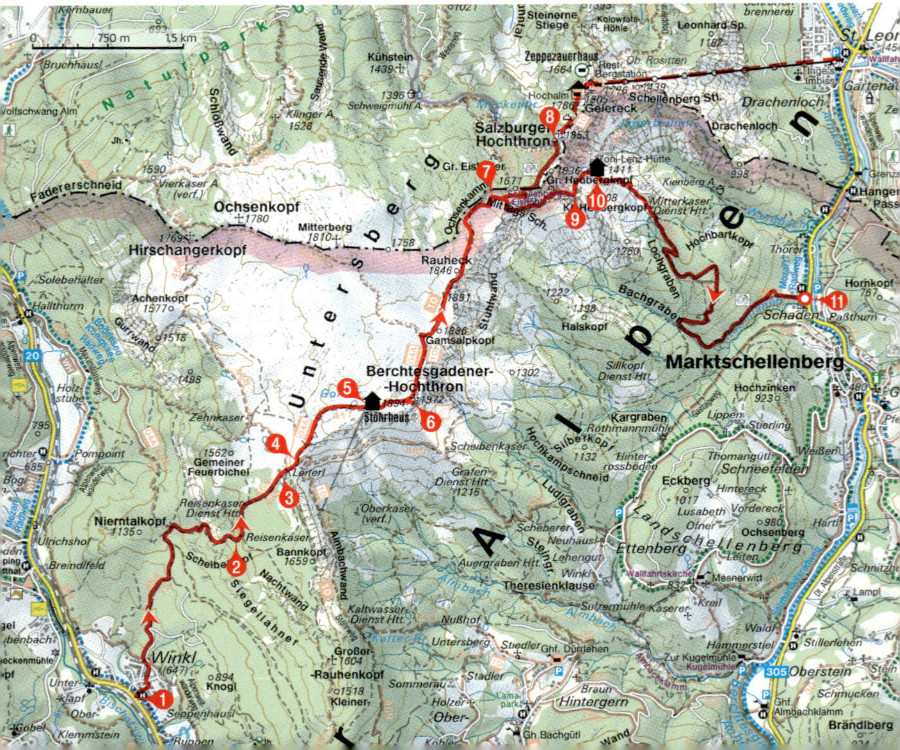

Grashänge. Wir kommen an einer ersten Abzweigung zur Schellenberger Eishöhle vorbei. Bald darauf treffen wir auf eine weitere **Abzweigung 9**. Hier geht es auf leichterem Weg zur Eishöhle. Wir queren noch ein Kar und gehen dann kurz hinab zur **Toni-Lenz-Hütte 10**, 1411 m. Hier können wir uns noch einmal stärken, bevor wir uns an den Abstieg machen.

Auf der anderen Seite der Hütte folgen wir dem Steig abwärts und kommen gleich darauf an der Abzweigung des Dopplersteigs zum Zeppezauerhaus vorbei. Unser Weg führt mit schönem Blick ins Tal auf einem Rücken durch Latschen hinab. Die Vegetation geht zunehmend in Wald über. Vorübergehend verläuft der Steig an einem Bach, dem Lochgraben, entlang. Dann biegt er nach links, wird breiter und führt zu einem Wendeplatz. Hier beginnt ein Fahrweg, der, teilweise steil, durch den Wald hinabführt. Am sogenannten Paßthurm stoßen wir auf ein Teersträßchen, dem wir wenige Meter hinab zur Talstraße folgen. Gleich links ist die **Bushaltestelle Eishöhle Marktschellenberg 11**, 468 m, von der wir nach Berchtesgaden oder Salzburg fahren können.

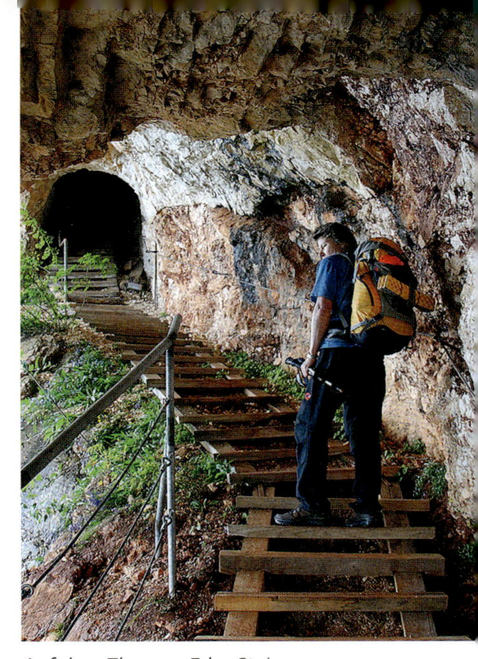

Auf dem Thomas-Eder-Steig.

Die Toni-Lenz-Hütte bietet noch einmal eine schöne Aussicht.

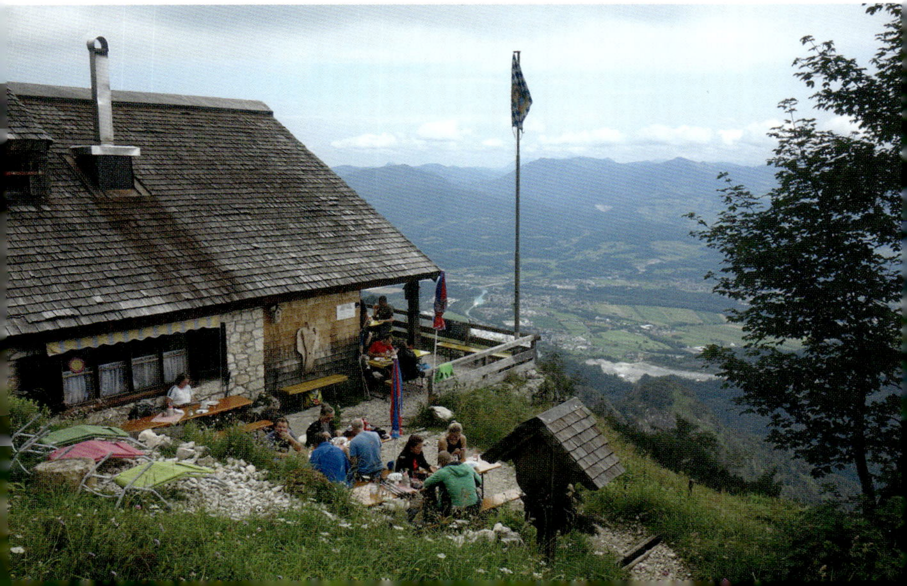

Stichwortverzeichnis

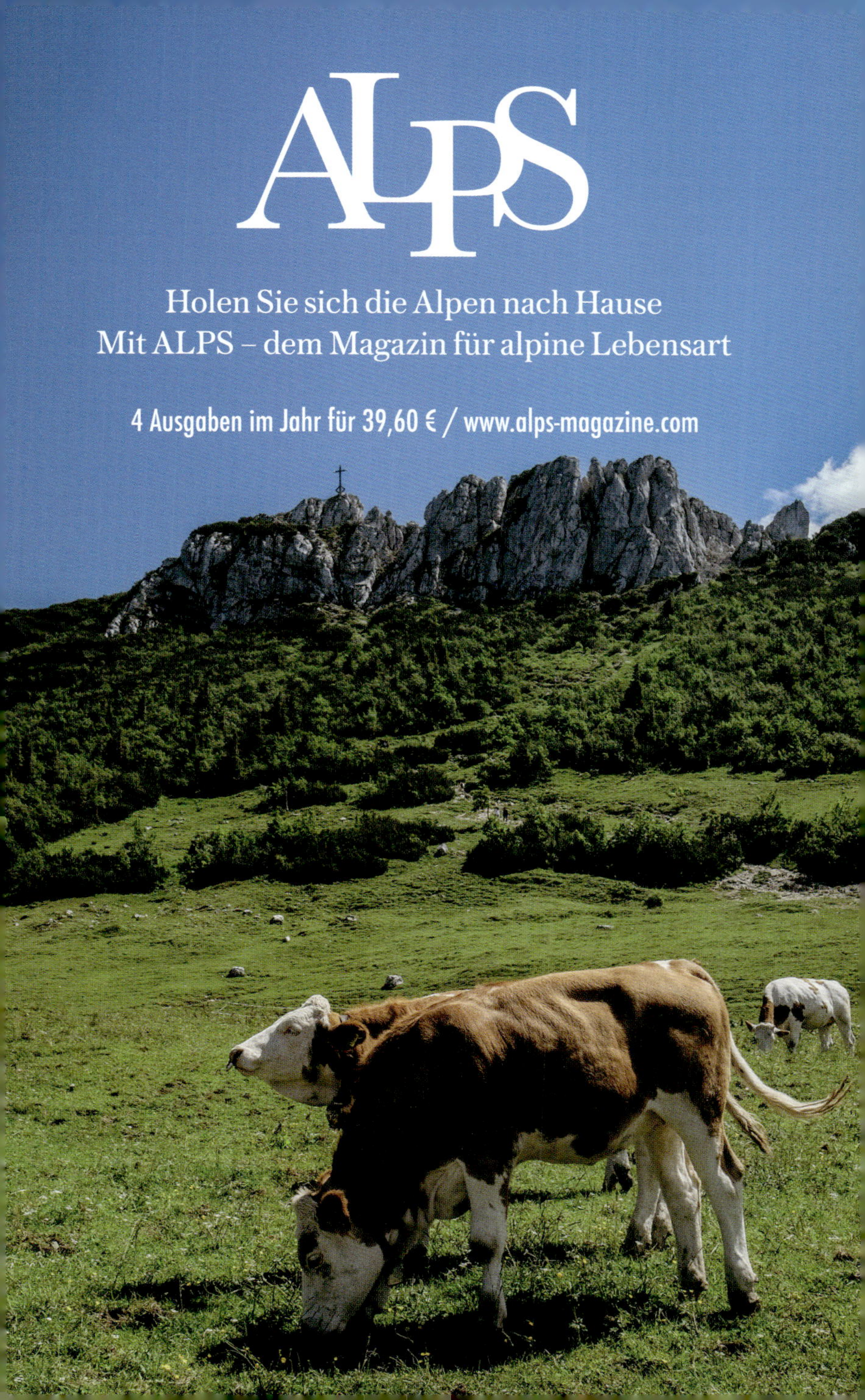

Impressum

Titelbild:
Morgenstimmung auf der Terrasse der Bayreuther Hütte (Tour 19).
Bild Seite 1:
Wie aus dem Bilderbuch: der Seebensee im Mieminger Gebirge (Tour 7).

Bildnachweis:
Franziska Baumann: Seite 1, 2, 6 links oben, 7, 8, 11, 13, 14, 17 unten, 18, 19, 20, 21, 23, 26, 38, 39, 44, 45, 46, 47, 48, 49, 53, 55, 57, 58, 61, 63, 65, 72, 73, 74, 75, 77, 85, 87, 88, 89, 90, 93, 94, 95, 98, 107, 109, 111, 116, 117, 119, 123, 125, 127, 128, 129, 131, 143, 144, 147, 154, 155, 156, 158, 160, 161, 169, 170, 171, 172, 173, 174, 196, 197, 199, 201, 202, 204, 205
Antje Sommer: Titel sowie Seite 6 links Mitte, 6 rechts Mitte, 6 rechts unten, 15, 16, 17 oben, 27, 28, 29, 31, 32, 33, 34, 35, 37, 66, 67, 68, 70, 71, 78, 79, 80, 81, 84, 86, 99, 101 unten, 102, 103, 105, 112, 113, 114, 115, 132, 133, 135, 137, 138, 139, 141, 145, 148, 149, 150, 151, 162, 163, 164, 165, 166, 168, 175, 176, 177, 178, 179, 182, 183, 184, 185, 186, 187, 188, 189 oben, 189 unten, 192, 193, 194, 195 oben, 195 unten, 206, 207, 209, 211, 213, 214, 217 oben, 217 unten
Gerhild Abler: Seite 212
Archiv Neue Magdeburger Hütte: Seite 122
Natascha Gräf: Seite 9, 59, 121, 191
Doris Krah (DAV Sektion Ettlingen): Seite 138
Renate Ring: Seite 6 links unten, 6 rechts oben, 41, 42 oben, 42/43, 51, 101 oben, 106, 116, 117, 119, 134, 215

Kartografie:
Wanderkarten der Touren 1 bis 5, 7 bis 12 und 14 bis 30 im Maßstab 1:50.000 und 1:75.000 sowie Übersichtskarten © Freytag & Berndt, Wien; Wanderkarten der Touren 6 und 13 im Maßstab 1:100.000 © Bergverlag Rother GmbH, München (gezeichnet von Gerhard Tourneau, Haar)

Werk-Nr.: 3061

5., vollständig überarbeitete Auflage 2024

ISBN 978-3-7633-3433-9

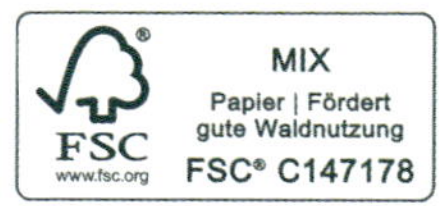

Wir freuen uns über jeden Korrekturhinweis zu diesem Wanderbuch!
Bitte per E-Mail an: **leserzuschrift@rother.de**

ROTHER BERGVERLAG · Keltenring 17 · D-82041 Oberhaching
Tel. +49 89 608669-0 · rother.de